高等院校"十二五"规划教材·工商管理大类系列

组织行为学

主　编　张　嵩
副主编　岳文赫　李学锋　杨英杰

哈尔滨工业大学出版社

内 容 简 介

本书是高等学校"十二五"规划教材·工商管理大类系列之一。

本书以大学本科管理学各专业学生为主要对象,系统地阐述了组织行为学的基本原理。结构上分为六篇,包括15章内容。第一篇绪论,阐明了基本概念和研究方法;第二篇个体行为,阐述了个体心理与行为规律;第三篇激励,阐述了人的行为规律以及激励原理;第四章群体行为,阐述群体心理与行为;第五篇是领导行为,阐述了领导的本质和领导理论的发展;第六篇组织行为,阐述组织的行为和组织效率,主要包括组织结构设计、组织文化、工作压力管理和组织变革与发展等。

本书内容丰富,案例典型,可作为高等院校经济管理类、特别是工商管理大类本科教材,也可作公司管理人员及政府公务员学习、培训参考书。

图书在版编目(CIP)数据

组织行为学/ 张嵩主编. ——哈尔滨:哈尔滨工业大学出版社,2012.8

高等院校"十二五"规划教材·工商管理大类系列

ISBN 978-7-5603-3592-6

Ⅰ.①组… Ⅱ.①张… Ⅲ.①组织行为学-高等学校-教材 Ⅳ.①C936

中国版本图书馆 CIP 数据核字(2012)第 099759 号

责任编辑	田新华
封面设计	刘长友 思 华
出版发行	哈尔滨工业大学出版社
社　　址	哈尔滨市南岗区复华四道街10号　邮编150006
传　　真	0451-86414749
网　　址	http://hitpress.hit.edu.cn
印　　刷	哈尔滨市工大节能印刷厂
开　　本	787mm×1092mm　1/16　印张17.50　字数466千字
版　　次	2012年8月第1版　2012年8月第1次印刷
书　　号	ISBN 978-7-5603-3592-6
定　　价	39.80元

(如因印装质量问题影响阅读,我社负责调换)

高等院校"十二五"规划教材·工商管理大类系列

编委会

主　任：
　　刘亚臣　　　　沈阳建筑大学　　　教授

副主任：
　　周鲜华（常务）　沈阳建筑大学　　　教授
　　齐宝库　　　　沈阳建筑大学　　　教授
　　田新华　　　　哈尔滨工业大学　　编审

委　员：
　　王福胜　　　　哈尔滨工业大学　　教授　博导
　　西　宝　　　　大连理工大学　　　教授　博导
　　魏淑艳　　　　东北大学　　　　　教授　博导
　　张　舒　　　　辽宁大学　　　　　教授
　　刘晓伟　　　　辽宁工业大学　　　教授
　　白　明　　　　辽宁石油化工大学　教授
　　刘　迪　　　　沈阳建筑大学　　　教授
　　杨兆宇　　　　沈阳建筑大学　　　教授
　　吴访非　　　　沈阳建筑大学　　　教授
　　刘　宁　　　　沈阳建筑大学　　　副教授
　　刘治江　　　　暨南大学　　　　　副教授
　　包红霏　　　　沈阳建筑大学　　　副教授
　　张　嵩　　　　沈阳建筑大学　　　副教授
　　何　敏　　　　沈阳建筑大学　　　副教授
　　岳　红　　　　沈阳建筑大学　　　副教授

序

2008年国际金融危机以来,带着对经济发展模式的反思及后金融危机时代的思考,美国、欧洲发达国家等将"再工业化"作为重塑竞争优势的重要战略,通过大力发展先进制造业,重新回归实体经济,创造新的经济增长点。发达国家实施"再工业化"战略将对我国的工业化产生巨大的影响,我国与发达国家之间的竞争将更加激烈,竞争的根本则是教育和人才的竞争。美国工程院院长查尔斯·韦斯特指出:"拥有最好工程人才和管理人才的国家占据着经济竞争和产业优势的核心地位"。很多国家都将工程科技人才与管理人才的培养提升到国家战略的高度。

工商管理作为管理科学的重要基础和分支,是一门运用管理科学和工程技术,综合性研究企业活动的交叉性、应用性很强的学科,直接支撑现代工业化和产业化的发展,研究如何运用现代管理的方法和手段来进行有效的企业管理和经营决策。作为我国特色发展的学科门类设置,广义的工商管理包含的领域很多,下设的二级专业各具特色,主要包括工商管理、市场营销、会计学、财务管理、人力资源管理、旅游管理等。

目前,国内高校的工商管理专业都在实行"大类招生,后期分流"的培养模式,这种培养模式的实施源于美国"通识教育"的理念。每当美国高等教育出现危机、面临迅速变化时,通识教育总是被看做应付这些挑战、进行革新的催化剂。哈佛大学在300多年的历史中,围绕着通识教育的推行,有过四次大的改革。中国现代意义上的大学是从西方引进的,通识教育与大学制度一道也被引进。

工商管理"大类招生、后期分流"的教育模式在强化对学生的综合能力、基础方法、广博知识和自我选择能力培养的基础上,造就视野开阔、综合素质高、基础理论扎实、专业技能突出、发展后劲强大的复合型人才。为了满足工商管理大类培养模式的需求,作为以工科专业教育为主和以土木建筑学科为特色的沈阳建筑大学对工商管理学科的教育内容体系与教学管理体系进行了全新的体现特色、面向应用的"基于工作过程"的调整与整合:从人才培养目标与规格,到专业教学计划,从课程组织到选课制度建设,从教师的教育观念转变到教学能力提高等,均把特色、实践和应用作为专业教育和培养人才的基点。当然,教材建设是教学系列改革中的核心要素,是体现和落实教育理念和设想的主要载体。教材是教师授课的取材之源,也是学生求知的学习之本,没有优秀的适用教材,就没有优秀的专业教学质量,也就没有优秀的定位清晰的应用型高等专业教育。

本套系列教材在哈尔滨工业大学出版社的大力倡导和策划下,由沈阳建筑大学发起,邀请哈尔滨工业大学、大连理工大学、东北大学、辽宁大学、辽宁工业大学、辽宁石油化工大学等东北地区部分高校以及暨南大学的专家组成了工商管理大类系列教材编委会,由沈阳建筑大学管理学院院长刘亚臣教授任主任委员。在编委会的精心组织下,通过编委们的辛勤劳动,本着成熟一本推出一本的开放的原则,将在许多优秀专业教师"发黄而厚重"的讲义的基础上,陆续提炼、扩展,出版能够完整涵盖工商管理大类学科知识体系的一系列精品教材。

本套系列教材的编写与出版,既源于基础和实践又面向未来。我们力争站在全新的发展起点上,准确把握"卓越管理工程师"的理念,深度跟进我国工商界对管理人才的需求和国际高等教育的发展趋势,构建布局合理、结构优化、类型多样、主动适应经济社会发展需要的直面应用的现代高等工商管理大类教材体系。本套《高等院校"十二五"规划教材·工商管理大类系列》第一批主要包括:《会计学》(非专业用)、《初级会计学》、《中级财务会计》、《统计学》、《会计电算化》、《税收筹划》、《财务分析》、《经济法概论》、《组织行为学》、《论语导读》、《管理学》、《市场营销》、《会计专业英语》、《成本会计》、《企业战略管理》、《人力资源管理》、《管理学原理与应用》、《管理心理学原理与应用》、《市场营销学原理与应用》《电子商务》等20种教材。

本套系列教材的编写,力求最大限度地汲取工商管理大类相关学科的最新研究成果,强化现代工商管理基本理论知识的科学性、系统性以及操作技术的针对性和实用性。为了帮助学生加深对教材的理解和掌握,每本教材大都配有学习指导书,它既是教师的好助手,又是学生的好向导。

本套系列教材的顺利出版,要感谢沈阳建筑大学等8所高校领导和教师们的大力支持,感谢哈尔滨工业大学出版社的鼎力帮助,感谢所有主编与参编的精诚合作,感谢所有相关兄弟院校同仁们的友好协作与真诚关怀!

尽管我们做了较长时间的准备,所有编写人员付出了艰辛的劳动,但由于编写人员学识有限,难免有不妥与疏漏之处,恳请读者不吝赐教,以便在今后修订时予以更正和完善。

高等院校"十二五"规划教材·工商管理大类系列 编委会

2011年6月

前 言

随着改革开放的深入发展,中国的企业界日益痛切地感到管理落后带来的竞争风险和压力,新一轮学习管理科学的热潮正在兴起。管理作为一门科学已有80多年历史,古典管理理论和行为科学是其两大支柱,而组织行为学则集中了行为科学的主要成果。目前组织行为学教材繁多,各有特色。我们结合几年来讲课的体会,与同仁反复商讨,将其编撰成教材,希望为组织行为学理论的传播作一些工作。在此感谢我的同仁支持,同时也要感谢田新华编辑以及学院领导给我们创造这样的机会!

本书以大学本科管理学各专业学生为主要对象,系统地阐述了组织行为学的基本原理。结构上分为六篇,包括15章内容。第一篇绪论,包括第1章,阐明了组织行为学基本概念和研究方法;第二篇个体行为,包括第2、3、4章,阐述了个体心理与行为规律,包括个性、价值观和态度,以及工作态度和工作满意度;第三篇激励,包括第5、6章内容,阐述了人的行为规律以及激励原理,介绍了激励理论;第四章群体行为,包括第7、8章内容,阐述群体心理与行为,包括群体的特征以及群体沟通;第五篇是领导行为,包括第9、10、11章内容,阐述了领导的本质和领导理论的发展,介绍了领导理论;第六篇组织行为,包括第12、13、14、15章内容,阐述组织的行为和组织效率,主要包括组织结构设计、组织文化、工作压力管理和组织变革与发展。

本书由沈阳建筑大学管理学院张嵩副教授主编,沈阳建筑大学的岳文赫、李学锋,东北林业大学杨英杰为副主编。张嵩提出总体思路、框架及详细编写计划、参与写作,并最后统稿,副主编也作了大量工作。初稿具体分工是第1、2、3、4、12章由张嵩撰写,第7章由杨英杰撰写,第13章由张嵩、乔立新撰写,第14章由杨英杰、刘璐撰写,第8章由刘裕巍、张嵩撰写,第5、6、9、10、11章由岳文赫撰写,第15章由李学锋撰写。

为了使广大读者更好地了解、领会和把握全书各章节的主要思想和知识点,本书在各章设有本章关键词,各章后均附有复习思考题以及案例分析题。

本书在编写过程中参考了国内外一些已出版和发表了的著作和文献,以及专家学者的论述和建议,吸取和采纳了一些经典的和最新的实践及研究成果,在此对相关文献作者一并表示衷心感谢!

由于作者水平及视野的限制,本书定有不足和疏漏之处,诚恳希望专家和广大读者提出指正和建议,以便今后进一步完善和提高。

编 者
2012年6月

目 录

第一篇 绪论

第一章 组织行为学研究内容与研究方法 … 1
  本章关键词 … 1
  第一节 学习组织行为学意义 … 1
  第二节 组织行为学的产生和发展 … 3
  第三节 组织行为学的基本内容 … 7
  第四节 组织行为学的研究方法 … 10
  复习思考题 … 12
  经典案例分析 … 13
  推荐阅读文献 … 14

第二篇 个体行为

第二章 知觉与个体决策 … 15
  本章关键词 … 15
  第一节 知觉 … 15
  第二节 社会知觉 … 20
  第三节 归因理论 … 23
  第四节 个人决策 … 26
  复习思考题 … 29
  案例分析 … 30
  推荐阅读材料 … 32

第三章 个性与行为 … 33
  本章关键词 … 33
  第一节 个性概述 … 33
  第二节 气质与性格 … 36
  第三节 人格特质理论 … 41
  第四节 能力 … 48
  复习思考题 … 53
  案例分析 … 53
  推荐阅读材料 … 55

第四章 价值观和态度 … 56
  本章关键词： … 56
  第一节 价值观 … 56
  第二节 态度 … 58
  第三节 工作满意度 … 62
  第四节 组织承诺 … 65

第五节　心理契约与组织公民行为 …………………………………… 70
　　复习思考题 ………………………………………………………………… 76
　　案例分析 …………………………………………………………………… 76
　　推荐阅读材料 ……………………………………………………………… 78

第三篇　激励

第五章　激励理论 ……………………………………………………………… 79
　　本章关键词 ………………………………………………………………… 79
　　第一节　激励的原理 ……………………………………………………… 79
　　第二节　内容型激励理论 ………………………………………………… 82
　　第三节　过程型激励理论 ………………………………………………… 94
　　第四节　行为强化理论 …………………………………………………… 97
　　第五节　综合激励模型 ………………………………………………… 101
　　复习思考题 ……………………………………………………………… 104
　　案例分析 ………………………………………………………………… 104
　　推荐阅读文献 …………………………………………………………… 106

第六章　组织管理中的激励 ………………………………………………… 107
　　本章关键词 ……………………………………………………………… 107
　　第一节　员工认可计划 ………………………………………………… 107
　　第二节　员工参与计划 ………………………………………………… 111
　　第三节　薪酬激励方案 ………………………………………………… 113
　　复习思考题 ……………………………………………………………… 116
　　案例分析 ………………………………………………………………… 116
　　推荐阅读文献 …………………………………………………………… 117

第四篇　群体行为

第七章　群体行为的基础 …………………………………………………… 118
　　本章关键词 ……………………………………………………………… 118
　　第一节　群体概述 ……………………………………………………… 118
　　第二节　群体行为的影响因素 ………………………………………… 122
　　第三节　群体行为 ……………………………………………………… 130
　　第四节　团队建设 ……………………………………………………… 135
　　复习思考题 ……………………………………………………………… 138
　　案例分析 ………………………………………………………………… 139
　　推荐阅读文献 …………………………………………………………… 142

第八章　群体沟通 …………………………………………………………… 143
　　本章关键词 ……………………………………………………………… 143
　　第一节　沟通的概述 …………………………………………………… 143
　　第二节　人际沟通与组织沟通 ………………………………………… 146
　　第三节　沟通障碍与克服 ……………………………………………… 149
　　第四节　冲突与谈判 …………………………………………………… 152
　　复习思考题 ……………………………………………………………… 158
　　案例分析 ………………………………………………………………… 158
　　推荐阅读文献 …………………………………………………………… 159

第五篇 领导行为

第九章 领导理论概述 ································ 160
- 本章关键词 ···································· 160
- 第一节 领导与领导者的影响 ···················· 160
- 第二节 领导与权力 ···························· 164
- 第三节 领导理论模型 ·························· 167
- 第四节 领导理论新观点 ························ 168
- 复习思考题 ···································· 170
- 案例分析 ······································ 170
- 推荐阅读文献 ·································· 171

第十章 领导行为风格理论 ·························· 172
- 本章关键词 ···································· 172
- 第一节 领导行为四分图理论 ···················· 172
- 第二节 领导方格理论 ·························· 173
- 第三节 支持关系理论 ·························· 175
- 第四节 领导行为连续统一体理论 ················ 177
- 复习思考题 ···································· 178
- 案例分析 ······································ 178
- 推荐阅读资料 ·································· 179

第十一章 领导权变理论 ···························· 180
- 本章关键词： ·································· 180
- 第一节 费德勒模型 ···························· 180
- 第二节 途径-目标理论 ························ 182
- 第三节 领导生命周期理论 ······················ 186
- 第四节 领导成员交换理论 ······················ 187
- 复习思考题 ···································· 190
- 案例分析 ······································ 191
- 推荐阅读资料 ·································· 192

第六篇 组织行为

第十二章 组织结构设计 ···························· 193
- 本章关键词 ···································· 193
- 第一节 组织概述 ······························ 193
- 第二节 组织结构 ······························ 195
- 第三节 组织设计对行为的影响 ·················· 204
- 复习思考题 ···································· 208
- 案例分析 ······································ 209
- 推荐阅读文献 ·································· 211

第十三章 工作设计与工作压力管理 ·················· 212
- 本章关键词 ···································· 212
- 第一节 工作设计 ······························ 212
- 第二节 压力管理 ······························ 214
- 第三节 员工援助计划 ·························· 220

复习思考题 ··· 224
　　案例分析 ··· 225
　　推荐阅读文献 ··· 227
第十四章　组织文化与组织行为 ··· 228
　　本章关键词 ··· 228
　　第一节　组织文化概述 ·· 228
　　第二节　组织文化研究的内容 ··· 233
　　第三节　跨文化组织行为 ·· 240
　　复习思考题 ··· 246
　　案例分析 ··· 246
　　推荐阅读文献 ··· 249
第十五章　组织的变革与组织发展 ··· 250
　　本章关键词 ··· 250
　　第一节　组织变革与发展 ·· 250
　　第二节　组织变革的阻力与克服 ··· 255
　　复习思考题 ··· 261
　　案例分析 ··· 261
　　推荐阅读文献 ··· 265
参考文献 ·· 266

第一篇 绪论

第一章 组织行为学研究内容与研究方法

◆本章关键词

组织行为学;学习意义;产生和发展历史;研究内容;研究方法

影响我们生活的不仅仅是我们所属的工作组织,我们每个人在日常事务中还要和许多其他形式的组织打交道,超级市场、百货商店、专卖店、银行、学术组织、政府机构、学校和医院等都是我们经常打交道的组织。这些组织不仅影响我们日常生活的性质,而且影响我们日常生活的质量。

有人说,作为个人,只要不触犯法律,吃穿不愁,就可以游离于任何组织之外。但是,一个人要成就一番事业,就必须从属于某个组织。如果脱离组织,个人孤军奋战,很难取得成功。未来的竞争是人才的竞争,实际上也是组织的竞争。组织是志同道合的一群人走到一起干大家共同想干的事。组织的竞争必然依赖于组织的成员,组织的竞争力也就与其成员的总体素质直接相关。这里必须消除一种误解,一个人才荟萃的组织并不一定是一个具有最强竞争力的组织,即使一个企业的所有成员都具有高素质,也不一定能保证企业经营成功。这是因为,个人的竞争力完全取决于个人的素质,而组织的竞争力并不仅仅取决于各个成员的个人素质,也绝不是个人素质的简单相加,而是取决于作为一个整体的组织的素质。因此,怎样才能使个人素质发挥出整体效益,这就是组织行为学探讨的关键所在。

第一节 学习组织行为学的意义

一、人本管理是管理科学发展中对人性认识深化的必然

以人为本管理,又称人本管理,是指把人的因素作为管理中的首要因素和本质因素,围绕调动人的积极性、主动性和创造性进行组织运作的一切管理活动,以促进组织和个人全面发展为根本目标的管理理念与管理模式。

从管理理论上讲,以人为本管理是管理科学发展与对人性的认识深化的产物。一般认为,管理的观念和实践已经存在了数千年,管理理论只是在 20 世纪初才开始成为一门学科。管理科学发展历史,大致可划分为 5 个阶段,见图 1.1。

图 1.1 管理科学发展历史阶段

早期的企业都是以资本为中心建立起来的,资本积累和扩大再生产是企业谋取更多剩

余价值的最主要手段。因此,这一时期的管理也是以"资"为"本"的。现今,企业中的人已提升到一种比物力资本更为重要的地位上来。于是,"人本主义"就逐渐地取代了"资本主义"在企业中所占的主导地位,以人为本管理的方式也就应运而生。它正是管理科学又发展到一个新的阶段的明显标志。

二、新经济时代管理实践要求人本管理

新经济时代要求管理人本化,从管理实践上讲,以人为本管理是新经济时代的特点所决定的,是管理人本化要求的体现。

管理回归以人为本,归根到底是由生产力推动的。我们现在处在一个新经济时代,有3个主要特点:

(1)经济全球化。即可在全球范围内优化资源配置,可在全球范围内组织经济活动。每个国家和企业都与全球经济休戚相关。

(2)信息网络化。即一切信息都可通过国际因特网进行传递和处理。通过信息网络可把全球每个企业每个人都联系到一起;用最快的速度进行沟通,甚至直接完成商务或其他活动。

(3)知识经济化。即知识创新成为经济发展与增长的原动力。知识成为经济发展中最重要、最宝贵、最具有决定意义的资源。人的自主性更加凸显出来,人才资源愈来愈资本化。

新经济时代对管理的要求,集中表现为管理人本化。管理人本化是指在管理中人的地位和权利得到空前重视。在新经济时代,管理的使命不再只是为了提高效率,管理的首要任务将是精心培植组织的竞争力。人成为管理的出发点和归宿点,这也就是以人为本管理的基本要求。

三、管理向人本管理回归的必然

(1)管理职能。管理活动作为一个过程,管理者在这个过程中所具备的基本功能和作用,就是管理职能。从法约尔的管理的五职能——计划、组织、指挥、协调、控制开始,许多管理学者对管理职能进行了不同的划分,但都是对人的管理和对事的管理,而对事的管理最终是靠对人的管理来实现的。

(2)管理角色。管理者在管理过程中表现出的与工作有关的各种行为类型,称为管理角色。经理角色学派的代表人物亨利·明茨伯格(Henry Mintzberg)认为管理者在管理工作中扮演着三大类十种角色,即人际的角色——头面人物、领导者、联络者,信息的角色——监控者、传播者、发言人,决策的角色——企业家、混乱处理者、资源分配者、谈判者。这些角色作用要想得到充分发挥,必须坚持以人为本的管理理念。

弗雷德·路桑斯(Fred Luthans)和他的同事们从另外一个不同的角度考察管理角色。他们研究了450多名管理者后发现,这些管理者都卷入了4类管理活动:①传统管理活动——决策、计划和控制;②沟通活动——交换日常信息并处理书面资料;③人力资源管理活动——激励、训练、管理冲突、安置、培训;④网络活动——社交、政治活动、与外部交往。不同的管理者在这4种活动中时间分配比例相差甚远,如表1.1所示。

表1.1 不同的管理者在各种管理活动上的时间分配比例(%)

管理活动	一般的管理者	成功的管理者	有效的管理者
传统管理活动	32	13	19
沟通活动	29	28	44
人力资源管理活动	20	11	26
网络活动	19	48	11

表 1.1 中,成功的管理者是根据在组织内部晋升速度来衡量的;有效的管理者是根据他们绩效的数量和质量及其下属的满意程度和承诺程度来界定的。两者所关注的工作重点大相径庭。对于成功的管理者,网络活动的贡献最大,人力资源管理活动的贡献最小。而对于有效的管理者而言,沟通活动的贡献最大,网络活动的贡献最小。这一结论对于晋升是以绩效为基础的历史假设提出了挑战,展示了这样一个事实:人际交往活动对于管理者谋求组织内部的发展起着重要作用。而作为一个有效的管理者,花在人力资源管理、沟通、网络活动 3 个方面的时间占 81%。

(3)管理技能。管理技能是指管理者承担管理职能,担任各种管理角色,成功地实现目标所需要的技术和能力。美国学者罗伯特·库茨(Robert Katz)提出了管理技能模型。他认为,管理技能有 3 类:①概念技能,是指分析与诊断复杂情境的能力;②人际技能,是指在群体和组织中与他人共同工作并理解和激励他人的能力;③技术技能,是指应用专业知识或才能的能力。不同管理层次的管理者应具备的管理技能要求是不同的。1979 年美国《管理决策》发表《管理技能的阶梯》研究报告,通过对 500 家企业的调查,对各个管理层次的管理者应具备的管理技能进行了定量分析,见表 1.2。

表 1.2 各个管理层次管理者应具有的管理技能及其比例(%)

管理层次	管理者应具有的技能		
	概念技能	人际技能	技术技能
上层管理者	47	35	18
中层管理者	31	42	27
下层管理者	18	35	47

在 3 类管理技能中,人际技能与人本管理直接相关,概念技能与人本管理间接相关,显然,掌握人本管理方法十分重要。调查显示,影响 MBA 毕业生工作有效性的,最重要的技能也是人际技能。美国创造性领导研究中心的研究表明,50%以上的经理和 30%的高级经理,在某种程度上缺乏人际技能。《财富》杂志 500 强中的许多公司的高层管理者认为,管理失败的最大原因是管理者缺乏人际技能。难怪美国钢铁大王卡内基说,15%的技术技能加上 85%的人际技能,就是 100%的成功。

新经济时代的特点和当代管理体系的要求都将以人为本管理提到了核心地位。我们必须要对这个时代的特征有清醒的认识,才能真正与时俱进,而不被时代的列车所抛弃。

第二节 组织行为学的产生和发展

一、学科基础

行为科学产生于科学管理高度发达之后,是 20 世纪四五十年代兴起的学科。科学管理虽然给资本主义管理科学的发展带来了生机,但是科学管理过分重视效率观念,以至抹杀了人性的尊严,把工人的价值视同机器一样,不知人是有理想、有感情、有尊严的;科学管理过分重视组织的静态面,忽视了组织动态的一面;科学管理只研究组织的结构,人员的分工,订立完备的法令、规章、工作标准,忽视研究人的心理与行为;科学管理把组织看做孤立系统,未能涉及组织与环境关系,实际上任何一个组织都与环境紧密联系相互影响,组织是一个开放系统;科学管理错误地把人性理解为天生就是厌恶工作的,主张以严格监督制裁的方式来管理人,认为员工工作的动机纯粹是为了物质、报酬,主张以物质的条例来奖惩员工,认为这样就可以控制人的工作行为。这些引起了工人的强烈不满,劳资矛盾日趋尖锐,资本家为了平息工人们日益增长的不满情绪,不得不再度寻找新的理论和经营方式,用更加巧妙的办法来缓和劳资矛盾。这个时期,心理学、社会学等学科在理论上也有了较大的发展。在这种历史条件下,在霍桑实验的基础上,一个着重研究人的因素,旨在激发人的积极性的学派,行为科学的先驱——人际关系学说应运而生。

人际关系学说提出了新的观念:

(1)人际关系学说把人当做"社会人"加以尊重,认为影响人积极性的,除了物质利益因素,还有社会的、心理的因素,如交往、友谊、归属感和尊严等。

(2)人际关系学说认为生产效率的好坏,不仅受劳动环境、工作方法的影响,而且取决于工人的工作情绪,即职工的"士气"、职工的态度。

(3)人际关系学说不仅重视正式组织对个体行为的影响,而且通过霍桑实验证实了"非正式组织"的存在,它对个体行为的影响有不可忽视的作用。

在进行霍桑实验并提出人际关系学说的前后,正值美国陷入20世纪30年代初期的经济危机。这时,企业正忙于应付危机,因而霍桑实验的结论未能引起多大的注意。到了30年代中期,美国国会被迫通过了《全国劳工关系法》,有很大影响的"产联"等大工会也相继成立,劳资关系发生了某些变化。这以后,人际关系的影响随之扩大,一些大学设立了相应的课程。正当人们积极开展人际关系的研究时,1949年在美国芝加哥召开了一次跨学科的讨论会,会上第一次提出了行为科学的名称。1953年美国福特基金会召集哈佛、斯坦福、密歇根、北卡罗来纳等大学的科学家开会,正式把这门综合性的学科定名为"行为科学"。从这时起,行为科学取代了人际关系学说。行为科学所带来的划时代的变化,就是从以技术为中心的管理转变到以人为中心的管理,越来越重视人的作用。

行为科学在几十年的发展中,有一个很重要的特点,就是由理论研究逐渐转向实际应用研究。它在西方发达国家企业界的影响越来越大,行为科学的理论已逐渐渗透到西方企业的各种管理理论、管理制度和管理方法中,对企业的发展起了很大的作用。美国工业联合会曾经进行过调查,发现有95%以上的公司管理者发表过与行为科学有关的著作和文章,80%以上的公司管理者参加过行为科学的有关课程。美国许多成功的大企业如通用电气公司、惠普公司、汤森公司等都很重视行为科学的研究和应用。如惠普公司大量采用了职工参与、目标管理、取消考勤钟、实行弹性工时制等以人为本的管理方法。

行为科学的知识运用的范围非常广泛,包括政治、经济和文化等各个领域,有关人的或人的心理行为的问题都需要行为科学的理论与知识来说明,组织行为学正是将行为科学的一般原理用于各种组织管理上的必然产物。组织行为学是行为科学的新发展。

二、理论基础

组织行为学形成的直接原因是行为科学的产生与发展,但它的产生还有更深层的理论准备和知识积累。

(一)心理学

心理学是研究人类心理现象规律的科学。所谓心理现象的规律性包括心理活动的规律和心理特征的规律两部分。一般认为,心理活动是内省的,行为是外显的。要研究组织中人外显行为的规律性,必须以心理学作为理论基础,因为心理活动和心理特征是人们产生行为的重要原因和内动力。

人都是社会人,不能离开社会生存,人的心理活动必然是与群体、组织和整个社会联系在一起的,组织行为学是以个体的一般心理过程规律为基础,进而研究群体行为,以及个体与群体关系。

(二)社会学

这是一门综合性较强的学科,它把社会作为一个整体,综合研究社会现象各方面的关系及其发展变化的规律性。这里首先需要了解"社会"这个词的含义。

从广义上说,社会是人类关系的体现,包括人类所有直接和间接的关系。从狭义上说,所谓社会就是某种特殊的和比较具体的人类结合体,凡是一群有某些共同的观念、态度和行为习惯的人,或是在一起共同生活的人,都构成社会。任何社会或群体都是有组织的,而社会的组织又是由各种制度维系的。所以一般地说,社会学是研究社会关系的科学。社会关系又可分为动态的和静态的两种。动态的是指社会中人们的互动,如合作与冲突等。静态的是指社会现象的关系模式,如家庭结构、群体、组织、阶级等。

研究组织行为学就是要运用社会学的知识来探索人在社会关系中表现出来的行为。组织是由很多群体组合而成的,所以组织行为学把组织看做一个开放的有机的社会组织。组织、群体和个人之间存在着彼此互相依存的关系。组织、群体和个人与环境构成互动的、复杂的社会体系。

组织中人的行为是离不开社会关系的,因此研究组织中人的行为必须从其所处的整个社会关系着手,这样才能全面认识人的行为规律。如研究组织中个人的行为受组织内外社会环境的影响,个人在社会中所担任的角色和社会地位,群体的动力、结构、交往、权力和冲突,非正式组织、群体之间的合作配合和人与人之间相互关系等,都需要社会学的知识。

(三)人类学

这是研究组织行为学的重要的理论基础之一。人类学是研究人类的科学。这门学科分为体质人类学、文化人类学(又称社会人类学)和考古学。而其中与组织行为学关系最密切的是文化人类学。文化人类学过去主要研究原始社会及其文化,但是近30年来,已逐步扩展到对现代文明社会及其文化的研究。文化人类学对组织行为学的贡献,主要是组织中人的行为与人类社会的起源的理论、人类 社会行为以及人类和文化的关系等知识。

人类的行为并不是完全出于本能的。人的行为中文化性的行为多于生物性的行为。人类通过不断社会化的学习过程,使行为超越了本能性行为,在文化环境中逐步形成价值观念、规范、风俗、习惯、民族性等。由于各国文化背景的差异,其所熏陶出来的民族性格也不同。在一个组织中,其成员(职工)的教育程度、家庭背景、社会环境也有差异性,这些都会影响他们的态度与行为。因此,任何组织的管理者和领导都必须根据不同的文化背景和现实环境,选择相适应的有效的组织形式和领导方式。

菲克特(Picher)指出,文化的功能有以下五点:

(1)文化是区别不同社会的标志。文化的差异性对人的行为的影响比地理环境和政治的影响更为现实,它为研究社会中的人、组织中的人(如跨国公司、中外合资企业中的人)的民族特点提供了依据。

(2)文化使一个社会的价值更系统化。人们通过文化可以使个人生活的意义和目的更系统化。

(3)文化为社会的团结、组织的凝聚力提供了一个重要的基础。对自己民族 文化的认同性越强,对本国、本组织的文化特点越欣赏,团结力、内聚力也就越强。

(4)文化为社会结构提供材料和蓝图。它使社会行为系统化、习惯化。文化将个人、群体和组织所有各部分的行为紧密联系和协调起来。

(5)社会和组织的文化还能塑造社会和组织的个性与性格。社会和组织中个人有各种差异,但在个人性格上也具有不可避免的文化标记。个人虽然有选择和适应的能力,但他的社会和组织个性大多是文化的产物。所以,我们可分辨出一个人是典型的美国人、法国人、意大利人、日本人,还是中国人;还可以分辨出他是企业里的人、机关里的人,还是学校里的人。因此,一个组织的有效管理者和领导者,对组织中人员和群体的个性和共性要有深的了解。在管理方式和领导方式上,不仅要针对不同个人的特点,而且要针对于不同文化背景的群体和组织,采取相应的领导方式和管理方式。

(四)政治学、伦理学、生物学、生理学等

这些学科的知识,也是研究组织行为的理论基础。政治学中的权力与冲突问题,伦理学中的道德规范,都会影响组织中人的行为。人体就像一个生物钟,有他的生物节奏的规律性,有体力、智力、情绪的低潮与高潮,这些都会影响个体行为。20世纪80年代,组织行为学开始研究工作压力对个体、群体、组织的工作绩效的影响,主要分析当人们承受工作压力时身体所作出的生理反应,压力所引起的身体生物结构的变化,以及如何防治疾病等。

三、方法基础

(一)心理分析技术

心理分析技术(Psycho-technics)是美国心理学家芒斯特伯格(H. Munsterberg)在1912年所著的《心理学与工业生产率》一书中提出的。书中论述了用心理测验方法选拔合格工人等问题,解决了选择人机协调和匹配的问题。

(二)群体动态分析方法

群体动态分析方法(Group Dynamics)的创始人是德国心理学家勒温(Kurt. Lewin),这种方法也叫"场"理论。这种方法借用了物理学中"磁场"的概念。勒温认为,人都归属于一定的群体,人的心理行为不仅决定于人的内在需要,而且取决于所在的组织环境,是内在需求与周围环境相互作用的结果,当人的需要未得到满足时,会产生内部力场的张力,而周围环境起着导火线的作用,人的行为倾向取决于内部力场与情景力场(环境因素)的相互作用,而决定因素则是内在需求。除此之外,勒温还将群体动态分析方法用来分析个体行为,1933年之后,他将此方法用来分析群体行为,提出了"群体动态"(Group Dynamics)的概念。所谓"群体动态"就是要研究影响群体活动的动向,而研究"群体动态"就是要研究影响群体活动动向的诸因素,群体活动的动向同样取决于内部力场与情景力场的相互作用。群体动态分析方法对组织行为学的形成与发展有很大的影响,勒温的学生提出的影响群体行为的诸因素——群体规范、沟通、领导等,直接构成了组织行为学的研究内容。

(三)社会测量方法

社会测量方法(Sociometry)的创始人是莫雷诺(J. L. Moreno)。他原是维也纳一家医院和研究所从事研究工作和精神病治疗的医生,创造了所谓"心理剧"的治疗方法。1927年莫雷诺迁居美国,专门从事社会心理学研究,提出了著名的社会测量方法。从理论上看,社会测量方法有许多值得讨论的问题,但它作为一门人际关系状况的测量技术已得到广泛的运用。这种技术主要是通过填写问卷,让被调查者根据好恶程度进行选择,并把这种选择用图表表示出来,从而使研究者可以根据图表对群体中的人际关系进行分析。由此可见,社会测量方法为组织行为学研究群体行为提供了科学方法和技术手段。

第三节 组织行为学的基本内容

一、组织的含义

对组织的定义、看法因人而异,我们在对有关观点广泛讨论的基础上,就一些共性的内容,如组织的基本含义、组织和环境的关系、组织的演变、组织与管理等问题达成共识,作为进一步探讨的基点。

(一)组织含义

组织是对完成特定使命的人的系统性安排。不同学派对组织的定义见仁见智。但一般说来,任何一个组织的存在都须具备三个条件:

(1)组织是人组成的集合。组织是由人构成的,同时组织活动也需要一定的物质资源。因此组织既是物质结构,又是社会结构。组织活动的资源配置是通过人来完成的,正是人群形成了组织,没有人群便没有组织。

(2)组织是适应于目标的需要。任何组织都有其基本的使命和目标,企业是为了生产产品、提供服务满足顾客需要,教育机构是为了培养人才,医院的存在是为病人提供健康服务的,等等。组织的使命和目标说明了组织存在的理由。

(3)组织通过专业分工和协调来实现目标。组织的存在是由于有自身的使命和目标。这些使命和目标是社会所必需而单个人又不能完成的。为了完成自己的目标,组织必须开展实际的业务活动(统称作业工作)。组织是直接通过作业活动来完成组织目标的,而作业活动的展开又离不开相应的人力资源(员工)、物力资源(原材料和机器设备)、财力资源(资金)和信息资源(各种数据和情报)等的运用作为条件,否则作业活动就成了"无米之炊"。为了保证作业活动基本过程的顺利、有效进行,还需要开展另一方面的活动——管理。因此,组织中的活动便由此实现其基本的专业化分工——作业和管理两大类。

(二)组织和环境

任何组织的生存和发展都依赖于特定的客观物质基础和社会条件,存在于组织之外并对组织产生一定影响作用的外部事物和现象就构成通常所说的组织环境。

环境包括了人、财、物、气候、市场、技术、文化、政策、法律等自然、技术、文化、经济、政治等方面的要素,不同组织对这些要素的依赖程度各不相同。

组织和环境相互作用,不断进行物质、能量、信息的交换。组织依靠环境获得赖以生存的资源和发展机遇,组织的产出、服务为环境所接受的程度是限制组织活动的边界条件,组织活动的效率受制于环境条件的优劣。因此,组织活动必须适应环境的需要。许多组织失败的原因在于不能适应环境。

组织和环境的相互作用具体表现为组织和环境中的各种要素、其他组织和个人的相互作用,这些其他组织和个人构成了组织的利益相关者。组织和环境之间进行的物质、能量、信息的交换,实际上是通过和它的利益相关者进行交换而实现的,组织适应环境的需要,本质上也是要满足其利益相关者的要求。

组织要适应环境的变化,必须有良好的信息沟通渠道,及时、准确地感知环境变化,同时要始终保持结构的灵活性。

当然,组织也会影响环境,组织的存在本身就是为了增强人们认识和改造世界的能力,组织活动的结果必然会对环境产生或大或小的影响,组织要为优化社会物质环境和文化环境尽其"社会责任"。

成功的组织会对社会产生示范效应,组织失败的教训也会增进人们对世界的认识。但是,在一般的意义上,组织对环境都不可能产生决定性的影响,都必须以对环境的适应为前提。

(三)组织的演变

结构和过程、存在和演变是组织的两种形态。静态地看,组织的存在表现为在某些特定目标下形成的职位、个人之间的关系网络式结构,它一经形成,便具有相对的稳定性。动态地看,组织结构形成后,必然展开活动以完成组织目标,同时要为适应环境变化而调整,提高组织的效能,这种运作、变革、发展的过程即为组织的演变过程。因此,组织既是一种维持结构,又是一种创造结构,并是结构发挥作用的过程。

(四)组织和管理

所谓管理,就是在特定的环境下,对组织所拥有的资源进行有效的计划、组织、激励、领导和控制,以达到既定组织目标的过程。如前所述,组织活动可分为基本的两大类:直接导致组织目标完成的作业活动和确保作业活动有效进行的管理活动,二者有密不可分的关系。

(1)任何组织都需要管理。组织成员之间的协调是组织存在并正常运行的前提,也是管理的基本内容之一。仅此一点,就足以说明,管理是任何组织都不可或缺的。

(2)管理的目标是保证组织目标的实现。管理是任何组织不可缺少的,但绝不是独立存在的。管理不能成为自己的目标,不能为管理而进行管理,管理的终极目的只是保证作业活动的有效进行,为实现组织目标服务。

(3)管理工作的效果通过组织效率和组织效能来衡量。

(4)组织的发展演变是管理思想发展、管理技术提高的源泉。管理思想的发展、管理技术方法的进步,使组织的管理成本降低。历史上重大的管理思想和技术突破都是组织的发展演变引起的。离开组织,管理就成为无本之木、无源之水。因此,组织行为学的研究与管理理论是无法截然分开的,两者相辅相成。

二、组织行为

今天,组织活动影响我们的生活如此之深,以至于任何一个人已不能脱离组织而独立存在。组织使人们的生活、工作和认识正在发生重大的变革,现代社会中的组织正在受到前所未有的挑战。因此将组织作为对象对组织行为进行深入系统的研究,探讨组织内部结构和演变的规律性,研究组织活动中个体、群体行为的各种因素及相互关系,对于保证人类社会活动的有序进行、增进组织活动的有效性、提高人们的生活质量和福利都是非常重要的。这正是组织行为学产生的必然所在。

由于组织活动的复杂性,因而对组织行为分析和研究也有不同的角度,呈现出多层面的特点。

在第一个分析层次上,我们可以把组织看成追求组织目标而工作的个人的集合。在第二个分析层次上,可以把重点放在组织成员在小组、群体和车间工作中的相互影响上。最后,我们可以把组织视为一个整体来分析组织行为。每个层面都表现出独特的观念并产生了对组织本质和功能自身的见解。

(一)个体

探讨组织行为的一个有效的方法,就是从单个组织成员的角度出发。这种研究组织行为学的方法把重点放在心理学的发展理论和解释的规律上,这些发展理论和解释是关于个体行为以及他们对不同的组织政策、实践和过程的反映。在这种研究方法中,以心理学为基础的有关人性、需要、动机和激励等方面的理论是用来说明单个组织成员的行为和绩效的。对诸如价值观、知觉、态度、个性、意志和情感这些因素也予以考虑,并对他们在工作中的个体行为与绩效的影响进行研究。

(二)群体

如果要完成组织目标,组织成员就必须在工作中合作并协调他们的活动。人们在一起工作的常规方式是小组、部门、委员会这些组织形式,因此,在组织行为学中,一个可选择的富有成效的方法是分析工作群体的功能。

组织行为学的一个重要部分就是把社会心理学的知识和理论应用于研究组织中的群体。在群体这个层次上分析所得的见解不同于研究个人单独工作所产生的见解。

(三)组织

组织行为学也把整个组织作为研究对象,而不仅是把重点放在组织中的个体和群体上。这种宏观方法是把重点放在社会学规律的理论和概念上。研究者力求理解组织结构和组织设计如何影响组织效率和气氛,如何影响有效沟通和信息传递,认识组织与环境之间的关系及其影响,认识组织变革和发展的规律,从而尽可能提高组织的有效性,改进组织气氛。

在组织行为研究的三个基本分析单元——个人、群体、组织中,个人行为和群体行为的研究构成组织行为学的微观理论,对组织的研究构成组织行为学的宏观理论。从不同角度对组织行为的研究并不互相矛盾,而是互相补充。为全面、充分理解影响组织本质、组织效率的因素,需要我们综合每个方面所获得的知识。

三、组织行为学的内容

这是任何一位初学者都要面对的问题。由于组织行为学是一门新兴学科,其内涵和外延都处在发展变化中,因而对这一问题的回答也就众说纷纭,莫衷一是。

美国学者威廉·迪尔(W. E. Deal)认为:"组织行为学是一门应用社会科学,研究工作组织中个人、团体和组织的行为问题。"

美国学者安德鲁·杜布林(A. J. Durin)在他的著作《组织行为学原理》中写到,"组织行为学是系统研究组织环境中所有成员的行为,以成员个人、群体、整个组织及其外部环境的相互作用所形成的行为作研究对象的一门科学。"

在他的另一著作《组织行为学基础——应用的前景》中,他又推崇加拿大学者乔·凯利(J. Keily)的定义:"组织行为学的定义是对组织的性质进行系统的研究:组织是怎样产生、成长和发展的,它怎样对各个成员、对组成这些组织的群体、对其他组织以及更大些的机构发生作用。"

美国管理学家罗宾斯(S. P. Robbins)认为,组织行为学是一个研究域,它探讨个体、群体以及结构对组织内部行为的影响,以便应用这些知识来改善组织的有效性。

本书将组织行为学定义为:研究组织中人的心理和行为表现及其规律,提高管理人员预测、引导和控制人的行为的能力,以实现组织既定目标的科学。

这个定义有三层含义:

(1)组织行为学的研究对象是人的心理和行为的规律性。组织行为学既研究人的心理活动的规律性,又研究人的行为活动的规律性。人的行为与心理密不可分,心理活动是行为的内在依据,行为是心理活动的外在表现,因此,必须把两者作为统一体进行研究。

(2)组织行为学的研究范围是一定组织中的人的心理与行为的规律。这就说明组织行为学并不是研究一切人类的心理和行为的规律,而是只研究一定组织范围内的人的心理与行为的规律。研究这种种组织中的人的心理和行为的规律,不仅是研究单个人的心理和行为,而且还要研究聚集在一起的人的心理和行为。因此又可分为个体心理与行为、群体心理与行为以及整个组织的心理与行为。

(3)组织行为学研究的目的是在掌握一定组织中人的心理和行为规律性的基础上,提高预测、引导、控制人的行为的能力,以达到组织既定的目标。特别是要采取相应的措施变消极行为为积极行为,以取得最佳的工作绩效。

四、组织行为学发展历史

在西方国家,组织行为学的发展大体上分为四个阶段。

(一)20世纪初期起步阶段(20世纪20年代之前)

表现为:

(1)心理技术学、劳动心理学与人机工程学研究的兴起。

(2)各种心理测试手段的运用。

(3)研究内容属于个体取向,侧重于人与机器关系与工作效率问题。

(二)组织行为学的确立和形成阶段(20世纪20~30年代)

表现为:

(1)霍桑试验,即1927~1932年美国学者霍桑所进行的照明试验、福利试验、群体试验、谈话试验等的成功进展。

(2)梅奥(E. Mayo)人际关系理论的发表,为组织行为学的发展奠定了重要基础。

(3)组织行为学研究由个体取向转向群体取向。

(三)组织行为学的大发展阶段(20世纪30~50年代)

表现为:

(1)勒温(K. Lewin)提出的群体动力理论。

(2)马斯洛(Maslow)提出的需要层次理论。

(3)莫雷诺(Moreno)提出的社会测量理论等。

(4)组织行为学理论框架日趋完善,研究方向转向群体取向。

(四)组织行为学成熟阶段(20世纪50年代之后)

表现为:

(1)组织行为学研究更趋于综合性、全面性和系统性。

(2)发达国家和发展中国家普遍重视组织行为学的应用,美、日、俄等各具特色。

(3)研究方向上更重视体制和战略取向。

第四节 组织行为学的研究方法

要想真正解释和预测人的行为,随意的、直觉的或常识性的知识是不够的,因为人的行为不是随机的,而是由某种原因引起的,是在某种环境中发生的,是受行为的后果约束的。要准确合理地预测和解释员工的行为,必须认识到事物与其他事物是相互关联的,个体行为只能在事物的上下关联中才能得到解释。也就是说,对行为进行"系统研究"是做出合理准确预测的重要手段。

所谓系统研究,是指通过对事物间关系的考察,解释行为的原因和结果,把结论建立在科学的理论之上,也就是建立在控制条件下所获得的数据并用合理严谨的方式测量和解释结果。组织行为学是由大量理论组成的,这些理论是以系统研究为基础的,它们体现了系统收集信息的结果,而不只是凭借预感、直觉或经验得出的结论。

要成为有效的管理者,学习组织行为学的研究方法,一方面将有助于摆脱关于行为的直觉观点,学会系统地分析人的行为;另一方面,将增强使用科学研究成果的意识。组织行为学的研究方法主要有:实验室实验法、现场实验法、现场调查法、现场观察法、案例分析法、心理测验法和相关研究法,以下简单介绍几种具体的研究方法。

一、实验法

实验法是运用标准的测验量表,以及必要的实验设备,创造必要的条件,在实验室或现场对人的心理与行为进行测试与分析。优点:方法科学、严谨,有一定的准确性。缺点:复杂、繁琐,难以大面积推广。实验法又分为实验室实验和现场实验。

(1)实验室实验是运用专门实验仪器测试被试者(个人或群体)心理特质和行为的研究方法,是当前组织行为学研究的一种主要方法。实验室实验法的最大特点在于,研究工作是在实验室条件下进行的。

实验室实验法的优点是其控制条件严格,可以避免许多其他因素的干扰,其研究结果具有较强的说服力。但是,实验室实验为达到精确性和可控性而牺牲了现实性和普遍性,再加上人在实验室脱离了活生生的组织环境,增添了人为因素,真实性较差。因此,对于实验室的结果不能迷信,对其实验结果的推广和应用,必须持慎重态度。此外,许多心理和行为规律,如群体行为中的情绪感染、冲突等,难以在实验室内进行实验。

(2)现场实验是利用现存的机构(如工作班组)有目的地控制和改变某些因素和条件,验证某项假设,或检验某项改革合理办法所产生的效果而采用的方法。主要是在自然情况下控制条件进行实验,对于由此而发生的相应的心理变化进行分析研究,做出结论。

现场实验在很大程度上可以推断出因果关系。它与实验室方法比较起来,由于自然的场景比实验室更真实,故增加了实验的有效性,使其实验结果易于推广。但其控制条件与施加实验措施不如实验室方法那样方便,如果控制群体不能维持恒定,外界因素的干扰会降低控制效果。总体而言,如果在运用时能和有关方面建立较好的协作关系,自然实验法是最有效和最具有普遍性的研究方法。

二、调查法

调查法是研究者根据研究问题的性质,运用一定的工具,如问卷、调查表、电话访问等,对特定人群进行调查,收集材料并进行统计分析,以确定其行为特征或规律的方法。

这种方法一定要借助一定的问卷、调查表格或访谈的形式收集数据。这些问卷或调查表格往往根据所要调查的人群的实际或研究者自己的兴趣,由研究者自行设计或借用经专家设计的现场调查的问卷。调查项目的设计要便于研究的量化、分析和总结。调查的取样对象一定要有代表性,才具有统计意义,使研究者根据代表性样本推断出一般的特征和规律。

现场调查比较简单而且经济可行,它只调查样本,而不必调查群体中的每个成员,因此减少了费用。现场调查为了解人们对具体问题和行为的看法提供了一条便利可行的途径,调查的数据易量化。因此,在对组织行为的态势研究中,调查法是行之有效的研究方法之一。调查法的不足,首先,问卷很少能够全部回收,调查结论难以确定是否也能推广到那些未做答复的调查对象。其次,调查不易于了解调查对象的行为。再者,被调查者受到社会赞许性的影响,他们回答问题时为了求得某种安全感,按社会的准则回答,而不是根据自己的标准,因此所获得结果的可靠性可能要打折扣。

三、观察法

观察法是在自然条件下,有目的、有系统地观察、研究对象以获得数据,作出结论。运用观察法,必须明确了解"观察什么"、"怎样观察"和"怎样记录"等问题,以便不失时机地捕捉到有关信息。

运用观察法时,应注意以下几点:

(1)进行有计划观察。观察必须是有目的、有计划的观察,观察在事先有周密的安排。

(2)进行连续性、轮换性观察。连续多次观察可以避免偶然性,获得具有稳定性的数据。轮换性观察是指对同一研究课题变换几次对象进行重复观察,观察变换了的研究对象对同一课题是否有基本相同的心理或行为变化。

(3)进行隐蔽性观察。研究者的观察活动力求不使被研究者觉察到,这样才能使被研究者的心理活动自然流露出真实的变化。否则,容易出现种种假象,不能反映其真实的心理状态,从而使研究资料失去意义。

观察法的优点是对于所研究的群体不施加任何影响,不改变活动进程,因此能够掌握研究对象的许多生动活泼的实际材料,所以它有很大的现实意义,资料的可靠性、可信度较高。但研究者对于被研究者的情况即使了解得很清楚,但任何群体都有其特殊性,因此很难把研究成果运用于其他的群体中去,往往缺乏深刻性和准确性。

四、案例分析法

案例分析法运用个案调查、综合分析、案例研究等手段,对人们的心理与行为作出全面分析与评估。优点是对人的行为研究比较全面系统。缺点是需要花费比较多的时间与精力,并且不可避免地带有观察者或案例材料撰写者的感知偏见和主观解释,要想把案例研究准确地重复或使其适用于其他情况是很难的。

如果能充分注意案例研究3个关键特点,就能成为对组织行为进行分析的有效手段。第一个特点是研究工作者的态度,这种态度应该是对新事物接受敏感,不应局限于验证现有的假设,是寻求而不是试验;第二个特点是科学和严谨的程度,研究工作者要力图搜集到足够的资料来确定并解释这个正在研究的案例,说明案例所具有的独特的特征;第三个特点是案例的研究依赖研究工作者把众多的各种资料汇集起来进行统一说明的能力。

复习思考题:

1. 组织行为的内涵。
2. 组织行为的知识对管理人员有哪些重要性?
3. 人们对组织的看法有哪几个不同的阶段?
4. 组织行为学的发展历史及主要理论学说。
5. 组织行为学研究方法有哪些?
6. 学习组织行为学有何意义?
7. 组织行为学的主要内容包括哪些?

经典案例分析:

泰勒的工时研究——搬运生铁实验

工时研究的目的在于合理确定工作定额。泰勒津津乐道的工时研究实例,就是在伯利恒进行的搬运生铁实验。

当时,伯利恒有一个75人的生铁搬运小组,每人每天装货约12.5吨。泰勒通过工时研究,计算出每个生铁搬运工每天能够搬运的定额为47~48吨。要达到提高定额这一目的,而且要使工人不致因任务过重而罢工,做到管理人员不同工人发生任何争吵,使工人们在以新的47吨的速度干活时比过去以12.5吨的速度干活感到更为高兴和更为满足。这就是泰勒想要达到的目的。

泰勒的具体方法如下:首先,他安排一位聪明的、受过大学教育的管理人员来跟踪搬运生铁的具体过程,在一个"头等工人"以最快速度进行工作时,用秒表准确记录一天的工作过程。在准确测时的基础上,把工作分解成小的基本动作,研究这些动作的最合理、最省力的具体做法,再把各个基本动作所耗费的时间联系起来,求出正常工作的速率,进而计算出标准定额。另外,还要估算出一天中休息时间应占的百分比,以及为意外情况或不可避免的迟延而留出相应的时间。然后,在工时研究的基础上,对工人的操作动作进行设计,用科学的方法合理安排工作程序、操作技巧以及进展速度,减少不必要的体力消耗,省略多余的动作,节约工人的劳动。再次,恰当地挑选实验对象,他挑选了一位人称"斯密特"的外籍移民工人,让他严格按照管理人员的指示进行工作,由一名拿着秒表的管理者掌握斯密特工作中的动作、程序和间隔休息时间。这样,斯密特在一天之内完成了47.5吨生铁的搬运工作,其工资也由过去的1.15美元增加到1.85美元。在这种实验里,秒表成了必不可少的工具,因而,泰勒也就有了"秒表骑士"的雅号。在搬运生铁实验中,泰勒发现了一个重要的现象,就是工人干活时的疲劳程度与他完成的工作量不成正比。人们一般会想当然地认为,干活越多,疲劳程度越高。但泰勒却在实地测量中发现,并不是干活越多就越累,有的工人可能只搬了10吨生铁就精疲力竭,而有的工人可能搬了20吨也若无其事。为了弄清其中的奥妙,泰勒的助手巴思把工作中的所有可能导致疲劳的影响因素都汇出曲线图,用数学方法寻找答案。最后的结论是:工人的疲劳程度与负载的间歇频率相关,而不是与负荷重量相关。由此,泰勒发现了一个合理安排工人负载的新思路,可以在不增加疲劳程度的前提下大大提高工作量。

工时研究为钢铁厂的管理提供了基本依据,它是科学确定定额必不可少的前提,也极大地降低了生产成本。同时,这种用秒表研究工时和动作的方式,为工业生产实现标准化、对工人进行科学方法的培训创造了条件。后来的现代运筹学,追根溯源,就是从工时研究发展而来的。

讨论题:
1. 泰勒的研究运用了什么样不同于传统的研究方法?
2. 泰勒的研究得出了怎样的结论?

霍桑实验

霍桑实验是由梅奥教授作为顾问参与的,与1927~1932年间在芝加哥西方电气公司霍桑工厂进行的一系列实验,包括照明实验,大规模访谈,对接线板接线工作室的研究几个阶段。研究的最初目的是想找出劳动物质条件与劳动生产率之间的关系,但实验的结果却出乎意料地促成了人际关系学说的诞生。

霍桑工厂是一个制造电话交换机的工厂,具有较完善的娱乐设施、医疗制度和养老金制度,但工人们仍愤愤不平,生产成绩很不理想。为找出原因,美国国家研究委员会组织研究小组开展实验研究。霍桑实验共分四阶段。

一、照明实验,时间从1924年11月至1927年4月

当时关于生产效率的理论占统治地位的是劳动医学的观点,认为也许影响工人生产效率的是疲劳和单调感等,于是当时的实验假设便是"提高照明度有助于减少疲劳,使生产效率提高"。可是经过两年多实验发现,照明度的改变对生产效率并无影响。具体结果是:当

实验组照明度增大时,实验组和控制组都增产;当实验组照明度减弱时,两组依然都增产,甚至实验组的照明度减至0.06烛光时,其产量亦无明显下降;直至照明减至如月光一般、实在看不清时,产量才急剧降下来。研究人员面对此结果感到茫然,失去了信心。从1927年起,以梅奥教授为首的一批哈佛大学心理学工作者将实验工作接管下来,继续进行。

二、福利实验,时间是从1927年4月至1929年6月

实验目的总的来说是查明福利待遇的变换与生产效率的关系。但经过两年多的实验发现,不管福利待遇如何改变(包括工资支付办法的改变、优惠措施的增减、休息时间的增减等),都不影响产量的持续上升,甚至工人自己对生产效率提高的原因也说不清楚。

后经进一步的分析发现,导致生产效率上升的主要原因如下:第一,参加实验的光荣感。实验开始时6名参加实验的女工曾被召进部长办公室谈话,她们认为这是莫大的荣誉。这说明被重视的自豪感对人的积极性有明显的促进作用。第二,成员间良好的相互关系。

三、访谈实验

研究者在工厂中开始了访谈计划。此计划的最初想法是要工人就管理当局的规划和政策、工头的态度和工作条件等问题作出回答,但这种规定好的访谈计划在进行过程中却大出意料之外,得到意想不到的效果。工人想就工作提纲以外的事情进行交谈,工人认为重要的事情并不是公司或调查者认为意义重大的那些事。访谈者了解到这一点,及时把访谈计划改为事先不规定的内容,每次访谈的平均时间从30分钟延长到1~1.5个小时,多听少说,详细记录工人的不满和意见。访谈计划持续了两年多,工人的产量大幅提高。

工人们长期以来对工厂的各项管理制度和方法存在许多不满,无处发泄,访谈计划的实行恰恰为他们提供了发泄机会。

四、群体实验

梅奥等人在这个试验中是选择14名男工人在单独的房间里从事绕线、焊接和检验工作。对这个班组实行特殊的工人计件工资制度。实验者原来设想,实行这套奖励办法会使工人更加努力工作,以便得到更多的报酬。但观察的结果发现,产量只保持在中等水平上,每个工人的日产量平均都差不多,而且工人并不如实地报告产量。深入的调查发现,这个班组为了维护他们群体的利益,自发地形成了一些规范。他们约定,谁也不能干得太多,突出自己;谁也不能干得太少,影响全组的产量,并且约法三章,不准向管理当局告密,如有人违反这些规定,轻则挖苦谩骂,重则拳打脚踢。进一步调查发现,工人们之所以维持中等水平的产量,是担心产量提高,管理当局会改变现行奖励制度,或裁减人员,使部分工人失业,或者会使干得慢的伙伴受到惩罚。这一试验表明,为了维护班组内部的团结,可以放弃物质利益的引诱。由此提出"非正式群体"的概念,认为在正式的组织中存在着自发形成的非正式群体,这种群体有自己的特殊的行为规范,对人的行为起着调节和控制作用。同时,加强了内部的协作关系。

讨论题:

1. 霍桑试验采用了哪几种组织行为学研究的具体方法?
2. 在对人的看法上,通过霍桑试验,你可以得出哪些不同于传统看法的结论?

推荐阅读文献:

[1] 关培兰.组织行为学[M].北京:中国人民大学出版社,2005.
[2] 李靖.管理心理学[M].北京:科学出版社,2006.
[3] [美]斯蒂芬·P·罗宾斯.组织行为学第十版.[M].孙健敏,李原,译.北京:中国人民大学出版社,2005.

第二篇 个体行为

第二章 知觉与个体决策

◆ **本章关键词**

感觉和知觉；社会知觉；归因理论；个体决策

人的行为的产生有赖于个体对所在环境的理解和判断，这种理解和判断是通过知觉的作用产生的，人的知觉直接影响人的心理状态和行为。因此，在管理中要研究和预测人的行为，必须了解人的一般心理过程及其规律，尤其是知觉在社会交往、归因和个体决策中的作用。

第一节 知 觉

一、感觉和知觉

(一)感觉

感觉是客观事物直接作用于人的感觉器官，在人脑中所产生的对事物的个别属性或个别部分的反映。感觉是直接作用于人们感觉器官的客观事物的个别属性或个别部分在人脑中的反映。在日常生活中，人时刻都接触到外界的许多事物，它们直接作用于人的各种感觉器官，从而在人脑中就产生了各种各样的感觉，如人们看到的颜色、听到的声音、闻到的气味等。同样，身体的运动与姿态、体内器官的状况，也能作用于有关的感觉器官，而在大脑里产生舒适、疼痛、饥渴等感觉。感觉的过程见图2.1。

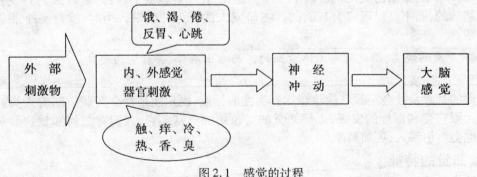

图2.1 感觉的过程

(二)知觉

人脑的活动并不只是停留在对事物个别属性的反映层次上，由于现实中某些感觉信息的作用会引起整个感觉信息组合的兴奋，通过自觉形成的意识活动，立即过渡到对客观事物的整体的反映，这就是知觉。

知觉是客观事物直接作用于人的感觉器官，人脑对客观事物整体属性或各个部分的反映。客观事物的各种属性并不是各自孤立地作用于个人，而是组合成整体，同时或相继作用于人的感官,于是在大脑中就产生事物的整体映象。例如,当我们拿起苹果品尝时,苹果的颜色、气味、表面光滑度和味道等个别属性,便分别作用于眼、鼻、手、舌等感官,在脑中产生相应的感觉,这些感觉经过人脑的选择、处理和组织,形成一个有机组合,就构成了完整的苹果映象,这就是对苹果的知觉。知觉的过程见图2.2。

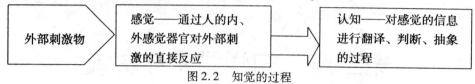

图2.2 知觉的过程

(三)知觉和感觉的联系与区别

感觉和知觉的共同点在于,二者都是直接作用于感官的当前事物在人脑中的反映,所产生的主观映象都是具体的感性形象。

感觉和知觉的区别在于,感觉反映事物的个别属性(如形状、色泽、气味、温度等),知觉则是对事物各种属性、各个部分及其相互关系的综合的整体的反映过程。

感觉和知觉又有联系,感觉是知觉的成分,是知觉的基础;知觉是在感觉之上产生的,它依赖于人脑中储存的一系列感觉信息组合,没有感觉,就不会有知觉。

当客观事物直接作用于人的感官时,人脑首先产生对这些事物个别属性或个别部分的反映,这是感觉;但是对同样一个人、一件事、一个问题,不同人的观点可能差别很大。为什么会形成这种差别呢?一种可能是价值观或个性心理不同,不同价值观或个性心理的人,其判断标准不一样,对同一事实的看法可能截然相反,难以调和,此所谓"道不同,不相为谋"。还有一种可能是价值观标准相同,但对同一个对象,大家捕捉到的信息不一样,从而得出不同的结论。"盲人摸象"就是这种情况。

人们拥有的信息来源于对客观事物的认知过程和心理过程,而认知过程是从人脑对客观现实的反映——感觉与知觉开始的。一切较高级、复杂的心理过程活动,都以感觉与知觉作为基础,即在感觉与知觉所获得的材料的基础上才能产生。由于不同的人知觉过程不一样,那么即使面对相同的原始材料,人们在经过各自知觉过程的处理后得到的信息就会有差别,所以人们做出的决策就可能不一样。因此,在一定程度上,行为是以人们对现实的知觉为基础的,而不是以现实为基础的。在研究人的行为和组织行为时,这是一个非常重要的问题。

> 我们并不是看到现实,而是对自己所看到的东西做出解释,并称它为现实。
>
> 斯蒂芬·P·罗宾斯

知觉的基础是社会实践。检验知觉真实性的标准,也只能是社会实践。随着人类社会实践向无限广度和深度的发展,人们知觉的对象更加丰富多彩,人们对如何知觉这些对象的探讨也会更加深入,更加科学。

二、知觉的特征

知觉是客观事物在人脑中的主观映象,因而知觉受人的各种主观意识特点的影响和制约。例如,一个人的知识水平、兴趣爱好、情绪体验等都直接影响着知觉过程。所以,不同的人对于同一对象的知觉的完整性和准确性往往是不相同或不完全相同的,甚至同一个人在不同时间对于同样对象的知觉也往往是不相同或不完全相同的。

知觉有如下的基本特征:

(1)知觉的选择性。指人们在同一时刻总对少数刺激(对象)只觉得格外清楚而对其余的刺激(背景)知觉得比较模糊。背景和对象在一定环境下可以转换。见图2.3,以白色为背景,知觉对象就是对立的人,以黑色为背景,知觉的对象就是不同形状的圆柱。

(2)知觉的恒常性。指当知觉的条件在一定范围内,发生某些变化时,而知觉的映象仍然保持不变。它有利于我们正确地、不断地适应变化的环境。见图2.4,对于这扇门,人们不会认为它是梯形。

图2.3

图2.4

(3)知觉的理解性。指当人们知觉某一对象时,可以根据自己的经验去加深理解,并做出解释。见图2.5,不同人的理解是不同的,可能理解为一条狗,还可能理解为沙滩和浪花。

(4)知觉的整体性。指人们可以根据经验,来按照事物的局部特征和个别属性去感知事物的整体。见图2.6,本来是三个角和三个圆弧,人们知觉的时候将这些图像组合在一起,知觉为两个三角形和三个圆。

图2.5

图2.6

三、影响知觉过程的因素

现实中,人的知觉往往不准确、不符合实际情况,甚至产生错觉。"风声鹤唳,草木皆兵"就是典型的例子。知觉的偏差会影响人的认识,导致决策的失误,误导人的行为,给工作造成损失。因此,在组织管理活动中,必须研究影响知觉准确性的因素,减少偏差和失误。

影响知觉准确性的因素可以大致归为三个方面:知觉者的主观因素、知觉对象的特征、知觉环境的特点,见图2.7。

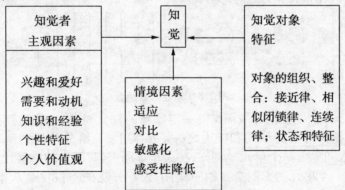
图2.7 影响知觉的因素

(一)知觉者的主观因素

知觉者主观因素的不同会导致知觉的个体差异。即对同一事物,不同的人知觉不同。这些因素主要有:

1. 兴趣和爱好

人在兴趣和爱好方面的个体差异性会影响知觉的选择性。通常人们最感兴趣的事物最容易被知觉到,并把握更多的细节,如"见微知著";自己不感兴趣的事物往往被排除掉,如"熟视无睹"。兴趣和爱好相近的人,也往往有相近的知觉,容易沟通,从而形成非正式群体。

2. 需要和动机

人们需要和动机的不同也在很大程度上决定人们的知觉选择。一般说来,凡是能够满足人的某种需要、合乎其动机的事物,容易成为知觉的对象和注意的中心;反之,则不易被人知觉到。例如,一个干渴难耐的人,将注意力集中于面前的水和饮料,而对眼前的其他事物则视而不见、听而不闻。

3. 知识和经验

个体具有的知识和经验对于知觉的选择性影响也很大。例如,对同一台戏曲节目,外行人和内行人的知觉就有区别,所谓"外行看热闹(故事情节),内行看门道(唱腔、动作)"讲的就是这个道理。

4. 个性特征

个性也是影响知觉选择性的因素。比如,不同气质类型的人在知觉的深度和广度上存在着明显的差异。一般来讲,多血质的人知觉速度快、范围广,但不细致;黏液质的人知觉速度慢、范围窄,但比较深入细致。

此外,个人的价值观、对未来的预期、身体状况、自身条件等因素也会影响知觉的选择性。由主观因素造成的个体知觉差异性,使人的知觉世界各有千秋。虽然知觉反映了客体的本质属性,但在具体的反映形式和结果上,却体现着个人风格,形成了选择性知觉。

(二)知觉对象的特征

知觉对象的特征是影响知觉的重要因素。

第一,人们在知觉事物时,会根据对象的特征进行组织、整合,这种整合遵循一定的规则。

(1)接近律。在时间、空间上接近的对象,有被知觉为同类的倾向。例如,一个车间的两个工人同时要求辞职,人们很容易觉得他们是串通一气的,其实可能仅仅是巧合,如图2.8第一幅图中,对8条线的知觉,往往把它们分成4组,则不是知觉为8条线组成的整体。

(2)相似律。具有相似性的对象易被知觉为一组,如图2.8第二幅图中,是圆点组成的图像,人们往往将相同颜色的红点知觉为一个三角形。

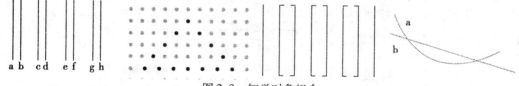

图2.8 知觉对象组合

(3)闭锁律。人们能够把分散而又有一定联系的知觉对象的反映综合起来,形成一个整体。这是知觉整体对象的形式和能力之一。事实上,一组分散的知觉对象包围一个空间,同样容易被人知觉为一个单元。例如,在火车车厢中,对面坐的乘客比背靠背坐的乘客更容易被知觉为一个单元。如图2.8第三幅图,人们知觉的不仅仅是八条线段,而是将有闭合倾向的线段组合为三个矩形。

(4)连续律。在空间、时间上有连续性的对象,容易被知觉为一个整体。例如,在电影院售票处,人们往往把排队购票者知觉为一个整体,而对其他散乱的人则没有明晰的知觉。又如,弹奏钢琴的声音因其连续性被人感知为乐曲。如图2.8第四幅图,人们将这小圆点知觉为一条直线和一条弧线。

这些规则的意义在于使知觉更为简便有效,通过对知觉对象的组织更迅速地把握它们。因此,这些规则又统称知觉组织的"简明性规则"。

知觉的简明性组织倾向,往往使人们对时空或运动特征上有关联而实质毫不相关的对象之间做出因果的判断,产生错觉。比如,某工厂的厂庆期间天气很好,有人便会觉得这是天助人事、吉利,其实只是巧合。一位员工上班路上偶然碰到厂长,就一同来到厂里,有人马上认为他们关系不一般。公司来了新经理,不久销售绩效显著提高,人们很容易得出结论说新经理领导有方,但也许是因为原来推出的新产品进入成长期的缘故,新经理只是个"福将"。

第二,知觉对象的颜色、形状、大小、声音、强度和高低、运动状态、新奇性和重复次数等因素,都会影响知觉的结果。由颜色引起的知觉差异,已经被人们应用于日常衣着和房间格调的布置上。如黑、红给人以重的感觉,蓝、绿给人以轻的感觉,浅色使人觉得宽大,深色使人觉得狭小,等等。

由形状引起的知觉差异很多。例如,垂直线段和水平线段等长,但看起来好像垂直线段长于水平线段。最著名的是缪勒－莱依尔(Muller Lyer)错觉:两条等长线段两端附加箭头,一条线段两端的箭头向内,而另一条线段两端的箭头向外,后者显得长些;如图2.9第一幅图所示。

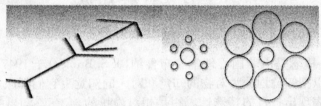

图2.9　知觉的错觉

在其他因素不变的情况下,形状大、强度高、新奇、熟悉的事物更容易被知觉。例如,在人群中,身材高大的人、穿着奇特的人、熟人一般会先进入眼帘而知觉到。鞭炮声比掌声、枪声比鞭炮声更容易被知觉。一般情况下,动态的事物、重复次数多的事物容易被知觉。例如,晚上在门场上,那些颜色变化、运动的霓虹灯广告牌就比静止的广告牌给人印象更深刻,而商品广告的有限多次重复也能起到更好的效果。

(三)知觉的情境因素

知觉的情境因素通过影响人的感受性而改变知觉的效果。所谓感受性就是人的感觉灵敏度,人对外界刺激物的感觉能力。人的感受性在环境作用下发生的变化,表现为以下几种现象。

1.适应

由于刺激对感觉器官的持续作用而引起感受性变化的现象叫适应。它可表现为感受性的提高,也可以表现为感受性的降低。"入芝兰之室,久而不闻其香,入鲍鱼之肆,久而不闻其臭",是嗅觉的适应现象。冬泳刚下水时觉得很冷,几分钟后感觉不太冷,就是皮肤对温度的适应现象。

2.对比

同一感觉器官接受不同的刺激而使感受性发生变化的现象称为对比。如吃了糖以后接着吃苹果,觉得苹果很酸,这种情况为先后对比。同时对比,也称为对象与背景的对比,对感受性和知觉的影响很大。同一事物在不同的背景下,可以使人产生不同的知觉。事物与其背景的反差越大,事物越易从背景中区别出来,"万绿丛中一点红"会使人感到格外鲜艳;反之,则难以分开。

3. 敏感化

在某些因素影响下，感受性暂时提高的现象称为敏感化。它与适应不同，适应会使感受性提高或降低，而敏感化则都是感受性的提高。例如，感觉的相互作用、人的心理活动的变化、兴奋性药物刺激等都能提高敏感性，加深人对某一事物、活动的知觉。

4. 感受性降低

感受性降低与适应引起的感受性变化不同，它是由其他因素引起的。人的生物因素和心理因素、不良嗜好（如吸烟）的作用以及某些物质的刺激等都会引起感受性降低。例如，"欢娱嫌夜短，寂寞恨更长"就是由心理因素、情趣不同产生的时间错觉。

综上所述，人的知觉是知觉主体、知觉对象、外界环境因素相互作用、相互影响的结果，是一个主观反映客观的过程，它一般包括观察感觉、理解选择、组织解释和反应等环节。由于任何知觉者自身必然具有这样或那样的局限性，知觉对象的特征也会千奇百怪、参差不齐，知觉环境不断转换。这些因素作用于人的知觉过程，就会使人们的知觉产生偏差，以致形成错觉。在学习、生活和实际工作中必须引起注意，提高认识，努力克服。

第二节 社会知觉

一、社会知觉的概念

社会知觉这一概念是由美国心理学家布鲁纳（J. S. Bruner）于1947年首先提出来的。从知觉对象看，可以把知觉划分为对物的知觉和对人的知觉。它们都服从于知觉的一般规律。但是，它们又表现出各自的特殊性。物是相对静止的，人在感知事物时，人是能动的，知觉的对象是被动的。而对人的感知就不同了。当人知觉人的时候，他并不是停留在被感知者的音容笑貌、身体姿态、举止言行等外表上，而要依据这些人的外部特征知觉对象整体的另一部分——内部心理状态，即他的态度、动机、观点、个性特点等。这是对人的知觉与对物的知觉的根本区别。

社会知觉就是对人的知觉，就是对人和社会群体的知觉，就是对社会对象的知觉。它是知觉主体的一种特殊的社会意识，影响着主体的心理活动，调节着主体的社会行为。组织行为学特别注重社会知觉的研究，因为它与人的行为密切相关。

二、社会知觉的分类

社会知觉实质上是对人的知觉，而我们在知觉人的过程中，可以从不同的角度和侧面进行，所以就有不同的社会知觉类型，即对人的知觉、人际知觉、自我知觉、角色知觉等。

（一）对人的知觉

对人的知觉是指通过对他人的外部特征的知觉，借以了解其动机、感情、意图的认识活动。人的外部物质特征主要包括容貌、穿戴、仪表、风度、举止、言谈等，这些都是知觉的对象。在人与人的交往接触中，尤其初次接触时，总会给人以鲜明的感知，甚至直接影响人们之间交往的深度、交往的质量。当然，这其中也有知觉者自我主观的知觉因素的作用。比如说，有的人知觉别人时首先看重相貌，以相貌取人；有的人知觉别人时首先看人品，按人品给人归类；有的人知觉别人时看重穿戴，按穿戴划分人。总之，对人的知觉既受知觉对象的外部特征影响，也受知觉者自己主观因素的影响。

（二）人际知觉

人际知觉指对人与人之间关系的知觉。它主要以人的交际行为为知觉对象，对人们交往中的动作、表情、态度、言语、礼节等进行感知。这种感知有明显的情感因素在起作用，会

(三)自我知觉

自我知觉是指一个人通过对自己行为的观察而对自己心理状态的自我感知,是自己对自己的看法。一个思维健全的正常人在社会实践中,不仅要知觉周围的人和事,也要知觉自我。两个过程同时交错进行。自我知觉与知觉别人互相影响、互相作用。

(四)角色知觉

角色知觉是指对人们所表现的社会角色行为的知觉。每个人在社会中都充当着某些角色。例如,某人是他父母的儿子,又是他儿子的父亲;是他领导的部属,又是他部属的领导;是他学生的老师,又是他老师的学生等。这就要求每一个人在社会实践活动中,在每一天的人际交往中,把握住各种角色知觉,掌握住各种角色的行为标准,形成角色意识,使人的行为合乎规范。

三、社会知觉中的若干效应

在社会知觉领域,由于知觉的主体、客体都是人,影响知觉准确性的因素还会更多地涉及人的态度、价值观念、道德品质、个性等。主体与客体双方的关系、相对地位、思想方法、社会经验和知觉对象行为的真实程度等,都会影响社会知觉的准确性。这就使社会知觉的问题更为复杂,产生错觉的可能性大为增加。社会知觉发生偏差或错觉时,有多种反应效果。这里只就若干典型的效应及其应用加以简述。

(一)第一印象效应

第一印象效应,也称首因效应,是指人对人的知觉中留下的第一个印象,它能够以同样的性质影响着人们再一次发生的知觉。如果在对一个人的知觉过程中,某人给我们留下了比较美好的第一个印象,这种印象就将影响到以后我们对他的知觉;反之亦然。即使我们感知的某人表现已经变化了,第一印象形成的影响,也将是缓慢地、滞后地改变的。

> **前苏联社会心理学家A·鲍达列夫的实验**
> 实验者把同一个人的照片分别给两组大学生看,但看照片前对两组大学生的指导语不同。指导语告诉第一组大学生,照片上的人是一个恶习难改的罪犯;告诉第二组大学生,照片上的人是一个著名学者。然后主试出示照片,要求每组学生口头描述照片上的肖像。结果发现,两组大学生对同样的照片做了极为悬殊的描述。

(二)晕轮效应

所谓"晕轮"效应是指在知觉过程中,通过获得知觉对象某一行为特征的突出印象,而将其扩大成为整体行为特征的认知活动。它好像刮风天气到来之前,晚间月亮周围出现的月晕把月亮光芒扩大了一样。晕轮效应是对别人认知的一种偏差倾向,实质上是"以点带面"的思想方法,只见一点,不见其余。美国社会心理学家阿希以实验证明了晕轮效应,这种效应往往在对道德品质的知觉中表现得很明显。

> **请你说一说下面描述的两个人的差别大吗?**
> 聪明、灵巧、勤奋、实际、坚定、热情
> 聪明、灵巧、勤奋、实际、坚定、冷酷

晕轮效应对人们的启示。首先,对人、对事要防止以点带面,以偏概全。避免晕轮效应的这种遮掩性和弥散性,如"情人眼里出西施"或者是"厌恶和尚恨及袈裟"等不良效应。其次,要注意防止把自己的主张强加于人,避免以己度人的"投射倾向"。

(三) 近因效应

近因效应是指在知觉过程中,最后给人留下的印象最为深刻,对以后该对象的印象起着强烈的影响。它和首因效应正好相反。一般说来,在知觉熟悉的人时,近因效应起较大的作用;在知觉陌生人时,首因效应起较大的作用。

把首因效应与近因效应结合起来会得到有益的启示。首先,要预防两种效应的消极影响,既不能"先入为主",也不能不究以往、只看现在。而应该以联系发展的态度感知事物,把对人、对事的每一次感知,都当做认知事物过程中的一个阶段,避免形而上学的片面性。其次,要在一定条件下,发挥两种效应的积极作用。

(四) 对比效应

对比效应是指在知觉过程中,我们对人的评价不是孤立进行的,而是通过我们最近接触到的其他人进行相对比较做出的。如果最近接触到的其他人水平较高,对目前的知觉对象评价就低;反之亦然。对比效应在面试和比赛中是常有现象,如果前面几位应试者表现平庸时,后面的一位应试者就比较幸运,而前位发挥出色,就不利于后一位的评估。所以,选用尽可能客观的指标,在所有的选手表演完后再统一评价,在一定程度上可以降低对比效应的负面影响。

(五) 与我相似效应

也称自我投射效应,人们倾向于喜欢那些与自己相似的人,这是生活中的一个常见现象。在组织活动中,管理者在招聘员工、绩效考评、职位提升中更可能会偏爱那些与自己有相似处境的候选人或下级。

这种效应在一定的界限内,可以理解为一种正常的心理倾向。如果恶性发展,就会形成各种腐败现象。诸如在行政系统,有领导在干部提升中优先任用自己的同乡、部下、校友,形成官官相护;在学术系统,有些学者在学术活动中热衷于近亲繁殖,也有的形成"学术腐败"等。这些现象在本质上是封建帮派思想的一种体现,其结果会带来拉帮结派、排斥异己、代际退化、毒化组织文化等问题,降低员工的整体素质。

(六) 严格宽度与平均倾向

在绩效考评中,有的管理者过度严厉,对所有的下级评价都低;有的管理宽大无边,对所有的下级都评价偏高;也有管理者对所有的下级评价都很平均。这种倾向会导致评价机制的歪曲,导致激励失败。这是因为,一方面,无法有效区分员工绩效的差别,另一方面,它使得不同考评者的结果没有可比性。要克服这个问题,必须对考评人员进行统一培训,增强沟通,并运用交叉评估。

(七) 刻板印象

也称定势效应,指人们在头脑中把形成的对某类知觉对象的形象固定下来,并对以后有关该类对象的知觉产生强烈影响的效应。人们在社会生活实践中,不断地感知某类对象,因而对该种对象逐渐地形成了固定化的印象。提起商人,就联想到"奸诈";提起教师,总是与文质彬彬联系在一起;提起工人,总是以身强力壮、性情豪爽为其形象;提起农民,就联想到朴素的形象;等等。以致对不同的年龄、不同的民族、不同的职业、不同的社会角色,人们都有了固定的印象。这就是人们意识中的定型效应。

在组织行为学中,要注意利用定型效应的积极方面,克服定型效应的消极方面。例如,对于工作程序、教学程序、日常事务性工作等培养起人们的定型效应,使工作有序进行;而对于认识上的偏见、交往中的误解、体制上的弊端造成的定型效应,如过去落后的人,现在一定落后等定势心态,要实事求是地纠正。

社会知觉中存在着多种心理效应,不能一一研究。这些效应实质上是由于个体信息的不对称可能造成组织信息的失真。由于多种因素的影响,造成知觉偏差是难以避免的。但如果任其发展,可能使组织在对人的评价上出现系统误差,歪曲绩效评估和人力资源政策,导致激励机制的失败。

近几十年来,组织理论的重大成果正是对信息问题的研究。这些成果为组织通过法律、制度、文化建设,通过管理人员培训来限制相关的负面现象提供了坚实的理论基础。发达国家的实践也提供了有益的经验。在组织行为管理中,我们要跟上当代的"以人为中心"的管理潮流,正确理解上述效应,找出知觉偏差的原因,尽量纠正偏差,以获得准确、全面的信息,充分利用组织的人力资源,将"以人为本"落到实处,提高组织的竞争力和有效性。

第三节 归因理论

一、归因概念

归因理论认为,我们对个体的不同判断取决于我们对特定行为归因于何种意义的解释。这一理论表明,当我们观察某一个体的行为时,总是推测、判断它是内部原因还是外部原因造成的,如果管理者不了解员工所作所为的原因,不仅难以估量种种行为的意义,而且也无法预测员工的行为及其趋向。如果个体不清楚自己行为受制于什么因素,就无法分析工作成败的原因,也就无法通过自我调整来发挥自我能动性。因此,分析人的行为和动因的关系,对于行为预测、行为控制和行为激励都具有重要的意义。

> **思考问题**:当看到学生在晚自习睡觉,你会做出什么判断?
> 对好学的学生——连睡觉都在看书
> 对调皮的学生——一看书就睡觉

归因理论是说明和分析人们行为活动因果关系的理论。人们用它来解释、控制和预测相关的环境,以及随这种环境而出现的行为,因而也称"认知理论"。即通过改变人们的自我感觉、自我认识来改变和调整人的行为的理论。从最后目标来看,归因理论也是一种行为改造理论。

归因理论是在美国心理学家海德(F. Heider)的社会认知理论和人际关系理论的基础上,经过美国斯坦福大学教授罗斯(L. Ross)和澳大利亚心理学家安德鲁斯(Andrews)等人的推动而发展壮大起来的。

归因理论研究的基本问题有:

第一,人们心理活动发生的因果关系。包括内部原因与外部原因、直接原因和间接原因的分析。

第二,社会推论问题。根据人们的行为及其结果,对行为者稳定的心理特征和素质、个性差异做出合理的推论。

第三,行为的期望与预测。根据过去的典型行为及其结果,来推断在某种条件下将会产生什么样的可能行为。

二、归因理论

(一)维纳的归因理论

美国心理学家维纳(B. Weiner)认为,人们对行为的归因可以从内外性、稳定性和可控性三个维度进行划分。内外性指行为的内因和外因,稳定性是指作为行为原因的内外因素是否具有持久性,可控性是指行为原因能否被行为者所控制。根据上述三个维度,人们可以找到影响行为的原因,而且还能推断影响人们对未来行为的预期和倾向,如表2.1所示。

表 2.1 维纳的归因三维分类表

内外性	内部因素		外部因素	
稳定性 / 可控性	稳定	不稳定	稳定	不稳定
可控	持久努力	暂时努力	他人的帮助	
不可控	能力、个性	情绪、注意力	任务难度	机遇、运气

如果个体把失败的原因归因于稳定的不可控的内因,如能力、个性等,则不会增强今后的努力。如果归因于不稳定的不可控的内因,如情绪状态、努力程度等,则可能增强今后的努力。

如果个体将失败的原因归因于稳定的、不可控制的外因,如任务难度大、工作条件太差,就会感到不用对失败承担责任,便很难改变自己的行为。如果归因于那些不稳定的外因,如机遇、运气,则不一定会降低人行为的积极性,反而可能表现出一定的努力或坚持其行为。

了解员工对于成败的原因的取向,因人而异地帮助员工正确归因,对于调动员工的积极性,提高工作的有效性,具有十分重要的作用。

(二)凯利的归因理论

美国社会心理学家凯利(H. Kelley)提出了著名的三度归因理论。他认为人的行为原因十分复杂,仅凭一次观察,有时难以推断某人的行为原因,往往需要在类似的情景中做多次观察,根据多种比较才能做出合适的归因。一个人的行为原因取决于三个要素:特殊性、连续性和一致性,如图 2.10 所示。

1. 特殊性

特殊性是指个体在不同情景下表现出不同的行为。某员工完成某项工作的效率低,那么就要分析他完成其他工作的效率如何,如果完成所有任务的效率都低,则可能是内部原因,如果否,则可能是外部原因。

2. 一致性

如果每个人面对相似情景都有相同的反应,我们说该行为具有一致性。比如走相同路线上班的员工都迟到了,则这一迟到的行为具有高度一致性,我们就应当对迟到行为进行外部归因。如果走相同路线的其他员工准点到达了,而你迟到了,你迟到的原因则来自内因。

3. 连续性

又称一贯性,指某人行为的发生是一贯的还是偶然的。行为的一贯性越高,观察者越倾向于对其做内部归因。如某员工并不是在所有的情景下都上班迟到则表明迟到是一个特例,如果每周都迟到两三次,则说明迟到是其行为的固定模式,应归因于内部原因。

总结归因理论中的主要因素,它告诉我们,如果一名员工完成目前工作的效率与他完成其他类似的工作的效率相同(低特殊性),那么他的工作绩效都是稳定的(高连续性),如果在这项工作中其他员工的工作效率要远远高于此员工(低一致性),则可以判断他自己应对这一工作绩效承担主要责任(内部归因)。

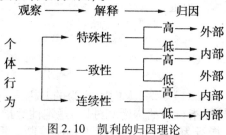

图 2.10 凯利的归因理论

归因理论对认识组织行为规律有重要的指导意义。在组织活动中,各级领导者要注意树立通过改变人的思想认识来改变人的行为的工作方针,对成功者和失败者今后行为的引导,尽可能地把成功与失败的原因归因于不稳定性因素。对于成功者而言,不能将成功完全或主要归因于他们智力水平高、能力强,要引导他们注意不稳定性的内部和外部原因,如他们最近工作努力、各方面支持配合、工作任务容易完成、个人情绪状态良好等;对于失败者来说,要防止他们将失败归结于他们太笨、能力太差、水平太低,要引导他们注意不稳定性的内部和外部原因,如他们最近精力不够集中、情绪不够稳定、没有和各方面协调配合好、领导指导不力等。这样,使成功者不骄不躁,保持清醒的头脑,以利于以后的工作;使失败者有继续工作的信心,坚持不懈地努力工作,争取成功的可能。

（三）归因偏差

归因活动实际上是我们对人的行为的有关信息进行加工的过程。归因理论假设人们是以理性的方式处理所得信息,并做出行为评价和相应的行为反应。但实际上,由于人自身所具有的复杂性,致使人们并不能时时处处做到理性与客观。有时候,人们对人行为原因的推测既不理性也不合理,从而导致人们的归因出现偏差与错误。常见的归因偏差主要有两大类,一类是基本归因错误,另一类是自我服务偏见。

1. 基本归因错误

基本归因错误是指尽管我们在评价他人的行为时,有充分的证据证明是外部因素的影响,但还是倾向于低估外部因素的影响,而高估内部因素的影响。如销售部业绩不佳时,销售经理倾向归因于下属的能力和努力程度,而不是归因于竞争对手有更具竞争力的产品。

2. 自我服务偏见

自我服务偏见是指个体倾向把自己的成功归因于内部因素,如能力和努力,而把自己的失败归因于外部因素如运气不佳。

美国《工业周刊》对大中型公司中的1 300名中层管理者进行了调查,每个问题至少有500人进行了回答。其中两个问题涉及归因方面的内容,分别是"你认为目前的成功取决于哪些方面的原因？""你认为阻碍你进一步晋升更高职位的最主要原因是什么？"大多数管理者将他们的成功归功于自己的知识水平和在工作中取得的成就,80%以上的中层管理人员认为这两项是他们晋升到管理层职位的最主要原因。当被问及哪些因素阻碍了他们晋升更高管理职位时,56%的管理者说因为自己没有与"恰当的人"建立关系,只有23%的人说自己缺乏足够的教育、智力或专业领域方面的知识。

这些结果与在归因理论基础上进行的预测相一致,尤其与自我服务偏见相一致。这些管理者把成功归因于内部因素,而把失败归为外部因素。

> 最近有人做了一项心理学研究,他们随机地抽取了一批成年男子,要求他们评定一下自己"跟别人相处的能力"。所有的人都把自己摆在总体中较好的那前一半之内;有60%的人把自己列入总体中最佳的10%以内,而足足有25%的人可说是自谦到了家,竟把自己视作总体中最善待人接物的那1%中的一员。同时进行的另一项研究表明,70%的人自认是属于领导能力最强的四分之一之列的,只有2%的人认为自己的领导能力低于平均水平。最后,在体育运动这样一个绝大多数男子都难于自欺的问题上,至少还有60%的人说自己可算在运动能力最强的四分之一的人之内,只有6%的人说自己低于平均水平。
>
> 摘自《追求卓越》P77~78

基本归因错误和自我服务偏见并不是同一个归因错误的两面解释,而是两种不同的归因倾向。这说明,人们对自己的行为进行解释时倾向于做外部归因,而对他人的行为进行解释时则倾向于作内部归因。

第四节　个人决策

一、个人决策

决策指为解决某一问题、达到一定目标，通过认真调查研究和资料分析，对可能出现的种种结果进行论证、评估，从中选出一个最有效的方案，并付诸实施和完善的过程。个体决策是指在面临某种问题情况下，个人为了实现某种目标，在两个以上的备选方案中，选择一个方案的分析判断过程。

组织中的个体都要作出决策。高层管理者要决定设置什么样的组织目标，提供什么样的产品或服务，如何建构最佳的公司总部，在哪里建一个新厂等；中低层管理者要决定生产日程安排，选择新员工，合理分配薪水的增长。非管理层的员工所作出的决策同样影响到他们的工作和他们为之工作的组织。

近年来，越来越多的组织把工作相关的决策权授予非管理层的员工，这些权力在过去只有管理者才拥有。因此，个人决策成为组织行为中非常重要的内容。

二、影响个人决策的因素

影响个人决策的因素比较多，主要有知觉、思维方式、气质与性格、情绪与情感、情景以及周边群体（如家庭、朋友、组织）的影响。

（一）知觉

决策方案的制订、选择及实施过程均受到决策者知觉过程的影响。

首先，是否存在问题和是否有决策的需要是一个知觉问题。例如，一个管理者可能认为他的工厂年生产能力提高了8%是一个严重的问题，需要采取行动解决可能存在的问题；而另一名管理者面对同样的情况，可能觉得很满意。

其次，决策者的知觉过程，会影响他对信息的获取、解释和评估。因此，不恰当的知觉可能使决策者错失与问题有关的信息而影响方案的制订。

同时，由于对信息的过滤、加工和解释的不同，知觉还会影响决策者对方案的评价与选择。

（二）思维方式

思维贯穿于决策的整个过程，对决策有着最直接的影响，而且决策本身也是一个思维过程，良好的决策思维是有效决策的前提和关键。决策思维主要表现为对问题认识的全面性、客观性，对信息掌握和判断的正确性与深刻性以及思维的系统性等，它们都直接关系到决策的正确性。思维方式或偏好影响个人决策，具有全局思维方式的人适合做战略性决策，而具有分析思维方式的人适合做战术性决策；具有发散性思维方式的人适合做非程序性决策，而具有聚合性思维方式的人适合做程序性决策。

（三）气质与性格

个人的决策行为往往与其气质和性格相联系。

首先，个人的决策行为受气质的影响，胆汁质者决策容易冲动，盲目，大胆冒险，比较快；抑郁质者决策过程较慢，一般选取风险较小的决策，一旦作出决策，便很难改变；多血质者决策能够吸收多方面意见，使决策比较有效，但容易受他人影响而轻易改变决策。

其次，个人的决策行为受性格的影响。意志坚强的人能够果断地作出决策，而意志薄弱的人，往往优柔寡断，而迟迟作不出决定，甚至在目标确定后，还可能轻易地改变。自信心强者容易独立作出决策，而自卑者决策时容易受他人影响。自尊心强者不轻易改变决策,自尊心低者容易改变决策。

（四）情绪和情感

决策还受到决策者情绪和情感的影响。情绪和情感作为心理活动的组织者,影响着其他的心理过程,包括促成知觉选择、监视信息的变化、影响工作记忆和思维活动等。沉稳、愉快的情感会使决策者思维敏捷,抑郁的情绪会降低大脑的兴奋性,而使思维迟钝,阻碍问题的顺利解决,而过度兴奋、情绪高涨也会妨碍合理的分析推理；暴躁的情绪情感往往会使决策者决策草率而冲动,忧郁苦闷、悲观失望的决策者,又可能使所作的决策消极怠惰。因此,对于决策者,应努力克服消极的情绪,培养和激发良好的情绪。

此外,个体的决策还受到群体压力、朋友压力、家庭压力和组织压力等他人因素和情景因素的影响。

三、决策过程模型

（一）理性决策模型

个体为了获得最优化的结果,是在具体限定的条件下做出稳定的价值最大化的选择。最优化的决策者是理性的。这些选择的做出遵循理性决策模型。

1. 理性决策模型的建立步骤

建立有限理性模型的六个步骤,见表2.2。

表2.2　理性决策模型的建立步骤

步骤	内容
第一步	界定问题所在
第二步	确定决策标准
第三步	给标准分配权重
第四步	开发备选方案
第五步	评估备选方案
第六步	选择最佳方案

（1）界定问题。前面已经提到,当期望状态与实际情况存在某种程度的不一致时,问题便出现了。如果你在计算自己的月支出时发现你比预计支出多花了100元,你就确定了自己的问题所在。很多不良决策都是因为决策者忽视了问题所在,或界定了一个错误的问题而导致的。

（2）制定决策标准。一旦决策者界定了问题,接着就要确定对决策来说十分重要的标准。决策者需要确定那些与做出决策有关的决定因素。在这一步中,决策者把兴趣、价值观和类似的个人偏好也带进过程之中。识别这些标准非常重要,因为一个人认为有关的因素,另一个人却可能不这样认为。还要记住的是,决策者在这一步中没有选定的任何因素都被决策者认为是无关因素。

（3）给标准分配权重。确定的标准当中并不都具有同等的重要性。因此,决策者要权衡这些标准,并排出在决策时考虑的优先顺序。

（4）开发备选方案。决策者列出所有可能的解决问题的备选方案,只需要列出备选方案,而不用对它们进行评估。

（5）评估备选方案。备选方案确定后,决策者必须分析和评价每一种方案,使用每一项标准对各个备选方案进行评估。

（6）选择最佳方案。根据带有权重的标准对各个备选方案进行评估,最后选择总分最高的那个备选方案。

2. 建立理性模型的前提假设

我们前面介绍的理性决策模型中包含了一系列假设条件。具体简要概括如下：

(1)问题清晰。问题是清楚而明确的，它假定决策者对于决策情境拥有完整全面的信息。

(2)所有选项已知。它假定决策者可以确定所有的相关标准，并能列出所有的可行性方案。更进一步，决策者还能认识到各个备选方案的所有可能的结果。

(3)偏好明确。它假定决策标准和备选方案的价值可以量化和排序，以反映出它们的重要性。

(4)偏好稳定。它假定具体的决策标准是恒定的，分配给它们的权重也是稳定的，不随时间的推移而改变。

(5)没有时间和费用的限制。理性决策者可以获得有关标准和备选方案方面的丰富信息，因为它假定在这里没有时间和费用的限制。

(二)有限理性决策模型

处理复杂问题，人的大脑容量远远达不到完全理性的要求。个体只能在有限理性的范围内活动。面对复杂问题时，决策者的做法是把问题降低到一种易于理解的水平。由于人类信息加工能力的有限性，使我们不可能吸收并理解最优化决策所必需的所有信息。所以，人们只要符合要求即可。也就是说，他们寻求的是那种符合要求的和充分的解决办法。他们建构简化的模型，从问题中抽取重要的特点，而不是抓住问题的所有复杂方面。然后，个体可以在简化模型的范围内进行理性行为。

个体的有限理性是如何工作的？一旦确定了某一问题，个体便开始寻求标准和备选方案。但是，他列出的标准却可能远远不够详尽彻底。决策者会确定一个有限的列表，其中包括一系列显而易见的选项。大多数情况下，它们反映了熟悉的标准和过去已经得到验证的解决办法。一旦确定了这些有限的备选方案，决策者就开始考察它们。这种考察也并不是综合全面的。也就是说，并非所有的备选方案都经过细致评估，只有当某个备选方案与当前有效的选项之间差异相对较小时才考虑它。决策者以熟悉而习惯的方式考察备选方案，直到他找到了一个"足够好"的方案——其成绩达到了我们可以接受的水平。第一个达到了"足够好"标准的备选方案使搜寻工作结束。可见，最终决策代表的是一个符合要求的选择，而不是一个最恰当的选择。

有限理性模型中，一个非常有趣的方面是，在确定备选方案时，考虑该方案的顺序非常重要。在完全理性决策模型中，所有的备选方案根据偏好等级由高到低全部列出，由于考虑到了所有备选方案，因此在评估它们时最初的顺序并不重要。每一种潜在的解决办法都会得到充分彻底的评估。但有限理性方式并不如此。假设某一个问题有不止一种解决办法，有限理性的最终选择则是决策者遇到的第一个符合要求和可以接受的方案。由于决策者使用简单而有限的模型，他们通常以明显的、熟悉的、与现状差异不大的备选方案开始。那些最接近现状并达到标准的解决办法，最可能被选择。尽管针对具体问题来说，独到的、富有创造性的备选方案可能是最佳解决方案，但是，它却不太可能被选中。因为还没等到决策者去搜索与现状相差很大的备选方案时，他很可能已经确定了一个可以接受的方案。

个体有限理性决策过程分三步，见表2.3。

表2.3 有限理性决策模型的建立步骤

步骤	内容
第一步	识别问题
第二步	开发备选方案
第三步	做出选择

(1)识别问题。前面已经说过,问题本身并不会闪着光亮告诉人们它在哪里。而且,对一个人来说是问题,可能对另一个人来说则是可以接受的状况。那么,决策者如何识别和选择问题呢?"明显的问题"通常会比"重要的问题"更可能被人们选中。因为,明显的问题更可能抓住决策者的注意力。还有决策者希望表现出自己对工作的胜任力和对问题的驾驭力。这促使他们对别人可以看到的问题给予更多关注。再有不要忽略决策者的自我利益。如果决策者面对这样的冲突:一个是对组织来说重要的问题,一个是对自己来说重要的问题,当他们要在二者之间做出选择时,此时符合自我利益的问题会胜出。这一点与"明显的问题"也密切相关。

(2)开发备选方案。由于决策者很少寻求最佳解决方案,他们寻求的是一个符合要求的方案,因此,我们应该可以预期,在备选方案的探索过程中人们使用的创造性很少。人们努力使这种搜索过程简单化。它主要局限于当前方案的邻近范围。只有当简单的搜索活动未能找到一个符合要求的备选方案时,人们才会进一步诉诸行动,采取更为复杂的搜索行为,其中包括开发具有创造性的备选方案。

(3)做出选择。为了避免信息的过度超载,决策者采用的是启发法,也就是说,做出决策时采取的判断捷径。启发法包括两种主要类别:易获性启发法和代表性启发法。每种方法都会在判断时产生偏差。决策者通常还会有另一种偏差,对于一项失败的活动所进行的承诺升级。

第一,易获性启发法。人们倾向于基于那些容易获得的信息做出判断。一些事件会唤起人们的情绪,尤其是那些生动的、最近发生的事件,更容易从我们的记忆当中提取出来。因此,我们更有可能估计那些发生可能性不大的事件,如空难。易获性启发法也可以解释为什么在进行年度业绩评估时,管理者更容易重视员工最近的行为表现而不是9个月前的行为表现。

第二,代表性启发法。人们倾向于根据一个已存在的分类来评估一件事的可能性。他们听说自己邻居的孩子10年前去打职业篮球了,或者在电视里看到那些NBA比赛的选手很像自己。我们每个人都会因为有时使用这种启发法而出现过失。比如,管理者常常对一项新产品状况的预测,与过去产品的成功联系起来。再比如,如果从同一所大学毕业的3名学生都是业绩不良者,那么,管理者可能就会预测,当前这位来自同所大学的求职者也不会是好员工。

第三,承诺的升级。承诺的升级指的是人们一直固守着某项决策,尽管有明显证据表明该决策是错的。例如我的一位朋友4年来一直和一位女士保持约会关系。尽管他也承认他们两人并不十分和谐,但他告诉我,他将要和这位女士结婚。对于这个决策我不免有些诧异,问他原因时,他答道:"在两个人的关系里我已经投入了太多太多。"

当个体感到自己要对失败负责时,就会对这一失败活动增加投入。也就是说,他们"花钱填无底洞",为了表明自己最初的决策并非错误,并因此而避免承认自己犯了错误。管理者常常为了证明自己的最初决策是正确的,因而继续投入大量资源给那个从一开始就注定失败的决策,很多组织因此而蒙受了巨大损失。承诺的升级这个例子还恰当地表明,人们试图在说和做两方面表现出一致性。对过去行动增加的承诺传达的正是这种一致性。对管理者来说,即使转向其他活动更有利,但是他们可能更愿意维持自己的一致性,证明自己的绩效。

复习思考题:
1. 什么是知觉?影响知觉形成的因素有哪些?
2. 举例说明不同的人为什么会对同一件事做不同的解释。

3. 什么是社会知觉？包含哪些内容？
4. 举例说明几种社会知觉偏差。
5. 什么是归因理论？它在解释组织行为方面有什么意义？
6. 什么是基本归因错误？什么是自我服务偏见？联系实际谈谈你的看法。
7. 什么是理性决策模型？它在什么情况下是有效的？
8. 有限理性决策的步骤有哪些？人们在选择的时候有哪些的启发方法？

案例分析

刘嘉的苦恼

刘嘉是一家电子企业刚上任的人力资源经理，作为一个管理工程专业刚刚毕业的研究生，刘嘉深知自己的不足，因此她在不断地努力学习，力图在新的岗位上做出成绩。在主持工作的第一个月内，刘嘉针对公司现有的人力资管理工作的不足，提出建设一个公司专门的HR网站，通过因特网进行人事管理工作。

这天，刘嘉拿着自己与下属精心讨论成稿的网站建设建议书，兴冲冲地走进了负责主管公司人力资源管理工作的张总的办公室。张总笑着亲切地问道："小刘，什么事情啊？"张总的笑容给刘嘉平添了几分自信，她下意识晃了晃手中的报告，满意地想，自己主持制定这个计划的优越的可执行性以及低廉的成本，一定会让张总对自己刮目相看的。

刘嘉：张总，是这样的，现在网络越来越普及，考虑到咱们公司的实际情况，我认为公司有必要建立一个专门的HR网站，通过网络进行人力资源管理。

张总眉头皱起来了，语气略带点不满：小刘，就这事吗？

刘嘉(没有发现张总的神情变化，继续兴高采烈)：是啊！您看，这是我的一些具体想法，希望得到您的批准。（刘嘉边说，边递给张总一本计划书）

张总(没有接，神情变得格外严肃)：小刘，工作热情很高嘛！但是你真的考虑过公司目前的实际情况了吗？

刘嘉这才发现张总的神情不对，她拿着计划书，左右不是。

张总：小刘，我知道你有想法，这些大家都知道，年轻人啊，工作热情高是自然的，但是这件事情，我可不主张！你都知道，现在市面上大家对因特网都骂得多厉害吗？中国现在有哪家网站现在开始赢利了呢？我们公司搞这个，还不是赔钱？

刘嘉(欲辩解)：可是，我们不是建立对外的网站，而是公司自己的HR网站，可以给我们公司节省大笔人事管理方面的开销啊！

张总(严肃地)：小刘啊，我当年也是在人力资源管理经理的职务上干过，说什么人力资源管理，不就是人事管理吗？那点事情，我清楚，不用担心你们部门的预算不够！也不用去搞什么网站不网站的，资金呢？技术呢？人才呢？年轻人嘛，还是脚踏实地比较好。

刘嘉(委屈地，声音放低多了)：那，您是不是还看看这报告？我的报告中都……

张总(打断刘嘉的话)：现在的因特网还不是那些东西，抄来抄去，哪里有什么实质性的东西在里面呢？你看，咱们公司就一直没有去搞什么网络营销，比如那个B2C，还有那个B什么的。

刘嘉：是B2B，但是网络人力资源管理跟他们不是一回事！

张总(生气地说)：好了好了，搞来搞去还不是那一套，我说了不搞就是不搞，以后不要再提这些了。那就这样吧，你还是好好地将公司的薪酬调整计划早点做出来吧。

刘嘉：……

一整天，刘嘉都觉得没精打采的，感觉很沮丧，她问自己，自己究竟错在哪里呢？张总为什这样不信任自己，连计划都懒得看。唉，还没有正式开展工作，就给老板留下了如此不好的印象。刘嘉坐到电脑前,试图写张总催要的那份薪酬调整计划,可是始终无法落笔,脑海中始终是在胡思乱想,脑海中似乎浮现了越来越多类似的场景。她不断地问自己:自己究竟哪里做错了?下班之后,刘嘉仍然感觉情绪低落,而这种事告诉男朋友,他反而嫌自己婆婆妈妈。于是她坐到了经理顾问大唐面前。大唐一副平易近人的样子,打消了刘嘉的顾虑,她向大唐讲述了自己的困惑与事情的经过。

大唐:你当时的感受如何呢?

刘嘉(沮丧地):就好像自己的努力全白费,似乎还感觉到老板在嘲笑我,我们年轻啊,才参加工作一两个月,就这么急于表现自己,可是究竟做出了什么呢?

大唐(关切地问道):于是,你很难过?你感觉到自己的心血不被人理解?

刘嘉(感到被理解):是啊!这都是我组织部门的人经过多次讨论与实际调查才写出的报告!唉,我真的不知道自己哪里做错了?老板怎么好像越来越不信任我了?

大唐:你感觉到老板不信任自己?你为此难过?

刘嘉:是啊!就是不信任我了。(不开心的样子)您能不能给我分析一下这是为什么呢?我好像哪里都没有做错?

好,让我们先来看看刘嘉的反应模式。事实:我提出的方案老板不想听。情感:我因此很难过。感知:老板对我不信任。

问题究竟出现在哪里呢?假设你是刘嘉,请你选择老板对你不信任的理由。

(1)我本人不是一个值得信任的人?(不,我刚开始向他汇报的时候,老板对我还表现得很有热情。)

(2)这件事情有违我的工作职责?(不,这是在我的工作范围之内,我作为一名HR经理,有权利也有义务对这件事情写出这个计划。)

(3)这件事情张总本身不感兴趣,不予以信任。(对了,正是这样的!)

刘嘉:哦,原来是这样啊?其实老板是针对因特网这件事情而不是针对我本人!

大唐:是啊!来,我们看看这幅图片吧!你觉得哪条线条更长呢?(大唐向刘嘉展示了下面的图片。)

>—<
<—>

图示是等长的两条线。

刘嘉:两条应该是一样长吧?但是看上去,怎么就是上边的长?其实,我们生而为人,对人际关系的感知何尝又不是如此呢?

大唐:这就是知觉错误的一种错误!

刘嘉:哦,我明白了!谢谢!

讨论题:

上述问题,很多中国人都会碰到,也许与我们的文化有关,请仔细想一想,张总的知觉方式存在哪些偏差?

游客拍桌子的原因

小康向小梁请教分析旅游团客人早餐时拍桌子的原因。

小梁说:"这样吧,假设是我的客人在吃早餐的时候拍桌子,发脾气,我说说我的思路。首先,要看有多少客人在发脾气;其次,要看发脾气的客人是不是经常这样发脾气;第三,是不是总在同一个地方发脾气;第四,是对着谁在发脾气;第五,是不是经常对着同一个对象发脾气。这样才能缩小范围,找到真正的原因。现在我们再来看看有哪几种可能性。"

"如果全团只有一位游客拍桌子,而且他一路上经常拍桌子,也不管是在什么场合,如果是这样的情况,你说,原因在哪儿呢?"

小康说:"那当然应该从那位发脾气的游客身上找原因。"

小梁接着说:"如果全团只有一位游客拍桌子骂人,骂的是餐厅的一位服务员,但是他以前并没有这样骂过人。你说,会是什么原因呢?"

小康说:"我想是那位服务员的服务没有针对性,没有把服务工作做好。"

"如果全团只有这位游客拍桌子骂人,他以前也没有这样骂过人,但是他骂的不是某一位服务员,而是见到哪一位服务员都骂。那会是什么原因呢?"

"我想,那就是这个餐厅的服务没有针对性,没有把服务工作做好,比如,这位游客是个回族,却发现所有的菜里都有猪肉。"

"如果全团的游客都拍桌子,而且是在整个旅途中经常拍桌子。看不出有特定的对象。那会是什么原因呢?"

"那大概就是这个团里的游客都对旅游计划不满了。"

"对。不过也可能是游客拉帮结派,帮派之间的矛盾扩大化了。好,我们再接着往下说。如果全团的游客都拍桌子,但以前并没有这样,只是在今天早晨才这样,而且大家是冲着同一位服务员。那会是什么原因呢?"

"是这位服务员的服务态度出了问题。"

"如果全团的游客都拍桌子,也只是在今天早晨才这样,但并不是都冲着同一位服务员。那会是什么原因呢?"

那肯定是这个餐厅出了严重的差错,比如,把自助餐改成了桌餐。

小梁说:"你看,这样来找原因,思路就清楚多了。不过,也不能说只要这样一想,就什么都清楚了,有些情况还需要再进一步去了解。但是,这样可以分清哪一方是'矛盾的主要方面',避免在处理问题时不分青红皂白,各打五十大板。"

讨论题:

1. 请用凯利的归因理论对小康分析客人早餐时拍桌子的原因的针对性进行评判。
2. 对游客行为的归因分析对导游解决或者缓和游客的不满和怨气有何帮助?

推荐阅读材料:

[1] 张德.组织行为学.第二版.[M].北京:高等教育出版社,2004年.

[2] [美]斯蒂芬·P·罗宾斯.组织行为学.第十版.[M]. 孙健敏,李原,译.北京:中国人民大学出版社,2005.

[3] 石兴安,安文,姜磊.组织行为学——以人为本的管理[M].北京:电子工业出版社,2005.

第三章 个性与行为

◆ 本章关键词

个性;气质;性格;能力;人格特质

第一节 个性概述

一、个性的界定

(一)个性

个性是指在先天生理素质基础上,在一定的社会历史条件下的社会实践活动中经常表现出的、比较稳定的、经常影响人的行为并使他与别人有所区别的个体倾向和个体心理特点的总和。

这些特点是个体在适应现实环境中形成的一系列整体的、本质的、相对稳定的心理倾向和心理特征的总和,它影响着特定的个人在各种不同情况下的行为表现。

(二)个性的心理结构

个性的心理结构主要由个性倾向性与个性心理特征两部分组成,见图3.1。

个性心理特征是结构中比较稳定,差异性比较明显的部分,主要包括气质、性格、能力。在气质上,有人暴躁,有人温和;在性格上,有人正直,有人阴险;在能力上,自然科学家表现出复杂认知能力强,而社会活动家表现出人际交往能力强。

个性倾向性是结构中比较活跃,充当动力源泉的部分,是心理动力系统,它决定和制约人的心理活动的进行、方向、强度、稳定水平的结构,主要包括需要、动机、兴趣、理想、信念和世界观等。这些都是人进行活动的基本动力,它决定了个体行动的性质、方向以及动力的大小,对个体行为起主导作用。比如具有不同价值观的人们就会选择不同的生活目标和人生发展方向与处理各种事物的方式。

一个人的这些主要心理特征的综合,就形成了他本身的个性。

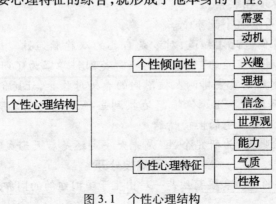

图3.1 个性心理结构

二、影响个性形成的因素

个性是指个体的比较稳定的、经常影响个体的行为并使个体和其他个体有所区别的心理特点的总和。影响个性形成的因素有先天、后天以及具体情景,先天是遗传因素,后天是社会环境,情景则是社会实践。

(一)先天的生理素质是自然的、遗传性因素

个性受基因的影响很大。有人天生开朗,有人生来忧郁。这些说法有一定的科学依据,基因学在实验中取得大量的证据证明,人体有特定的基因控制,像焦虑和抑郁这些情绪。此外,脾气好坏在很大程度上也是由遗传基因决定的。

> **邓铸教授:孪生姐妹35年分离,生活经历惊人相似**
>
> 被拆散35年的美国孪生姐妹葆拉·伯恩斯坦和埃莉丝·沙因有着非常相似的生活经历。她们都出生在美国纽约;高中编辑报纸;大学研究电影;现在都是作家。她们1968年被分别领养,从此天各一方。
>
> 这一事件最直接引发的当然还是:在人格发展中,遗传因素与后天因素哪个更重要。不过,由此事件,我倒在想:教育如何尊重或保护人的个性发展,我国当前的学校教育能够做到这一点吗?

孪生姐妹俩

> 如果在我国当前的这种学校教育背景下,也有两个孪生姐妹或孪生兄弟因为某种原因分别被两个家庭领养,那么他们/她们可能就会处于完全不同的教育背景中:养父母接受的教育程度不同、对待孩子自主选择的态度不同,生活的境遇不同、对待升学压力的态度不同、强制孩子学习的内容不同;所在学校的物质条件不同、管理方式完全不同、为强制学生应试又剥夺学生自主发展的机会的方式不同……有了诸如此类的众多的不同,孩子本来有的天赋或天性还有多少表现或发展的机会呢? 35年的完全不同的生活和教育,他们/她们还能惊人相似吗?
>
> 所以,这一事件本身并没有改变我的基本的人格发展观,个体的人格发展是先天因素与后天因素相互作用的结果,遗传具有重要的作用但不是全部的作用。遗传作用的大小还与后天遭遇的教育环境相联系。
>
> 现在,就让我们来看看这个故事吧。
>
> 相隔了35年,姐妹俩彼此才知道,对方是自己的双胞胎姐妹。这对孪生姐妹调查发现,她俩竟是一个冷血科学实验的"试验品":一群美国科学家为了研究个性到底是"先天决定还是后天形成",竟然刻意安排两人被不同的养父母收养,让她们分开成长,甚至连她们的养父母都未被告知真相。姐妹俩愤怒地找到当年进行这项实验的儿童精神病学家时,那名专家居然没有流露丝毫的懊悔情绪。
>
> 美科学家冷血实验曝光:为研究个性"是先天决定还是后天形成?"
>
> **出生后就被分开**
>
> 据报道,现年39岁的葆拉和埃莉丝是一对出生于美国纽约的同卵双胞胎姐妹,她们的母

亲具有精神病史,她在分娩前两周才发现自己怀了孕,当她1968年在纽约斯塔滕岛医院生下这对孪生姐妹后,就声称自己无力抚养她们,将她们全都交给了曼哈顿的路易斯·瓦斯收养机构。

但这名母亲做梦也没想到的是,她的双胞胎女儿竟成了美国科学家一个冷血科学实验的一部分。

以儿童精神病学家彼得·纽鲍尔为首的美国科学家为了研究个性到底"是先天决定还是后天形成",竟然硬生生将这对孪生姐妹拆散开来,将她们安排给了不同的收养家庭收养,连孩子的养父母都未被告知实验真相。每隔几个月,科学家就会分别探访一下这对双胞胎,观察一下她们的发展近况。

35年后首次重逢

埃莉丝长大后迁居到了法国首都巴黎,她早就从养父母口中得知自己是被收养的,几年前,她决定寻找生母的下落。但收养机构告诉她,她的生母无意和她相认,不过埃莉丝却因此得知她还有另外一个孪生姐妹。通过社会工作者的帮助,埃莉丝终于找到了生活在美国纽约的孪生姐妹葆拉,3年前,她们终于在纽约市的一家咖啡馆中首次重逢,两人从中午一直长谈到深夜。

"我们有35年需要弥补,"葆拉说,"你如何问某人'我们离开共同居住的子宫后,你做了什么?',你怎么开口?"

姐妹俩刚出生时照片

姐妹俩7岁时候的照片

生活经历惊人相似

葆拉谈论孪生姐妹埃莉丝说:"她说话的节奏、她的面部表情,她的手势动作都和我一模一样,我们是绝对的双胞胎。"姐妹俩很快发现,尽管她们分离了35年,但她们仍从对方身上迅速找到许多共同点,她们发现两人其实过着非常相似的生活,她们都曾当过中学校报编辑,在大学中都主修电影,最后又都成了作家,此外她们都爱写电影影评。

后来经过调查,埃莉丝发现了一个被隐瞒30多年的秘密。她告诉葆拉,她们当初被人为分开,"罪魁祸首"就是那个困扰几代科学家的研究项目——"先天因素和后天因素哪个更重要"。甚至连埃利丝和葆拉的养父母都不知道这一点。他们只是模糊地知道,两个孩子因为研究被分开领养,对研究的具体内容一无所知。

科学家拒绝道歉

埃莉丝和葆拉如今都生活在纽约布鲁克林区,对于失去的35年光阴,两人决定以写书方法弥补,她们已经共同撰写出了她们的自传性新书《孪生陌生人》。据悉,姐妹俩还设法追查到了35年前那项冷血科学实验背后的科学家的身份。面对姐妹俩的质问时,他却没有流露出丝毫的懊悔情绪,也没有向她们表达一句道歉。

2066年才能解密

大概当初意识到自己的研究会受谴责,纽鲍尔将两姐妹的研究档案存在美国耶鲁大学。这份文件直到2066年才能被取出。"想想我们的资料竟被存在某地的文件柜里,这太可恶了,"葆拉说。两姐妹还找到当初负责她们领养的机构。该机构顾问维奥拉·伯纳德至今仍坚持认为,应当分开抚养双胞胎,以促进他们的心理发展。他称,以同样方式抚养会阻碍她们的智力发育。

先天因素更重要

而当谈到当初将她们分开的那道"科学难题"时,两姐妹一致认为,先天因素比后天因素重要。葆拉说:"身为双胞胎姐妹的事实使我们不禁发问,是什么造就了我们。自从遇到埃莉丝后,我认为不可否认的是,遗传很重要……比重大于50%。"如今,葆拉和埃莉丝决定忘记以前的不愉快,享受骨肉重逢后的乐趣。"很难说我们的未来如何,那确实是未知领域,"埃莉丝说,"但我确实深爱葆拉,我无法想象,如果没有她,我的生活会变成什么样。"

资料来源:http://blog.sina.com.cn/s/blog_4a646b100100aslr.html

(二)后天社会化因素

社会文化、自然环境、经济因素、政治因素、社会生活条件以及教育等是个性发展的重要条件。人出生后在这些环境中成长,必然受其影响。比如,生活在不同地域的人的风俗习惯的差异会影响人的性格不同。

(三)社会实践

个性是在个体与环境交互作用的过程中逐渐形成的,这种交换发生的过程是社会实践的过程,每一次社会实践都是在不同的情景中,因此社会实践中的具体情景影响人的个性形成,比如,性格内向的人在安全、愉快、轻松、热闹的环境中会变得开朗、外向。

三、个性的特点

(一)整体性和层次性

个性是以整体的形式表现出来的,一个人的各种心理现象和心理过程,都是有机地联系在一起的,并表现在一个具体的人身上。个性不是孤立的心理特征,而是一组心理特征的有机组合。

(二)稳定性和可变性

个性是人内在的比较稳定的心理特征,偶尔出现的某种心理特征不叫个性。个性的稳定性是相对的,不是绝对的,随着社会实践、知识水平、家庭或个人心理变化而变化。

(三)一般性和独特性

人类有共同的心理特点,都带有本民族思想感情、文化传统、生活习惯打下的印记,但是还有差异性。世界上不存在两个个性完全相同的人,每个人都有自己独特的风格。

(四)社会制约性和生物制约性

人与生俱来的生物特性是种族发展和遗传的产物。同时,个性是受社会的影响而形成的,离开了社会,个性便失去了存在的基础。

第二节 气质与性格

所谓个性心理特征是指一个人所具有的各种重要的稳定的心理特点。这些特征集中体现了人的心理活动的特殊性,我们绝不可能找到两个在这些方面完全相同的人。个性是一个人的各种心理特征的综合,而构成一个人个性的心理特征又是多种多样的。但是,作为人的主要的个性特征常常表现在气质、性格及能力等方面。

一、气质与个体行为

(一)气质的定义

所谓气质,实际上与我们在日常生活中所讲的"脾气"、"性情"相近。气质在心理学中的解释是人的高级神经活动类型的特点在行为方式上的表现。气质是人典型稳定的心理特征,是天生的表现在心理活动动力方面的个性心理特征。

一方面,气质是先天的个性心理特征。是与生俱来的,比能力和性格更受生理限制。另一方面,气质是个人心理活动的动力特点。心理活动的动力特点指心理过程的强度、速度和稳定性,以及心理活动的指向性等方面的特点。

由于人的气质主要表现在一个人的情绪体验的反应速度、强度、表露的隐显程度以及动作的灵敏程度。因此,气质主要表现出人的心理活动在动力方面的特征。心理过程的强度,如情绪活动的强度、意志努力的强度等;心理过程的速度和稳定性,如知觉的速度、思维的灵活性程度、注意集中的时间长短等;心理活动的指向性,如有的人倾向于外部事物,有的人倾向于内部体验。

有的人的情感活动不仅产生迅速,而且进行强烈,并且有着明显外部表现,而有的人心理活动进行得迟缓、稳定且不易外露。这些特点体现了人们的气质是彼此不同的。一个人的气质特征会在各种场合中一致地表现出来,因而使一个人的整个心理活动表现,带上了个人独特的"色彩"。

应当指出,气质虽然表现出人的心理活动的动力特征,但是,人的心理活动的动力特征并不是完全决定于气质特征。任何气质类型的人遇到愉快的事情和遇到不幸的事情,心理状况总是相同的。同样,对于相同气质类型的人来说,如果信念、理想不同,在同一工作中所表现出的干劲、热情也会不同。这说明,人的心理活动的动力还要受心理活动的内容、目的和动机的影响。

(二)气质的类型和特征

气质是一个古老的概念,它是由古希腊的著名医生希波克拉底在大约公元前5世纪时首先提出来的。他把气质理解为人的解剖生理的个别特点。他对这种特点的解释是人体内有黄胆汁、黑胆汁、血液、黏液四种体液。由于这四种体液在不同人身上的比例不同,因而形成了人的不同的气质类型。他把人的气质分为四种类型,分别称为胆汁质、多血质、黏液质和抑郁质。现在看来,这种解释显然是不够科学的,因为它不符合现代心理学所揭露的事实。但是这种古代的气质学说具有朴素的唯物主义思想,尤其是希波克拉底把人的典型气质区分为四种基本类型是比较合乎实际的。所以,至今人们仍然沿用这四个名词来称呼人的四种典型的气质类型。

1.胆汁质

具有这种气质的人,其情感发生得快而强烈,并且有明显的外部表现,具有外倾性。这种人最突出的特点是具有很高的兴奋性和较弱的抑制过程。因此,在行动上表现出不均衡性,大多是热情而性急的人。这种人性情坦率直爽、情感充沛、精力旺盛,但脾气暴躁、情绪易冲动、心境变化激烈,很容易大发雷霆。这种气质类型的人,能以极大的热情投身于事业,勇于克服各种困难。但是如果遇到重大的挫折,情绪也会很快地低落下来。概括其特点是精力旺盛,脾气急躁,情绪兴奋性高,容易冲动,反应迅速,性情暴躁,脾气倔强,粗心大意,心境变换剧烈,显著外向型。

2. 多血质

这种气质的人其情感发生的速度快，外部表现明显，但强度方面却比较温和。这种人热情活泼，机智敏锐，动作敏捷，他们的心理活动和外部动作具有很高的灵活性。由于这种人的神经过程平衡而灵活，因此善于交往，容易适应环境，往往到一个新的环境里不感到拘束，并能较快地适应新生事物。所以他们在从事多变和多样化工作时，往往成绩卓著，有显著的工作效能。但是这种人对于事物往往缺乏深刻的体验，因而他们的情感、兴趣也容易改变或波动，待人处事显得不够踏实。如果工作受挫或事业不顺，朝气蓬勃的热情就会锐减，行动上也因缺乏毅力而动摇。概括其特点是活泼、好动、敏感、反应迅速，喜欢与人交往，但兴趣不稳定，浮躁轻率，少耐性，注意力易转移，具有外向性。

3. 黏液质

这种气质者的各种心理活动和外部动作都相当迟缓，然而他们的智力透彻，想象力丰富。这种人待人处事心平气和，沉着冷静，忍耐力强，能较好地克制自己的感情冲动，很少发脾气。他们经常的表现是态度持重，交际适度，不愿做空泛的清谈，务实精神较强，并能严格遵守既定的生活秩序和工作制度。这种人不足之处是固定性有余而灵活性不足，对人对事物较刻板、有惰性。概括特点是安静、稳重，反映缓慢，沉默寡言，显得庄重、坚韧、淡漠、自制力强，情绪不易外露，注意力不易转移，感受性低耐受性高，具有内向性。

4. 抑郁质

这种气质者的情感和活动都非常慢，强度也比较弱，他们的情感活动单调持久而又不易形之于外，具有明显的内向性。这种人的突出特点是具有高度的情绪易感性，即使是微弱的刺激，他也会当做较强的作用来感受，因此这种人往往多愁善感，易神经过敏。但是这种气质类型的人观察问题比较细腻深刻，善于觉察出别人不易觉察的细小事物。在工作中克服困难精神也较强，具有坚定性。在人际关系上，他们能与别人很好地相处，并且能胜任别人委托，为人诚实，办事认真。但是，他们的性格大都比较孤僻，表情腼腆、怯懦，办事缺乏果断，面临危险情势表现得十分紧张、恐惧。由于这种人常常为一些微不足道的缘由而动感情，因此其情感容易受挫折，悲观心理情绪较重。概括特点是情绪体验深刻，行动迟缓且不强烈，在行动上扭怩、腼腆、怯懦、孤僻，但这种人感情细腻，做事小心谨慎，善于觉察他人不易觉察的细节，明显内向性。

> 思考问题：这些古典文学中的人物都是什么气质类型？
> 李逵、王熙凤、林黛玉、薛宝钗

上述只是人的气质的最典型的类型。具有这四种类型特点的人，我们在生活中可以见到，但更多的人不一定那么典型，他们的气质往往是接近于某一种气质同时又兼有其他气质的某些特点。因此，我们在观察某个人的气质时，不应按上述模式简单的生搬硬套，而应侧重于研究他的具体的气质特点，分析气质特点对其行为方式的具体影响。一般来说，人们随着年龄的增长，气质类型的特点也会有所变化。对于青少年来说，多数人都表现出多血质，常形容为"血气方刚"。而到年老时期，由于阅历较深，反应迟钝，好多人则表现出黏液质和抑郁质的特征。男女气质的差异不能一概而论，但一般来讲，男性则近于胆汁质和多血质的较多，女性则近于黏液质和抑郁质的较多。

（三）气质对管理的启示

1. 气质类型无好坏之分

人的气质类型本身是不分好坏的，每种气质类型都存在积极或消极性格品质发展的可能性。如胆汁质的人容易形成勇敢、爽朗、有进取心等积极品质,但也容易养成粗心、任性、暴躁等缺点;多血质的人容易形成活泼机敏、有同情心、爱交际等品质,但也容易养成轻浮、不踏实、不真挚等缺点;黏液质和抑郁质的人可能具有深刻、坚定、平稳、沉着的品质,但也可能是孤僻、消沉和多愁善感的人。所以,人的气质类型本身无所谓善恶,各种气质类型的人,都可以培养成为德才兼备的优秀人才。因此,每个人无论属于何种气质类型,都不要自命不凡或妄自菲薄。

2. 气质影响人的活动效率和对环境的适应

人的任何一种气质本身并不能单独决定一个人的成才方向和成就高低,只有同其他心理品质结合起来,对人的行为才有意义,才能决定人的活动价值。气质作为人的一种自然属性方面的特点,对于人的某些行为活动的进行及其效果有一定的影响,因而各种职业活动对人的气质都提出一定的要求。例如,对运动员的选拔,一般来说,胆汁质、多血质和黏液质的人比较适合,而抑郁质的人就不太适合从事体育运动。在一些特殊职业中,如飞行员、宇航员、演员和运动员等方面的人才选拔中,一般都对人的气质特性提出更严格的要求,因为在这类职业中,气质的特点将在很大程度上反映出一个人是否适宜从事该种职业。因此,在这类人员的选拔中,强调要进行气质测定,把人的气质作为职业选择与淘汰的心理依据之一。

3. 气质与员工训导

由于气质对于人的情感和活动的特点具有一定的影响,因此,了解与分析人的气质对于人才培养教育及人事管理有着重要的意义。例如,对于胆汁质的人,一般承受挫折的容忍度较大,在工作失误时可以对他们进行严肃的批评,但也不要轻易激怒他们,要设法培养他们的自制能力;对于多血质的人,要尽量给予他们更多的活动机会和任务,使其养成扎实、专一和克服困难的精神,防止飘浮、懈怠与见异思迁的倾向;对于黏液质的人,在工作中要注意给予他们考虑问题和准备行动的足够时间,特别要注意培养适应性与灵活性;对抑郁质的人,由于他们对挫折的容忍力较小,又不易暴露自己的思想,因此批评要特别慎重,并要特别注意方式方法,更多地关心体贴他们,鼓励他们大胆前进。

二、性格与个体行为

(一) 性格和性格的特点

性格是一个人对现实的态度和习惯的行为方式中表现出的较为稳定的心理特征。性格是对人、对己以及一切外界事物的态度方面所表现出的各种基本心理特征的综合,是人对客观现实的稳固的态度以及与之相适应的习惯了的行为方式。在个体生活中那种一时性的、偶然性的表现,不能被认为是一个人的性格特征。例如,一个人在一次偶然的场合表现出胆怯的行为,不能据此就认为这个人具有怯懦的性格特征。或者,一个人在某种情况下一反常态地发了脾气,也不能就认为这个人具有暴躁的性格特征。只有那些经常性的、习惯性的表现,才能被认为是一个人的性格特征。

性格是个体的本质属性,是人对现实的态度和行为方式中稳定的心理特征,与一个人的理想、信念、人生观和世界观等高层次的心理成分相联系,所以它在个性发展中发挥核心作用。性格是稳定的、独特的心理特征,不是与生俱来的,也不是一朝一夕形成的,它是在主客体的相互作用过程中伴随着世界观的确立而形成的。性格有好坏之分,始终有道德评价的意义。

(二)性格结构

性格结构是指人的性格模式是由哪些成分构成的。人的性格是一个十分复杂的心理构成物,它包含着多种多样的内容。平常我们说这个人老实,那个人滑头,这只是某人性格中的一个特征。构成一个人的性格有许多特征,这许多性格特征有机地结合在一起,使人的心理面貌染上了独特的色彩。

在心理学中,分析人的性格结构,一般从以下四个方面考虑:

1. 性格的态度特征

这是指人在处理各种社会关系方面所表现出来的个体差异。如对社会、集体、他人、学习、工作、劳动,以及对待自己的态度等。现实生活多方面的影响,形成人对现实生活的态度体系,这种态度体系即构成人对现实社会生活的性格特征。对待劳动的态度,对待工作的态度,对待他人的态度以及对待自己的态度等。在这些方面,人的性格会表现有正直、诚实或虚假、滑头;有同情心、友爱或待人冷漠,刻薄;有活泼、爱交际或孤僻、呆板;有谦虚、礼貌或傲慢、无礼;有勤奋、节俭或懒惰、浮华;有认真、细致或马虎、粗心等。

2. 性格的情绪特征

这是指人们在情绪的强度、持续性、稳定性及主导心境等方面所表现出来的个体差异。人的情绪状态和情绪活动的特点也是性格特征的组成部分。属于这方面的特征,包括情绪的强度、稳定性和持久性等。例如,有的人反应强烈,对情绪活动的意志控制比较弱,而有的人善于控制自己的情绪,不是易起暴落;有的人情绪容易激动,甚至常常为一些生活琐事引起强烈的情绪反应,而有些人情绪活动则比较迟缓而稳定;有些人情绪活动的持续时间较长,而有些人的情绪活动稍纵即逝,好像不留什么痕迹。总之,人在情绪活动的特征方面是存在差异的。积极情绪特征,如心境愉快,情绪深刻而稳定,是鼓舞人的行动的力量,是使人能发挥其所长的有利条件。消极的情绪特征,如抑郁心境、焦虑、过分的情绪冲动等,会造成不必要的精力消耗,给整个生活带来不利的影响。在严重情况下,消极的情绪特征还可以促使某些疾病的发生。

3. 性格的意志特征

这是指人为了达到既定目标,自觉调节自己的行为,千方百计地克服前进道路上的困难时,所表现出来的意志特征的个体差异。这方面的性格特征主要是反映人对自己的行动自觉调节的方式和水平。例如,表现在一个人是否具有明确的生活目标方面,有些人表现独立性很强,这种人目标明确,善于按此目标来调节自己的行动,不屈于别人的强迫,不受别人的暗示。而独立性弱的人,则表现缺乏主动性、自觉性,凡事习惯于顺从,容易接受别人的暗示,在经常的和长期的工作中,有的表现严谨,在各种行动中都是有计划,有秩序,严肃、认真、谨慎、细致,而有的人则粗枝大叶,杂乱无章,草率从事。在紧急和困难情况下,有的人会经常表现出果断、勇敢、镇定、顽强,而有的人则是优柔寡断,谨小慎微,畏缩不前。

4. 性格的理智特征

这是指个体在感知、记忆、想象和思维的认知过程中所表现出来的个体差异。这方面的内容包括注意力、观察力、记忆力、想象力及思维能力等。例如,有些人在观察问题时善于注意事物的细节,属于分析型,而有些人多注意事物的整体和轮廓,属于概括型。在记忆方面,有的人偏于理性记忆,有人偏于机械记忆。在思维方面,有的人善于形象思维,有的人善于逻辑思维等。这些都是在认知能力方面表现出的性格差异。

以上所述,各种性格特征,说明了人的性格的多样性和丰富性,它为正确地认识人的性格,为正确地培养人才和使用人才提供了理论依据。心理学的理论强调,不同的人都存在着性格差异,这种差异表现在人的性格特征的各个方面。因此,在企业管理或人事组织工作中,各级领导者和管理者,必须注意研究人的性格,善于观察分析人的性格,同时还要注意去培养人们的性格。

(三)性格的类型

性格类型是指性格特征所组成的那种独特模式,最常见的类型有:

1. 机能类型说

按照理智、情绪、意志在人的性格结构中占优势的情况,把人的性格分为理智型、情绪型和意志型。

属于理智型性格的人是用理智来衡量一切的,以理智支配行为,不为情绪所左右;属于情绪型性格的人,用情绪来评估一切,凭情绪处世接物,不善于理智从事;属于意志型性格的人,行动目的明确、主动积极,果敢坚定,应变能力强。除了这三种典型的类型外,还有一些混合类型,例如理智—意志型。人们的性格属上述三种典型类型的人较少,一般都属于混合类型。

2. 向性说

按照人的心理活动和能量倾向于外部或内部,把人的性格分为内向型和外向型。

外倾型的人,其性格特征是外露的。这种人坦诚豁达、明快洒脱、锐意进取。内倾型的人,其性格特征是内隐的,这种人处世接物总是胸有成竹而不表之于外,情感细腻真挚而不显露,在艰险的环境中亦不动声色。一般地说,属于纯粹标准的外倾型或内倾型的人是少数,多数人属于中间类型。

3. 独立—顺从说

根据一个人的独立性程度可划分为独立型与顺从型或依赖型。

属于顺从型的人缺乏主见,易受暗示,不加批判地接受别人的意见,照别人的意见办事,在紧急情况下表现惊惶失措。属于独立型的人有主见,能独立地处世接物,不易受别人的见解所干扰,在紧急情况下果断镇静而不慌张,易于发挥自己的力量。

研究性格的结构和类型具有重要的实践意义,它不仅能为因材施教提供心理学的依据,而且还能为合理使用人才、充分发挥人的积极主动性提供心理学依据。

(四)性格在管理实践中的意义

坚持进行职业道德教育,严格行为规范训练,培养人的职业性格。

准确地把握员工的性格特点,实施有针对性的管理。选人用人要注意人的性格与岗位相协调。

管理者应注意加强自身的性格修养,同时对不同性格人采用不同的方式。

第三节 人格特质理论

一、人格特质理论

从理论上说,气质与性格是两个不同的概念,气质表明一个人的心理与行为形式具有的独特性特点,性格表明人的心理、行为的内容及规律性的本质特点。实际上,一个具体的人的气质特点与性格特点很难分清楚。国外一些心理学家从现实出发,把气质、性格特点结合在一起分析研究,提出了人格特质理论和人格测量的方法。

人格的特质理论假设人有多种特质,每个人都不同程度地具有这些特质,人与人之间的人格差异在于人与人之间特质水平上的差异,对组织管理有重要启发意义。人格是较稳定和难以改变的,组织要注重人员的选拔和工作的分配,不能企图通过培训改变员工的性格。

(一)卡特尔的人格特质理论

特质表现为一个人在不同的情境中经常出现的稳定行为模式。例如,一个"温和性"特质的人,在工作中对上级的命令相对服从,对其他人的错误比较容忍,对待朋友比较谦和;在社交情境会回避冲突;对待父母也可能比较孝顺;不会有太激进的政治主张等。这种在各种情境中都会表现出的相应的一致性的行为方式就是特质。

最早提出特质概念的是美国心理学家阿尔波特(C. W. Auport),他认为人格特质是指人的稳定的、经常出现的行为方式。一个偶然发生的行为不能称为特质,因为即使最外向的人也有偶尔沉默的时候,最内向的人也可能偶然爆发。阿尔波特认为,构成人格的特质是由遗传和环境两方面的因素形成,对个体行为具有动机作用。特质分为一般特质和个别特质。一般特质是由人们生活的共同环境(共同的文化形态及生活方式)造成的,反映了社会的习俗与价值,是人格的共同部分。个别特质是由个体生活特定环境造成的,它是使个体互相区别的主要东西,决定着个体的行为方式。在个别特质中又可以分为首要特质、中心特质和次要特质。首要特质是一个人最独特的特质,即是一个人最显著的特质,并且可以据此预测他在不同情境下可能的行为方式。中心特质包含几个特征,它们结合在一起代表一个人的特点。次要特质也是人格的组成要素,但不决定一个人的人格面貌。

美国心理学家卡特尔(J. M. Cattell)在阿尔波特对特质的定义的基础上,发展了词汇学研究方法。词汇学的基本假设是,在各种文化中,自然语言都包含了所有能够描述人格的词汇,也就是说所有的人格特质都被包含到自然语言中去。卡特尔通过对描述人格的词汇进行聚类分析,得出了35个特质群,称其为表面特质。又对表面特质进行因素分析,得到16个根源特质,他认为根源特质是构成人格的基本要素,见表3.1。

卡特尔认为,这16种人格特质是各自独立的,他们普遍存在于不同文化和各年龄阶段的人身上,每个人身上这16种特质的独特结合便构成其人格特点,是个体行为稳定而持久的原因,通过权衡这些人格特质与情景的关系就可以预测个体在具体情景中的行为。

表3.1 卡特尔16种人格特质

	特质名称	低分特征	高分特征
(1)	乐群性	缄默孤独	乐群外向
(2)	聪慧性	迟钝	聪慧
(3)	稳定性	情绪激动	情绪稳定
(4)	恃强性	谦逊服从	好强固执
(5)	兴奋性	严肃审慎	轻松乐天
(6)	有恒性	权益敷衍	始终负责
(7)	敢为性	胆怯退缩	冒险犯难
(8)	敏感性	理智求实	敏感
(9)	怀疑性	信赖随和	怀疑刚愎
(10)	幻想性	合乎常规	异想天开

续表 3.1

	特质名称	低分特征	高分特征
(11)	世故性	天真直率	老于世故
(12)	忧虑性	沉着自信	忧虑抑郁
(13)	实验性	保守	激进
(14)	独立性	随群依附	自立
(15)	自律性	不拘小节	自律严谨
(16)	紧张性	心平气和	紧张困扰

(二)迈尔斯-布瑞格斯心理类型指标(MBTI)

MBTI测验是基于荣格心理类型说,由一对母女迈尔斯-布瑞格斯编制而成。侧重人们工作和生活中的偏好的行为风格,是人的稳定的行为模式或倾向。

外倾(E)-内倾(I):注意力集中地方向

感觉(S)-直觉(N):接受信息的方式

思维(T)-情感(F):处理信息作出决策的方式

知觉(P)-判断(J):对待外部世界的方式

迈尔斯—布瑞格斯类型指标(Myers-Briggs Type Indicator,MBTI)是目前风靡全球,在工商管理领域应用最为广泛的人格测验,仅在美国本土每年就有200万人接受MBTI测验。这个测验基于瑞士著名的精神分析学派心理学家荣格(Jung)的心理类型学说,由一对母女凯恩林·布瑞格斯和伊莎贝尔·布瑞格斯·麦尔斯编制而成。该测验中所测量的心理类型其实是人们在工作和生活中比较偏好的行为风格,是人们在工作和生活中逐渐形成的相对稳定的行为模式和倾向。这一人格测验包括100道问题,主要集中在以下四个两极性的维度上进行描述。

1.外倾(E)-内倾(I):注意力集中的方向

这个维度主要测量的是人们倾向于将注意力集中在外部世界还是内部世界。外倾型的人较多地关注外部世界的人和事物,他们的精力是指向外部环境的,他们偏好通过交谈的方式沟通,喜欢通过实践和讨论来学习,兴趣广泛,善于社交和表达。内倾型的人则倾向于将注意力指向自身内部的观念和经验,喜欢反思、独处,不太愿意与外界交流,兴趣不广但比较深刻。

2.感觉(S)-直觉(N):接受信息的方式

这个维度主要测量一个人是如何获取信息的。感觉型的人倾向于通过感觉器官获得真实存在的信息,他们相信经验,观察力敏锐,注重细节,比较实际。直觉型的人往往依赖不太显而易见的直觉来获取信息,喜欢寻找事物发展的可能性,倾向于看到事物的整体全局和抽象性的东西,富于想象,有创造力。

3.思维(T)-情感(P):处理信息做出决策的方式

这个维度主要测量的是人们如何处理信息做出决策的。思维型人处理信息做出决策时依赖的是逻辑上的因果关系,他们擅长客观分析,逻辑思维,理智公正,不以感情为转移。情感型的人喜欢权衡事物对自己与他人的价值和重要性,在决策时他们容易将自己置于问题情境中,过多考虑感情因素,富于同情心,更多考虑人的因素而不是客观事实。

4 知觉(P)-判断(J):对待外部世界的方式

这个维度主要测量的是人们通常表现的对待外部世界的方式。知觉型的人喜欢用感知的功能来对待外部世界,以灵活、好奇的方式生活,容易冲动,适应性强,对事物的变化持开放态度,常常在最后一分钟的压力下完成工作。判断型的人喜欢用判断的方式来对待外部世界,他们生活得有计划、有秩序,擅长使用系统组织的方式解决问题,做事有条不紊,有始有终。

四个维度都是两极性的连续体,一个人在每个维度上都是处于连续体上的某一点,多数人只是在两种对立的行为风格中相对来讲更偏向其中的一种。在此基础上组合成为16种人格类型。

MBTI之所以在工商管理领域备受欢迎,一个重要的原因在于不同的心理类型与适合从事的工作之间有着密切的关系,对于组织中人与工作的匹配很有价值。不同类型组合的人格类型能更准确界定所适合的工作。例如,INTJ型是幻想者,他们有创造性思想,并有极大的内驱力实现自己的想法和目标。他们的特点是怀疑、批判、独立、决断,甚至常常有些顽固。ESTJ型为组织者,他们很现实,实事求是,具有从事商业和机械工作的能力,擅长组织和操纵活动。ENTP型则为抽象思考者,他们敏捷、聪明,擅长处理很多方面的事务。这种人在解决挑战性任务方面资源丰富,但在处理常规工作方面则较为消极。

(三)大五人格(The Big Five)

20世纪八九十年代,随着对人格结构特质研究的深入,许多研究者在对人格特质进行因素分析时发现,人格研究的一系列资料中,一般都显示出了五个人格维度的证据。形成了近十几年来最为流行的人格理论模型——"大五"人格模型(The Big Five),见表3.2。

表3.2 五项人格因素的维度

人格因素	人格特质表现
外倾性	一个人善于社交、善于言谈、武断自信方面的人格维度
随和性	一个人随和、合作与信任方面的人格维度
责任心	一个人责任感、可靠性、持久性、成就倾向方面的人格维度
情绪稳定性	一个人平和、热情、安全(积极方面)及紧张、焦虑、失望和不安全(消极方面)的人格维度
经验的开放性	一个人幻想、聪慧及艺术的敏感性方面的人格维度

1. 外向性

外向性指个体喜好社交的倾向性。一个人善于社交、言谈得体、大方自信,就是外向性;而在社交中表现羞怯、腼腆,就显示出内向性。

2. 随和性

随和性描述一个人随和、合作和信任方面的特点。

3. 责任心

描述一个人责任感、可靠性、持久性、成就倾向方面的人格维度。

4. 情绪稳定性

情绪稳定性指个体情绪稳定的程度。它描述一个人是倾向于平和愉快、冷静、富于安全感,还是倾向于紧张压抑、焦虑失望、没有安全感的人格维度。

5. 经验开放性

经验开放性指个体是否有好奇心、愿意吸收新的经验、富于幻想、兴趣广泛,及对差异的敏感性方面等特征。

结合管理实践的研究发现,这五个维度与工作绩效之间有着密切的关系。研究结果表明,外向性可以预测管理和销售职位的工作绩效;随和性得分高的人在需要大量群体合作的情境中表现出色;责任心得分高低可以预测工作绩效;情绪稳定性的得分高低也可以预测工作绩效;经验开放性在预测培训效果方面也十分重要。这些结论对人力资源管理提供了有益的启示。

大五人格量表

回答问题说明:在这类问题中,如果您认为左面的形容词绝对适合您,便选1;如果右面的绝对适合,便选7;如果二者差不多,便选4。如果左面较适合但不是绝对,便选2或3;如果右面较适合但不是绝对,便选5或6。

(1) 处变不惊　　1234567　　杞人忧天
(2) 轻松　　　　1234567　　紧张
(3) 不情绪　　　1234567　　情绪化
(4) 有安全感　　1234567　　没安全感
(5) 客观　　　　1234567　　主观
(6) 有耐性　　　1234567　　没耐性
(7) 爱独处　　　1234567　　爱社交
(8) 冷漠　　　　1234567　　温情
(9) 沉静　　　　1234567　　健谈
(10) 被动　　　　1234567　　主动
(11) 无情　　　　1234567　　热情
(12) 喜欢听从　　1234567　　喜欢做主
(13) 传统　　　　1234567　　不传统
(14) 少创意　　　1234567　　多创意
(15) 简单　　　　1234567　　复杂
(16) 少艺术气质　1234567　　多艺术气质
(17) 不好奇　　　1234567　　好奇
(18) 喜欢常规　　1234567　　喜欢变化
(19) 暴虐　　　　1234567　　菩萨心肠
(20) 不合作　　　1234567　　爱帮助别人
(21) 粗野　　　　1234567　　有礼貌
(22) 爱批评　　　1234567　　宽厚
(23) 多疑　　　　1234567　　信任别人
(24) 严肃　　　　1234567　　开朗
(25) 大意　　　　1234567　　小心
(26) 没组织性　　1234567　　有组织性
(27) 不整齐　　　1234567　　整齐
(28) 迟到　　　　1234567　　准时
(29) 没目标　　　1234567　　有雄心
(30) 没活力　　　1234567　　充满活力

1~6:情绪稳定性; 7~12:内外倾性; 13~18:经验开放性; 19~24:随和性;25~30:责任心

二、影响组织行为的人格特质

一些研究发现,一些人格因素是组织行为的有效预测指标,比如控制点、马基雅维利主义、冒险倾向、自尊、自我监控、A 型人格,等等。

(一)内控型和外控型

一些人认为他们是自己命运的主宰者,对自己的成功或失败负有直接责任,另一些人认为自己受命运的摆布,认为生活中的一切事情都依靠运气和机遇,在心理学上,把前者称为内控型个性,把后者称为外控型个性。

控制点对工作绩效的影响,见表3.3。

(1)外控型的人对工作更不满意,缺勤率较高,不能像内控型的人那样全心全意地投入工作。

(2)内控性的人适合担任管理工作和专业性较强的工作,完成较复杂的任务,并在工作中表现出创造性和独立性。相对来说,外控型的人比较愿意听从别人的指挥,适合于从事按规章制度办事的工作。

表3.3 控制点对工作绩效的作用

	工作任务状况	绩效
信息加工难	需要复杂信息加工和复杂学习的工作	内控者绩效佳
信息加工易	工作十分简单和很容易学习	内控者不比外控者好
创造性高	工作需要创造性和独立性	内控者绩效佳
创造性低	工作需要依从性和一致性	外控者绩效佳
动机强	工作需要高动机并对高效率者以诱人的报酬	内控者绩效佳
动机弱	工作并不需要极大的努力,也没有及时奖励,通过合同决定报酬	外控者至少和内控者绩效一致

(二)自尊

人们在喜欢自己的程度上各不相同,这种个性特征被称为自尊或自我肯定。高自尊的人相信自己有足够的能力胜任工作,他们在选择工作时,喜欢冒更大的风险,不愿从事性质单一的工作。

低自尊的人对外界影响非常敏感,他们很注意别人对自己的评价,希望得到别人的肯定和赞同,他们更愿意赞同他人的观点。在管理岗位上,他们更易于采取别人所接受的观点和立场;高自尊者常采取独立的观点和立场。高自尊者比低自尊者对工作有更高的满意度。

(三)自我监控

自我监控指个体根据外部情景因素调整自己行为的能力。高自我监控者对环境线索十分敏感,能根据不同情景采取不同行为,能使公开的角色与真实的自我之间表现出极大差异。低自我监控者倾向于在各种情景下都表现出真实的性情和态度。

高自我监控者比低自我监控者倾向于更关注他人的活动,他们能扮演多重甚至相互冲突的角色,因此,高自我监控者可能在管理岗位上更成功。

(四)冒险性

冒险性指个体在做出决策时接受或回避风险的倾向。高冒险者比低冒险者做出决策时需要的信息少,决策的速度快,而决策的准确性程度是相当的。

具有不同冒险性的人适合做不同性质的工作。一般说来,冒险性高的人适合做高风险的工作,如股票经纪人,审计工作则适合由低冒险性的人承担。

尼可罗·马基亚维利(公元1469~1527年),意大利政治思想家和历史学家。1513年12月,他的惊世之作《君主论》问世。书中强调君主必须同人民保持较好的关系;必须重视军事;必须通权达变,灵活机动,为达到目的可以不择手段;并要真正了解国情,注意避开谄媚者。这些原则后来成为一些人的治国原则,拿破仑、希特勒、墨索里尼都曾把《君主论》作为案头书。

(五)马基雅维利主义

高马基雅维利主义者注重实效,保持着情感距离,相信结果能为手段辩护,这种人愿意操纵别人,赢得更多利益,难以被别人说服,却更多地说服别人。

马基雅维利与工作绩效的关系:

(1)当他们与别人面对面直接交往,情境中要求的规则与限制少,情绪卷入与获得成功无关时,高马基雅维利主义者能取得较高的工作绩效。

(2)当结果不能为手段辩护,有绝对的行为规范标准时,高马基雅维利主义者难以取得较高绩效。

(六)A型人格与B型人格

1. A型人格

这种人常处于焦虑状态,其个性的主要成分是强烈进取,容易激起敌对情绪,有紧迫感,力求取得成功。A型人格表现为:

● 生活节奏快;
● 对很多事情的进展速度感到不耐烦;
● 总是试图同时做两件以上的事情;
● 无法处理休闲时光;
● 着迷于数字,他们的成功是以每件事中自己获益多少来衡量的。

2. B型人格

与A型人格相对照,这种人很少处于焦虑状态,很少因为不断增加的工作和无休止提高工作效率感到焦虑。B型人格的行为表现:

● 从来不曾有时间上的紧迫感以及其他类似的不适感;
● 认为没有必要表现或讨论自己的成就和业绩,除非环境要求如此;
● 充分享受娱乐和休闲,而不是不惜一切代价实现自己的最佳水平;
● 充分放松而不感内疚。

三、人格与工作匹配

人格特质与工作绩效的关系中,有一项中间变量——工作要求起着重要的作用。因此,重视人格特质与工作要求的协调一致在管理上具有重要的意义。

在这方面研究中,约翰·霍兰德(John Holland)在20世纪50年代提出的人格-工作适应性理论。他指出,员工对工作的满意度和流动的倾向性,取决于个体的人格特点与职业环境的匹配程度。霍兰德认为大多数人都可以划分为以下六种基本的人格类型:现实型、研究型、社会型、传统型、企业型和艺术型,见图3.1。

每种人格类型与相应的职业与工作环境匹配,见表3.4。霍兰德的研究表明,员工的工作满意度与流动倾向性,取决于个体人格特点与职业环境的匹配程度。当人格和职业相匹配时,会产生最高的满意度和低的流动率。

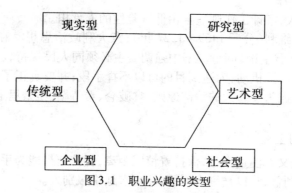

图 3.1 职业兴趣的类型

表 3.4 职业兴趣偏好与人格特点的相关性

类型	人格特点	偏好
现实型	害羞、真诚、持久、稳定、顺从、实际	偏好需要技能、力量、协调性的体力活动
研究型	分析、创造、好奇、独立	偏好需要思考、组织和理论的活动
社会型	社会、友好、合作、理解	偏好能够帮助和提高别人的活动
传统型	顺从、高效、实际、缺乏想象力、缺乏灵活性	偏好规范、有序、清楚明确的活动
企业型	自信、进取、精力充沛、盛气凌人	偏好能够影响他人和获得权力的语言活动
艺术型	富于想象力、无序、杂乱、理想、情绪化、不实际	偏好需要创造性表达的模糊且无规则可循的活动

总之,作为个体所有反应方式和与他人交往方式的总和,人格对个体特征与行为模式的理解和把握起着重要的作用。对于个人来说,通过对人格的测试可更好地认识自己,扬长避短,把握好职业生涯中的发展机遇。在工作和社会实践中,每个人都应该学会自我调控,针对环境和工作需要,加强修养,完善人格的积极方面,努力培养自身良好的人格特质。对于组织而言,通过正确的人格特质的测试,可结合工作表现,更好地实现员工与工作的匹配,优化团队、增强凝聚力、战斗力。在教育、培训工作中,要针对人格特点,因材施教,增强针对性,使员工切实得到有效提高,在管理人、培养人、使用人等方面切实有效地开展工作。

第四节 能力

一、能力概念与结构内容

(一)能力的概念

能力是指一个人顺利地完成某种活动而在主观方面所必须具备的心理特征。例如,教师必须具备良好的表达能力,科学家必须具备深刻的思维能力,作家必须具备丰富的想象能力等,这些都是为了顺利完成不同活动而必须具备的个性心理特征。

能力作为一种主要的个性心理特征,它是影响人们活动效果的基本因素。当然,影响人的活动效果的因素是多方面的,如身体状况、思想水平、知识技能、性格情绪等都影响着人的活动效果。但是,在这些因素中,能力是影响活动效果的最基本因素,在其他条件相同的情况下,能力高的人比能力低的人可以取得更好的结果。

实际上,人的任何一种活动或工作绝不是单凭一种能力就可以顺利完成的,而是需要几种能力共同发生作用。例如,学生为了顺利完成学习任务,不仅要有观察力、理解力、记忆力,而且还要有分析力、概括力、表达力及创造力等。因此,能力是顺利完成某种活动有关的心理特征的综合。如果一个人实现了某种活动所需要的各种能力的最完备的结合,就叫做具有某方面的才能。

人的能力或才能同知识和技能有着密切的联系,它们之间存在着相互制约的关系。能力是掌握知识和技能的必要前提。没有最起码的感受力、记忆力、感性知识就无法获得。没有一定的抽象和概括能力,理性知识也难以掌握。能力的高低制约着人们掌握知识、技能的快慢、深浅、难易和巩固程度。而人的能力或才能的发展又是在掌握和运用知识、技能的过程中完成的,离开了知识的学习和技能的训练,人的能力是难以得到发展的。

(二) 能力的结构

心理学把人的能力分为一般能力和特殊能力两种:一般能力指在一切活动中都需具备的能力,即通常所说的智力,包括观察力、记忆力、想象力、注意力和思维能力,以思维能力为核心,它是人们完成一切活动都需要的;特殊能力,是指在特殊活动领域发生作用的能力,如节奏感能力、色彩鉴别能力等都是特殊能力。

人的一般能力和特殊能力在具体活动中是有机地联系在一起的,二者相辅相成,互相促进。一般能力的发展,为特殊能力的发展创造了有利条件。反之,特殊能力的发展,也必定促进一般能力的发展。例如,特殊能力得到高度发展的文学家、音乐家等,他们的一般能力也都有比较高的发展。因此,我们不能把一般能力与特殊能力对立起来。

人的能力在发展方面也是存在着个别差异的。这种差异表现在能力类型不同、发展水平不同、表现早晚不同等三个方面。如有的人善于思考,过目不忘,有的人善于表达、言语丰富、生动感人等。这是能力类型的差异。从量上来看,个人的能力发展水平也十分悬殊,有的人能力水平很高,有的人能力水平较低。从时间来说,有的人能力发展较早,有的人能力发展较晚。

总之,人的能力差异是客观存在的,是不能否认的。但是,任何一个人,长于此,未必长于彼,写得好的人不一定说得也好,善思考的人不一定善记忆。学者善于抽象思维和逻辑推理,但却缺乏具体的操作能力。因此,严格地分析人的能力,全才是没有的,非凡的能力只是在一定范围而言。

二、影响能力发展的因素

管理工作中,研究人的能力的个别差异,有助于掌握职工的特点,以便在人事组织工作中做到量才录用,量才使用,充分挖掘人力资源的潜力。企业管理工作中,领导者的重要任务还在于如何加强对职工能力的培养,这项工作的好坏,直接关系到企业的生产效率和管理水平,是决定企业成败的关键所在。那么,如何有效地发展人的能力呢?关于这个问题,心理学着重阐述了以下观点。

(一) 人的素质是能力发展的自然基础

素质是有机体天生的某些解剖生理特征,它包括一个人的感觉器官、运动器官以及脑的结构形态和生理特点。素质是人的能力发展的自然前提,没有这个自然基础就谈不到能力的形成和发展。生来或早期聋哑的人难以发展音乐能力,双目失明者无从发展绘画能力,遗传或胎儿期脑损伤所造成的素质缺陷是智力发展的严重障碍。心理学的研究证明,神经活动类型的特点,将影响知觉的广度和解决问题的速度。神经活动过程强而灵活类型的人,他们知觉的广度比不灵活类型的人要大得多,并且在解决问题的速度方面也要快得多。

素质是能力发展的自然基础,但不是能力本身。素质作为先天生成的解剖生理机构,不能现成地决定能力。刚出生的婴儿没有能力,只是由于他生来具有一定的解剖生理特点,因而他具有能力发展的一般可能性。解剖生理素质只是在以后的实践活动中显露并发展起来,才逐渐形成能力这样的心理特征。因此,那种认为能力是宿命地由某种不变的自然因素先天注定的认识,是一种唯心主义观念。

（二）环境和教育是人能力发展的关键条件

人的能力也是通过对知识、技能的学习掌握而发展的,人们在接受前人创造的知识中发展自己的能力。因此,教育和教学活动对于人的能力的发展起着重要作用。教育与训练不仅给人们传授了知识、技能与技巧,而且也从中发展了人们的心理能力。无师自通,未经教育和训练就具备某种高超的能力是很困难的。

（三）社会实践对人的能力发展具有决定性的意义

能力的大小主要由实践的广度、深度和主观能动性发挥的程度决定的。社会实践的需要、劳动职业、教育及训练等,都能使人的能力获得高度的发展。特别应当指出的是,在实践活动中,劳动实践对于人的各种能力的发展起着重要的作用。劳动不仅能发展人的一般能力,而且能发展人的特殊能力。例如,炼钢工人经常凭借火焰及钢水颜色的变化来判断炉内钢水的温度,这就是在长期劳动实践中发展了的特殊能力。所以,爱迪生在讲到天才和劳动对成就的作用时说:"天才是百分之一的灵感加上百分之九十九的汗水。"

（四）营养状况、个人勤奋程度、个人爱好和兴趣都是人能力发展的必要条件

人的能力的发展是同坚强的信念联系在一起的。一个人思想的倾向性和信念的恒定性影响着他对生活的态度,影响着他对自己的要求。一个信念坚强的人具有高度集中的精力,坚定的意志,这都是能力发展的重要条件。古今中外杰出的政治家、科学家的非凡能力,都是长期不懈努力的结果,他们竭尽心力,备尝艰苦,百折不回,因而才使自己的能力发展达到了最高水平,成为众所公认的天才。人的能力的发展是在长期的实践过程中实现的,而完备能力的取得即使在长期实践活动中也是很难实现的。在现实生活中,我们很难找到"十全十美"的完人,很难找到在多方面都有杰出造诣的人。一般人只能竭尽所能于一件活动、一个专门领域、一项成就。因此,当代美国著名学者杜拉克主张,一个有效的领导者或管理者不只是善于培养人们的能力,还要善于发挥人们的能力,要知人之所长,用人之所长,这是事关管理者本身工作的有效性,事关企业组织的有效性,事关个人和社会有效性的决定因素。所以杜拉克强调,领导者的重要任务不在于重新改造人类,而在于如何充分运用每一个人现有的能力和才干,如何充分挖掘人们的潜在能力资源,以保证企业的兴旺发达。

三、个体能力差异

不同的人,能力是有差别的,这是不以人的意志为转移的客观存在。认识到这种差异,就能选贤任能,充分利用组织的人力资源,促进事业发展。对于能力差异的准确识别有迫切的社会需要。人的能力差异是多方面的,主要表现在以下几种情况。

（一）能力发展的水平差异

不同人的能力发展程度存在明显的差异。有人智力超常,有人智力低弱,多数人处于中间状态。心理学家经过大量研究,基本上得到一个共同的结论:全部人口的智力分布基本上呈正态分布,"两头小",即能力低下者、才能卓著者极少;"中间大",一般能力者占绝大多数。这就是智力差异的常态曲线分布。

对能力水平差异的细致区分可以通过能力测验来进行。为了客观、定量测量人的能力水平,心理学家研究出各种各样的测验方法,比较常用的智力测验是法国心理学家比奈(A. Binet)和西蒙(T. Simon)于1905年首创的,经过心理学界不断的修订完善,用以测量人的智力,尤其是儿童的智力。在常用的斯丹福－比奈量表中,智力年龄(心理年龄,MA)代

表智力达到的年龄水平,它与实际年龄(生理年龄,CA)的比称为智力商数(智商,IQ),代表被试者的智力水平。公式:$IQ = (MA/CA) \times 100$

智商为人的普通心智机能提供了一种综合指数。法国心理学家特曼(L. M. Terman)、美国心理学家韦克斯勒(D. Wechsler)等人都通过智商研究了人的智力分布表,说明了智力差异的常态曲线分布,智商在130以上超常者和69以下的智力缺陷者各占总数的2.2%,智商在120~129之间的优秀者和70~79的低能边缘者又各占人群总数6.4%左右,智商110~109的聪敏人和80~89的迟钝人各占人群总数的16.1%,占总数一半的人的智商都是在90~110之间。

智力测验在人才选拔、职业指导、儿童教育、临床诊断等方面得到许多应用,成为度量智力水平的普遍标准。但也引起了许多争论,许多人对智力测验能否测出人的真正的智力提出质疑。20世纪90年代以来,鉴于对传统的智力测验的局限,心理学家还提出了"实践智力"和"情绪智力"的概念,探索更全面、准确的能力测量方法。但是,作为个性心理特征的能力,和其他心理因素一样,有其固有的特殊性。这使能力测量不可能像物理测量那样稳定和准确。因此,考察人的能力差异必须把定量研究和定性分类相结合,把横向研究和追踪研究相结合,才能对人的能力差异做出客观、准确的评价。

(二)能力类型的差异

能力类型的差异是指能力质的差异,主要表现在如下几个方面。

(1)能力的知觉差异:反映人们在知觉方面有分析型、综合型和分析综合型的区别。分析型者对事物细节感知清晰,而对整体感知较差;综合型者则正好相反;分析综合型兼而有之。

(2)能力的记忆差异:人们在表象和记忆方面有听觉型、视觉型、动觉型和混合型。视觉型者的特点是视觉表象清晰;听觉型者的特点是听觉表象占优势;动觉型者对动作感受深刻;混合型者的特点是各种记忆综合使用效果好。

(3)能力的思维差异:在思维方面人们有抽象思维、形象思维、逻辑思维等区别。

心理学上,能力类型的差异可以通过对特殊能力的各种测验来定量反映。

(三)能力发展早晚的差异

能力发展早晚的差异是指个体能力发展的年龄阶段的差异。有的人在儿童或少年阶段,在某种能力方面就达到相当高的水平,即所谓"早熟"、"少年早慧"。这样的事例古今中外屡见不鲜。相反,有些人的突出能力到了中年以后甚至晚年阶段才表现出来,达到很高的水平,被称为"大器晚成"。

科学计量学的研究结果表明,人的能力发展有早晚的差异,但就大多数人来说,存在一个创造与成就的最佳年龄区间。美国学者莱曼(Lehman)曾研究了几千名科学家、艺术家、文学家的成就与年龄的关系,发现25~40岁是创造的峰值年龄区间。这与心理学家的分析吻合。对大多数人来说,青年、中年时期是能力表现的突出阶段。

四、工作中的能力

(一)心理能力

心理能力是从事心理活动所需要的能力。一般认为,心理能力包括7个维度,算术、言语理解、知觉速度、归纳推理、演绎推理、空间视知觉、记忆力。

(1)算术,快速而准确进行运算的能力。

(2)言语理解,理解读到和听到的内容,以及词汇之间关系的能力。

(3)知觉速度,迅速而准确辨认视觉上异同的能力。
(4)归纳推理,鉴定一个问题的逻辑后果,并解决这一问题的能力。
(5)演绎推理,运用逻辑评估一项争论价值的能力。
(6)空间视知觉,当物体的空间位置变化时,能想象出物体形状的能力。
(7)记忆力,保持和回忆过去经历过的事物的能力。

(二)体质能力

在一些技能性要求少,规范化程度高的工作,体质能力很重要。体质能力包括三个方面的9项内容:

(1)力量因素,包括四个内容:
- 动态力量,在一段时间内重复或持续运用肌肉力量的能力。
- 躯干力量,运用躯干肌肉(尤其是腹部肌肉)达到一定肌肉强度的能力。
- 静态力量,产生阻止外部物体力量的能力。
- 爆发力,在一项或一系列爆发活动中产生最大能量的能力。

(2)灵活性因素,包括三个内容:
- 广度灵活性,尽可能地移动躯干和背部肌肉的能力。
- 动态灵活性,进行快速、重复的关节活动的能力。
- 躯干协调性,躯干不同部分进行同时活动时相互协调的能力。

(3)其他因素,包括两个内容:
- 平衡性,受到外力威胁时,依然保持躯体平衡的能力。
- 耐力,需要延长努力时间时,保持最高持续性的能力。

(三)情绪智力

20世纪80年代,美国心理学家加德纳(H. Gardner),提出多元智能结构理论,把人的智力分为理性认知能力和非理性的情感体验能力。20世纪90年代美国心理学家彼得·沙洛维(P. Salovey)和约翰·梅耶(J. Mayer)将人类智慧分离出"情绪智力",将其界定为社会智能的一种类型,是非认知技能,内容结构包括5个方面:

(1)自我意识,体验自己情感的能力;
(2)自我管理,管理自己情绪和冲动的能力;
(3)自我激励,面对挫折和失败依然坚持的能力;
(4)感同身受,体会他人情感的能力;
(5)社会技能,处理他人情绪的能力。

情绪智力对工作有重要影响,情绪智力影响和支配着人的决策和行为,对人的成就具有决定性的意义。由于情绪智力的提出,劳动由过去的体力劳动和脑力劳动基础上增加了情绪劳动。

决策:积极的情绪可以提高人们解决问题的技能水平。
动机:对情景的知觉离不开情绪,情绪会影响他们的努力程度。
领导:有效领导是依赖于情绪表达传递信息。
人际冲突:与情绪交织的。
工作场所中的行为偏差:消极情绪导致。

(四)实践智力

20世纪90年代,美国耶鲁大学的心理学家斯腾伯格(R. Sternberg)提出了实践智力概念,它指的是有效解决实际问题的适应性能力。学者将传统的智力测验中所测量的智力称为学业智力。两者的差异主要体现在:学业智力所解决的问题是清晰界定的,解决过程中有完备的信息,通常只有一个正确答案或者一种解决方法;而实践智力所面对的问题没有清晰界定,有待于规划,信息不完备,有多种解决方法和正确答案。

具有较强实践智力的人在解决问题时应用的是内隐知识。内隐知识与通常的显性知识有很大差别,主要特点是:

(1)内隐知识是行动导向的知识,包含很多做事情的"诀窍"。

(2)内隐知识是实用性的知识,与个体所要达到的目标密切相关。

(3)内隐知识通常不是在其他人的直接帮助下获得的,而更多的是通过自己的经验获得的。

总之,能力是个体复杂的心里特征,体现个体差异的重要因素。在管理中要注重用人之长,不求全责备,选择安排职工工作时,要尽量考虑其特长,做到人尽其才;双向选择,职能相配,在人员的选拔与安置上,尽量使员工的文化水平、技能水平、择业愿望与实际工作所要求的水平相匹配,只有这样,才能使其工作效率达到最高水平;人的能力是互补的,根据工作需要,制定全面合理的培训计划,用人艺术的关键是发挥人的能力;同时要注重建立有效的人才竞争选拔机制。

复习思考题:

1. 什么是个性?个性的决定因素有哪些?
2. 什么是人格特质?描述个性特征"大五"模型包含哪些?谈谈其在管理上的应用。
3. 个性对员工工作的影响主要体现在哪些方面,如何根据员工的个性差异对员工进行管理?
4. 什么是实践智力?有哪些特点?
5. 什么是情绪智力?内容有哪些?
6. 如何理解控制点、马基雅维利主义、自尊、自我监控、冒险倾向以及A型人格等人格因素是组织行为的有效预测指标?
7. 说明迈尔斯-布瑞格斯类型指标的含义。
8. 如何实现人格与工作的匹配?
9. 如何衡量个体的能力差异?能力差异如何影响工作绩效?

案例分析:

杨澜走向"正大综艺"

1994年1月,从学生走向主持人的杨澜在完成《正大综艺》200期制作之后,跨越太平洋去了美国,攻读哥伦比亚大学国际传媒硕士学位,又成了一名学生。一位成功的节目主持人,离开令人羡慕的职位,远涉重洋,进一步提高自己,确实不同凡响。这自然使人们又联想到杨澜走向"正大综艺"的历程。

杨澜应试《正大综艺》节目主持人的时候,还是北京外国语学院四年级的一名普通学生。当杨澜接受面试的时候,主持面试的老师说,她希望找一个新"面孔",最好是纯情一点。杨澜虽然也有一点紧张,但是并没有诚惶诚恐地"配合"老师,刻意使自己更"纯情"一点。她在简单介绍自己之后,直言不讳地对主考老师谈了自己对主持人的看法:"电视台为什么一找主持人,就要纯情型的?我们缺少的是干练的职业妇女形象。"主考老师后来对杨澜说,我当时并没有觉得你的容貌特别出众,但这句话说明你是有思想的。杨澜就是这样通过了初试。

此后,杨澜经过了一次又一次的复试,在这个过程中,她也一直在经历一个个不大不小的"折磨"。主持面试的一方,对她的综合表现评价很高,但嫌她不够漂亮。当杨澜和另一位连杨澜也不得不承认"的确非常漂亮"的女孩子成为最后的竞争者时,她全部的倔犟、好胜都被激发出来了。她想:"即使今天你们不选我,我也要证明我的素质。"

最后面试的题目是:你将如何做这个节目的主持人;介绍一下你自己。

杨澜是这样开始的:"我认为主持人的首要标准不应是容貌,而是要看他是不是有强烈的和观众沟通的愿望。我希望做这个节目的主持人,因为我特别喜欢旅游。人与大自然相亲相近的快感是无与伦比的,我要把这些感受讲给观众听。"

在介绍自己时,杨澜说:"父母给我起'澜'名,就是祝愿一个女孩子能有海一样开阔的胸襟,自强、自立,我相信自己能做到这一点……"

杨澜侃侃而谈,一口气讲了半个小时,没有一点儿文字参考。讲完后,屋子里非常安静,听众都被吸引住了,人们不再关注她是不是一个最漂亮的主持人。杨澜赢了。

后来杨澜在主持"正大综艺"时,本色而自然,即没有刻意去表现自己的文化素养,"掉书袋子",也没有刻意去表现"清纯",表演"可爱",她把一个有较高文化素养的清纯少女形象和富有理智又不失细腻情感的职业女性形象统一在一起,为观众带来了一种既高雅又本色、既轻松愉悦又令人回味的主持风格。在三年多的时间里,杨澜和赵忠祥共同主持"正大综艺"的节目,他们一老一少,一个沉稳,充满洞察世事的沧桑;一个热情,涉世未深,清纯明快。场上节奏一动一静,有张有弛,韵味无穷,在观众心目中留下了深刻印象,他们也被报界评为最佳搭档。有评论说,如果像赵忠祥、杨澜这样的人能更多一些,如果这样的人能够形成一个成规模的群体,我们的传媒一定能真正创造出既能让老百姓愉悦又受老百姓尊重的大众文化。

讨论题

1. 这个案例中,哪些人格特点使杨澜取得了成功?
2. 现在几乎所有的竞争性选聘中都有面试一项,本案例中的面试对你有什么启示?
3. 在杨澜的职业生涯的每一次转变中,她是怎么做出选择的?

弗兰克的问题

弗兰克是西南零售连锁店的一家商店经理。他已在这里工作了5年。跟附近其他拥有同样人口与同等人均收入水平的城市中类似的商店相比,他的商店的销售情是低于平均水平的。弗兰克的老板爱丽丝,已在这家连锁店呆了12年,其中5年是在弗兰克现在的商店当经理。这期间,该店的销售额在这个地区最高,她的雇员们对她评价甚高,认为她是个非常优秀的经理。

爱丽丝认为,一个有效的商店经理最重要的品质之一,是要有良好的个性。他必须喜欢人,善于与人打交道,愿意听取顾客的意见而不掺杂个人的感情,对店员的生活福利要表示出真诚的关切。在爱丽丝看来,弗兰克似乎缺少这些特点。他个性好斗,性急缺少耐心,说话生硬。老板担心这种个性可能会导致丧失商誉。在最近一次对商店的巡视中,爱丽丝碰到的两件事情更加深了她的这种担忧。

第一件事是,早晨有个店员迟到了5分钟,当她气喘吁吁、满头大汗地走进商店时,弗兰克劈头一通指责,店员似乎想对他解释点什么,但弗兰克不给她说话的机会,并警告说:"你这个月的奖金被扣除了。"店员含着眼泪走开了。

紧接着,有一位顾客来退货,顾客咬定货物在打开包装之前就已经损坏,要求换一个好的。弗兰克拒绝退货。他说:"我们不会出售残次品,一定是你买回去后才损坏的。要不,你为什么不当场要求换呢?"

顾客暴跳如雷,她扯开嗓子批评商店及其职员。爱丽丝注意到,商店里的其他顾客看到这场争吵时,大部分人没买任何东西就离开了。

爱丽丝找来弗兰克谈话,她试图帮助弗兰克体谅下属和顾客,改变工作方式,但弗兰克认为,严格纪律、坚持制度是对的,并解释说那位顾客是无理取闹,商店不应当承担损失。

爱丽丝接着又问弗兰克:"自你接任以来,情况一直不怎么好,你认为问题出在什么地方呢?"

弗兰克谈了一些他觉得需要改正的问题,这些问题都与加强存货控制和对职工的激励有关,他丝毫没有意识到他的个性或领导作风可能会引起的任何问题。

临走之前,爱丽丝又在商店里转了一圈子,跟一些雇员谈了谈。从简短的谈话中她了解到,大家对弗兰克意见很大,不乐意让他当商店经理。有一个职员说他是"马大哈",另一个则说他具有"部队里军士级教练员的个性"。爱丽丝决定再给弗兰克3个月时间,如果销售额持续下降,就将不得不派人替换他了。

讨论题:

1. 你认为一个成功的商店经理应该具备什么样的个性?为什么?
2. 弗兰克在处理店员迟到和顾客退货两件事上是否恰当?你认为怎样做才能取得更好的效果。
3. 如果你是弗兰克的上司,你将怎么办?

推荐阅读材料:

[1] [美]斯蒂芬·P·罗宾斯.组织行为学.第十版.[M].孙健敏,李原,译.北京:中国人民大学出版社,2005.

[2] 多罗西·马西克.组织行为学体验与案例[M].北京:中信出版社,2004.

第四章 价值观和态度

◆本章关键词
价值观;态度;工作满意度;组织承诺

第一节 价值观

一、价值观内涵

所谓价值观是人们对周围客观事物的是非善恶和重要性的总评价和总看法。价值观代表一系列基本的信念:从个人或社会的角度来看,某种具体的行为类型或存在状态比与之相反的行为类型或存在状态更可取。这个定义包含着判断的成分,这些成分反映了一个人关于正确和错误、好与坏、可取和不可取的观念。

价值观包括内容和强度两种属性。内容属性告诉人们某种方式的行为或存在状态是重要的;强度属性表明其重要程度。当我们根据强度来排列一个人的价值观时,就可以获得一个人的价值系统。价值体系是人对各种事物,如家人、朋友、工作、金钱、权力等的评价在心目中有轻重主次之分,这种轻重主次的排列构成了个人的价值体系。

价值观和价值体系是决定人们行为的核心因素。价值观是决定人们的期望、态度和行为的心理基础,在同样的客观条件下,具有不同价值观的人会产生不同的理想、需要、动机和行为。

价值观的形成一部分来自遗传,其余是受到社会环境因素的影响,具体包括民族文化、家庭教育、教师、朋友等。价值观一旦形成,是比较稳定和持久的,只有这样人们的行为才会有相对一致的标准,不会陷入变化无常的状态。当然,价值观也不是绝对的一成不变的。当人们处在新环境的时候,行为会符合情景的新要求,提出对原来价值观的质疑,并进一步做出修正,经过一个反复比较的过程,最后会导致价值观的转变。

二、价值观分类

价值观是一个复杂的体系,有不同的类型,不同个体、群体、组织的价值观是不同的。

(一)斯普朗格尔的价值观分类

美国组织行为学家斯普朗格尔(E. Spranger)最早对人类的价值观做了分类,将价值观分为六类,见表4.1。

表4.1 斯普朗格尔的价值观分类

分类	内容
理性的价值观	强调通过理性批判方式发现真理
唯美的价值观	强调对审美和美的追求
政治的价值观	强调权力和地位
社会的价值观	强调人与人的友好,博爱
经济的价值观	强调功利和实务性
宗教的价值观	以信仰为中心,强调对宇宙和自己的理解

一个人并不是只有一种类型价值观。奥尔伯特(Allport)研究发现,不同职业人对六

种价值观重视程度不同,形成不同的优先秩序,反映出不同的价值体系。

(二)罗克奇的价值观调查

罗克奇(M. Rokeach)将价值观分为两大类型,见表4.2。他设计的调查问卷,将每种类型的价值观又具体为18项内容。

表4.2 罗克奇的价值观分类

类型	内涵	外延
终极价值观	指期望存在的终极状态,是一个人希望通过一生而实现的目标	舒适的生活,积极的生活,成就感,世界和平,美丽的世界,平等,家庭安全,自由,幸福,内在的和谐,成熟的爱,国家安全,快乐,救世,自尊,社会承认,真挚的友谊,睿智
工具价值观	指偏爱的行为方式或实现终极价值的手段	雄心勃勃,襟怀开阔,能干,欢乐,清洁,勇敢,宽容,助人为乐,正直,富于想象力,独立,智慧,逻辑强,博爱,顺从,礼貌,负责,自我控制

经过调查研究发现,不同人群的终极价值观差异很大,说明人们就一个问题达成一致是非常困难的事情。

(三)罗宾斯的价值观

斯蒂芬·P·罗宾斯(S. P. Robbns)对工作中的价值观做了大量研究,将美国劳动大军中不同时期占主流的价值观分为四类,见表4.3。

表4.3 罗宾斯的价值观

分类	内容
新教伦理价值观	30年代前出生的人,努力工作、保守、对组织忠诚
存在主义价值观	40~50年代出生的人,重视生活质量、不从众、寻求自主、对自己忠诚
实用主义价值观	50~70年代出生的人,成功、成就、雄心勃勃、努力工作、对事业忠诚
现代主义价值观	70年代后出生的人,灵活、对工作满意、有闲暇时间、对关系忠诚

罗宾斯对美国不同时期主流的工作价值观的研究说明,尽管每一个人的价值观不同,但是一代人的价值观是存在一定的共性的,并且往往在价值观上打上时代的烙印。

三、不同文化下的价值观

在现代全球化的背景下,管理者必须具备和不同文化下的人们打交道的能力。因为不同文化下价值观存在差异,而对这些差异的理解有助于我们对来自不同国家员工的行为进行解释和预测。

分析文化之间的差异时,吉尔特·霍夫斯泰德(Geert Hofstede)的观点广被接受。他曾对10个国家中为IBM公司工作的超过11.6万名员工进行了调查,了解他们与工作有关的价值观。他发现,管理者和员工在民族文化的五个维度上存在差异。

(一)权力距离

权力距离是指一个国家的人们对于组织结构中权力分配不平等这一事实的接受和认可程度。它的范围包括从相对平等(低权力距离)到极端的不平等(高权力距离)。中国和西非在权力距离上得分高,美国和荷兰的得分低。

(二)个人主义和集体主义

个人主义指的是一个国家的人民喜欢以个体为单元活动,而不是成为群体成员进行活动的程度。集体主义则与个人主义相反,它等同于低个人主义。大多数亚洲国家表现出更多的集体主义而不是个人主义,而美国在所有国家中个人主义得分最高。

(三)生活数量和生活质量

生活数量指的是人们看重积极进取、金钱及物质的获得与拥有、竞争的程度。生活质量是指人们重视关系,并对他人幸福表现出敏感和关心的程度。一个国家的人民喜欢结构化而不是非结构化情境的程度。在不确定性规避上得分高的国家,人们的焦虑水平更高,它表现为更明显的紧张、压力和攻击性。德国和中国香港在生活数量上得分最高,俄罗斯与芬兰的得分低。

(四)不确定性规避

生活在长期取向文化中的人们,总是想到未来,而且看重节俭与持久。而短期取向的人们看重的是过去与现在,强调对传统的尊重以及社会义务的履行。在不确定性规避上,法国和俄罗斯得分高,中国香港与美国得分低。

(五)长期和短期取向

一个社会鼓励和奖励未来取向行为(如做出规划、投资未来、延迟满足)的程度。长期性是更多关注未来,短期性则更多关注当下。中国内地与香港更为鼓励长期取向,法国与美国更为鼓励短期取向。

当前,构成我们称之为组织行为学知识体系的大多数概念是由美国人发展起来的,他们在美国环境中进行研究,并以美国人作为研究对象。例如,一项综述研究表明,近十年来,在24本管理学及组织行为学杂志上发表的11 000篇文章中,大约80%的研究是在美国进行并由美国人做的。后续的一些研究进一步证实,在管理和组织行为研究领域,对跨文化的研究比较欠缺,尽管近五六年里我们看到了一些改观。这意味着:

(1)并非所有的组织行为学理论和概念,对全世界所有的管理者来说都是普遍适用的。尤其是那些工作价值观与美国的文化差异较大的国家,更应慎重使用。

(2)当你试图理解不同国家中人们的行为时,应该考虑到文化的重要性。

四、价值观与管理

价值观与人的人生观和世界观紧密相连,对个体的心理和行为、对群体的凝聚力和组织效能都有广泛的影响。价值观相对稳定和持久,影响也深远。所有管理者应该重视价值观的作用。

第一,制定企业价值观时,要考虑与企业有关的各种群体的价值观。

第二,要致力于组织文化建设,积极树立和培植新的大家共同接受和认可的价值观,提高组织的凝聚力。

第三,管理者必须重视价值观的变化以及对组织行为的影响。

第二节 态度

一、态度内涵

(一)态度的概念

态度是个体在生活中形成的、对某种对象的相对稳定的心理反应倾向。

态度的对象是多种多样的,既可以是人、物、事件,也可以是组织、群体或代表某种具体事物的观念。

态度与刺激和反应间的关系:刺激—态度—反应

(二) 态度的结构

态度有内在的心理结构,是由认知、情感与行为倾向三种心理成分构成的,见表4.4。

表4.4 态度的心理成分构成

结构维度	内容
认知成分	指个体对态度对象的认识、理解和评价
情感成分	指个体对态度对象的喜爱或厌恶的情感体验
行为倾向成分	指个体对态度对象的反应倾向,是行为的准备状态

把态度看成是由三部分组成——认知、情感、行为倾向,有助于我们理解态度的复杂性,以及态度与行为之间的潜在联系,通常三者是一致的,但有时候也存在不一致,比如理智上认为公司规定是正确的,但情感上难以接受,在行为上就产生抵触。

态度的三部分组成中,情感成分是关键部分,平时我们说的态度主要是指情感成分。人们看不到情感和认知成分,他们只能靠推断。

一个人的态度是缺乏稳定性的,这一点与价值观不同。例如,广告的目的是试图转变你对特定产品或服务的看法;如果福特公司的人能使你喜爱他们的汽车,这种态度就可能导致对他们有利的行为——你去购买福特的产品。

(三) 组织行为学所关心的态度类型

在组织中态度很重要,因为它会影响到工作行为。在组织中的态度主要类型有:工作满意度、工作投入、组织承诺、组织公民行为。

工作满意度:指个体对他所从事的工作的一般态度。一般员工的态度,是指工作满意度。工作满意度高,对工作持积极态度;工作满意度低,对工作持消极态度。

工作投入:工作投入测量的是一个人在心理上对他的工作的认同程度,认为他的绩效水平对自我价值的重要程度。工作投入度高的人,对工作有强烈的认同感,很在意他所从事的工作。工作投入度与缺勤率和流动率呈负相关,可以解释流动率中16%的变异。

组织承诺:员工对于特定组织及其目标的认同,并且希望维持组织成员身份的一种状态。高组织承诺意味一个人对组织有高度的认同。研究表明组织承诺与缺勤率和流动率呈负相关关系,可以解释流动率中34%的变异。

组织公民行为:个体的行为是自主的,并非直接或者外显的由正式的奖惩体系引发,这种行为的不断积累就能增加组织的有效性。

二、态度的改变

态度的改变包括两个方面的内容:一是强度的改变,如对某事物由稍微反对变为坚决反对;一是方向的改变,对某事物有的态度原来是消极的,后来变得积极了。

(一) 态度一致性

组织行为学的研究表明,人们总是寻求态度之间或态度与行为之间的一致性。当出现不一致时,个体会采取措施回到态度与行为重新一致的平衡状态。则要么改变态度,要么改变行为,要么为不一致寻找到合适的理由。

(二) 认知失调理论

这是美国心理学家费斯廷格(Leon Festinger)1957年提出的态度改变的理论。这个理论试图解释态度与行为之间的联系。认知失调指个体感受到的两个或多个态度之间或行为与态度之间的不和谐。任何形式的不一致都是令人不舒服的,个体会力图减少这种不协调和不舒服。

1. 消除不协调取决于三个因素

第一,导致不协调因素的重要性——如果不协调因素不太重要,则改变这种不平衡的压力就低,反之,则很高。

第二,个人对这些因素的影响程度也影响到他对这些不协调作出反应的方式——如果因素不可控,没有选择余地,就不大可能改变态度。

第三,不协调可能带来的后果——高奖赏可以减少不协调的紧张程度,使态度改变的可能性降低。

2. 影响态度改变的因素

如果导致不协调的因素相对而言不太重要,则改变这种不平衡的压力就较低。个体认为他们对认知因素的影响程度影响到他们对不协调做出反应的方式。如果他们认为这种不协调是一种不可控制的结果,即它们没有选择的余地,它们就不太可能改变态度。奖赏也影响个体试图减少不协调的动机。当高度的不协调伴随着高奖赏时,可以减少不协调所产生的紧张程度,从而使态度改变的可能性降低。

(三)态度与行为间的关系(A-B关系)

1. 影响 A-B 关系的中间变量

使用具体态度和具体行为,可以增加态度与行为之间的相关。

(1)社会压力。态度和行为之间的不一致可能是因为社会压力迫使个体按照一定的行为方式行动。

(2)对态度的体验。如果要评价的态度针对的是个人有过体验的事情,态度和行为之间的相关可能更大。

2. 自我知觉理论

自我知觉理论认为态度是在事实发生之后,用来使已经发生的事实产生意义的工具,而不是在活动之前指导行动的工具。人们善于为行为寻找理由,而不擅长去做有理由应该做的事情。

三、态度在管理中应用

态度是组织行为研究中一个重要的议题。态度有复杂的结构,不能直接观察,只能通过人表现出来的语言、文字、表情、行为推测人对事物的认知、情感和意向。这就要求管理者充分重视态度在管理中的作用,深入研究与态度有关的问题,正确分析,采取有效的措施改进管理工作。

(一)要充分认识员工态度在管理中的作用和这种作用的复杂性

由于组织层级制的存在,管理幅度的限制,加之态度本身的内在性质,管理者很容易忽略员工的态度和内心感受,被一些表象迷惑,就事论事采取一些治标不治本的管理措施。因此,观察管理现象,必须充分认识员工态度对认知、行为的影响作用。

1. 态度影响认知与判断

认知对态度的形成有作用,态度一旦形成也会对认知产生反作用,有正向作用,也有负向作用。以正确的价值观为基础的科学态度会对人的社会认知、判断产生积极的影响;而如果态度形成使人产生心理反应的惰性会干扰、妨碍认知与判断的准确性,容易产生偏见、成见,导致判断失误。

2. 态度影响行为效果

一个人热爱自己的工作,以稳定的积极的态度对待工作,就会在态度持续的时间内努力提高工作绩效。例如,一个人以积极主动的态度对待学习,就容易激发强烈的求知欲望,使人感知敏锐、观察细致、思维活跃,提高学习效果。反之,如果对学习抱厌恶的态度,就会效率很低。

3. 态度影响忍耐力

忍耐力指人对挫折的耐受、适应能力,它和人对所从事活动的态度有密切关系。例如,追求真理、热爱科学的人,对试验的失败有较强的忍耐力;对团体有认同感、抱有忠诚态度的员工,当团体遭遇挫折时,能够休戚与共、风雨同舟,表现出较强的忍耐力。反之,出现挫折就会产生抱怨、牢骚甚至辞职离去。

4. 态度影响相容性

在社会交往活动中,一个人对自己、对他人、对集体的态度,往往影响他与群体的融合程度;同样,团体成员之间的相互态度,也影响团体的相容性和凝聚力。一般说来,如果人与人之间持有真诚、友好、热情、谦和、宽容、互助的态度,那么社会成员之间会和睦相处,形成很高的相容性,组织内也会形成很强的凝聚力。反之,虚伪、冷漠、敌视、傲慢、苛求、尖刻的态度则会导致人际关系紧张,凝聚力降低。

(二)要运用多种方法定期进行员工态度调查

运用多种方法定期进行员工态度调查,能够提醒管理层潜在的问题,及时了解员工的意图,为管理层提供有价值的信息。一方面,通过相关因素的测量来综合反映员工总体的态度;另一方面,通过各种具体调查把握具体人员在具体问题上的态度。在态度测量时,应将各种测量方法与人的一贯表现结合起来,综合评定,才能得出比较可靠的结论。

1. 科学设计员工态度调查表

在设计员工态度调查表时,一方面要深入分析态度的结构,注意态度类型的分析选择,如前所述的员工满意度、工作投入和组织承诺、组织公民行为等类型的着重点是不同的;另一方面要注意不同专业测量法的应用,如态度量表法、自由反应法和生理反应法等。

2. 采用多种调查方法掌握人的态度

除了应用前面介绍的态度调查表来反映员工总体的态度外,还有主管人员或者同事平时观察法、有关资料统计法、面谈法等。主管人员和同事与员工来往关系最密切,通过彼此来往和接触最容易观察到所属职工的态度及其变化倾向。

3. 要持续改进与态度有关的分析方法,提升研究水平的深度、广度

由于态度的复杂性,以及影响管理效果的多种因素,加之现有分析方法的限制,使得与态度有关的分析比较复杂,需要多方法、多角度的比较,才能得出相对正确的结论。

(三)改善对员工的态度,同时要加强对职工的教育

由于态度对人的行为影响是多方面的,所以,管理者面临的另一项重要任务是要通过改善对员工的态度来增强其动力作用,还要通过对职工的教育来达到自我态度的改善,以激起他们最大限度的热情与工作积极性。

总之,组织的领导人应关注下属人员的态度,并通过教育和各种影响去改变他们的不正确态度,进一步发扬巩固正确态度,以增进员工对组织的忠诚度与向心力,使员工对工作更热忱,对同事更和谐,对管理措施更支持,使每个人工作得更为满意,表现得更好。整个组织就会达到更好的效益。

第三节　工作满意度

一个人的态度有很多种,组织行为学研究的是与工作相联系的态度,这些与工作有关的态度包括工作满意度、工作投入、组织承诺和工作压力等。其中被人们研究的最多的是工作满意度。

一、工作满意度的概念

工作满意度是指个人对工作中的各种因素的一般态度。一个员工的工作不仅是业务工作,任何工作都要求与同事交往、处理上下级关系、遵循组织的规章制度、符合组织的工作标准,甚至在与理想相差很远的工作环境中工作。一个人对他的工作满意和不满意的态度,是对这些独立的工作因素的综合的态度。

工作满意度源自个体对其工作或工作经历的一种快乐或积极的情绪状态。一个人的工作满意度越高,可能就意味着这个人在工作中表现出的是快乐、积极的情绪,而另一个人的工作满意度越低,则意味着此人可能不太喜欢他的工作,并对其工作有着较低的评价和消极的情感。

为了更好地理解工作满意度,我们还要综合理解以下几种观点:

(1)工作满意度是个体对于工作情景的一种情绪上的反应。正因为它作为一种内在情绪被隐藏在心中,所以我们无法观察到,只能通过一系列推断和测量来获得其实际情况。

(2)一个人工作满意度是高还是低,是与这个人在工作中所收获的结果在多大程度上符合或者超出他的期望来决定的。例如,如果组织成员感到他比部门中其他的人工作辛苦得多,但是得到的奖励却很少,这一比较可能带来强烈的不满,该成员可能就会对工作、老板或同事持抵制的态度。

(3)员工对他的工作满意或不满意的评估是大量独立的工作因素的复杂总和,而非仅仅出自某一因素的考虑。例如,小王最近被加了工资,他很开心,但是他仍然对公司坚持占用他的假期安排加班不满,这一不满就可能会影响到他的工作满意度。

二、工作满意度的决定因素

员工对工作有关的各个因素进行评估,产生认知,进而产生愉快或不愉快,满意或不满的情感,在此基础上导致员工的行为倾向,从而影响员工的行为。工作满意度通常是由个人工作的期望和个人对工作的实际状况评估之间的差异决定的。组织行为学的研究表明,决定工作满意度的重要因素是:富有挑战性的工作、公平的报酬,支持性的工作环境、融洽的同事关系、个性和工作的匹配。

1. 富有挑战性的工作

员工更喜欢这样的工作:能够充分施展自己的技术和能力,能够自由安排工作进度,工作的结果能够尽快得到反馈,这些特点能使工作富有挑战性。挑战性低的工作使人厌烦,挑战性太强又会使人产生挫折和失败的感觉,在中度挑战性的条件下,员工会感到愉快和成就感,会有较高的满意度。

2. 公平的报酬和晋升政策

员工希望分配制度和晋升政策能让他们感觉公正、明确,并与他们的期望相一致。当报酬建立在工作标准、工作技能水平的基础上且有一定的透明度,就会导致员工对工作的满意。如果按照公正的办法、公平的原则来制定晋升政策,就会有助于提高员工的满意感。在组织中,晋升到较高层次,会给员工带来管理权力、工作内容丰富等积极的变化,同时也会给他们提供更大的自由,较多的挑战性工作和较高的薪酬,使他们更容易从工作中体验到满足感。

3. 适宜的工作条件(工作场所的物理环境)

员工对工作环境的关心既是为了个人的舒适,也是为了更好地完成工作。研究表明,员工希望工作环境是安全的、舒适的,温度、灯光、噪音或其他环境因素不应太强或太弱,希望工作场所是干净有特色的,离家较近的,机器设备应比较先进、操作简便。员工对工作条件的关心一方面为了更好地完成工作,一方面是为了个人的舒适,适宜的工作条件能使人心情愉快,产生较大的满足感。

4. 融洽的人际关系(心理环境)

人们从事工作不仅仅只为了金钱和取得工作成就,重要的是,工作还满足了他们社会交往的需要,同事之间的相互关心和相互帮助能提高员工对工作的满意度。研究表明,领导行为也是决定满意度的主要因素。当上级是善解人意的、友好的、公正的、善于倾听员工意见、对员工表现出友好、重视等个人兴趣时,员工的满意度会提高。

5. 个性与工作的匹配

员工的人格与职业的高度匹配将给个体带来更多的满意度。当人们的个性与所选择的职业相一致时,他们会发现自己有兴趣、有能力来适应工作的需要,并且在这些工作中更有可能取得成功。反过来,这些成功使他们更加自信,更有可能从工作中获得较高的满意度。也就是说,人的个性与工作的高度匹配将给个人带来更多的满意感。

三、工作满意度的测量方法

(一) 单一整体评估法

单一整体评估法指要求被试回答一个问题。
例如,把所有的因素考虑在内,你对自己的工作满意吗?
1—2—3—4—5
1—非常不满意,2—较不满意,3——般,4—比较满意,5—非常满意。

(二) 工作要素总和评分法

工作要素总和评分法首先要确认工作中的关键要素,然后询问员工对每一个要素的感受。典型的要素包括工作性质、上级主管、目前收入、晋升机会和与同事的关系。根据标准量表评价这些要素,然后将分数相加就产生了工作满意度总分。

四、工作满意度和行为

人们关注工作满意度的原因,是因为相信它与员工的工作行为之间有着密切的联系。但是,与态度和行为之间的关系一样,工作满意度与工作行为之间并不存在一种简单的关系。

(一) 满意度与工作绩效

很多的研究发现工作满意度与工作绩效存在正向相关,但是不同的研究还发现,两者之间的作用机制是有争议的。关于工作满意和绩效关系的早期研究认为,满意可以产生较高的工作绩效,概括成一句话"快乐的工人是生产率高的工人"。到了20世纪60年代,许多研究在已有研究和实际调查的基础上发现:

(1) 满意度的提高并不是提高工作绩效的可靠途径。只有在一定的中介变量存在的情况下,满意才能导致高效率。尤其是对于在专业技术、监督和管理岗位上的人来说,当这些变量存在的时候,高满意度能提高工作效率。

(2) 工作绩效导致了满意感,而不是满意感导致了生产率。工作满意是员工对过去实际工作的各因素的评估后的认同,如你工作效率高,你会从内心感觉良好。另一方面,你会得到表扬,能提高你的收入水平,增加晋升的可能性。反过来,这些收获又会提高你对工作的满意度。

与工作满意度和工作绩效存在正向相关的观点相对应,美国行为科学家布雷菲尔德和克洛克特在 1955 年经过实证研究得出结论:没有什么证据表明通常士气调查所测得的职工态度与工作绩效间存在任何简单的、可以觉察的关系。

20 世纪 90 年代的一项研究表明,如果从组织整体水平上而不是从个体水平上研究满意度和生产率的关系,拥有高满意度员工的组织比那些拥有低满意度员工的组织更有效。满意度可能不是工作绩效的充分条件,但一定是高工作绩效的必要条件。

(二)满意度与员工流动

员工流动会给企业带来很大负面影响,流动会使工作中断,导致更多的招聘与培训成本甚至商业机密流失。一般来说,对工作不满意的人更可能离职。研究发现,满意度和流动率之间也是负相关的。

有证据表明,满意度与流动关系的一个重要中介变量是员工的绩效水平。高绩效者更可能呆在组织里,因为他们接收到的认可、表扬和其他报酬为他们的驻留提供了更多的理由。

同时,一个人对生活的一般态度调节着满意度和流动的关系。当两个员工报告的工作不满意的水平相同时,最可能辞职的人是从总体上对生活抱乐观态度的人。

(三)满意度与员工缺勤

缺勤会给企业带来工时损失,打乱工作秩序。一般来讲,满意度越低,越容易经常缺勤。这些对工作不满意的人未必是存心缺勤,很可能是因"故"缺勤。对工作不满意的员工很容易找到不上班的借口。

研究表明,高满意感的员工出勤率比那些低工作满意感的员工出勤率高得多。这些发现准确地说明了满意度与缺勤率的负相关关系,但是这种相关仅达到中等水平,通常小于 0.40。

但是满意度与缺勤行为的关系不是绝对的,许多其他因素的限制作用减弱了两者之间的关系。例如,工作范围外为满足其他需要使行为发生了变化而缺勤,组织中各种各样控制缺勤的政策等,使得经济利益需要和缺勤的关系超出了满意度与缺勤之间的关系。

(四)工作不满意时员工的行为

当员工的工作满意度低时,可能会导致较低的工作绩效,较高的缺勤和旷工。员工还可能通过其他各种方式来表达他们的不满意,如抱怨、窃取组织的财产、逃避工作责任、消极反抗甚至离职。员工表达他们不满意的行为,主要有 4 种,如图 4.1 所示。两个维度是建议性和破坏性,积极性或消极性。

(1)建议。采取积极性和建议性的态度,试图改善目前影响满意度的因素。如提出改进的建议,与上级讨论不满意的原因和解决对策等。

(2)忠诚。消极但乐观地期待各工作因素的改善。如相信领导的许诺,面临外界诱惑时不改变对组织的信心,相信管理层会做出正确的决策。

(3)忽略。消极、破坏性地对待组织中的人和事,听任事态向更糟糕的方向发展。如长期缺勤、旷工、降低努力程度、增加错误率,甚至阳奉阴违、散布谣言、泄露机密、偷窃财产。

(4)退出。离开原来的工作岗位。例如要求调换职位、辞职离开组织等。管理者应重视工作满意度对员工缺勤、离职等其他行为的影响。不满意的员工更可能辞职、旷工,甚至采取一些不适宜的行为,这些行为可能打乱组织的正常运作。不满意的员工是引起离职的诱发因素,离职可能带走组织的秘密、客户,而招收和培训新的员工又需要一定的费用。作为领导者应尽量减少员工的不满意,进而减少由于离职而给组织造成的损失。

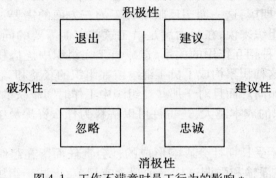

图 4.1 工作不满意时员工行为的影响 *

第四节 组织承诺

一、组织承诺的内涵

(一)组织承诺的内涵

承诺在牛津大词典中意为"一种约定,这种约定庄重而有约束力,限制了个体行动的自由。"通俗地讲,承诺就是人许诺将来一定如何。组织承诺是个人对组织做出的许诺。

美国社会学家贝克尔(Becker,H. S.)首先提出了"组织承诺"的概念,他提出员工随着对组织的"单方投入"的增加而产生的一种甘愿全身心地参加组织各项工作的心理。从20世纪七八十年代开始,组织承诺得到了组织行为学家的深入研究。加拿大学者梅耶(J. P. Meyer)和艾伦(N. J. Allen)总结了组织承诺的定义,认为它们具有共同的特征,第一,它是一种稳定的心理束缚力;第二,它对个体的行为起指导作用。综合国外诸多著名学者的研究成果,我们给出组织承诺的定义:组织承诺是员工对于特定组织及其目标的认同,并且希望维持组织成员身份的一种态度。

高组织承诺意味着员工对其所在的组织有高度的认同,并因自己是组织的成员而产生一种荣誉感、自豪感,对组织的目标和行为持一种积极的支持态度。组织承诺感超出忠诚感,因为它包含一种为完成组织目标的积极的奉献。组织承诺的概念宽于工作满意度,如果说工作满意度是员工对某一具体职务或该职务的某一维度的反映,那么组织承诺则涉及对组织作为一个整体的总的感情性反映,前者是后者的影响因素之一。

(二)组织承诺的结构

加拿大学者梅耶和艾伦提出了组织承诺的三因素模型,认为组织承诺由三部分构成,即情感承诺、连续承诺和规范承诺。简单地说,人们之所以留在组织中是由于他们愿意(情感)、有需要(连续性),或是感到应该如此(规范化)。

情感承诺是指组织成员被卷入组织、参与组织社会交往的程度。它是个体对一个实体的情感,是一种肯定性的心理倾向。它包括价值目标认同、员工自豪感,以及为了组织的利益自愿对组织做出牺牲和贡献等成分。员工对组织所表现的忠诚并努力工作,主要是由于对组织有深厚的感情,而非物质利益。

连续承诺是员工为了不失去已有的位置和多年投入所换来的福利待遇而不得不继续留在该组织内的一种承诺。它建立在经济原则基础上,具有浓厚交易色彩。当员工进入一家组织时,都抱有一个期望,这一期望反映了员工的三方面的需要:维持生活、自我发展和承担社会责任。对于组织来说,在尽力满足员工这些方面需要的同时,也希望员工能够忠于组织,努力工作。这种相互作用的关系,造成员工在组织中优势积累,如果员工离职,所有这一切都将丧失。这种积累构成了员工继续留在组织的获益和离开组织的成本,这可以地有效阻绝员工离职倾向。而且对于那些在组织中工作时间越长的员工来说,其连续承诺的强度越高,离开组织的成本越大,这也许可以解释为什么资深员工总是比新员工离职率低的现象。

规范承诺是指由于受长期社会影响形成的社会责任而留在组织内的承诺。个体在社会化的过程中,不断被灌输和强调这样一种观念或规范:忠诚于组织是会得到赞赏和鼓励的一种恰当行为,以至于在个体内心中产生顺从这种规范的倾向。同时,员工从组织那里接受利益或好处也会使员工内心产生一种要回报的义务感。

二、组织承诺与职业承诺关系

承诺是人们工作和生活中常见的一种心理现象。梅耶指出,"广义的承诺是一种束缚力,它使个体稳定地表现出和一个或多个目标相关的行为"。因此,根据目标的不同,承诺也表现出多种多样的形式。贝克尔(T. E. Becker)提出了承诺指向的概念,以说明成员目标承诺。当承诺指向是职业时,职业承诺就发生了。和组织承诺一样,职业承诺也会对组织中的个体行为产生显著的影响。

与组织承诺三因素类似,职业承诺也可以表现为情感、连续和规范承诺。它们分别是指:对职业的认同和情感依赖;对职业的投入和转职业的难度;由于社会规范而导致的不愿变更职业的程度。要想理解职业化群体中的个体行为,职业承诺是个很重要的概念。

职业承诺与组织承诺有时候一致,有时候不一致。

(一)职业承诺和组织承诺有时是一致的

当某个组织能够提供员工所需的职业发展条件的时候,职业承诺和组织承诺往往能够达到一致。例如,某个员工对于软件工程师这个职业有强烈的偏好,他有着很高的职业承诺,而如果在一家公司里他可以得到非常好的与职业发展相关的条件,如加入技术非常领先的项目、鼓励创造力的环境等,那么这名员工就会对这家公司形成很高的组织承诺,这样职业承诺和组织承诺就表现出了一致性。

(二)职业承诺和组织承诺有时也并不一致

有的人职业承诺高,组织承诺低,而有的人则恰恰相反。例如,在西方国家职业化程度高的运动队中,队员职业承诺很高,兢兢业业地参加比赛,通过自觉地刻苦训练保持竞技水平。其中有的人组织承诺却很低,隔一段时间就要换运动队。对于他们来说,保持在职业上的竞技状态是最重要的,代表哪个队参加比赛就显得不那么重要。

知识经济的到来,对知识工作者的管理已经成为众多组织普遍关注问题。彼得·德鲁克最早提出"知识工作者"术语的时候,他实际上是指经理人或执行经理,如今已经被扩展到大多数白领或脑力工作者。知识工作者为追求自主性、个性化、多样化和创新精神的群体,他们一般具有很强的职业承诺。具体地说,他们具有以下几个鲜明的特点:主要从工作中获得内部满足感;他们的忠诚更直接的是针对自己的专业,而不是所在的组织;为了专业的发展保持一致,他们需要经常更新知识。管理知识工作者,组织应该提供支持性的条件,通过满足他们的特殊需求来达到职业承诺和组织承诺的一致。

三、组织承诺的形成

（一）影响组织承诺形成的因素

组织承诺的形成的影响因素很多,包括激励、工作满意度、工作绩效、个人变量、工作压力、工作特征变量、团队和领导关系、组织特征变量等都会影响组织承诺。

1. 影响情感承诺的因素

情感承诺形成关注的主要问题是组织满足他们期望的能力如何？影响因素都是与此问题相关。影响情感承诺的因素主要有：个体特征、工作特征（包括工作的挑战性、职位的明确性、目标难度等）、领导与成员关系、角色特征、组织结构特征。影响由强到弱依次是工作特征,领导与成员关系,角色特征,组织结构特征,个体特征。职业发展阶段不同,情感承诺的程度不同。由于这些前因变量都与员工形成积极的情感有关,因此能够带来情感承诺。

2. 影响连续承诺的因素

连续承诺形成关注的主要问题是如果离开组织对个人而言的损失有多大？那么影响连续承诺的因素都是与此相关的。影响连续承诺的因素有：受教育的程度、所掌握技术的应用范围、改行的可能性、投入的多少、福利因素等。假如员工个人的受教育程度比较低,所掌握的技术应用范围基本上仅限于目前的组织,那么员工就会倾向于继续留在目前的组织中。如果员工的技术能够在其他的组织中得到应用,或者存在较大的改行的可能性,那么员工的组织承诺水平就会比较低。另外,员工在目前的组织中投入了很多,付出了很多代价,或者目前组织能给他很好的待遇和福利,他们也会有更大的愿望留在现有的组织中继续工作。

3. 影响规范承诺的因素

规范承诺的形成的关键问题在于个人对组织的职责的认知程度。影响规范承诺的因素有对承诺的规范要求、所接受的教育类型、个性特征等。如果组织对遵从承诺有较高的要求,例如,员工违反了与组织的承诺将会遭受损失或惩罚,那么员工会更加遵从承诺。有的人接受了较多的关于忠诚、责任感等方面的教育,这样的人会有更高的规范承诺。另外,规范承诺还与个体的责任感、顺从、遵循规范等个性特征有关。

雇员和组织之间关系的变化,也是影响组织承诺的决定性因素发生变化。

（二）组织承诺的形成机制

大部分研究认为,组织承诺是在社会交换原则的基础上形成的。组织为员工提供理想的工作环境,员工就对组织形成承诺。但实际情况远比这个复杂。组织承诺也像工作满意度或组织气氛一样有一个自然发展的过程。梅耶和艾伦指出,归因过程、回顾性文饰作用、期望满足、人－职匹配等机制都可以用来解释情感承诺的形成,但是对于连续承诺和规范承诺的形成机制还不是很清楚,有待于进一步的研究。

1. 员工－组织匹配

当个体特征与组织或工作环境特征相吻合时,员工－组织匹配就产生了。个体特征包括员工的个性特征、信念、价值观、兴趣和爱好;组织或工作环境特征包括组织气氛、文化、规范、价值、战略需要等。因此,员工－组织匹配就包括员工与组织的能力匹配、价值匹配、认知风格匹配等多种形式。

2. 期望满足

与员工-组织匹配相关的一个假设是，当员工进入组织后的工作经历与他们进入组织前的期望相匹配时，员工对组织具有更高的承诺。研究发现，期望满足与组织承诺之间存在中等程度的正相关，期望未满足对组织承诺有消极影响，但这种影响会由于与管理者或同事的积极关系而减弱。

3. 因果归因

组织承诺和积极的工作经历有关。员工-组织匹配和期望满足的形成机制表明，这种经历对组织承诺的作用可能受个体需要、价值观及期望差异的影响。另一个影响变量可能是员工对这些经历的归因。也就是说，如果员工认为正是组织才使他们具有这些积极的经历，更有可能使员工产生对组织的情感依附。

4. 组织公平和组织支持

人们认为，员工会根据他们是否受到公平的待遇，或组织对员工的福利是否关心来评估他们的工作经历。于是，组织公平和组织支持将成为影响组织承诺的更为直接的原因。

5. 回顾性文饰作用

回顾性文饰作用指组织承诺的形成和发展是为了努力使以前的行为或决策正当化。夏兰希克指出，如果员工感到自己是自愿选择这家组织、决策不能改变、其他人知道这个决策等，继续留在某一家组织的承诺就高。

在以上的形成机制中，有些适合于解释组织承诺的某一种因素，有些可以解释多种因素。

四、组织承诺对个体行为的影响

组织承诺的三个组成部分分别测量了个体的工作态度的不同方面。早期的研究认为，情感承诺、连续承诺和规范承诺对员工行为的影响是一样的，但后来更深入的研究发现它们对员工行为影响存在差异。组织承诺对个体行为影响的结果通常包括离职、缺勤和工作绩效。

（一）组织承诺对个体行为的影响

1. 情感承诺与行为

情感承诺受个体的需要、他们对组织回报的愿望，以及自己实际感受到这两者相符程度影响。情感承诺水平与工作绩效水平之间的关系尽管不是简单的因果关系，但有一种很稳定的正相关关系。

影响情感承诺的最重要因素是个体感到组织满足他们期望的能力。这些因素包括工作的挑战性、组织的可靠性和角色的明确性等。研究表明，员工在开始进入组织的头几个月的经验对情感承诺的发展至关重要。员工在组织中的情感承诺决定于他们在组织中的积极体验，受到在组织中的早期职业经历的影响。

2. 连续承诺与工作行为

连续承诺对工作行为的影响较为复杂。连续承诺受到员工对离开组织将会产生的后果或代价认识的影响，连续承诺水平高往往反映了个体"不得不"留在组织中。这时，连续承诺与工作绩效就可能是一种负相关关系，即较高的连续承诺并不会导致较高的绩效水平。

连续承诺与工作绩效的这种关系告诉我们，如果企业仅用收买或惩罚的方式来防止员工离开（即造成连续承诺水平高），效果并不会好。研究结果发现，这种措施虽然阻止了员工的轻易离职，但它并不能留住员工的心，或者说并不能提高员工的情感承诺水平，甚至反而降低情感承诺水平，结果导致工作的低绩效。

3. 规范承诺与工作行为

规范承诺是对留在组织中的义务的认识，它以社会普遍接受的员工对组织的道德感，或组织与员工之间的相互责任与义务为基础，因而也与"心理契约"有关。规范承诺对组织的作用处于情感承诺与连续承诺之间。在工作行为上，规范承诺与情感承诺对绩效水平的影响往往相似。但也有研究发现，规范承诺的作用是短暂的，一旦个体认为对组织的"债务"已偿还，规范承诺的程度就会减弱。

（二）组织承诺对离职和缺勤的影响

组织承诺与员工离职具有密切的关系。梅耶等发现，组织承诺的不同因素和离职的相关程度不同。情感承诺和离职行为的相关性最强，规范承诺次之，而连续承诺和离职行为的相关性最弱。学者们认为，员工对工作不满意会造成离职意向的增加，进而产生离职行为。斯蒂尔斯和默德将组织承诺（情感承诺）引入离职模型后，显著地增加了对离职行为的预测能力。缺勤和组织承诺的关系也与离职和组织承诺的关系相类似。

多数研究发现，情感承诺与离职的相关性比工作满意度与离职的相关性更强。原因可能有两个方面：其一，个体的工作满意度是容易波动的，会更直接地、同时性地随着工作状况的变化而改变，而情感承诺就相对比较稳定；其二，情感承诺的目标就是组织，而个体从对工作不满到离开组织，可能还有一个更复杂的变化过程。工作满意度是组织承诺的前因变量，这主要是因为个体对某一工作的积极或消极态度会转移到整个组织身上。例如，当员工对自己的工作感到满意时，他们会想到这是组织给予他们的工作，因此对组织也建立起积极的承诺。

（三）组织承诺对工作绩效的影响

梅耶等人发现，情感承诺和连续承诺与工作绩效之间存在不同的关系。上级对个人工作绩效和提职的评价与他们的情感承诺水平呈正相关，而某一方面的提高，在另一方面也会出现增长。但对于连续承诺来说，这种关系却呈负相关，较高的连续承诺是与低水平的绩效和提职评价相联系的。规范承诺和情感承诺关系密切，而且都与绩效呈正相关，但是和情感承诺相比，规范承诺的作用是短暂的，一旦个体认知到"债务"已经偿还，规范承诺对行为的影响程度就会减弱。

组织承诺的不同因素对工作绩效表现出不同的影响模式，主要是因为：情感承诺高的员工认为他们的工作包括的内容更广，甚至包括一般被认为是正式的岗位要求之外、不属于分内的工作行为。因此，情感承诺高的员工比情感承诺低的员工更可能对这些行为产生"束缚"感。简单地说，组织中情感承诺高的员工在心理上会觉得应该完成的"活儿"更多。

以情感承诺为主的员工更容易主动接受指派的工作，对他们来说，全身心地完成工作很正常。而以规范承诺为主的员工则会花一些时间考虑完成这项工作能在多大程度上偿还"债务"，即在多大程度上回报组织曾给予的恩惠。以连续承诺为主的员工会花较多的时间去计算完成工作的得与失，从而采取自己认为最"经济"的方法去完成工作。因此，不同组织承诺类型的员工对工作的投入情况是有很大差别的。

五、组织承诺在管理实践中的应用

（一）通过招聘甄选合适的员工

招聘是建设员工情感承诺的第一道环节。对那些希望和员工建立起长期稳定关系的组织来说，以下方面是需要重点考察的：

(1) 要注意鉴别出那些有频繁跳槽经历的人,详细考察他们离职的原因是什么。
(2) 要考察应聘者和组织之间价值观的匹配程度。
(3) 通过工作预览的方法来甄选那些可能建立高情感承诺的员工。

(二) 通过内部晋升来培养情感承诺

偏重从内部晋升是一些组织培养员工情感承诺常用的方法。在这些组织的升迁标准中,明确地要求员工要全身心地融入组织的文化中去。这样,那些在组织中工作多年,对组织有深厚感情的员工会有更大的机会得到晋升,而且他们晋升后,又起到将组织的理念进一步传承下去的中坚作用。

(三) 通过培训和宣传来培养情感承诺

研究发现,在员工刚进入组织的半年之内,对周围的事物最敏感,接受新事物的可能性也最大。因此一些组织在新员工加入组织不久就会开展细致的新员工培训活动,向新进入的员工教导组织的价值观、行为规范和历史传统。如果抓好这一阶段的培训工作,员工对组织的情感承诺就会有大幅度的提升。

利用宣传公司理念的活动来培养员工的情感承诺也是常被采用的一种途径,具体的方法非常丰富。例如,联想公司将员工符合公司理念的优秀表现制成漂亮的幻灯片卡片,通过公司内部网络在全体员工中传阅,公开表扬这些员工的具体行为,同样也起到了培养员工情感承诺的作用。

(四) 通过沟通和支持来培养组织承诺

对大多数员工而言,对组织的情感承诺是通过具体的人来建立的,因此组织中上下级间,以及同事之间的沟通和支持就显得非常重要,其中组织中各级领导对待下属的言行尤其重要。领导采用正确的沟通方式,让下属感受到来自领导的工作支持,就会增加员工的情感承诺。相反,糟糕的沟通和领导方式会大大损害员工的情感承诺。

一些优秀的企业非常重视沟通和上级对下级的支持工作。例如,联想公司按部门定期组织部门内的交流沟通活动,如"星期四波尔卡",大家在轻松的氛围中讨论一周来的工作和生活,同样增加了部门员工的凝聚力。

第五节 心理契约与组织公民行为

一、心理契约

组织中的心理契约是员工－组织关系的重要组成部分,是联系员工与组织之间的心理纽带。影响到员工的工作满意度、对组织的情感投入、工作绩效以及员工的流动率,并最终影响到组织目标的达成。

(一) 心理契约的内涵与特点

1. 心理契约的概念

最早使用"心理契约"这一术语的是组织行为学家克里斯·阿吉里斯(Chris Argyris),他在1960年所著的《理解组织行为》一书中,用"心理契约"来刻画下属与主管之间的一种关系。这种关系表现为,如果主管采取一种积极的领导方式,雇员就会产生乐观的表现;如果主管保证和尊重雇员的非正式文化规范,如让雇员有自主权,确保雇员有足够的工资、有稳定的工作等,雇员就会有少的抱怨,而维持高的生产,阿吉里斯用心理契约这一术语来描述这种关系。

1962年,莱文森(Levinson)把"心理契约"这一概念看做是一种没有成文的契约。按照莱文森的观点,"心理契约"即雇主与雇员关系中企业与雇员事先约定好的内隐的没有说出来的各自对对方所怀有的各种期望。其中一些期望(如工资)在意识上清晰些,而另一些期望在意识上则比较模糊,如长期晋升方面的期望等。莱文森本人也因为深化和发展了这一概念而有"心理契约"鼻祖之称。

斯凯恩(Skein)也注意到"心理契约"这一概念,并把它定义为每一企业与其成员之间每时每刻都存在的一组不成文的期望。并指出,心理契约有个体的心理契约和组织的心理契约两个层次。他认为,"心理契约"是个人将有所奉献与组织欲望有所获取之间,以及组织将针对个人期望收获而有所提供的一种配合,它虽然不是一种有形的契约,但他确实发挥着一种有形契约的影响。他的意思可以描述为这样一种状态:企业的成长与员工的发展的满足条件,虽然没有通过一纸契约载明,但企业与员工却依然能找到决策的各自"焦点",如同一纸契约加以规范。即企业能清楚每个员工的发展期望,并满足之;每一位员工也为企业的发展做出全力奉献,因为他们相信企业能实现他们的期望。

哈利(Herriot)也把心理契约定位在个体和组织两个层次上。他认为"心理契约"是雇佣关系中的双方即组织和个人在雇佣关系中彼此对对方应提供的各种责任的知觉。这种知觉或来自对正式协议的感知,或隐藏于各种期望之中。这种观点比较得到人们的赞同。

卢梭(Rousseau)等人不同意把心理契约定位在组织上的观点,认为组织不具有主体性,因而不会有统一的希望。在此基础上,她提出了一个范围较窄的定义。按她的观点,"心理契约"即雇员个人以雇佣关系为背景,以许诺、信任和知觉为基础形成的关于双方责任的各种信念。她还认为,组织本身不会有心理契约,它在心理契约中的作用是为知觉提供背景。按照这种观点,对心理契约的定义便从两个层次(即个体和组织)的双边关系转到单一层次和单边关系的个体上,这种观点也得到一些人的认同。

综上所述,"心理契约"即雇佣双方对雇佣关系中彼此对对方应付出什么同时应得到什么的一种主观心理约定,约定的核心成分是雇佣双方内隐的不成文的相互责任。但对于这一概念的具体内涵,目前尚没有一个统一的界定。有用期望来定义的,也有用信念、知觉来定义的;有强调雇佣双方两水平的双边关系的,也有仅仅强调雇员一方的单水平的单边关系的,研究中各种界定都在使用。本文中所使用的"心理契约"的概念,强调的是员工的心理契约,即从员工单边的角度来看组织的责任和雇员的责任。

2. 心理契约的特点

(1)主观性。心理契约是员工个体对于相互责任的认知,或者说是一个主观感受,而不是相互责任的事实本身。由于个体对于它与组织之间的相互关系有自己独特的见解和体验,因此,个体的心理契约可能与雇佣条约的内容不一致,也可能与其他人或第三方(如组织代理人)的理解和解释不一致。

(2)动态性。正式的雇佣契约一般是稳定的,很少改变,即使发生改变也必须经过双方协商后才可生效,但心理契约却相对处于一种不断变更与修订的状态。任何有关组织工作方式的调整与变更,无论是物理性的还是社会性的,都对心理契约产生影响。员工主观上察觉到的任何公平或不公平感,也会影响到他们对心理契约内容的修订。

(3)隐蔽性。心理契约的内容非常丰富,其中大部分并没有明确规定,有些甚至从未口头表达过,具有内隐特质,心理意向含糊,需要双方发挥观察力和想象力对对方进行揣摩,一旦一方忽略或没有观察到对方的期望,就有可能造成违约。

(4) 非正式性。心理契约不同于经济契约。经济契约,又称劳动契约,是以一种制度化、规范化的方式来调整劳动关系。签订劳动契约作为雇主的一项重要义务,以提高劳动契约在劳动者群体中的覆盖率,最大限度地避免因事实劳动关系而造成的纠纷,这对于解决我国目前劳动争议、劳动纠纷呈上升、激化的趋势,具有较大的实践意义。经济契约以书面的形式公示它的存在,其拟定、贯彻执行受到法律的监督和保护,一旦违背契约,将受到法律的追究;而心理契约则不具有书面形式,它依赖于行为双方的自觉自愿,没有明确的约束力。

(5) 交互性。这一特点是相对于组织承诺而言的。组织承诺指的是员工随着其对组织的"单方面投入"的增加,而产生一种心甘情愿地参与组织各项活动的感情。组织承诺的内容是单向的,只是员工对于组织的感情,而心理契约则是一种双向交互的关系,即员工对于自己应承担责任的信念,以及对于组织应承担责任的信念,在此过程中,员工会对双方履行契约的程度进行对比。另外,不少研究者指出,组织承诺实际上是心理契约的结果。正是由于个体对于双方责任的认知、对比与信念,才导致个体对组织产生不同的承诺方式和程度。

(6) 要约性。这一特点是相对于"期望"而言的。期望包括的内容是那些员工相信他们有资格得到的东西和应该得到的东西,心理契约不仅有期望的性质,还包括对责任和义务的承诺与互惠。将这两个概念加以区分具有重要的实践意义,期望未实现时产生的主要是失落感,心理契约被违背时则产生非常强烈的消极情绪反应和后续行为,其核心是一种愤怒情绪,个体感到组织背信弃义,自己受到不公正待遇。

(二)心理契约的内容结构

心理契约是一个复杂的心理结构。由于对其界定不同,它所包含的具体内容也会有所不同。即使以同一界定为基础,由于雇佣关系的状况不同,心理契约的具体内容也会存在差异。因此,安德森(Anderson)等人认为,心理契约的具体内容可能包含数千个方面,很难清楚地罗列出来。尽管如此,人们还是想从具体的实证研究入手,以期对心理契约的基本内容有一概括性的了解。

1. 一维结构说

罗宾斯、卡库和卢梭(Robinson,Krattz,Rousseau)通过实证研究将心理契约的内容从双方的责任角度归纳为如下内容:

组织责任包括六方面:工作丰富化、公平的报酬、成长晋升的机会、充分的工具和资源、支持性的工作环境、有吸引力的福利。

员工的责任包括包括八方面:对组织忠诚、加班工作、自愿做分外工作、接受工作调动、拒绝支持竞争对手、为组织保密、离职前的提前告知、至少在组织工作两年。

不少研究者公认,近年来在全球竞争和技术革新的大背景下,心理契约的内容构成也发生了巨大的变化,过去非常重要的内容,正在逐渐消失或者处于次要地位。同时,一些新的内容,如对灵活性、工作丰富化、自我依赖性的要求,在心理契约中占据的比例越来越大。

2. 二维结构说

麦克·尼尔(Mac Neil)1985年将心理契约划分为交易型契约和关系型契约,卢梭和帕克(Rousseau&Park)认为交易型契约具有高度的特定性,其规范的焦点较为狭隘,主要为金钱及经济性的因素,包括薪水、福利、基本的工作条件等。而关系型的契约则没有明确的时间期限,除了金钱与经济性的因素外还包括了情感的因素,包括公平、尊重、提供个人发展的机会等,见表4.5。

表4.5 交易型契约与关系型契约的特征比较

比较内容	交易型契约	关系型契约
主要焦点	金钱、经济性因素	情感因素
规范方法	规则、条文	彼此的信任及长期关系
交换关系的投入	特殊资产、组织特有技能	信任、忠诚度
交换关系	极大弹性	虽有弹性但需逐渐调整
稳定程度	高	低
绩效要求	要求明确	要求不明确
时间幅度	短、封闭、特定时间	长、开放、不限时间
范围	狭窄	广泛
具体程度	清晰明确(公开、易于观察)	模糊(主观认定)

与"交易—关系"的二维结构相似,卡库(Kickul)和莱赛尔(Lester)将心理契约分为外在契约和内在契约两个方面。外在契约涉及雇主所做的与员工工作完成有关的允诺,如灵活的工作时间、安全的工作环境、有竞争力的工资和奖金。而内在契约涉及雇主所做的与员工工作性质有关的承诺,如工作自我选择、自主决策、自我控制、从事挑战性工作、提供组织支持、参与决策、有发展机会等。我国学者陈加洲、凌文辁和方俐洛以"交易—关系"契约模式为基础,基于我国不同的文化差异,把两个因子分别命名为"现实因子"和"发展因子"。并认为从交换的目的性和时效性方面来刻画,用"现实—发展"责任比用"交易—关系"契约、"内在—外在"契约来描述我国员工的心理契约更贴切。

3. 三维结构说

卢梭和泰泽马(Rousseau&Tijorimala)以美国注册护士为对象进行调查研究,提出心理契约中可能包括三个维度:交易维度、关系维度、团队成员维度。其中团队成员维度是:员工与企业之间重视人际支持与关怀,强调良好的人际环境的建设;企业为员工的事业发展与成长创造机会;员工为不断改善自身的技能和知识结构,积极从事角色外的工作和任务,促进企业事业的发展与成功。目前,国内研究证明员工心理契约三维结构更为合理,由规范型责任、人际型责任和发展型责任组成。规范型责任表现为企业给员工提供的经济利益和物质条件,是员工遵规守纪完成工作的基本要求,基本类似于交易因素;人际型责任表现为企业给员工提供的人际环境和人文关怀,员工为企业创造良好的人际环境,基本类似于关系因素;发展型责任表现为企业为员工提供更多的发展空间,员工自愿在工作中付出更多努力,类似于团队成员因素。

(三)心理契约的管理

1. 心理契约形成和维持的影响因素

杜内(Dunahee)和汪格尔(Wangler)认为,心理契约的产生和维持主要受三个因素影响。它们是:一是雇用前的谈判,即雇用前对交换关系的谈判是形成心理契约的基础。二是工作过程中对心理契约的再定义,即员工与主管在工作中的沟通是契约清晰化或重新理解的重要方式。三是坚持契约的公平和动态平衡。图里(Turnley)和弗里曼(Feldman)认为,雇员发展主要以三种形式构成其心理契约的期望:一是组织代理人向他们作出的具体承诺;二是他们对组织文化和日常实践的感知;三是他们对组织运行的特殊(经常是理想化的)期望。

心理契约是动态的,随着与企业内部员工的互动而改变,心理契约使员工对企业将来资源的提供产生预期,预期引导员工的行为。而预期结果是否实现也影响员工的行为与态度,企业可能因为组织的改造、环境的改变,造成企业没有能力实践承诺,导致员工心理契约的破裂,进而导致心理契约的改变。

2. 心理契约的违背

心理契约产违背是指员工在感知心理契约被破坏之后所产生的消极的情绪体验及相应的与组织规范、期望、目标相反的行为的总和。心理契约违背首先源于对组织破坏心理契约的感知,进而表现为各种消极的情绪体验。例如,失望、愤怒、受欺骗感等,并最终通过各种消极反组织行为体现出来。例如,工作绩效下降、不思进取、离职甚至是报复性的行为。

罗宾逊(Robinson)和莫里森(Morrison)指出心理契约的违背有两个根本原因:故意违背以及对心理契约的理解不一致。故意违背是指组织的代理人知道有一个承诺的存在,却故意不实现。比如一个高级管理者承诺三年内提升某员工,却没有兑现。这种情况的发生可能是组织没有能力去兑现,如环境变化,或是关系激励的下降。对心理契约的理解不一致是造成心理契约被违背的主要原因。这是指雇员双方对一个承诺是否存在或对承诺内容的理解不同。造成理解不一致的因素可能是双方对心理契约有不同的认知框架,或者是由承诺本身的模糊性、复杂性,以及双方交流的缺乏造成。图4.2提供的模型表明心理契约违背的形成过程。

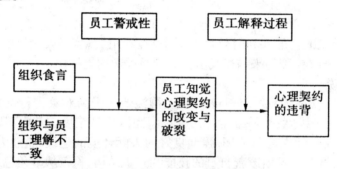

图 4.2　心理契约违背动态机制模型

3. 心理契约在管理的应用

心理契约是吸引、激励、保留人才的一种竞争工具,而企业应该了解并且管理好心理契约来促进绩效,而不是一味地满足员工的心理契约。在管理过程中,企业必须从员工的心理契约入手,构建企业的人力资源管理过程,以提高自身的凝聚力和向心力。

在薪酬激励方面,与企业绩效挂钩的CEO报酬方式会诱发他们对物质利益的过分追求。为了企业的长远发展,CEO应该和企业建立关系型的心理契约,强调对CEO的信任和充分授权。国内研究者的管理者心理契约中包含管理型心理契约三维结构的发现也给予了企业更加具体的进行管理者激励的形式和内容,并且他们发现组织的管理型心理契约违背导致管理者退出和忽略行为增加,组织忠诚和呼吁行为减少;组织的交易型心理契约违背导致管理者退出行为增加和呼吁行为减少;组织的关系型心理契约违背导致管理者忽略行为减少。因而管理型心理契约和交易型心理契约是管理者更加关注的两种心理契约形式,而对关系型心理契约的关注则相对较少,这些结论对于我们在重视和关注管理者问题时有了更加明确的依托和努力方向。

在人力资源招聘培训方面,招聘如实,培训达成协议,满足员工职业生涯期望是管理心理契约的有效人力资源管理策略。研究者从构建有效心理契约的角度探讨了从招聘环节开始降低员工流失。认为在招聘环节影响有效的心理契约的因素主要来源于招聘方承诺不符,夸大,美化以及双方的理解不一致造成的,因而提出在工作中要使用"真实工作预览"来促进员工与企业之间更好的相互接纳。

二、组织公民行为

(一)组织公民行为的内涵

任何组织系统的设计都不可能完美无缺。因此,为弥补组织的工作说明书等正式规范的不足之处,必须依赖员工的一些角色外行为,以促进组织目标的达成。组织公民行为的研究满足了这样的需要。随着竞争加剧,组织结构的扁平化,员工的组织公民行为越来越为组织管理者重视,组织公民行为也逐渐成为组织行为学和人力资源管理研究领域的热点和前沿问题之一。

关于组织公民行为的内涵,各学者对此的偏重有所不同。巴纳德(Barnard)认为,组织应该是"一个合作的系统",因此,员工"合作的意愿"十分重要。史密斯(Smith)为了明确这种具体行为,要求企业管理人员描述这样的行为,即他们希望看到的,但是又不能通过强制、奖赏、惩罚的形式要求下属去做的行为,并将这样的行为定义为组织公民行为。奥根(Organ)1983年把组织公民行为的概念定义为"他们(管理人员)希望看到的,但是又不能通过强制、奖赏、惩罚的形式要求下属去做的行为",即组织成员自愿做出的行为,这些行为没有得到正式的报酬系统直接而明确的认可,但从整体上有助于提高组织的效能。

我们认为组织公民行为是指员工对组织的一种自愿、有益且在工作之外的一种自发行为。这些行为必须是组织成员自觉自愿表现出来的,未被组织正式规范规定的却是组织所需要的。这种行为不由正式奖惩系统来评定,它的发生不会被组织所奖赏而员工不从事这些行为也不会被组织所惩罚。但是这种行为不会是无理由的,是员工个体对组织依附的情感反应,以及对其组织价值及目标的内化。

(二)组织公民行为的结构维度

关于组织公民行为的结构维度,理论界认为一般至少由以下7个方面构成:组织遵从、组织忠诚、助人行为、运动家道德、个人首创性、公民道德和自我发展。

(1)组织遵从。是指个体不仅接受组织的规章制度和程序并加以内化,而且在行为中严格认真地遵守,即使在没有他人在场的情况下也是如此。组织遵从包括对组织的服从,对组织的规章制度和程序服从等。

(2)组织忠诚。包括忠诚于组织、保护组织和对组织的发展有良好意愿、支持和维护组织的发展目标等。组织忠诚有利于促进组织发展,保护和维护组织免于受到外来的威胁和损害,而且在组织处于逆境时个体对组织仍然保持着高度承诺。

(3)助人行为。是指自发地帮助同事,预防和解决与工作相关问题的行为。它包括利他主义行为、保持和谐、善意调解、鼓舞团队士气、礼貌维度、人际互助、帮助同事、人际促进等。它是组织公民行为中最重要的一个维度。

(4)运动家道德。由奥根在1990年首次提出,指个体对别人造成的不便不仅不抱怨,而且仍然保持积极的态度,为了团体的利益甘愿牺牲一些个人的兴趣和喜好,不轻易否决别人的意见等。

(5)个人首创性。指的是一种职务外行为,它包括自愿创造性地从事与工作相关且超出了组织要求的行为。个体愿意承担额外的工作责任,以极大热情和努力持续工作,同时也积极激励组织中的其他人。这种行为最大的特点就在于其自愿的创造性。

(6)公民道德。最初是由格拉汉姆(Graham)在1991年提出来的,也被称为组织参与、保护组织等。它指员工作为组织中一个"公民"应有的道德行为,包括对组织的工作感兴趣、节约组织资源、保护组织财产、愿意参加组织的各项活动、参与组织战略计划制定、监控来自环境的威胁和机会等。

(7)自我发展。最初是由卡茨(Katz)在1964年提出来的,由乔治(George)等人将其发展成为组织公民行为中的一个重要维度。个人发展即员工主动利用业余时间,通过各种形式来开发自己的潜能,自愿接受组织提供的培训机会,来学习相关工作知识和技能,以求对组织的发展作出更大贡献。

(三)组织公民行为的影响因素

组织公民行为对绩效的影响也不是一种直接的关系,因为它们主要并不表现在绩效行为上。从长期观点来看,组织公民行为是工作满意度与工作绩效之间的中间变量,即满意度高能导致更多的组织公民行为,组织公民行为则会带来更高的绩效水平。

组织承诺与组织支持对组织公民行为有显著的影响,员工较高的组织承诺和组织更多的支持都能有效提升员工的组织公民行为。这里的组织支持是指组织关心员工福利的程度。

组织自尊对组织公民行为也有显著的影响。组织自尊是指组织成员认为他们的需求在参与组织的情景与扮演角色时可以被满足的程度,即个人觉得越能融入组织的情景与角色,他越倾向于表现出组织公民行为。

此外,个体的差异也对其组织公民行为有影响。行为长期取向的人容易重视并且会表现出更多的组织公民行为,而短期取向的人则不大可能关注组织公民行为。

复习思考题:

1. 名词解释:态度、工作满意度、组织承诺、职业承诺、组织公民行为。
2. 对比态度的认知、情感和满意成分,并举例说明。
3. 什么是态度的一致性?解释认知失调理论。
4. 影响态度转变的条件有哪些?联系实例谈谈如何提高宣传对态度转变的效果。
5. 工作满意度和行为之间的关系是怎样的?管理者应如何看待员工的不满意行为?
6. 决定工作满意度的因素有哪些?
7. "管理人员应尽他们最大的努力去提高员工的工作满意度",你是否同意这种观点?请说明你的理由。
8. 组织承诺的三个组成部分是什么?解释它们与行为的关系。
9. 哪些因素会影响组织承诺?组织承诺有哪些主要的形成机制?
10. 什么是心理契约?对管理中有什么启示?

案例分析:

陈某的工作经历

5年前,陈某从众多的竞争者中脱颖而出,进入大家梦寐以求的H公司工作。H公司是一家国际知名的高科技公司,制度完善,福利健全,是大家公认的好公司。"在这里我可以学到最先进的技术,发挥我的专长……这就是我想要的工作",陈某这样告诉自己,怀着满腔热情进入H公司。

经过培训和老员工的指导,陈某逐渐能够独当一面,开始从事客户服务的工作。经过两年的经验积累,陈某的技术能力大幅提升,而有机会被调到公司最重要的部门、技术支持中心,也就是常说的"热线服务",专门通过电话和计算机网络帮助客户解决疑难杂症。陈某非常高兴能有这个机会,因为这是对他技术能力的再次肯定,也是个人挑战技术尖端的最佳机会。对于当初选择进入 H 公司,他暗暗地感到高兴。

新工作的挑战令人印象深刻。早上到办公室,刚坐定电话就响了,远端焦急万分的客户诉说机器"当掉"的困境。维修工程师已经准备上路,但没有技术支援中心明确的指示,不知道问题在哪里,即使人到了现场,也不见得能解决问题,或是关键零件未带,都有可能延误问题解决的时间。陈某连早餐都来不及吃,一边忙着查资料,一边通过电话和客户继续讨论……终于在一小时之后找到问题原因,化解了客户的危机。这样的场景在这里几乎是家常便饭,即使是到了下班时间,有些问题还没解决,还要继续研究,往往要忙到晚上八九点才能回家。

陈某也已经结婚生子,晚上回到家,多数情况下,孩子睡了,陈某只能进房轻轻亲一下熟睡中的孩子,然后到客厅吃着太太刚热过的晚餐。繁忙的工作使他回到家有时连讲话的力气都没有,只想躺在沙发上不动。到了假日,家人兴冲冲地在安排外出活动,陈某经常不能随心所欲地参与,因为实在还有太多新东西没看,公司不断推出新产品,不及时跟上,客户碰到问题不知道怎么解决。平常工作已经令人疲惫不堪,每到假期,还经常留在家里"啃"硬生生的技术手册。

陈某很喜欢 H 公司,也很喜欢技术工作,同时他也了解,以 H 公司这样的工作条件,他不做,随时会有一堆人在外面等着要接替他的工作。但是经年累月下来,虽不愁吃穿,生活质量却大受影响。望着餐桌上一个人的饭菜,陈某经常会想:"这就是我要的工作吗?难道我要这样过一辈子?"他知道隔壁的业务部门在招人,但是他总觉得那种工作技术不够深入,人际关系也很复杂,难免要应酬,他觉得跟一些认识不深的人谈一些言不及义的事,是在浪费生命,所以想都没再想一下。他在 I 公司的同学,打电话问他想不想到 I 公司来。电话中谈了一下工作性质,了解到原来 I 公司也正想设立类似 H 公司的技术支持中心,看上陈某在这一方面的经验,想请他过去帮忙。陈某心想,一方面 I 公司是 H 公司的主要竞争对手,跳槽过去不太道德;另一方面,两个公司的制度、要求大同小异,同样的工作在 I 公司也绝不会比 H 公司轻松,换了工作,生活质量也不会改善,所以婉拒了。找不到更好的工作机会,陈某只好留下来继续工作。长期工作压力和工作负荷累积所造成身心疲惫的结果,让陈某渐渐不再那么投入工作,对于客户的问题也不再那么挂心,甚至会刻意逃避客户的问题。

这样的表现慢慢引来客户的抱怨,连陈某自己也越来越感到困惑,自己是个非常尽责的人,老是想把每一件事情做好,但却越来越感到没有力气;逃避问题让自己觉得对不起自己的专业,感觉工作没有意义。这样的情形又持续了好一阵子,这段期间陈某备受煎熬,经常半夜醒来,思考这个问题。直到有一天,陈某夫妇经过一夜的长谈,决定不再让现况延续,不想再硬撑下去,而手边的工作机会都跟现况大同小异,因此决定先辞掉目前的工作,在家休息一段时间再说。

讨论题:
1. 请分析陈某的组织承诺构成,分析陈某的组织承诺是怎么形成的?
2. 试从组织承诺和职业承诺关系的角度,分析陈某在 H 公司的工作表现。
3. 如果你是 H 公司的管理者,你会从陈某的工作经历中得到什么体会?

阳贡公司员工为何对工作不满意

阳贡公司是一家中外合资的集开发、生产、销售于一体的高科技企业,其技术在国内同行业中居于领先水平。公司拥有员工 100 人左右,其中的技术、业务人员绝大部分为近几年毕业的大学生,其余为高中学历的操作人员。目前,公司员工当中普遍存在着对公司的不满情绪,辞职率也相当高。

员工对公司的不满始于公司筹建初期,当时公司曾派遣一批技术人员出国培训,这批技术人员在培训期间合法获得了出国人员的学习补助金,但在回国后公司领导要求他们将补助金交给公司所有。技术人员据理不交,双方僵持不下,公司领导便找些人逐个反复谈话,言辞激烈,并采取一些行政制裁措施给他们施加压力,但这批人员当中没有一个人按领导的意图行事,这导致双方矛盾日趋激化。于是,陆续有人开始寻找机会跳槽。

由于人员频繁离职,公司不得不从外面招聘以补足空缺。为了能吸引招聘人员,公司向求职人员许诺住房、高薪等一系列优惠条件,但被招人员进入公司后,却发现当初的许诺难以兑现,感到非常不满,不少人做了不久就辞职了。为了留住人才,公司购买了两栋商品房分给部分骨干员工,同时规定,生产用房不出售,员工离开公司时,需将住房退给公司。这一规定的本意是想借住房留住人才,但却使大家觉得没有安全感,有可能即使在公司干了很多年,将来有一天被公司解雇时,还是一无所有。因此,依然不断有人提出辞职。另外,公司强调住房只分给骨干人员,剩下将近一半的房子宁肯空着也不给那些急需住房的员工住,这极大地打击了其他员工积极性,甚至有消极怠工的现象。在工资奖金制度方面,公司也一再进行调整,工资和奖金的结构变得越来越复杂,但大多数员工的收入水平并没有多大变化。公司本想通过调整,使员工的工作绩效与收入挂钩来调动员工的积极性,但频繁的工资调整使大家越来越注重工资奖金收入,而每次的调整又没有明显的改善,因此产生了失望情绪。此外,大家发现在几次调整过程中,真正受益的只有领导和个别职能部门,如人事部门。这样一来,原本希望公平的措施却产生了更不公平的效果,员工们怨气颇多,完全没有起到调动员工积极性的作用。

公司的技术、业务人员虽然素质较高,但关键职能部门,如人事部门的人员却普遍素质较低,其主管缺少人力资源管理知识的系统学习,却靠逢迎上级稳居这一职位。他制定的考勤制度只是针对一般员工,却给了与他同级或在他上级的人员以很大的自由度。这样就在公司内部造成一种极不公平的状况,普通员工对此十分不满。公司人员岗位的安排也存在一定的问题。

人事主管虽然自己没有很高的学历,但却盲目推崇高学历,本可以由本、专科毕业生做的工作由硕士、博士来干,而有些本、专科生只能做有高中学历的人就能胜任的工作。这样一来,大家普遍觉得自己是大材小用,工作缺乏挑战性和成就感。员工们实际上非常关心企业的经营与发展情况,特别是近来整个行业不景气,受经济形势的影响,企业连年亏损,大家更是关心企业的下一步发展和对策。公司领导在这方面很少与员工沟通,更没有做鼓动人心的动员工作,使得大家看不到公司的希望,结果导致士气低下,人心涣散。

讨论题:

1. 从本案例中,员工最大的不满是什么?分析影响员工工作满意度的主要因素有哪些?
2. 如果你是公司领导,该如何改变这种现状?

推荐阅读材料:

[1] 张爱卿.当代组织行为学理论与实践[M].北京:人民邮电出版社,2006.

[2] [美]斯蒂芬·P·罗宾斯.组织行为学.第十版.[M].孙健敏,李原,译.北京:中国人民大学出版社,2005.

[3] 陈加洲,凌文辁,方俐洛.组织中的心理契约[J].管理科学学报,2001,4(2):74-78.

第三篇 激励

第五章 激励理论

◆**本章关键词**
激励理论；内容激励理论；过程激励理论；行为强化理论；综合激励理论

第一节 激励的原理

一、激励的含义

激励，就是组织通过设计适当的外部奖酬形式和工作环境，以一定的行为规范和惩罚性措施，借助信息沟通，来激发、引导、保持和归化组织成员的行为，以有效地实现组织及其成员个人目标的系统活动。这一定义包含以下几方面的内容：

第一，激励的出发点是满足组织成员的各种需要，即通过系统设计适当的外部奖酬形式和工作环境，来满足企业员工的外在性需要和内在性需要。

第二，科学的激励工作需要奖励和惩罚并举，既要对员工表现出来的符合企业期望的行为进行奖励，又要对不符合员工期望的行为进行惩罚。

第三，激励贯穿于企业员工工作的全过程，包括对员工个人需要的了解、个性的把握、行为过程的控制和行为结果的评价等。因此，激励工作需要耐心。赫兹伯格说，如何激励员工：锲而不舍。

第四，信息沟通贯穿于激励工作的始末，从对激励制度的宣传、企业员工个人的了解，到对员工行为过程的控制和对员工行为结果的评价等，都依赖于一定的信息沟通。企业组织中信息沟通是否通畅，是否及时、准确、全面，直接影响着激励制度的运用效果和激励工作的成本。

第五，激励的最终目的是在实现组织预期目标的同时，也能让组织成员实现其个人目标，即达到组织目标和员工个人目标在客观上的统一。

二、激励的基本原则

(1) 目标结合原则。在激励机制中，设置目标是一个关键环节。目标设置必须同时体现组织目标和员工需要的要求。

(2) 物质激励和精神激励相结合的原则。物质激励是基础，精神激励是根本。在两者结合的基础上，逐步过渡到以精神激励为主。

(3) 引导性原则。外激励措施只有转化为被激励者的自觉意愿，才能取得激励效果。因此，引导性原则是激励过程的内在要求。

(4) 合理性原则。激励的合理性原则包括两层含义：其一，激励的措施要适度，要根据所实现目标本身的价值大小确定适当的激励量。其二，奖惩要公平。

(5) 明确性原则。激励的明确性原则包括三层含义：其一，明确。激励的目的是需要做什么和必须怎么做。其二,公开。特别是分配奖金等大量员工关注的问题,更为重要。其三,直观。实施物质奖励和精神奖励时都需要直观地表达它们的指标,总结和授予奖励和惩罚的方式。直观性与激励影响的心理效应成正比。

(6)时效性原则。要把握激励的时机,"雪中送炭"和"雨后送伞"的效果是不一样的。激励越及时,越有利于将人们的激情推向高潮,使其创造力连续有效地发挥出来。

(7)正激励与负激励相结合的原则。所谓正激励就是对员工的符合组织目标的期望行为进行奖励。所谓负激励就是对员工违背组织目的的非期望行为进行惩罚。正负激励都是必要而有效的,不仅作用于当事人,而且会间接地影响周围其他人。

(8)按需激励原则。激励的起点是满足员工的需要,但员工的需要因人而异、因时而异,并且只有满足最迫切需要(主导需要)的措施,其效价才高,其激励强度才大。因此,领导者必须深入地进行调查研究,不断了解员工需要层次和需要结构的变化趋势,有针对性地采取激励措施,才能收到实效。

三、人的行为过程的一般模式

需要引起动机,动机引起行为,行为又指向一定的目标。因此,人的行为是在某种动机的策动下为了达到某个目标的有目的的活动。需要、动机、行为、目标之间的关系见图示如下:

图5.1 人的行为模式

要想有效引导和控制人的行为,就要明确人的需要是什么。在人性的认识基础上,针对个体的特点,研究其需求,可以有效制定出激励的方案,引导和控制人的行为。激励的一般原理见图5.2。

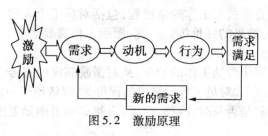

图5.2 激励原理

四、对人的认识

既然激励是根据人的行为规律来调动人的积极性,那么首先应该对人的本质有一个基本的认识。基于对人的不同认识,相应的就会有不同的激励理论和激励方法。

对人的认识包括对于人们本身的特性即人性的认识,对人所处的环境特性即客观存在的周围环境的认识。对组织中人的不同假设,将直接影响着主管人员的管理行为。美国的行为科学家麦格雷戈(D. M. McGregor)在他所著的《企业的人性面》一书中,提出了两种对立的管理理论:X理论-Y理论;美国心理学家和行为学家谢恩(E. H. Schein)归纳分类了人性的四种假设,即理性-经济人、社会人、自我实现人和复杂人的假设。

(一)"经济人"(Rational-Economic Man)假设

"经济人"又称为"理性－经济人",也称为实利人。此假设把人的一切行为都看成是为了最大限度地满足自己的经济利益,工作就是为了获得报酬。泰勒是"经济人"观点的典型代表,他提出的差别计件工资制就是基于这样一种观点。麦格雷戈提出的X理论就是对

"经济人"假设的概括。其基本观点如下：

(1) 多数人是十分懒惰的，他们总想逃避工作。

(2) 多数人没有雄心壮志，不愿负任何责任，而甘心情愿地受别人指导。

(3) 多数人的个人目标都是与组织目标相矛盾的，必须用强制、惩罚的办法，才能迫使他们为达到组织的目标而工作。

(4) 多数人干工作都是为了满足基本的需要，只有金钱和地位才能鼓励他们工作。

(5) 人大致可分为两类，多数人都是符合上述设想的人，另一类人是能够自己鼓励自己，能够克制感情冲动的人，这些人应承担管理的责任。

组织以经济报酬来使人们服从和作出功效，并应以权力和控制体系来保护组织本身及引导职工，其管理的重点在于提高效率，完成任务。其管理特征是订立各种严格的工作规范，加强各种法规和管制；为了提高士气，则用金钱刺激，同时对消极怠工者严厉惩罚，即采用"胡萝卜加大棒"的政策。

(二) "社会人"(Social Man)假设

霍桑实验研究的最大意义在于，它使人们认识到：社会性需求的满足往往比经济上的报酬更能刺激人们。人们在长期的社会生活中发现，只有在顾全集体利益时，个人利益才能得到保障。"社会人"假设认为：

(1) 从根本上说，人是由社会需求而引起工作动机的，并且通过与同事的关系而获得认同感。

(2) 工业革命的结果，使工作本身失去了意义，因此只能从工作的社会关系去寻求意义。

(3) 职工对同事们的社会影响力，要比管理者所给予的经济诱因及控制更为充实。

(4) 职工的工作效率随着上司能满足他们的社会需求的程度而改变。

此假设得出的管理方式与根据"经济人"的假设得出的管理方式完全不同。他们强调除了应注意工作目标（指标）的完成外，更应注意从事此项工作的人们的要求。不应只注意指挥、监督等，而应该重视员工之间的关系，培养和形成员工的归属感和认同感；不应只注意对个人的奖励，应提倡集体奖励制度，这种假设无疑比前一个假设进了一步。

(三) "自我实现人"(Self-actualizing Man)假设

"自我实现人"是美国管理学家、心理学家马斯洛(Abraham Maslow)在人的需要层次理论中提出来的。自我实现指的是"人都需要发挥自己的潜力，表现自己的才能，只有人的潜力充分发挥出来，人才会感到最大的满足。"这就是说，人们除了上述的社会需求外，还有一种享受充分运用自己的各种能力，发挥自己自身潜力的欲望。

麦格雷戈(Douglas Mc Gregor)在总结并归纳了马斯洛与其他类似观点的基础上，相对于 X 理论提出了 Y 理论：

(1) 一般人都是勤奋的，如果环境条件有利，工作就同游戏或休息一样自然。

(2) 控制和惩罚不是实现目标的唯一手段，人们在执行任务中能够自我指导和自我控制。

(3) 在适当条件下，一般人不仅会接受某种职责，而且还会主动寻求职责。

(4) 大多数人而不是少数人，在解决组织的困难问题时，都能发挥高度的想象力、聪明才智和创造性。

(5) 有自我满足和自我实现需求的人往往以达到组织目标作为自己致力于实现目标的最大报酬。

(6) 在现代社会条件下，一般人的智力潜能只得到一部分的发挥。

因此，主管人员的任务是，安排好组织工作方面的条件和作业的方法，使人们的智慧潜能充分发挥出来,更好地为实现组织目标和自己具体的个人目标而努力。这主要是一个创造机会、挖掘潜力、鼓励发展的过程。

Y理论认为,只要人们被说服去接受组织任务,也就是说,一个组织的主管人员若能把工作安排得比较富有意义和挑战性,能使组织的成员认为能够以从事这一工作而自豪,或者以实现组织的目标而得到自我满足,就不需要组织的其他特别激励,而且组织成员能自我激励来完成组织的目标。这可说是一种理想的管理方法。

(四)"复杂人"(Complex Man)假设

"复杂人"是20世纪60年代末至70年代初提出的假设。上述三种假设虽各有一定的合理性,但不能适用一切人。因为人是复杂的,不仅因人而异,而且一个人本身在不同的年龄、地点、时期也会有不同的表现。人的需求会随着外部环境和自身的条件而变化,人与人之间的关系也会改变的。

根据上述假设,提出了新的理论,称为超Y理论,含义如下:

(1)人的需要是多种多样的,而且这些需要随着人的发展和生活条件的变化而发生变化。每个人的需要各有不同,需要的层次也因人而异。

(2)人在同一时期内有各种需要和动机,他们会发生相互作用并结合成为统一的整体,形成错综复杂的动机模式。

(3)人在组织中的工作和生活条件是不断变化的,因而会产生新的需要和动机。

(4)一个人在不同的单位或同一单位的不同部门工作,会产生不同的需要。

(5)由于人的需要不同,能力各异,对不同的管理方式会有不同的反应,因此没有适合于任何组织、任何时间、任何人的统一的管理方式。

在上述假设中,要求主管人员根据具体的人的不同,灵活采用不同的管理措施,即因人因事而异,不能千篇一律。通常人们也认为这是管理学的权变理论。

在实际生活中,人是千差万别的,并非几种类型所能全部概况得了的,因而过分依赖关于人的性质的各种假设是危险的。但我们应该看到的是,这些分类假设对我们研究管理工作有很大的帮助。它至少可以使我们认识到,作为社会环境中的个人是一个非常重要的因素,他们是社会系统中的组成部分,而绝不是被动的成员。

第二节 内容型激励理论

内容型激励理论,是指针对激励的原因与起激励作用的因素的具体内容进行研究的理论。这种理论着眼于满足人们需要的内容,即人们需要什么就满足什么,从而激起人们的动机。

一、需求层次激励理论

马斯洛的需求层次理论是研究组织激励时应用得最广泛的理论。在马斯洛看来,人类价值体系存在两类不同的需要,一类是沿生物谱系上升方向逐渐变弱的本能或冲动,称为低级需要和生理需要。一类是随生物进化而逐渐显现的潜能或需要,称为高级需要。

人都潜藏着这五种不同层次的需要,但在不同的时期表现出来的各种需要的迫切程度是不同的。人的最迫切的需要才是激励人行动的主要原因和动力。人的需要是从外部得来的满足逐渐向内在得到的满足转化。

低层次的需要基本得到满足以后,它的激励作用就会降低,其优势地位将不再保持下去,高层次的需要会取代它成为推动行为的主要原因。有的需要一经满足,便不能成为激发人们行为的起因，于是被其他需要取而代之。

高层次的需要比低层次的需要具有更大的价值。热情是由高层次的需要激发。人的最高需要即自我实现就是以最有效和最完整的方式表现他自己的潜力，唯此才能使人得到高峰体验。

人的五种基本需要在一般人身上往往是无意识的。对于个体来说，无意识的动机比有意识的动机更重要。对于有丰富经验的人，通过适当的技巧，可以把无意识的需要转变为有意识的需要。

马斯洛还认为，在人自我实现的创造性过程中，产生出一种所谓的"高峰体验"的情感，这个时候是人处于最激荡人心的时刻，是人的存在的最高、最完美、最和谐的状态，这时的人具有一种欣喜若狂、如醉如痴、销魂的感觉。

> 亚伯拉罕·马斯洛（Abraham Harold Maslow，1908－1970）出生于纽约市布鲁克林区。美国社会心理学家、人格理论家和比较心理学家，人本主义心理学的主要发起者和理论家，心理学第三势力的领导人。
>
> 1926年入康乃尔大学，三年后转至威斯康辛大学攻读心理学，在著名心理学家哈洛的指导下，1934年获得博士学位。之后，留校任教。1935年在哥伦比亚大学任桑代克学习心理研究工作助理。1937年任纽约布鲁克林学院副教授。1951年被聘为布兰戴斯大学心理学教授兼系主任。1969年离任，成为加利福尼亚劳格林慈善基金会第一任常驻评议员。第二次世界大战后转到布兰戴斯大学任心理学教授兼系主任，开始对健康人格或自我实现者的心理特征进行研究。曾任美国人格与社会心理学会主席和美国心理学会主席(1967)，是《人本主义心理学》和《超个人心理学》两个杂志的首任编辑。

如图5.3所示，马斯洛理论把需求分成生理需求、安全需求、社交需求、尊重需求和自我实现需求五类，依次由较低层次到较高层次。

图5.3 马斯洛需求层次

（一）需求层次理论的内容

1. 生理需求

对食物、水、空气和住房等需求都是生理需求，这类需求的级别最低，人们在转向较高层次的需求之前，总是尽力满足这类需求。一个人在饥饿时不会对其他任何事物感兴趣，他的主要动力是得到食物。即使在今天，还有许多人不能满足这些基本的生理需求。管理人员应该明白，如果员工还在为生理需求而忙碌时，他们所真正关心的问题就与他们所做的工作无关。当努力用满足这类需求来激励下属时，我们是基于这种假设，即人们为报酬而工作，主要关于收入、舒适等，所以激励时试图利用增加工资、改善劳动条件、给予更多的业余时间和空间休息、提高福利待遇等来激励员工。

2. 安全需求

安全需求包括对人身安全、生活稳定以及免遭痛苦、威胁或疾病等的需求。和生理需求一样，在安全需求没有得到满足之前，人们唯一关心的就是这种需求。对许多员工而言，安全需求表现为安全而稳定以及有医疗保险、失业保险和退休福利等。主要受安全需求激励的人，在评估职业时，主要把它看做不致失去基本需求满足的保障。如果管理人员认为对员工来说安全需求最重要，他们就在管理中着重利用这种需要，强调规章制度、职业保障、福利待遇，并保护员工不致失业。如果员工对安全需求非常强烈时，管理者在处理问题时就不应标新立异，并应该避免或反对冒险，而员工们将循规蹈矩地完成工作。

3. 社交需求

社交需求包括对友谊、爱情以及隶属关系的需求。当生理需求和安全需求得到满足后，社交需求就会突出出来，进而产生激励作用。在马斯洛需求层次中，这一层次是与前两层次截然不同的另一层次。这些需要如果得不到满足，就会影响员工的精神，导致高缺勤率、低生产率、对工作不满及情绪低落。管理者必须意识到，当社交需求成为主要的激励源时，工作被人们视为寻找和建立温馨和谐人际关系的机会，能够提供同事间社交往来机会的职业会受到重视。管理者感到下属努力追求满足这类需求时，通常会采取支持与赞许的态度，十分强调能为共事的人所接受，开展有组织的体育比赛和集体聚会等业务活动，并且遵从集体行为规范。

4. 尊重需求

尊重需求既包括对成就或自我价值的个人感觉，也包括他人对自己的认可与尊重。有尊重需求的人希望别人按照他们的实际形象来接受他们，并认为他们有能力，能胜任工作。他们关心的是成就、名声、地位和晋升机会。这是由于别人认识到他们的才能而得到的。当他们得到这些时，不仅赢得了人们的尊重，同时就其内心因对自己价值的满足而充满自信。不能满足这类需求，就会使他们感到沮丧。如果别人给予的荣誉不是根据其真才实学，而是徒有虚名，也会对他们的心理构成威胁。在激励员工时应特别注意有尊重需求的管理人员，应采取公开奖励和表扬的方式。布置工作要特别强调工作的艰巨性以及成功所需要的高超技巧等。颁发荣誉奖章、在公司的刊物上发表表扬文章、公布优秀员工光荣榜等手段都可以提高人们对自己工作的自豪感。

5. 自我实现需求

自我实现需求的目标是自我实现，或是发挥潜能。达到自我实现境界的人，接受自己也接受他人。解决问题能力增强，自觉性提高，善于独立处事，要求不受打扰地独处。要满足这种尽量发挥自己才能的需求，他应该已在某个时刻部分地满足了其他的需求。当然自我实现的人可能过分关注这种最高层次的需求的满足，以至于自觉或不自觉地放弃满足较低层次的需求。自我实现需求点支配地位的人，会受到激励在工作中运用最富于创造性和建设性的技巧。重视这种需求的管理者会认识到，无论哪种工作都可以进行创新，创造性并非管理人员独有，而是每个人都期望拥有。为了使工作有意义，强调自我实现的管理者，会在设计工作时考虑运用适应复杂情况的策略，会给身怀绝技的人委派特别任务以施展才华，或者在设计工作程序和制定执行计划时为员工群体留有余地。

（二）马斯洛需求层次理论的基本观点

（1）五种需求像阶梯一样从低到高，按层次逐级递升，但这样次序不是完全固定的，可以变化，也有种种例外情况。

（2）一般来说，某一层次的需求相对满足了，就会向高一层次发展，追求更高一层次的需要就成为驱使行为的动力。相应的,获得基本满足的需要就不再是一股激励力量。

（3）五种需求可以分为高低两级,其中生理上的需要、安全上的需要和感情上的需要都属于低一级的需要,这些需要通过外部条件就可以满足;而尊重的需要和自我实现的需要是高级需要,他们是通过内部因素才能满足的,而且一个人对尊重和自我实现的需要是无止境的。同一时期,一个人可能有几种需要,但每一时期总有一种需要占支配地位,对行为起决定作用。任何一种需要都不会因为更高层次需要的发展而消失。各层次的需要相互依赖和重叠,高层次的需要发展后,低层次的需要仍然存在,只是对行为影响的程度大大减小。

（4）马斯洛和其他的行为科学家都认为,一个国家多数人的需求层次结构,是同这个国家的经济发展水平、科技发展水平、文化和人民受教育的程度直接相关的。在不发达国家,生理需求和安全需求占主导的人数比例较大,而高级需要占主导的人数比例较小;而在发达国家,则刚好相反。在同一国家不同时期,人们的需要层次会随着生产水平的变化而变化。

（三）需求层次理论的价值

关于马斯洛理论的价值,目前国内外尚有各种不同的说法。我们认为,绝对肯定或绝对否定都是不恰当的,因为这个理论既有其积极因素,也有其消极因素。

1. 马斯洛理论的积极因素

第一,马斯洛提出人的需要有一个从低级向高级发展的过程,这在某种程度上是符合人类需要发展的一般规律的。一个人从出生到成年,其需要的发展过程,基本上是按照马斯洛提出的需要层次进行的。当然,关于自我实现是否能作为每个人的最高需要,目前尚有争议。但他提出的需要是由低级向高级发展的趋势是无可置疑的。

第二,马斯洛的需求层次理论指出了人在每一个时期,都有一种需要占主导地位,而其他需要处于从属地位。这一点对于管理工作具有启发意义。

第三,马斯洛需求层次论的基础是他的人本主义心理学。他认为人的内在力量不同于动物的本能,人要求内在价值和内在潜能的实现乃是人的本性,人的行为是受意识支配的,人的行为是有目的性和创造性的。

2. 马斯洛理论的消极因素

第一,马斯洛过分地强调了遗传在人的发展中的作用,认为人的价值就是一种先天的潜能,而人的自我实现就是这种先天潜能的自然成熟过程,社会的影响反而束缚了一个人的自我实现。这种观点,过分强调了遗传的影响,忽视了社会生活条件对先天潜能的制约作用。

第二,马斯洛的需求层次理论带有一定的机械主义色彩。一方面,他提出了人类需要发展的一般趋势;另一方面,他又在一定程度上,把这种需要层次看成是固定的程序,看成是一种机械的上升运动,忽视了人的主观能动性,忽视了通过思想教育可以改变需要层次的主次关系。

第三,马斯洛的需求层次理论,只注意了一个人各种需要之间存在的纵向联系,忽视了一个人在同一时间内往往存在多种需要,而这些需要又会互相矛盾,进而导致动机的斗争。

马斯洛的需求层次理论,在一定程度上反映了人类行为和心理活动的共同规律。马斯洛从人的需要出发探索人的激励和研究人的行为,抓住了问题的关键;马斯洛指出了人的需要是由低级向高级不断发展的,这一趋势基本上符合需要发展规律的。因此,需要层次理论对企业管理者如何有效的调动人的积极性有启发作用。

但是,马斯洛是离开社会条件、离开人的历史发展以及人的社会实践来考察人的需要及其结构的。其理论基础是存在主义的人本主义学说,即人的本质是超越社会历史的,抽象的"自然人",由此得出的一些观点就难以适合其他国家的情况。马斯洛需求层次理论中提到人的需求满足是阶梯式的,是一个需要满足后再追求下一个需要。不过我们并不觉得人的需求有着如此强烈的界限划分。难道除了追求基本需求之外人就不能逾越需求的界限去渴望新的超越吗?或者说,平凡的人除了对生活中简单层次需求的追求之外就丧失了自我实现需求的追求吗?平凡中孕育着不平凡的理想和追求,也会因之产生超越基本需求的动力。

个人需求的层次内容是由个人自己的价值观和世界观决定的。平凡的人同样具有尊重和自我实现的需求。这里自我实现需求的内容不是以社会普遍价值观为标准的,例如成为所谓的"成功人士",而是来自于个体自身的价值观,如电视剧《老大的幸福》。所以,平凡人的自我实现是根据其自身的价值观定义的。而遵从世俗价值观的人却没有办法用这种价值标准衡量出来平凡人的自我实现。所以,这恰恰证明了自我实现是一个更高层级的需求,只有通过其个体的内在行为来满足而非外在的条件。

二、ERG 激励理论

美国耶鲁大学的克雷顿·奥尔德弗(Clayton Alderfer)在马斯洛提出的需要层次理论的基础上,进行了更接近实际经验的研究,提出了一种新的人本主义需要理论。

(一)ERG 激励理论内容

奥尔德弗认为,人们共存在 3 种核心的需要,即生存(Existence)的需要、相互关系(Relatedness)的需要和成长发展(Growth)的需要,因而这一理论被称为"ERG"理论。生存的需要与人们基本的物质生存需要有关,它包括马斯洛提出的生理和安全需要。第二种需要是相互关系的需要,即指人们对于保持重要的人际关系的要求。这种社会和地位的需要的满足是在与其他需要相互作用中达成的,它们与马斯洛的社会需要和自尊需要分类中的外在部分是相对应的。最后,奥尔德弗把成长发展的需要独立出来,它表示个人谋求发展的内在愿望,包括马斯洛的自尊需要分类中的内在部分和自我实现层次中所包含的特征。

除了用 3 种需要替代了 5 种需要以外,与马斯洛的需要层次理论不同的是,奥尔德弗的"ERG"理论还表明了:人在同一时间可能有不止一种需要起作用;如果较高层次需要的满足受到抑制的话,那么人们对较低层次的需要的渴望会变得更加强烈。

马斯洛的需要层次是一种刚性的阶梯式上升结构,即认为较低层次的需要必须在较高层次的需要满足之前得到充分的满足,二者具有不可逆性。而相反的是,"ERG"理论并不认为各类需要层次是刚性结构,比如说,即使一个人的生存和相互关系需要尚未得到完全满足,他仍然可以为成长发展的需要工作,而且这 3 种需要可以同时起作用。

此外,"ERG"理论还提出了一种叫做"受挫-回归"的思想。马斯洛认为当一个人的某一层次需要尚未得到满足时,他可能会停留在这一需要层次上,直到获得满足为止。相反,"ERG"理论则认为,当一个人在某一更高等级的需要层次受挫时,那么作为替代,他的某一较低层次的需要可能会有所增加。例如,如果一个人社会交往需要得不到满足,可能会增强他对得到更多金钱或更好的工作条件的愿望。与马斯洛需要层次理论相类似的是,"ERG"理论认为较低层次的需要满足之后,会引发出对更高层次需要的愿望。不同于需要层次理论的是,"ERG"理论认为多种需要可以同时作为激励因素而起作用,并且当满足较高层次需要的企图受挫时,会导致人们向较低层次需要的回归。因此,管理措施应该随着人的需要结构的变化而做出相应的改变,并根据每个人不同的需要制定出相应的管理策略。

(二)ERG理论的三个概念

1. 需要满足

即在同一层次的需要中,当某个需要只得到少量满足时,会强烈地希望得到更多的满足。这里,消费需要不会指向更高层次,而是停留在原有的层次,向量和质的方面发展。

2. 需要加强

即低层次需要满足得越充分,高层次的需要就越强烈,消费需要将指向更高层次。

3. 需要受挫

受挫会导致向较低层次需要的回归。

(三)ERG理论的特点

高层次的需要满足得越少,越会导致低层次需要的膨胀,消费支出会更多地用于满足低层次需要。

奥尔德弗的ERG理论在需要分类上并不比马斯洛的理论更完善,对需要的解释也并未超出马斯洛需要理论的范围。如果认为马斯洛的需要层次理论是带有普遍意义的一般规律,那么,ERG理论则偏重于带有特殊性的个体差异,这表现在ERG理论对不同需要之间联系的限制较少。

ERG理论的特点有:

(1)ERG理论并不强调需要层次的顺序,认为某种需要在一定时间内对行为起作用,而当这种需要得到满足后,可能去追求更高层次的需要,也可能没有这种上升趋势。

(2)ERG理论认为,当较高级需要受到挫折时,可能会降而求其次。

(3)ERG理论还认为,某种需要在得到基本满足后,其强烈程度不仅不会减弱,还可能会增强,这就与马斯洛的观点不一致了。如图5.4所示。

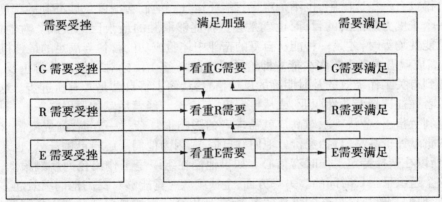

图5.4 ERG的特点

三、成就动机理论

美国哈佛大学教授戴维·麦克利兰(David McClelland)是当代研究动机的权威心理学家。他从20世纪40-50年代起就开始对人的需求和动机进行研究,提出了著名的"三种需要理论",并得出了一系列重要的研究结论。

在麦克利兰之前,精神分析学派和行为主义学派的心理学家对动机进行了研究。以弗洛伊德为代表的精神分析学派用释梦、自由联想等方法研究动机,他们往往将人们的行为归于性和本能的动机,而且他们的研究方法和技术很难得出有代表性的结果,可重复性差、无法得出动机的强度。行为主义者用实验的方法研究动机,使得动机的强度可以测量,但集中于饥、渴、疼痛等基本生存的需要上,没有区分人的动机与动物的动机。麦克利兰认为他们对动机的研究都带有一定的局限性,他注重研究人的高层次需要与社会性的动机,强调采用系统的、客观的、有效的方法进行研究。他的研究主要受到了美国心理学家莫瑞的需要理论及其研究方法的影响,莫瑞提出了人的多种需要,并且编制了主题统计测验进行测量。

(一)成就动机理论的内容

1. 成就需求

成就需求是争取成功希望做得最好的需求。麦克利兰认为,具有强烈的成就需求的人渴望将事情做得更为完美,提高工作效率,获得更大的成功,他们追求的是在争取成功的过程中克服困难、解决难题、努力奋斗的乐趣,以及成功之后的个人的成就感,他们并不看重成功所带来的物质奖励。个体的成就需求与他们所处的经济、文化、社会、政府的发展程度有关,社会风气也制约着人们的成就需求。

麦克利兰发现高成就需求者有三个主要特点:

(1)高成就需求者喜欢设立具有适度挑战性的目标,不喜欢凭运气获得的成功,不喜欢接受那些在他们看来特别容易或特别困难的工作任务。他们不满足于漫无目的地随波逐流和随遇而安,而总是想有所作为。他们总是精心选择自己的目标,因此,他们很少自动地接受别人,包括上司为其选定目标。除了请教能提供所需技术的专家外,他们不喜欢寻求别人的帮助或忠告。他们要是赢了,会要求应得的荣誉;要是输了,也勇于承担责任。例如,有两件事件让你选掷骰子(获胜机会是1/3)和研究一个问题(解决问题的机会也是1/3),你会选择哪一样?高成就需求者会选择研究问题,尽管获胜的概率相同,而掷骰子则容易得多。高成就需求者喜欢研究、解决问题,而不愿意依靠机会或他人取得成果。

(2)高成就需求者在选择目标时会回避过分的难度。他们喜欢中等难度的目标,既不是唾手可得没有一点成就感,也不是难得只能凭运气。他们会揣度可能办到的程度。然后再选定一个难度力所能及的目标,也就是会选择能够取胜的最艰巨的挑战。对他们而言,当成败可能性均等时,才是一种能从自身的奋斗中体验成功的喜悦与满足的最佳机会。

(3)高成就需求者喜欢多少能立即给予反馈的任务。目标对于他们非常重要,所以他们希望得到有关工作绩效的及时明确的反馈信息,从而了解自己是否有所进步。这就是高成就需求者往往选择专业性职业,或从事销售,或者参与经营活动的原因之一。

麦克利兰指出,金钱刺激对高成就需求者的影响很复杂。一方面,高成就需求者往往对自己的贡献评价甚高,自抬身价。他们有自信心,因为他们了解自己的长处,也了解自己的短处,所以在选择特定工作时有信心。如果他们在组织里工作出色而薪酬很低,他们是不会在这个组织呆很长时间的。另一方面,金钱刺激究竟能够对提高他们绩效起多大作用很难说清,他们一般总以自己的最高效率工作,所以金钱固然是成就和能力的鲜明标志,但是由于他们觉得这配不上他们的贡献,所以可能引起不满。

具有成就需求的人,对工作的胜任感和成功有强烈的要求,同样也担心失败;他们乐意,甚至热衷于接受挑战,往往为自己树立一定难度而又不是高不可攀的目标;他们敢于冒风险,又能以显示的态度对待冒险,绝不会以迷信和侥幸心理对待未来,而是要通过认真的分析和估计;他们愿意承担所做的工作的个人责任,并希望得到所从事工作的明确而又迅速的反馈。这类人一般不常休息,喜欢长时间、全身心的工作,并从工作的完成中得到很大的满足,即使真正出现失败也不会过分沮丧。一般来说,他们喜欢表现自己。麦克利兰认为,一个公司如果有很多具有成就需求的人,那么,公司就会发展很快;一个国家如果有很多这样的公司,整个国家的经济发展速度就会高于世界平均水平。但是,在不同国家、不同文化背景下,成就需求的特征和表现也就不尽相同,对此,麦克利兰未做充分表述。

2. 权力需求

权力需求指影响或控制他人且不受他人控制的需求。权力需求是指影响和控制别人的一种愿望或驱动力。不同人对权力的渴望程度也有所不同。权力需求较高的人对影响和控制别人表现出很大的兴趣,喜欢对别人"发号施令",注重争取地位和影响力。他们常常表现出喜欢争辩、健谈、直率和头脑冷静;善于提出问题和要求;喜欢教训别人并乐于演讲。他们喜欢具有竞争性和能体现较高地位的场合或情境,他们也会追求出色的成绩,但他们这样做并不像高成就需求的人那样是为了个人的成就感,而是为了获得地位和权力或与自己已具有的权力和地位相称。权力需求是管理成功的基本要素之一。

麦克利兰还将组织中管理者的权力分为两种:一是个人权力。追求个人权力的人表现出来的特征是围绕个人需求行使权力,在工作中需要及时的反馈和倾向于自己亲自操作。麦克利兰提出一个管理者,若把他的权力形式建立在个人需求的基础上,不利于他人来续位。二是职位性权力。职位性权力要求管理者与组织共同发展,自觉地接受约束,从体验行使权力的过程中得到一种满足。

3. 亲和需求

亲和需求是建立友好亲密的人际关系的需求。亲和需求就是寻求被他人喜爱和接纳的一种愿望。高亲和动机的人更倾向于与他人进行交往,至少是为他人着想,这种交往会给他带来愉快。高亲和需求者渴望亲和,喜欢合作而不是竞争的工作环境,希望彼此之间的沟通与理解,他们对环境中的人际关系更为敏感。有时,亲和需求也表现为对失去某些亲密关系的恐惧和对人际冲突的回避。亲和需求是保持社会交往和人际关系和谐的重要条件。

麦克利兰的亲和需求与马斯洛的感情上的需求、奥尔德弗的关系需求基本相同。麦克利兰指出,注重亲和需求的管理者容易因为讲究交情和义气而违背或不重视管理工作原则,从而会导致组织效率下降。

(二)成就动机理论的评价

成就动机有利于心理健康和社会经济的发展,但是并不是所有的成就动机都能推动社会经济的发展。麦克利兰不仅强调了成就动机的作用,还指出成就动机是在一定的社会气氛下形成的。成就动机有个人取向的成就动机和社会取向的成就动机之分。个人取向的成就动机有这样的特点:成就目标和评价标准主要由个人自己来决定;选择什么样的行为来达到成就目标,也是由个人自己来做主;成就行为的效果也由个人自己来评价,评价标准也是由个人自己来制定;个人对成就的价值观念的内化程度比较高,成就的功能自主性比较强,即追求成就本身是一种目的。社会取向的成就动机的特点有:强调个人的成就目标和评价标准主要由他人或所属的团体来决定;选择什么样的行为来达到目标,也是由他人或团体来决定;成就行为的效果由他人或团体来评价,评价标准也是由他人或团体不定期制定;个人对成就的价值观念的内化程度比较弱,成就的社会工具性比较强,即追求成就是一种手段,是为了让他人或团体高兴。

这两种取向的成就动机各有长短。在社会生活中,如果一个人的成就动机过于偏向某个极端,可能就会产生一些不良后果。这时的成就动机就不一定会推动社会的发展,甚至会起反作用。研究发现,个人取向成就动机过高的人在组织中往往表现得并不很出色。由于强调个人取向,这些人用自己个人的业绩标准来衡量成就,也因为个人目标的实现而得到满足。因此,他们更愿意独立工作,因为这样做可以使得任务的完成完全取决于他们自己的努力。这一特点可能会降低这些人在团队中的工作表现。在组织中,非常需要能够妥协、顺应、将自己的成就需要与组织目标结合起来的人。一个组织如果个人取向成就动机的人占的比重太大,则这个组织肯定不能获得长足的发展。

四、双因素理论

(一) 双因素理论的简介

20世纪50年代末期,赫茨伯格(Frederick Herzberg)和他的助手们在美国匹兹堡地区对200名工程师、会计师进行了调查访问。访问主要围绕两个问题:在工作中,哪些事项是让他们感到满意的,并估计这种积极情绪持续多长时间;又有哪些事项是让他们感到不满意的,并估计这种消极情绪持续多长时间。赫茨伯格以对这些问题的回答为材料,着手去研究哪些事情使人们在工作中快乐和满足,哪些事情造成不愉快和不满足。结果他发现,使职工感到满意的都是属于工作本身或工作内容方面的;使职工感到不满的,都是属于工作环境或工作关系方面的。他把前者叫做激励因素,后者叫做保健因素,见图5.5。

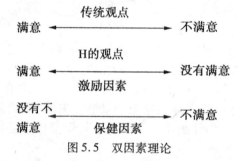

图5.5 双因素理论

保健因素的满足对职工产生的效果类似于卫生保健对身体健康所起的作用。保健从人的环境中消除有害于健康的事物,它不能直接提高健康水平,但有预防疾病的效果;它不是治疗性的,而是预防性的。保健因素包括公司政策、管理措施、监督、人际关系、物质工作条件、工资、福利等。当这些因素恶化到人们认为可以接受的水平以下时,就会产生对工作的不满意。但是,当人们认为这些因素很好时,它只是消除了不满意,并不会导致积极的态度,这就形成了某种既不是满意、又不是不满意的中性状态。

那些能带来积极态度、满意和激励作用的因素就叫做"激励因素",这是那些能满足个人自我实现需要的因素,包括:成就、赏识、挑战性的工作、增加的工作责任以及成长和发展的机会。如果这些因素具备了,就能对人们产生更大的激励。从这个意义出发,赫茨伯格认为传统的激励假设,如工资刺激、人际关系的改善、提供良好的工作条件等,都不会产生更大的激励;它们能消除不满意,防止产生问题,但这些传统的"激励因素"即使达到最佳程度,也不会产生积极的激励。按照赫茨伯格的意见,管理当局应该认识到保健因素是必需的,不过它一旦使不满意中和以后,就不能产生更积极的效果。只有"激励因素"才能使人们有更好的工作成绩。

赫茨伯格及其同事以后又对各种专业性和非专业性的工业组织进行了多次调查,他们发现,由于调查对象和条件的不同,各种因素的归属有些差别,但总的来看,激励因素基本上都是属于工作本身或工作内容的,保健因素基本都是属于工作环境和工作关系的。但是,赫茨伯格注意到,激励因素和保健因素都有若干重叠现象,如赏识属于激励因素,基本上起积极作用;但当没有受到赏识时,又可能起消极作用,这时又表现为保健因素。工资是保健因素,但有时也能产生使职工满意的结果。

（二）激励因素和保健因素

赫茨伯格的双因素理论，和马斯洛的需要层次理论、麦克利兰的成就激励理论一样，重点在于试图说服员工重视某些与工作有关绩效的原因。它是目前最具争论性的激励理论之一，也许这是因为它具有两个独特的方面。首先，这个理论强调一些工作因素能导致满意感，而另外一些则只能防止产生不满意感；其次，对工作的满意感和不满意感并非存在于单一的连续体中。

赫茨伯格通过考察一群会计师和工程师的工作满意感与生产率的关系，通过伴有组织性的采访，他积累了影响这些人员对其工作感情的各种因素的资料，表明了存在两种性质不同的因素。

第一类因素是激励因素，包括工作本身、认可、成就和责任，这些因素涉及对工作的积极感情，又和工作本身的内容有关。这些积极感情和个人过去的成就，被人认可以及担负过的责任有关，它们的基础在于工作环境中持久的而不是短暂的成就。

第二类因素是保健因素，包括公司政策和管理、技术监督、薪水、工作条件以及人际关系等。这些因素涉及工作的消极因素，也与工作的氛围和环境有关。也就是说，对工作和工作本身而言，这些因素是外在的，而激励因素是内在的，或者说是与工作相联系的内在因素。

从某种不同的角度来看，外在因素主要取决于正式组织（例如薪水、公司政策和制度）。只有公司承认高绩效时，它们才是相应的报酬。而诸如出色地完成任务的成就感之类的内在因素则在很大程度上属于个人的内心活动，组织政策只能产生间接的影响。例如，组织只有通过确定出色绩效的标准，才可能影响个人，使他们认为已经相当出色地完成了任务。

尽管激励因素通常是与个人对他们的工作积极感情相联系，但有时也涉及消极感情。而保健因素却几乎与积极感情无关，只会带来精神沮丧、脱离组织、缺勤等结果。

赫茨伯格的理论认为，满意和不满意并非共存于单一的连续体中，而是截然分开的，这种双重的连续体意味着一个人可以同时感到满意和不满意，它还暗示着工作条件和薪金等保健因素并不能影响人们对工作的满意程度，而只能影响对工作的不满意的程度。

（三）双因素理论的缺陷

赫兹伯格的双因素理论虽然在国内外影响很大，但也有人对它提出了批评，这些主要是：

（1）赫兹伯格的样本只有203人，数量明显不够，而且对象是工程师、会计师，他们在工资、安全、工作条件等方面都比较好，所以这些因素对他们自然不会起激励作用，但很难代表一般职工的情况。

（2）赫兹伯格在调查时把好的结果归结于职工自己的努力，而把不好的结果归罪于客观的条件，同时，赫兹伯格也没有使用"满意尺度"这一概念。

（3）赫兹伯格认为满意和生产率的提高有必然的联系，而实际上满意并不等于劳动生产率的提高，二者之间并不存在必然的联系。

（4）赫兹伯格将保健因素与激励因素截然分开有欠妥当，实际上保健因素与激励因素、外部因素与内部因素都不是绝对的，而是相互联系并可以相互转化的。

（5）现代企业是由4种经济主体所组成的，即股东、经营者、管理者和普通员工。这4种经济主体都有自己的目标，并且都有各自的可控因素和激励因素，从实施的范围层次分析，始终存在着所有者对经营者、经营者对管理者和管理者对员工的约束与激励，而这些并不是双因素理论都能涵盖的。

（四）双因素理论的应用

根据赫茨伯格的理论，在调动员工积极性方面，可以分别采用以下两种基本做法：

1. 直接满足

直接满足,又称为工作任务以内的满足。它是一个人通过工作所获得的满足,这种满足是通过工作本身和工作过程中人与人的关系得到的。它能使员工学习到新的知识和技能,产生兴趣和热情,使员工具有光荣感、责任心和成就感。因而可以使员工受到内在激励,产生极大的工作积极性。对于这种激励方法,管理者应该予以充分重视。这种激励的措施虽然有时所需的时间较长,但是员工的积极性一经激励起来,不仅可以提高生产效率,而且能够持久,所以管理者应该充分注意运用这种方法。

2. 间接满足

间接满足,又称为工作任务以外的满足。这种满足不是从工作本身获得的,而是在工作以后获得的。例如晋升、授衔、嘉奖或物质报酬和福利等,就都是在工作之后获得的。其中福利方面,诸如工资、奖金、食堂、托儿所、员工学校、俱乐部等,都属于间接满足。间接满足虽然也与员工所承担的工作有一定的联系,但它毕竟不是直接的,因而在调动员工积极性上往往有一定的局限性,常常会使员工感到与工作本身关系不大而满不在乎。研究者认为,这种满足虽然也能够显著地提高工作效率,但不容易持久,有时处理不好还会发生副作用。

双因素理论虽然产生于资本主义的企业管理,但却具有一定的科学性。在实际工作中,借鉴这种理论来调动员工的积极性,不仅要充分注意保健因素,使员工不至于产生不满情绪;更要注意利用激励因素去激发员工的工作热情,使其努力工作。如果只顾及保健因素,仅仅满足员工暂时没有什么意见,是很难创造出一流工作成绩的。

双因素理论还可以用来指导我们的奖金发放。当前,我国正使用奖金作为一种激励因素,但是必须指出,在使用这种激励因素时,必须与企业的效益或部门及个人的工作成绩挂起钩来。如果奖金不与部门及个人的工作成绩相联系,一味的"平均分配",久而久之,奖金就会变成保健因素,再多也起不了激励作用。

双因素理论的科学价值,不仅对搞好奖励工作具有一定的指导意义,而且对如何做好人的思想政治工作提供了有益的启示。既然在资本主义的管理理论和实践中,人们都没有单纯地追求物质刺激,那么在社会主义条件下,就更不应把调动员工积极性的希望只寄托于物质鼓励方面;既然工作上的满足与精神上的鼓励将会更有效地激发人的工作热情,那么在管理中,就应特别注意处理好物质鼓励与精神鼓励的关系,充分发挥精神鼓励的作用。

(五)双因素理论对现代企业管理的启示

第一,采取了某项激励的措施并不一定就带来满意,要提高职工的积极性首先得注意保健因素,以消除职工的不满、怠工和对抗,但保健因素并不能使职工变得非常满意,也不能激发他们的工作积极性,所以更重要的是要利用激励因素来激发职工的工作热情和工作效率。因此,企业如果只考虑到保健因素而没有充分利用激励因素,就只能使职工感到没有不满意却不能使职工变得非常满意,则企业就很难创造一流的业绩。

第二,在企业管理实践中,欲使奖金成为激励因素,必须使奖金与职工的工作绩效相联系。如果采取不讲部门和职工绩效的平均主义"大锅饭"做法,奖金就会变成保健因素,奖金发得再多也难以起到激励的作用。对某一个岗位而言,如果长期为一个人所占有,又没有来自外部的竞争压力,该职工的惰性就会自然而然地释放出来,工作质量随之下降。企业为了激发职工的工作潜能,应设置竞争性的岗位,并把竞争机制贯穿到工作过程的始终。

第三,双因素理论是在美国的社会和文化背景下提出的,与我国的国情不尽相同。因而,在企业管理中,哪些是保健因素,哪些应属于激励因素也是不一样的,企业的管理者在对职工进行激励时,必须要考虑到这种文化差异,因地制宜,制定有效的激励措施和采取有效的激励手段。

第四,双因素理论诞生在美国,而在当前的中国企业里,工资和奖金并不仅仅是保健因素,工资和奖金的多少关系到个人的切身利益和自身价值的实现,如果运用得当,也会表现出明显的激励作用。因此,企业应该建立灵活的工资、奖金制度,防止僵化和一成不变,在工资、奖金分配制度改革中既注重公平又体现差别。

第五,激励是组织管理的重要环节,被认为是"最伟大的管理原理"。就组织工作而言,对职工激励至关重要,但对职工进行激励的时候必须注重多种激励方式的综合运用,将物质激励和精神激励有机结合起来。物质需要是人的第一需要,合理而富有竞争力的薪酬制度是企业激励职工、留住人才的基本方略。同时,企业更要注重精神激励的重要作用。学习型组织为我们提供了一个典型的精神激励模式:通过培养员工自我超越的能力,打破旧的思维限制,创造出更适合组织发展的新的心智模式,在这种更为开阔的思维中发展自我,并朝着组织的整体目标和共同愿景努力。

五、四种理论的比较

这里,以马斯洛的需要层次论为前提,在此基础上研究它与其他三种理论的区别。

(一)ERG 理论是在需要层次论基础上的发展

(1)马斯洛的需要层次论是建立在满足-上升的基础上的。也就是说一旦较低层次需要已经得到满足,人们将进到更高一级的需要上去;而 ERG 论不仅体现满足-上升的方面,而且也提出了遇挫折-倒退这一方面。挫折-倒退说明较高的需要未满足或受到挫折的情况下,或把更强烈的欲望放在一个较低层次的需要上。

(2)需要层次论认为,每一个时期只有一种突出的需要;而 ERG 论指出在任何一个时间内可以有一个或一个以上的需要发生作用。

(3)需要层次论认为,人的需要是严格地按由低到高逐级上升的,不存在越级,也不存在由高到低的下降;而 ERG 论则指出,人的需要并不一定严格按由低到高发展的顺序,而是可以越级的。

(4)需要层次论认为,人类有五种需要,它们是生来就有的,是内在的;而 ERG 论则认为,只有三种需要,其中有生来就有的,也有经过后天学习得到的。

(5)ERG 论在一定程度上修正了马斯洛的需要层次理论,弥补了需要层次理论的不足,更符合现实社会中人们的行为特点。

(二)成就激励论是在需要层次论基础上的升华

(1)着重点不同。需要层次论研究从低到高顺序的五种需要;而成就激励论不研究人的基本生理需要,主要研究在人的生理需要基本得到满足的前提条件下,人还有哪些需要。

(2)认识度不同。需要层次论认为五种需要都是生来就有的,是内在的;而成就激励论明确指出,通过教育和培训可以造就出具有高成就需要的人才。

(3)发展观不同。需要层次论认为,人的需要是严格地按由低到高逐级上升的;而成就激励论认为,不同的人对这三种基本需要的排列层次和所占比重是不同的,个人行为主要决定于其中被环境激活的那些需要。

(三)双因素论是在需要层次论基础上的补充

(1)双因素论中的激励因素或满意因素相当于马斯洛的较高层次的需要,这是激励人们去完成任务的因素,为激励人的行为提供了环境条件。

(2)双因素中的保健因素或不满意因素相当于马斯洛的生理的、安全的和社交的需要,它们基本上是预防性的因素,没有它会导致不满,但它本身的存在也不能挖掘人的内在潜力,激励人更好地工作。

(3)双因素论比马斯洛的需要层次论更进了一步。双因素论认为,并不是所有需要的满足都能激励职工的积极性,有的需要的满足只会使人感觉到外在的、有限的激励作用,而有些需要的满足则可以极大地激发人的工作动机,调动职工的积极性。

(4)将上述观点综合,现以马斯洛的需要层次论为中心,把4种需要理论对比,见表5.1。

表5.1 四种需要理论的比较

赫茨伯格双因素论	马斯洛需要层次论	奥尔德弗 ERG 论	麦克利兰成就激励论
激励因素	自我实现	成长发展	成就
	荣誉、尊重		权力
	社交	人们之间的关系	友谊
保健因素	安全和保健	生存	
	生理		

第三节 过程型激励理论

过程型激励理论是指着重研究人从动机产生到采取行动的心理过程。它的主要任务是找出对行为起决定作用的某些关键因素,弄清它们之间的相互关系,以预测和控制人的行为。这类理论表明,要使员工出现企业期望的行为,须在员工的行为与员工需要的满足之间建立起必要的联系。过程型激励理论主要有:期望理论、公平理论、目标设定理论等。

一、期望理论

维克托·弗鲁姆(Victor H. Vroom),著名心理学家和行为科学家。他深入研究组织中个人的激励和动机,率先提出了形态比较完备的期望理论模式。

弗鲁姆提出的期望理论的基础是:人之所以能够从事某项工作并达成组织目标,是因为这些工作和组织目标会帮助他们达成自己的目标,满足自己某方面的需要。弗鲁姆认为,人们采取某项行动的动力或激励力取决于其对行动结果的价值评价和预期达成该结果可能性的估计。换言之,激励力的大小取决于该行动所能达成目标并能导致某种结果的全部预期价值乘以他认为达成该目标并得到某种结果的期望概率。用公式可以表示为

$$M = V \times E$$

其中:

M——激励力量,是直接推动或使人们采取某一行动的内驱力。这是指调动一个人的积极性,激发出人的潜力的强度。

V——目标效价,指达成目标后对于满足个人需要其价值的大小,它反映个人对某一成果或奖酬的重视与渴望程度。

E——期望值,这是指根据以往的经验进行的主观判断,达成目标并能导致某种结果的概率,是个人对某一行为导致特定成果的可能性或概率的估计与判断。显然,只有当人们对某一行动成果的效价和期望值同时处于较高水平时,才有可能产生强大的激励力。

弗鲁姆的期望理论辩证地提出了在进行激励时要处理好三方面的关系,这些也是调动人们工作积极性的三个条件。第一,努力与绩效的关系。人们总是希望通过一定的努力达

到预期的目标,如果个人主观认为达到目标的概率很高,就会有信心,并激发出很强的工作力量,反之如果他认为目标太高,通过努力也不会有很好绩效时,就失去了内在的动力,导致工作消极。第二,绩效与奖励的关系。人总是希望取得成绩后能够得到奖励,当然这个奖励也是综合的,既包括物质上的,也包括精神上的。如果他认为取得绩效后能得到合理的奖励,就可能产生工作热情,否则就可能没有积极性。第三,奖励与满足个人需要的关系。人总是希望自己所获得的奖励能满足自己某方面的需要。然而由于人们在年龄、性别、资历、社会地位和经济条件等方面都存在着差异,他们对各种需要要求得到满足的程度就不同。因此,对于不同的人,采用同一种奖励办法能满足的需要程度不同,能激发出的工作动力也就不同。

对期望理论的应用主要体现在激励方面,这启示管理者不要泛泛地采用一般的激励措施,而应当采用多数组织成员认为效价最大的激励措施,而且在设置某一激励目标时应尽可能加大其效价的综合值,加大组织期望行为与非期望行为之间的效价差值。在激励过程中,还要适当控制期望概率和实际概率,加强期望心理的疏导。期望概率过大,容易产生挫折,期望概率过小,又会减少激励力量;而实际概率应使大多数人受益,最好实际概率大于平均的个人期望概率,并与效价相适应。

二、公平理论

公平理论又称社会比较理论,它是美国行为科学家亚当斯(J. S. Adams)在《工人关于工资不公平的内心冲突同其生产率的关系》(1962,与罗森合写)、《工资不公平对工作质量的影响》(1964,与雅各布森合写)、《社会交换中的不公平》(1965)等著作中提出来的一种激励理论。该理论侧重于研究工资报酬分配的合理性、公平性及其对职工生产积极性的影响。

公平理论的基本观点是:当一个人做出了成绩并取得了报酬以后,他不仅关心自己的所得报酬的绝对量,而且关心自己所得报酬的相对量。因此,他要进行种种比较来确定自己所获报酬是否合理,比较的结果将直接影响今后工作的积极性。

一种比较称为横向比较,即他要将自己获得的"报偿"(包括金钱、工作安排以及获得的赏识等)与自己的"投入"(包括教育程度、所作努力、用于工作的时间、精力和其他无形损耗等)的比值与组织内其他人作社会比较,只有相等时他才认为公平,如下式所示

$$OP/IP = OC/IC$$

其中 OP 表示自己对所获报酬的感觉;OC 表示自己对他人所获报酬的感觉;IP 表示自己对个人所作投入的感觉;IC 表示自己对他人所作投入的感觉。

当上式为不等式时,可能出现以下两种情况:

第一,前者小于后者。

他可能要求增加自己的收入或减少自己今后的努力程度,以便使左方增大,趋于相等;第二种办法是他可能要求组织减少比较对象的收入或让其今后增大努力程度以便使右方减少趋于相等。此外他还可能另外找人作为比较对象以便达到心理上的平衡。

第二,前者大于后者。

他可能要求减少自己的报酬或在开始时自动多做些工作,久而久之他会重新估计自己的技术和工作情况,终于觉得他确实应当得到那么高的待遇,于是产量便又会回到过去的水平了。

除了横向比较之外,人们也经常做纵向比较,即把自己目前投入的努力与目前所获得报偿的比值,同自己过去投入的努力与过去所获报偿的比值进行比较。只有相等时他才认为公平。即

$$OP/IP = OH/IH$$

其中,OH 表示自己对过去所获报酬的感觉;IH 表示自己对个人过去投入的感觉。当上式为不等式时,人也会有不公平的感觉,这可能导致工作积极性下降。当出现这种情况时,人不会因此产生不公平的感觉,但也不会感觉自己多拿了报偿从而主动多做些工作。调查和实验的结果表明,不公平感的产生绝大多数是由于经过比较认为自己目前的报酬过低而产生的;但在少数情况下也会由于经过比较认为自己的报酬过高而产生。我们看到,公平理论提出的基本观点是客观存在的,但公平本身却是一个相当复杂的问题,这主要是由于下面几个方面原因:

第一,它与个人的主观判断有关。上面公式中无论是自己的或他人的投入和报偿都是个人感觉,而一般人总是对自己的投入估计过高,对别人的投入估计过低。

第二,它与个人所持的公平标准有关。上面的公平标准是采取贡献率,也有采取需要率、平均率的。例如有人认为助学金改为奖学金才合理,有人认为应平均分配才公平,也有人认为按经济困难程度分配才适当。

第三,它与业绩的评定有关。我们主张按绩效付报酬,并且各人之间应相对平衡。但如何评定绩效?是以工作成果的数量和质量,还是按工作能力、技能、资历和学历?不同的评定办法会得到不同的结果。最好是按工作成果的数量和质量,用明确、客观、易于核实的标准来度量,但这在实际工作中往往难以做到,有时不得不采用其他的方法。

第四,它与评定人有关。绩效由谁来评定?是领导者评定还是群众评定或自我评定,不同的评定人会得出不同的结果。由于同一组织内往往不是由同一人评定,因此会出现松紧不一、回避矛盾、姑息迁就、抱有成见等现象。

然而,公平理论对我们有着重要的启示:首先,影响激励效果的不仅有报酬的绝对值,还有报酬的相对值。其次,激励时应力求公平,使等式在客观上成立,尽管有主观判断的误差,也不致造成严重的不公平感。再次,在激励过程中应注意对被激励者公平心理的引导,使其树立正确的公平观,一是要认识到绝对的公平是不存在的,二是不要盲目攀比,三是不要按酬付劳,按酬付劳是在公平问题上造成恶性循环的主要杀手。

为了避免职工产生不公平的感觉,企业往往采取各种手段,在企业中造成一种公平合理的气氛,使职工产生一种主观上的公平感。

三、目标设定理论

美国马里兰大学管理学兼心理学教授爱德温·洛克(Edwin A. Locke)和休斯在研究中发现,外来的刺激(如奖励、工作反馈、监督的压力)都是通过目标来影响动机的。目标能引导活动指向与目标有关的行为,使人们根据难度的大小来调整努力的程度,并影响行为的持久性。于是,在一系列科学研究的基础上,他们于1967年最先提出"目标设定理论",认为目标本身就具有激励作用,目标能把人的需要转变为动机,使人们的行为朝着一定的方向努力,并将自己的行为结果与既定的目标相对照,及时进行调整和修正,从而能实现目标。这种使需要转化为动机,再由动机支配行动以达成目标的过程就是目标激励。目标激励的效果受目标本身的性质和周围变量的影响。

目标也是一种重要的激励因素。洛克的目标设定理论认为,假如适当地设定目标并妥善地管理工作进展,目标能够有效地激励员工,提高工作表现。目标在日常工作中十分普遍,常见的目标包括销售配额、完工期限和节约成本等。

目标通过四个途径提高工作效率:

第一,设定困难的目标使员工更加努力工作,当他们意识到要完成困难的目标,便会尽力地工作;相反,假如他们认为所设定的目标很容易达到,他们会失去工作的动力,只会付出最低的能力来完成目标。

第二,设定目标能使员工清楚上级对他们的要求,把他们的精力和时间用在正确的方向上。

第三,设定目标可以延长员工的工作持久力,进而改善他们的工作表现。长时间的努力工作容易使人感到疲倦,产生放弃的念头。设定了目标可以使人知道距离完工还有多远,在知道距离目标不远的时候,员工是不会轻易放弃以往的努力的。

第四,目标使人更仔细地选择完成工作的方法,在工作进行前做出详细的计划,工作表现自然会比在没有目标和计划的情况下进行得更好。

在通过设定目标提高工作表现时要注意以下四个问题:

首先,目标的难度必须适中,太容易达到的目标使人失去对工作的兴趣;相反、太困难的目标也会使人对目标的完成失去信心。因此,目标最好是比员工的现有表现高一些,不但提供了挑战性,同时使员工感到有达到目标的可能。

其次,目标必须明确,最好是能够清楚地衡量是否达到目标。"尽力"、"尽快"都不是良好的目标,因为员工和上级对这些不明确的目标会有不同的理解,在进行绩效评价时会有争执。

再次,在工作进行过程中应当为员工提供反馈。因为反馈可以使员工知道自己的工作进度,以及离目标还有多远,能起到激励的作用。

最后,必须使员工投入到实现目标的努力之中。员工接受了目标并不表示他会投入其中,但假如达到目标可以得到奖赏,或者上级适当地利用职权和惩罚,都可使员工努力地争取达到目标。

设定目标时应该由上级独自决定还是与员工一起商讨,并无定论。有些研究报告指出,在激励员工士气方面,给员工指定目标和与员工一起设定目标同样有效。一方面,上级独自决定目标不但可以节省时间,还可以避免不必要的争执;另一方面,员工在参与设定目标的过程中,可以更加了解工作的内容与方法,因而可以改善工作表现。在执行简单的工作时,上级应该给员工指定目标;在执行复杂的工作时,应该让员工参与指定目标。

第四节 行为强化理论

一、斯金纳强化理论的主要内容

强化理论是美国的心理学家和行为科学家斯金纳(Burrhus Frederic Skinner)、赫西(Paul Hersey)、布兰查德(Kenneth Blanchard)等人提出的一种理论。斯金纳(Burrhus Frederic Skinner)生于1904年,他于1931年获得哈佛大学的心理学博士学位,并于1943年回到哈佛大学任教,直到1975年退休。1968年曾获得美国全国科学奖章,是第二个获得这种奖章的心理学家。他在心理学的学术观点上属于极端的行为主义者,其目标在于预测和控制人的行为而不去推测人的内部心理过程和状态。他提出了一种"操作条件反射"理论,认为人或动物为了达到某种目的,会采取一定的行为作用于环境。当这种行为的后果对他有利时,这种行为就会在以后重复出现;不利时,这种行为就减弱或消失。人们可以用这种正强化或负强化的办法来影响行为的后果,从而修正其行为,这就是强化理论,也叫做行为修正理论。

斯金纳所倡导的强化理论是以学习的强化原则为基础的关于理解和修正人的行为的

一种学说。所谓强化，从其最基本的形式来讲，指的是对一种行为的肯定或否定的后果（报酬或惩罚），它至少在一定程度上会决定这种行为在今后是否会重复发生。根据强化的性质和目的可把强化分为正强化和负强化。在管理上，正强化就是奖励那些组织上需要的行为，从而加强这种行为；负强化是指为了使某种行为不断重复，减少或消除施于其身的某种不愉快的刺激。负强化的方法包括批评、处分、降级等，有时不给予奖励或少给奖励也是一种负强化。正强化的方法包括奖金、对成绩的认可、表扬、改善工作条件和人际关系、提升、安排担任挑战性的工作、给予学习和成长的机会等。

开始，斯金纳也只将强化理论用于训练动物，如训练军犬和马戏团的动物。以后，斯金纳又将强化理论进一步发展，并用于人的学习上，发明了斯金纳的程序教学法和教学机。他强调在学习中应遵循小步子和及时反馈的原则，将大问题分成许多小问题，循序渐进；他还将编好的教学程序放在机器里对人进行教学，收到了很好的效果。

斯金纳的强化理论和弗隆的期望理论都强调行为同其后果之间关系的重要性，但弗隆的期望理论较多地涉及主观判断等内部心理过程，而强化理论只讨论刺激和行为的关系。

二、强化理论具体应用的行为原则

（一）经过强化的行为趋向于重复发生

所谓强化因素就是会使某种行为在将来重复发生的可能性增加的任何一种"后果"。例如，当某种行为的后果是受人称赞时，就增加了这种行为重复发生的可能性。

（二）要依照强化对象的不同采用不同的强化措施

人们的年龄、性别、职业、学历、经历不同，需要就不同，强化方式也应不一样。如有的人更重视物质奖励，有的人更重视精神奖励，就应区分情况，采用不同的强化措施。

（三）小步子前进，分阶段设立目标，并对目标予以明确规定和表述

对于人的激励，首先要设立一个明确的、鼓舞人心而又切实可行的目标，只有目标明确而具体时，才能进行衡量和采取适当的强化措施。同时，还要将目标进行分解，分成许多小目标，完成每个小目标都及时给予强化，这样不仅有利于目标的实现，而且通过不断地激励可以增强信心。如果目标一次定得太高，会使人感到不易达到或者说能够达到的希望很小，这就很难充分调动人们为达到目标而做出努力的积极性。

（四）及时反馈

所谓及时反馈就是通过某种形式和途径，及时将工作结果告诉行动者。要取得最好的激励效果，就应该在行为发生以后尽快采取适当的强化方法。一个人在实施了某种行为以后，即使是领导者表示"已注意到这种行为"这样简单的反馈，也能起到正强化的作用。如果领导者对这种行为不予注意，这种行为重复发生的可能性就会减小以至消失。所以，必须利用及时反馈作为一种强化手段。强化理论并不是对职工进行操纵，而是使职工有一个最好的机会在各种明确规定的备择方案中进行选择。因而，强化理论已被广泛地应用在激励和人的行为的改造上。

（五）正强化比负强化更有效

所以，在强化手段的运用上，应以正强化为主。同时，必要时也要对坏的行为给以惩罚，做到奖惩结合。

强化理论只讨论外部因素或环境刺激对行为的影响，忽略人的内在因素和主观能动性对环境的反作用，具有机械论的色彩。但是，许多行为科学家认为，强化理论有助于对人们

行为的理解和引导。因为,一种行为必然会有后果,而这些后果在一定程度上会决定这种行为在将来是否重复发生。那么,与其对这种行为和后果的关系采取一种碰运气的态度,就不如加以分析和控制,使大家都知道应该有什么后果最好。这并不是对职工进行操纵,而是使职工有一个最好的机会在各种明确规定的备择方案中进行选择。因而,强化理论已被广泛地应用在激励和人的行为的改造上。对强化理论的应用,要考虑强化的模式,并采用一整套的强化体制。强化模式主要由"前因"、"行为"和"后果"三个部分组成。"前因"是指在行为产生之前确定一个具有刺激作用的客观目标,并指明哪些行为将得到强化,如企业规定车间安全生产中每月的安全操作无事故定额。"行为"是指为了达到目标的工作行为。"后果"是指当行为达到了目标时,则给予肯定和奖励;当行为未达到目标时,则不给予肯定和奖励,甚至给予否定或惩罚,以求控制职工的安全行为。

三、强化的类型

强化包括正强化、负强化和自然消退三种类型。

(一)正强化

正强化又称积极强化。当人们采取某种行为时,能从他人那里得到某种令其感到愉快的结果,这种结果反过来又成为推进人们趋向或重复此种行为的力量。例如,企业用某种具有吸引力的结果(如奖金、休假、晋级、认可、表扬等),以表示对职工努力进行安全生产的行为的肯定,从而增强职工进一步遵守安全规程进行安全生产的行为。

(二)负强化

负强化又称消极强化。它是指通过某种不符合要求的行为所引起的不愉快的后果,对该行为予以否定。若职工能按所要求的方式行动,就可减少或消除令人不愉快的处境,从而也增大了职工符合要求的行为重复出现的可能性。例如,企业安全管理人员告知工人不遵守安全规程,就要受到批评,甚至得不到安全奖励,于是工人为了避免此种不期望的结果,而认真按操作规程进行安全作业。

惩罚是负强化的一种典型方式,即在消极行为发生后,以某种带有强制性、威慑性的手段(如批评、行政处分、经济处罚等)给人带来不愉快的结果,或者取消现有的令人愉快和满意的条件,以表示对某种不符合要求的行为的否定。

(三)自然消退

自然消退又称衰减。它是指对原先可接受的某种行为强化的撤销。由于在一定时间内不予强化,此行为将自然下降并逐渐消退。例如,企业曾对职工加班加点完成生产定额给予奖酬,后经研究认为这样不利于职工的身体健康和企业的长远利益,因此不再发给奖酬,从而使加班加点的职工逐渐减少。

正强化是用于加强所期望的个人行为;负强化和自然消退的目的是为了减少和消除不期望发生的行为。这三种类型的强化相互联系、相互补充,构成了强化的体系,并成为一种制约或影响人的行为的特殊环境因素。

强化的主要功能,就是按照人的心理过程和行为的规律,对人的行为予以导向,并加以规范、修正、限制和改造。它对人的行为的影响,是通过行为的后果反馈给行为主体这种间接方式来实现的。人们可根据反馈的信息,主动适应环境刺激,不断地调整自己的行为。

四、强化理论的应用

在企业安全管理中,应用强化理论来指导安全工作,对保障安全生产的正常进行可起到积极作用。在实际应用中,关键在于如何使强化机制协调运转并产生整体效应,为此,应注意以下五个方面的问题。

(一) 应以正强化方式为主

在企业中设置鼓舞人心的安全生产目标,是一种正强化方法,但要注意将企业的整体目标和职工个人目标、最终目标和阶段目标等相结合,并对在完成个人目标或阶段目标中做出明显绩效或贡献者,给予及时的物质和精神奖励(强化物),以求充分发挥强化作用。

(二) 采用负强化(尤其是惩罚)手段要慎重

负强化应用得当会促进安全生产,应用不当则会带来一些消极影响,可能使人由于不愉快的感受而出现悲观、恐惧等心理反应,甚至发生对抗性消极行为。因此,在运用负强化时,应尊重事实,讲究方式方法,处罚依据准确公正,这样可尽量消除其副作用。将负强化与正强化结合应用一般能取得更好的效果。

(三) 注意强化的时效性

采用强化的时间对于强化的效果有较大的影响。一般而论,强化应及时,及时强化可提高安全行为的强化反应程度,但须注意及时强化并不意味着随时都要进行强化。不定期的非预料的间断性强化,往往可取得更好的效果。

(四) 因人制宜,采用不同的强化方式

由于人的个性特征及其需要层次不尽相同,不同的强化机制和强化物所产生的效应会因人而异。因此,在运用强化手段时,应采用有效的强化方式,并随对象和环境的变化而相应调整。

(五) 利用信息反馈增强强化的效果

信息反馈是强化人的行为的一种重要手段,尤其是在应用安全目标进行强化时,定期反馈可使职工了解自己参加安全生产活动的绩效及其结果,既可使职工得到鼓励,增强信心,又有利于及时发现问题,分析原因,修正所为。

五、强化理论对管理实践的启示

强化理论对管理实践有重要的指导作用。

(一) 奖励与惩罚相结合

即对正确的行为,对有成绩的个人或群体给予适当的奖励。同时,对于不良行为,对于一切不利于组织工作的行为则要给予处罚。大量实践证明,奖惩结合的方法优于只奖不罚或只罚不奖的方法。

(二) 以奖为主,以罚为辅

强调奖励与惩罚并用,并不等于奖励与惩罚并重,而是应以奖为主,以罚为辅,因为过多运用惩罚的方法,会带来许多消极的作用,在运用时必须慎重。

(三) 及时而正确强化

所谓及时强化是指让人们尽快知道其行为结果的好坏或进展情况,并尽量地予以相应的奖励。而正确强化就是要"赏罚分明",即当出现良好行为时就给予适当的奖励而出现不良行为时就给予适当的惩罚。及时强化能给人们以鼓励,使其增强信心并迅速地激发工作热情,但这种积极性的效果是以正确强化为前提的;相反,乱赏乱罚决不会产生激励效果。

(四) 奖人所需,形式多样

要使奖励成为真正强化因素,就必须因人制宜地进行奖励。每个人都有自己的特点和

个性,其需要也各不相同,因而他们对具体奖励的反应也会大不一样。所以奖励应尽量不搞一刀切,应该奖人之所需,形式多样化,只有这样才能起到奖励的效果。

第五节 综合激励模型

一、综合激励模型简介

这是美国行为科学家爱德华·劳勒(Edward E. Lawler)和莱曼·波特(Lyman Porter)提出的一种激励理论。爱德华·劳勒在美国的布朗大学获学士学位,在加利福尼亚大学伯克利分校获博士学位,曾在耶鲁大学任教,以后在密歇根大学任心理学教授和社会研究所组织行为室主任。他还是西雅图的巴特勒纪念研究所人类事务所研究中心的访问学者。

莱曼·波特也是美国著名的行为科学家,在耶鲁大学获得博士学位后,在加州大学伯克利分校任教11年,并在耶鲁大学管理科学系任访问教授一年。以后,他在加州大学管理研究院任院长和管理及心理学教授。

波特-劳勒期望激励理论是他们在1968年的《管理态度和成绩》一书中提出来的。其模型见图5.6。

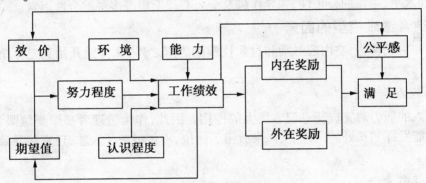

波特和劳勒的综合激励模型

图5.6 综合激励模型

综合激励模型有以下的特点:

首先,"激励"导致一个人是否努力及其努力的程度。

其次,工作的实际绩效取决于能力的大小、努力程度以及对所需完成任务理解的深度。具体地讲,"角色概念"就是一个人对自己扮演的角色认识是否明确,是否将自己的努力指向正确的方向,抓住了自己的主要职责或任务。

再次,奖励要以绩效为前提,不是先有奖励后有绩效,而是必须先完成组织任务才能导致精神的、物质的奖励。当职工看到他们的奖励与成绩关联性很差时,奖励将不能成为提高绩效的刺激物。

最后,奖惩措施是否会产生满意,取决于被激励者认为获得的报偿是否公正。如果他认为符合公平原则,当然会感到满意,否则就会感到不满。众所周知的事实是,满意将导致进一步的努力。

二、综合激励模型的基本内容

这种模式的具体内容是,一个人在作出了成绩后,得到两类报酬。一是外在报酬,包括工资、地位、提升、安全感等。按照马斯洛需求层次理论,外在报酬往往满足的是一些低层次的需要。由于一个人的成绩,特别是非定量化的成绩往往难于精确衡量,而工资、地位、提升等报酬的取得也包含多种因素的考虑,不完全取决于个人成绩,所以在图中用了一条曲折的线把成绩与外在报酬联系起来,表示二者并非直接的、必然的因果关系。另一种报酬是内在报酬。即一个人由于工作成绩良好而给予自己的报酬,如感到对社会作出了贡献,对自我存在意义及能力的肯定等。它对应的是一些高层次的需要的满足,而且与工作成绩是直接相关的。是不是"内在报酬"与"外在报酬"就可以决定是否"满足"呢?答案是否定的。我们注意到,在其间必然要经过"所理解的公正报酬"来调节。也就是说,一个人要把自己所得到的报酬同自己认为应该得到的报酬相比较。如果他认为相符合,他就会感到满足,并激励他以后更好地努力。如果他认为自己得到的报酬低于"所理解的公正报酬",那么,即使事实上他得到的报酬量并不少,他也会感到不满足,甚至失落,从而影响他以后的努力。

波特-劳勒期望激励理论在20世纪60至70年代是非常有影响的激励理论,在今天看来仍有相当的现实意义。它告诉我们,不要以为设置了激励目标、采取了激励手段,就一定能获得所需的行动和努力,并使员工满意。要形成激励→努力→绩效→奖励→满足并从满足回馈努力这样的良性循环,这取决于奖励内容、奖惩制度、组织分工、目标导向行动的设置、管理水平、考核的公正性、领导作风及个人心理期望等多种综合性因素。

三、综合激励模型的因素

波特和劳勒认为,在内容激励和过程性激励因素之外,从激励开始到工作绩效之间有三个因素非常重要。

(一)能力和素质

一个人的能力对完成任务起着巨大的作用。因此,作为管理者必须要慧眼识才,把人才放在最能发挥其长处的岗位上,如果放错了岗位,不仅浪费了人才,还直接导致不良的工作效果。

(二)工作条件

选好人才后,还必须要为其发挥才干创造必要的条件,配备必要的资源。

(三)角色感知

为了让职工做出优异的绩效,作为管理者必须要帮助职工充分了解该角色、该岗位或者该项任务对他的具体要求。也就是说,让职工充分地把握好岗位的目的和要求。

四、综合激励模型的应用

管理者必须将努力-业绩-报酬-满足这个连锁过程贯彻到知识型员工的激励过程中去,形成促进他们积极行为的良性循环。根据波特劳勒综合激励模型,可以确定激励体系主要有这样几个激励因子:报酬、期望值、能力和对工作的认识。因此,我们可以得出知识型员工的激励策略包括:报酬激励、精神激励和工作激励。不同的激励策略中又有各种激励方式,对知识型员工真正有效地激励方法是从员工的特点出发,进行各种激励方式的有效选择及其组合。只有这样,才能更为有效地激励知识型员工,做到人尽其才,人尽其位。下面我们来探讨一下各种不同激励策略中的激励方式。

(一)报酬激励

金钱激励。金钱需要始终是人类的第一需要,是人们从事一切社会活动的基本保证,所以,金钱激励是激励的主要形式,如采取发放鼓励性报酬、奖金、公司支付保险金,或在做出成绩时给予奖励。

金钱激励必须公正,一个人对他所得的报酬是否满意不是只看其绝对值,而要进行社会比较或历史比较,通过相对比较,判断自己是否受到了公平对待。金钱激励是否公正会影响员工的情绪和工作态度。比如山东兖煤集团将工资薪酬重新进行分配,向知识型员工进行倾斜,仅提高15%的工资开支就得到了30%的生产效率的提高。

股权激励。股票期权是分配制度的一种创新,股权激励是最富成效的激励制度之一,而股票期权作为股权激励的典型方式在国外也已取得了很大的成功。知识型员工只有在增加股东财富的前提下才可同时获得收益,从而与股东形成了利益共同体,这种"资本剩余索取权"驱动知识型员工不断努力提高公司业绩,最终达到双赢的局面。股票期权计划对企业的知识型员工具有两个方面的激励作用,即"报酬激励"和"所有权激励"。股票期权的报酬激励是在知识型员工购买企业股票之前发挥作用的,在股票期权计划下,如果公司经营得好,公司的股票价格就会上涨,知识型员工就可以通过先前股票期权计划所赋予的权利,以既定的较低的价格购买既定数量的公司股票而获得可观收益。而如果经营得不好的话,公司股票价格就会下跌,知识型员工就会放弃期权以免遭受损失。

(二)工作激励

充分放权。知识型员工一般具有以下三个特征:一是具有较强的自主性,他们不仅不愿受制于物,而且无法忍受上级的遥控指挥,他们更强调工作中的自我引导。二是他们往往比管理者更加专业,他们对自己的工作比管理者掌握得更多,更有能力做出正确的决策。三是下放决策权是满足知识员工被委以重任的成就感的需要,使他们对工作抱有更大的热情。因此,管理者不应独揽大权,阻碍知识员工发挥专长,否则不仅会扼杀知识员工的创意和才能,而且会扼杀知识员工的工作积极性。我国的华为与中兴通讯两家高技术公司就是因为充分放权而使其人才流动率始终低于5%。

(三)推行弹性工作制

知识员工不愿受制于一些刻板的工作形式,如固定的工作时间和固定的工作场所,而更喜欢独自工作的自由和刺激,以及更具张力的工作安排,由于他们从事的是思维性的工作,固定的工作时间和工作场所可能会限制他们的创新能力。因此,应制定弹性工作制,在核心工作时间与工作地点之外,允许知识员工调整自己的工作时间及地点以把个人需要和工作要求之间的矛盾降至最小。事实上,现代信息技术的发展和办公手段的完善也正为弹性工作制的实施提供了有利条件。

(四)工作富有挑战性

知识员工一般并不满足于被动地完成一般性事务,而是尽力追求完美的结果。因此,他们更热衷于具有挑战性的工作,把攻克难关看做一种乐趣、一种体现自我价值的方式。要使工作富有挑战性,除了下放决策权外,还可以通过工作轮换和工作丰富化来实现。联想集团就有"小马拉大车"的用人理论。

(五)为员工提供学习、培训的机会

为知识型员工提供学习培训的机会,重视员工的个体成长和事业发展。知识型员工更关心自己的利益和价值,当生活有保障之后,他们会追求更高层次的自我超越和自我完善,所以,企业除为知识型员工提供一份与贡献相称的报酬外,还应立足长远,制定员工培训计划,为知识型员工提供受教育和不断提高自身技能的学习机会,使其永不落后。

(六)双重职业途径激励法

在知识员工当中,一部分人希望通过努力晋升为管理者,另一部分人却只想在专业上获得提升。因此,组织应该采用双重职业途径的方法,来满足不同价值观员工的需求,但必须使每个层次上的报酬都将是可比的。微软公司就有采用双重职业途径获得成功的典型案例。一方面,微软公司将技术过硬的技术人员推到管理者岗位上,另一方面,对于那些只想呆在本专业最高位置而不愿担负管理责任的开发员、测试员和程序员,微软公司就在技术部门建立正规的技术升迁途径,设立起"技术级别",承认他们并给予他们相当于一般管理者的报酬。

复习思考题:
1. 赫兹伯格的双因素理论与马斯洛需求层次论有哪些异同之处?
2. 双因素理论有哪些优缺点? 如果应用在管理过程中。
3. 什么是 ERG 理论? 它对我们有何启示?
4. 期望理论的基本内容是什么?
5. 公平理论有哪些实际意义?
6. 强化理论的主要内容是什么?
7. 简要解释综合激励模式。

案例分析:

一起人才流动的官司

上海钢琴厂的三名技术人员被乡镇企业挖走,该厂的吴厂长、何书记为此十分烦恼,坐立不安。

浙江省桐庐县洛舍乡工业公司注意到近几年市场上钢琴走俏,供不应求,普通钢琴价格一再上涨。他们根据中小学生中有越来越多的人学钢琴的趋势,认为钢琴价格在今后可能只涨不跌,因此决心创办钢琴厂。厂房和资金均可解决,唯独缺少精通钢琴制作的技术人员。经多方打听,公司得知有几位浙江同乡在上海钢琴厂担任技术员,于是想动员他们来厂为家乡的发展作贡献。乡党政领导研究后决定,派罗乡长前往上海去找这几个人。

罗乡长通过同乡找到了在上海钢琴厂工作的何乐、张平及李明,四人一交谈,一拍即合。罗乡长不仅答应付给他们每人 2 500~3 000 元的月薪,而且帮助解决住房和家属户籍,还给每个人提供 7 万元的生活保证金,在第一台钢琴试制成功后,每人可获得 2 000 元奖金,待形成生产能力后,他们还可以从利润中提取 1% 作为分成。

何乐、张平何李明三人都是上海钢琴厂的技术骨干,他们辞职出走,除了优厚的待遇诱惑外,还有其他原因。

何乐,现年 50 岁,1953 年进厂工作,工作了 30 多年还是一个助理工程师。他单身在上海,妻子和子女均在绍兴农村,30 多年夫妻两地分居,长期得不到解决。他渴望夫妻团圆,全家和和美美地一起生活。当他听说罗乡长说洛舍乡要办钢琴厂,需要技术人员,不仅待遇优厚,还能帮助他解决住房和家属户籍问题,就欣然同意去洛舍乡钢琴厂工作。

张平,现年 52 岁,浙江宁波人。他进厂工作有 30 年了,在"文化大革命"前曾任本厂技术检验科科长,开始下放车间领导,至今未能很好地发挥他应有的作用。另外,他与现任的一位副厂长长期存在隔阂,关系不够融洽。他一直想调换工作环境,希望在有生之年施展自己的才能。当罗乡长来邀请他到洛舍乡钢琴厂工作时,尽管他的家乡在上海,他还是一口答应了。

李明，现年30岁，上海人。他进厂就跟何乐师傅学手艺，业务上肯钻研，几年来进步较快，现在是厂技术骨干。由于他没有文凭，职称不能解决，晋升希望也很小。当他得知洛舍乡钢琴厂要人时，他也愿意前往，认为到浙江农村创新事业，更符合自己的性格和兴趣，工作虽然比较艰苦，但经济待遇优厚，而且他与何乐、张平关系较好，乐意在一起工作。

何乐、张平、李明三人与罗乡长谈好后，立即向厂领导递交了辞职申请报告。报告首先送给吴厂长，吴厂长立即与党委严书记商量。吴厂长担心三名生产技术骨干一走，会使该厂9英寸三角钢琴这一重点科研项目受到影响。同时三人辞职出走会在全厂职工中产生冲击波，如果职工们，特别是有技术的职工都群起仿效，寻找待遇优厚的去处，那全厂的生产任务如何完成？何乐身为共产党员，却带了一个不好的头，党组织应采取必要的组织管理措施，党政领导都不同意批准他们辞职，并决定派厂领导去浙江有关部门交涉，要求送还被挖走的技术人员。

浙江有关部门却认为这几位技术人员从大上海到技术力量奇缺的家乡扶助乡镇企业，人才的流向是合理的，洛舍乡创办钢琴厂为满足人民文化生活需要服务，缓和市场压力，应该说是做了件好事。三名技术人员在原厂没被重用，到乡镇企业后备受信任，分别担任副厂长、厂长助理和检验科长，生产积极性和才能都得到了发挥，他们也应有选择工作单位的权利。真是"公说公有理，婆说婆有理"，两地官司持续一年多。

何乐等三人得知厂领导不同意辞职申请后，便毅然离开上海钢琴厂到洛舍乡钢琴厂上班去了。他们与当地职工一起艰苦奋斗，经过不到10个月的时间就研制了8台"伯乐"牌立式钢琴。这批钢琴不仅吸引了国外钢琴的优点，而且还作了多方改进和创新。在浙江省有关主管部门主持召开的产品鉴定会上，伯乐牌钢琴受到上海音乐学院钢琴系主任吴山军等20多位专家和教授的称赞。该厂准备从下一年起正式投产，年计划产量为300台。

上海钢琴厂经多方交涉，毫无结果，最后迫不得已贴出布告，对何乐三人的厂籍作除名处理，何乐的党籍也被厂党委开除。

讨论题：

1. 何乐、张平、李明三人为什么要辞职？三人各是出于什么原因离开上海钢琴厂的？
2. 罗乡长采用了哪些方法来吸引人才？他成功的原因是什么？
3. 你认为上海钢琴厂领导处理何、张、李三人的辞职申请的方法妥当、合适吗？如果你是吴厂长，你将采用怎样的措施来留住人才？

黄大佑为什么辞职？

助理工程师黄大佑，一个名牌大学高材生，毕业后工作已8年，于4年前应聘调到一家大厂工程部负责技术工作，工作诚恳负责，技术能力强，很快就成为厂里有口皆碑的"四大金刚"之一，名字仅排在厂技术部主管陈工之后。然而，工资却同仓管人员不相上下，夫妻小孩三口尚住在来时住的那间平房。对此，他心中时常有些不平。

黄厂长，一个有名的识才的老厂长，"人能尽其才，物能尽其用，货能畅其流"的孙中山先生名言，在各种公开场合不知被他引述了多少遍，实际上他也是这样做了。4年前，黄大佑调来报到时，门口用红纸写的"热烈欢迎黄大佑工程师到我厂工作"几个不凡的颜体大字，是黄厂长亲自吩咐人力部主任落实的，并且交代要把"助理工程师"的"助理"两字去掉。这确实使黄大佑当时工作更卖劲。

两年前，厂里有指标申报工程师，黄大佑属于有条件申报之列，但名额却让给一个没有文凭、工作平平的若同志。他想问一下厂长，谁知，他未去找厂长，厂长却先来找他了："黄工，你年轻，机会有的是"。去年，他想反映一下工资问题，这问题确实重要，来这里其中一个目的不就是想得高一点工资,提高一下生活待遇吗?但是几次想开口,都没有勇气讲出来。因为厂长不仅在生产会上大夸他的成绩,而且,曾记得,有几次外地人来取经,黄厂长当着客人的面赞扬他:"黄工是我们厂的技术骨干,是一个有创新的……"哪怕厂长再忙,路上相见时,总会拍拍黄工的肩膀说两句,诸如"黄工,干得不错","黄工,你很有前途"。这的确让黄大佑兴奋,"黄厂长确实是一个伯乐"。此言不假,前段时间,他还把一项开发新产品的重任交给他呢,大胆起用年轻人,然而……

最近,厂里新建好了一批职工宿舍,听说数量比较多,黄大佑决心要反映一下住房问题,谁知这次黄厂长又先找他,还是像以前一样,笑着拍拍他的肩膀:"黄工,厂里有意培养你入党,我当你的介绍人。"他又不好开口了,结果家没有搬成。深夜,黄大佑对着一张报纸的招聘栏出神。第二天一早,黄厂长办公台面上放着一张小纸条:

黄厂长:

您是一个懂得使用人才的好领导,我十分敬佩您,但我决定走了。

黄大佑于深夜

讨论题:

1. 根据马斯洛的理论,住房、评职称、提高工资和入党对于黄工来说分别属于什么需要?
2. 根据公平理论,黄工的工资和仓管员的不相上下,是否合理?

推荐阅读文献:

[德]史蒂芬·弗雷德里希,托马斯·泽勒.蒂姆·沃茨.君特,内心的懒猪狗:自我激励[M].边文君,钟明星,译.长春:吉林出版集团有限责任公司,2011.

第六章 组织管理中的激励

◆ **本章关键词**

员工认可计划；员工参与计划；薪酬激励方案

第一节 员工认可计划

一、员工认可计划的含义

随着全球经济的迅速发展，人才竞争日益激烈，传统的基于工资、奖金、福利的薪酬组合模式开始显现出局限性，员工更加考虑工资和福利之外的东西。员工认可计划目前在很多企业得到了推广和运用。

认可计划可以分成两部分来理解，一部分是认可、肯定，另一部分是奖赏。认可(Recognition)是指承认员工的绩效贡献并对员工的努力工作给予特别关注。被人赏识且自己对组织的价值得到承认，是员工一种内在的心理需要。不管这种认可和承认是正式的还是非正式的，只要表现出对员工个人的关注，就能表明领导或组织对他感兴趣。通过对员工的行为、努力或绩效给予赞扬和感谢，组织将很快能够看到员工的工作状态向着期望的方向发生改变。正如本节前面案例中所讲的那样，"老板的赞扬"和"戴奖章的照片"就是对员工业绩的认可和奖励，不需要任何货币的支出就能增强员工对组织的承诺。作为激励的一种重要形式——对员工杰出绩效的认可和奖励——是组织的薪酬系统中至关重要的一部分。

小文是一家连锁快餐店的前台点餐员，其时薪只有4.5元，一天干满8小时才30几块钱，而且这份工作既无挑战性又很繁琐劳累，更谈不上乐趣了。但是，小文很喜欢自己的这份工作，谈起她的工作、她的老板和公司来却是十分热情。她这样对人们解释："其实我喜欢的是老板对我所付出的努力的认可，他经常在大家面前赞扬我。在上半年，我已经两次被评选为'月度工作明星'了。只要人们到我们餐厅来就餐，都可以看到墙上贴着我戴奖章的照片。"其实，要保留和激励员工并没有想象中那么困难，甚至不一定需要高额的经济开支。货币薪酬不能实现的功能，或许一个小小的表扬就能达到。

二、员工认可计划的特点

第一，员工认可计划往往是非货币性质的，以表扬、赞许为主，无论是正式的还是非正式的。

第二，员工认可计划是一种能从心底感动员工的激励，能够满足员工的成就感和自豪感。在员工看来，公众性或组织形式的认可可以留给别人一个能持续一段时间的印象与感觉。一个礼物或纪念品可以是一个象征：使一个成功的印象得以扩展。比如领导送给员工卡片，真诚地说一些感谢的话，会令员工非常激动，印象深刻，产生自豪感。

第三，员工认可计划是及时的、灵活的，每时每刻都可以发生的激励，能够对员工贡献做出快速积极的反馈。货币薪酬的激励有一定的滞后性，及时反馈对员工的激励更加有效。

从操作层面上来看，就要求领导善于激励，要随时随地表扬优秀的员工。这与韦尔奇选人的理念有异曲同工之处。韦尔奇选人的重要标准在于：第一要有决断力，制定目标；第二要有执行力，关注过程控制；第三就是要善于激励。除此之外，理解员工认可计划还应当关注一个更为重要的核心问题，那就是员工认可计划的目的——打造良好的环境和平台，让员工的潜力最大限度的发挥，创造最高的绩效。只有对目的有了正确的把握，员工认可计划才能在企业中更好地执行起来。

> **"认可"的价值**
> 在北京奥运会闭幕式上，有一个专门给志愿者颁奖的环节。为什么要设立这样一个环节？与沉甸甸的金牌相比，这种认可的重要性在哪里？转换一下角色，从奥运赛场回到企业中来，如果你是管理者，是否会采用表扬的方法激励员工？认可激励与货币激励的方式相比，优势表现在哪里？

三、员工认可计划的意义

2000年，美国的员工关系专家尼尔森（Bob Nelson）就对美国的34家公司的中层经理和员工进行了调查，结果表明：72.9%的经理认为，如果运用非现金的认可的话，无论是即时的还是过后一段时间，他们都能取得他们想要的效果，98.8%的经理则认为他们确实取得了相当需要的效果。而在受调查的598个员工中，77.6%的人认为在他们工作表现突出的时候，上级的认可对他们来说非常而且极其重要。因此，无论从理论上还是实践上来看，员工认可计划的重要性都不言而喻。

（一）与货币激励相比，员工认可计划的成本较低

适时恰当地运用员工认可计划可以大大节省企业的货币开支。货币性薪酬是财务支出，消耗的是企业的资金资源，每一份薪酬都是企业的一笔成本，同时还会呈现刚性上升的趋势。但是，员工认可计划并不需要企业发生成本支出，或者只发生很小的成本支出。比如领导的一句赞美、拍拍肩膀的鼓励，不需要现金支出却能达到很好的激励效果。对于知识型员工，具有相同货币价值的激励，非货币激励的作用明显好于现金激励的作用。也就是说，要达到相同的激励效果，非货币激励的成本要低得多。

（二）货币报酬具有边际效用递减规律，但是员工认可计划不会

当货币报酬增加到一定限度以后不仅不会增强激励性反而会产生负作用。导致货币报酬边际效用递减还在于其单一的表现形式。不同的员工有不同的心理需要，企业的核心员工往往关注的是金钱以外的东西，货币性薪酬通常是冷冰冰的金钱，弱化了组织与员工的心理契约。虽然表扬多了员工也会不太在意，但是表扬只是其中一种简单的形式。员工认可的方式是多样化的，艺术性的，这使得员工认可的内容有无限的设计空间。

（三）员工认可计划能够及时对员工绩效做出反应，非常有效

货币报酬在时间上是有滞后性的，并不能立刻反映出对员工的认可。打个比方，货币激励如同军队中的正规军，虽然是中流砥柱但队伍庞大行动比较缓慢；而非货币激励更像游击队，灵活，能够快速克敌制胜。及时的认可对于提升员工的绩效非常有效。

（四）员工认可计划是让员工发挥潜能的制度保障

假设，管理者要求员工每个月要读30页书，能达到这个目标的奖励3 000元钱，超过部分额外奖励。在这样的目标引导下，员工可能会读到90页，因为完成30页的目标比较容易。但是如果管理者把目标提升到3 000页，那么员工可能会因为目标难以实现，索性就放弃了，得到奖励的可能性就会降低。原因在于目标管理的局限。目标管理最理想的境界

就是既定目标与员工的能力相一致,当设置的目标与员工的最大潜能一致时,员工的潜能不会损失,但要做到这点非常困难。管理者设置的目标很难与员工的潜能相吻合,所以,就像上述例子,管理者经常犯两种错误:高估及低估他人的能力,这是管理者的局限之一。

对于企业而言,也存在两种管理风格,一种是用目标做导向管理员工,另一种是用潜能做导向管理员工。前者想方设法达到目标,后者则致力于开发员工的潜能。目标管理不是最重要的,最重要的是潜能管理。因为企业最大的绩效不是目标控制的结果,而是员工最大限度发挥自己的潜能的总和。管理的最高境界是创造一种环境发挥员工的潜能。那么,在什么样的环境下员工可以最大限度发挥潜能呢?就目标管理而言,如果目标不正确,目标本身就会成为员工发挥潜能的限制。如果员工表现出来的绩效能被及时认可和赏识,员工能得到及时的激励,就有利于员工潜能的发挥。反过来,当员工表现出来的绩效不被认可和激励的时候,他的积极性会受到打压,也就不太愿意发挥自己的潜能。所以,员工认可计划是一种让员工发挥潜能的制度安排和保障。

> **联想悖论**
> 在联想公司,货币报酬很低,却吸引了许多优秀的人才。后来经过访谈分析,发现其中一个重要的原因是联想注重用机会激励员工,并且形成了一个基于诚信的收入分配文化。员工只管做事,不用想企业会给自己支付多少报酬。因为员工相信,只要做了事就会得到及时的奖励,那么潜能就能得到发挥。

2008年,翰威特咨询公司对亚太地区最佳雇主企业的700余名总裁进行了调研,在最佳雇主企业中,78%的员工表示他们所作的贡献和工作成果能够得到薪水之外的认可与赏识;而在其余企业中仅有不到一半的员工有同感。翰威特的报告结果表明:最佳雇主拥有出色的管理者,他们不仅能够激发员工的工作热情,而且能够让员工在工作中得到认可和赏识。这份数据再次印证了员工认可计划在企业管理中的重要性。

在全球范围内,认可奖励计划也得到了积极地推广和实施,不少知名企业也为认可奖励计划的执行树立了典范。比如英特尔公司就高度重视认可奖励的及时性。在英特尔,认可的形式可以多种多样,是即时的、随机的,一个团队成员做了一个非常成功的项目;这个团队的每一个人都可以及时地给他一种鼓励、认可、表扬。再如蓝色巨人IBM,在企业起死回生的变革中,强调了全面报酬体系的战略作用。近年来,IBM大力推行全面报酬的新实践,尤其在认可员工贡献方面进行了大量的创新。IBM美国公司有一个"百分之百俱乐部",当公司员工完成他的年度任务,他就被批准为"百分之百俱乐部"成员,他和他的家人被邀请参加隆重的聚会。这一认可奖励措施有效地利用了员工的荣誉需求,取得了良好的激励效果。

2005年度,全球著名的航空杂志《航空公司商务》评选出该年度全球最佳航空公司五大奖项,美国西南航空公司一举赢得了最佳成就和最佳市场营销奖两项桂冠,令各界人士惊叹不已!2005年度是美国航空运输业形势非常糟糕的一年:全行业亏损100多亿美元,而美国西南航空公司则"风景这边独好",又一次创造了"与竞争激烈的商业航空行业不相称的"业绩:全年经营收入75.8亿美元,实现净利润5.48亿美元,比快速成长的2004年度又递增了75.1%,创造了世界航空史上无可企及的33年连续赢利记录!西南航空公司为什么能取得如此辉煌的成效呢?其中一个重要的原因就是公司重视并很好地执行了"贡献承认计划"——认可奖励计划。西南航空从成立之初就形成了浓厚的赞赏和庆祝文化。老总非常重视对员工工作的认可和鼓励,他每年亲笔签发给员工的感谢信多达上万封,同时还经常出其不意地邀请优秀员工与自己进餐。在薪酬管理领域,西南航空公司把固定工资、浮动报酬和"贡献承认计划"视为公司薪酬激励管理的有机组成部分,依靠一系列"贡献承认计划"(包括基蒂霍克奖、精神胜利奖、总统奖、幽默奖、当月顾客奖等)来鼓励和支持它想得到的职业化行为。比如著名的"心目中的英雄奖"这一奖项,它褒奖、肯定那些因后台工作对客户服务产生了重大积极影响的员工团队:这些员工可能来自设备养护部门,也可能来自直接服务部门或其他支持性部门。经过广泛的提名和认真的评审,"心目中的英雄"被挑选出来,他们的名字会被喷涂在飞机上并保持至少一年。虽然西南航空公司支付给员工的薪酬在航空业中仅属于一般水平,但是它对员工的认可和激励,让员工找到了一种在其他企业无法体验到的满足和乐趣,最终取得了令其他航空公司望尘莫及的成就。

四、员工认可计划的发展趋势

在2002年、2003年和2005年调查分析的基础上,2008年4月,美国薪酬协会公布了一份旨在研究近年来认可奖励计划发展趋势的新一期报告。美国薪酬协会向其在美国的4 617个会员企业发放了调查问卷,回收了来自554个企业的反馈,并总结了员工计划在企业中发展的重要趋势。

(一)员工认可依然盛行

当管理者运用总报酬模型去解决纷繁复杂的商业挑战的时候,对员工的认可继续成为首选的方法。在被调查的554个企业组织中,90%的组织在企业中积极适当地推行认可激励计划,与2007年相比,2008年只有7%的企业减少了员工认可计划的运用。接近90%的企业近年来一直都在推广现行的员工认可计划,超过一半的企业表示他们正在为明年构建新的认可奖励项目。

(二)多样化是员工计划的关键

每个组织都有其不同的需要,有的组织需要在某个业务领域或者某项职位上加强对员工的保留,而有的组织则需要提升创新思维的能力。企业成功的关键在于能够满足员工多样化的内在需求和外在需求,从而达到吸引、激励、保留核心人才的目的。但是同样的激励方式并不适用于所有的员工,而且,并不是所有的激励方式都能达到同样的目的。幸运的是,大部分的企业都意识到这点,调查数据显示大部分企业都采用了不止一种类型的认可奖励方式。在被调查的企业中,考虑到员工激励驱动力的不同,70%的企业都提供了正式的和非正式的认可计划,91%的企业在整个公司的范围内推行认可奖励计划,54%的企业在某个特定部门或事业单位的范围内推行认可奖励计划。

(三)员工保留成为认可激励计划的次要目标

创造积极的工作氛围,促进绩效提高,创造认可奖励的文化成为认可激励计划最普遍的目标。显然,组织正在通过认可奖励计划的运用去实现多重目标,而这种多重目标可以分成两类:绩效和文化关联,大多数认可奖励计划的实施就是为了提高个人或者团队的绩效,以及改进组织文化。

(四)奖励的形式和表达认可的方式没有太大的变化

企业对于员工的奖励形式在近些年几乎没有发生任何变化。有纪念意义的证书或奖状、赠予员工礼物、现金奖励依然是企业普遍采用的奖励形式。管理者可以根据不同类型的认可奖励计划灵活地选择与之相对应的奖励形式。同时,管理者表达对员工认可的方式较前几年也没有大的变化。接近三分之二的企业采用管理者与员工一对一的形式来传达认可,最常用的就是管理者与员工的个人接触。超过一半的企业利用一些特殊场合如员工大会等,公开表示对员工的赞扬。

第二节 员工参与计划

一、员工参与计划的含义

参与管理的理论基础是管理学家所提出的关于人性假设的理论。麦格雷戈(Douglas M·Mc Gregor)提出的Y理论认为,人有自我实现的需要,人的才能和潜力充分地发挥出来,人才能感受到最大的满足。麦格雷戈认为,在适当的条件下采取参与式管理,鼓励人们把创造力投向组织的目标,使人们在与自己相关的事务的决策上享有一定的发言权,为满足他们的社会需要和自我实现需要提供了机会。麦格雷戈将员工参与管理定义为发挥员工所有的能力,并为鼓励员工对组织成功做更多的努力而设计的一种参与过程。其隐含的逻辑是:通过员工参与影响他们的决策,增加他们的自主性和对工作生活的控制,员工的积极性会更高,对组织会更忠诚,生产力水平更高,对他们的工作更满意。

参与式管理从日本公司开始,经过各国各式企业的学习和创造,可以说已经是一种成熟的管理方法。参与式管理强调通过员工参与企业的管理决策,使员工改善人际关系,发挥聪明才智,实现自我价值;同时,达到提高组织效率,增长企业效益的目标。根据日本公司和美国公司的统计,实施参与管理可以大大提高经济效益,一般都可以提高50%以上,有的可以提高一倍至几倍。增加的效益一般有1/3作为奖励返还给员工,2/3成为企业增加的资产。

员工参与计划又称雇员参与计划。这一术语首次出现在1979年福特公司与汽车工人联合会签订的一份协议中,标志着管理思想发展到一个新的阶段。雇员参与计划是指企业为提高组织效率,鼓励员工参与有关其工作的设计、组织和管理的计划。近年来,员工参与在企业管理实践中的应用越来越普遍。《财富》前1 000名企业中,70%以上都实施了员工参与计划。

二、员工参与计划的目的

第一,增进员工的独立创造性和思考能力,使所有雇员对企业及其成功有强烈的责任心。

第二,提供员工自我训练的机会。

第三,协助管理者集思广益,作出明智决策。

第四,促进劳资关系的沟通。

第五,提高员工忠诚度,提高雇员对工作的满意度。

三、员工参与计划的关键因素

(一)权力

权力,即提供给人们足够的用以做决策的权力。这样的权力是多种多样的,例如工作方法、任务分派、客户服务、员工选拔等。授予员工的权力大小可以有很大的变化,从简单地让他们为管理者要做出的决策输入一定的信息,到员工们集体联合起来做决策,到员工自己做决策。

(二)信息

信息对做出有效的决策是至关重要的。组织应该保证必要的信息能顺利地流向参与管理的员工处。这些信息包括运作过程和结果中的数据、业务计划、竞争状况、工作方法、组织发展的观念等。

(三)知识和技能

员工参与管理,必须具有做出好的决策所要求的知识和技能。组织应提供训练和发展计划培养和提高员工的知识和技能。

(四)报酬

报酬能有力地吸引员工参与管理。有意义的参与计划的机会一方面提供给员工内在的报酬,如自我价值与自我实现的情感。另一方面提供给员工外在的报酬,如工资、晋升等。

在参与计划的过程中,这四个方面的因素必须同时发生作用。如果仅仅授予员工做决策的权力,但他们却得不到必要的信息和知识技能,那么就无法做出好的决策。如果给予了员工权力,同时也保证他们获取足够的信息,对他们的知识和技能也进行训练和提高,但并不将绩效结果的改善与报酬联系在一起,员工就会失去参与管理的动机与热情。

四、员工参与计划的形式

员工参与管理能有效地提高生产力。首先,员工参与管理可以增强组织内的沟通与协调。这样就可以将不同的工作或部门整合起来为一个整体的任务目标服务,从而提高生产力。其次,员工参与管理可以提高员工的工作动机,特别是当他们的一些重要的个人需要得到满足的时候。第三,员工在参与管理的实践中提高了能力,使得他们在工作中取得更好的成绩。组织在增强员工参与管理的过程中通常包含了对他们的集体解决问题和沟通能力的训练。员工参与计划可以采用多种形式,主要包括质量圈、劳资联合委员会以及主要在欧洲国家实行的共同管理计划。

(一)质量圈

质量圈一般是由通过共同工作来生产某一特定部件或提供某一特定服务的工作人员自愿组成的工作小组,每周在工作之前或之后会见面一次,讨论生产问题并找出解决办法。

质量圈是员工参与计划的一种形式。员工参与计划的指导思想是:如果劳资双方不再是两个对立的实体,那么工人的工作会更有效。因为如果雇员能够进行一定程度的自我管理,那么,监督者与雇员之间的界限会变得模糊。这样,雇员在工作中参与得越多,工作就完成得越好。

(二)劳资联合委员会

劳资联合委员会采取一系列培训,以培养雇员良好的参与意识、团队精神以及分析问题和解决问题的能力。

(三)共同磋商

共同磋商是最常见的一种参与方式。所谓共同协商,是指资方为协调与员工的关系而在制定决策之前,先征求员工的意见或态度,但不需要征得员工或其代表同意的决策程序。

共同协商的作用主要体现在以下几个方面:

第一,共同协商使双方在思想上和行动上寻求更大一致。

第二,共同协商是一种合作的表现形式,也是冲突的一条转化渠道。

第三,共同协商能够部分地协调劳资关系。

第四,共同协商具体作用的多样性。

(四)工人董事

工人董事是指由雇员民主选举一定数量的员工代表进入公司董事会,代表员工参与决策、监督的制度。

（五）工作理事会

企业的工作理事会与公司级别的磋商委员会的职能大致相同,只是名字不一样。

（六）建议方案

建议方案为雇员提供了一个参与到提高企业效益的努力中去的平台。

（七）职工代表大会制度

职工代表大会,即企业民主管理制度,是我国国有企业实行企业民主的最基本形式,是员工行使民主管理权力的机构,它由民主选举的员工代表组成。

第三节　薪酬激励方案

激励性薪酬是薪酬中随着员工工作努力程度和劳动成果的变化而变化的部分,激励性薪酬通常被用来激发员工的工作积极性。组织中的员工有很多不同的类别,因而,对不同类别的员工要采取不同的激励方式。薪酬激励分为对个人的奖励和对团队的奖励。

一、个人奖励计划

（一）个人奖励计划的概念

个人奖励计划是用来奖励达到与工作相关的绩效标准的员工,这些绩效标准包括质量、生产力、顾客满意度、安全或出勤率等。经理在建立个人绩效标准的时候,还应该选择那些员工自己可以控制的因素。设计和实施很好的个人奖励计划应该根据员工直接负责的工作结果来奖励员工。

个人奖励计划需要3个前提条件:

(1)员工的绩效可以通过客观的方法来考核。客观绩效标准和例子包括:产品数量、销售额、降低出错率。

(2)如果雇员有足够的能力控制工作结果,就适合使用个人奖励计划。

(3)实施奖励计划不会使工人之间出现不良竞争,最终降低产品质量,可避免不良竞争的产生。

（二）个人奖励计划的种类

1. 计件制

通常是在制造厂中使用,根据工人个人每小时产量和客观生产标准相比较的结果来决定工人的奖金,但要考虑产品质量。

2. 管理激励计划

是在经理达到或超过其部门有关销售、利润、生产或其他方面的目标时对经理进行奖励。最著名的管理激励计划是目标管理。

3. 行为鼓励计划

是奖励员工具体的行为成就,例如,良好的出勤率或安全记录,公司经常会给在一段时间内出勤率最高的员工发一笔奖金。

4. 推荐计划

为公司介绍新客户或推荐人才的员工可以得到货币奖金。成功推荐通常是指只有当被推荐人在一段时间后,通常至少是30天,仍然在公司工作,并遵守公司规定时,公司才给推荐人发奖金。推荐计划的基本观点是,公司现有的员工比招聘代理机构更熟悉本公司文化,因此,他们能够比招聘代理机构更有效地为公司空缺的职位找到候选人。员工一般都是在他们真正认为有价值的时候才向公司推荐人,因为他们要承担个人名誉的风险。

(三)个人奖励计划的优缺点

1. 个人奖励计划的优点

(1)可以加强工资和绩效之间的联系。

(2)可以使公司公平地分配薪酬,最终,公平的分配方式可以使公司留住表现最优的员工。

(3)符合个人主义的文化。

2. 个人奖励计划的缺点

(1)可能导致僵化,员工过分依赖主管设定工作目标,一旦员工工作熟练之后,只要能拿到最高奖金,就不会愿意再增加绩效。

(2)主管必须开发和保持复杂的绩效考核办法来确定适当的业绩工资增加量。

(3)当这些计划只奖励员工所有工作中的一个方面时,可能就会造成不良的工作行为。如可能导致员工在产品数量、质量和顾客满意度等方面的忽视。

二、团队激励计划

(一)团队激励计划

团队激励计划又称为团队激励薪酬计划,是指根据团队的工作业绩来确定团队工资水平的激励性报酬方案,是员工激励计划的一种。

团队激励计划的操作形式:

(1)首先记录每个成员的产出水平以确定成员的绩效水平,然后确定团队成员报酬的评价标准,并依此标准计算出每个成员的工资待遇。在确定团队成员报酬评价标准时,一般采用以下三种方式:所有成员都按产量最高的员工的标准计算报酬、所有成员都按产量最低的员工的标准计算报酬、所有成员都按团队平均水平计算报酬。

(2)根据团队最终的整体产出水平确定产量指标,然后所有成员都根据团队所从事工作的既定的工资率获取相应的报酬。

(3)选定团队所能控制的绩效或生产率作为测量标准。

(二)团队激励计划的类型

1. 利润分享计划

利润分享计划是指员工根据其工作绩效而获得一部分公司利润的组织整体激励计划。在这种计划下,报酬的支付是建立在对利润这一组织绩效指标的评价的基础上的,利润分享计划是一次性支付的奖励,它不会进入到雇员的基本工资中去,因而不会增加组织的固定工资成本。在实际运用中,利润分享计划在成熟型企业中显得更为有效。

利润分享计划的形式多种多样:

(1)现金计划。是最流行的利润分享计划形式,即每隔一定时间,把一定比例(通常为15%~20%)的利润作为利润分享额。

(2)延期利润分享计划。在监督委托管理的情形下,企业按预定比例把一部分利润存入员工账户,在一定时期后支付。这类计划使员工可以享受税收优惠,因为个人收入所得税的支付要延期到员工退休后,这样,他或她只需以较低的税率纳税。

利润分享计划的优点是将员工的利益在同一计划中体现,使全体员工都关注公司的利润,公司利润的大小直接影响员工的收益。利润分享计划的缺点是该计划通常与员工的基本薪资挂钩,即利润分享计划没有考虑员工个人的业绩,它仅关注企业的经营目标。

2. 斯坎伦计划

斯坎伦计划是指 20 世纪 30 年代中期,美国曼斯菲尔德钢铁厂的工会主席约瑟夫·斯坎伦(Joseph F. Scanlon)提出了一项劳资协作计划。该计划指出,如果雇主能够将因大萧条而倒闭的工厂重新开张,工会就同工厂一同努力降低成本。40 年代中期,斯坎伦又提出了一种以工资总额与销售总额的比例数来衡量工资绩效的办法。60 余年来,斯坎伦计划不断得到补充和完善,成为人力资源开发管理的一种经典模式。

斯坎伦计划从人事方面着手进行改革,就是改变组织成员的态度评价准则、作风、行为以及人与人之间的关系。这种方法假定人是推动变革或防抗改革的主要力量。贯穿于这种方法中的一条线是组织成员之间的权力再分配。这种权力的再分配可以通过鼓励下级人员独立决策和开辟沟通意见的渠道来实现。

斯坎伦计划包括包括下列 5 个基本要素:合作理念(Philosophy of Cooperation)、认知(Identity)、技能(Competence)、融合系统(Involvement system)和分享利润构成(Sharing of Benefits Formula)等。其核心是设计一个促进合作、参与和利润分享的新型的劳资关系和企业管理系统。

斯坎伦计划既可以用于企业,也可以用于某个部门,比较适用的部门是生产部门和销售部门,特别是成本控制领先的行业。公司所有员工,从经理到工人,从主管人员到办事人员都参与提出节约成本、改进生产和管理的方法,而员工随着参与决策程度的提高,抱怨情绪也相应减少,对组织的忠诚度和满意度也不断提高。

3. 股权激励

随着公司股权的日益分散和管理技术的日益复杂化,世界各国的大公司为了合理激励公司管理人员,创新激励方式,纷纷推行了股票期权等形式的股权激励机制。股权激励是一种通过经营者获得公司股权形式给予企业经营者一定的经济权利,使他们能够以股东的身份参与企业决策、分享利润、承担风险,从而勤勉尽责地为公司的长期发展服务的一种激励方法。

经理人和股东实际上是一个委托代理的关系,股东委托经理人经营管理资产。但事实上,在委托代理关系中,由于信息不对称,股东和经理人之间的契约并不完全,需要依赖经理人的"道德自律"。股东和经理人追求的目标是不一致的,股东希望其持有的股权价值最大化,经理人则希望自身效用最大化,因此股东和经理人之间存在"道德风险",需要通过激励和约束机制来引导和限制经理人行为。

在不同的激励方式中,工资主要根据经理人的资历条件和公司情况预先确定,在一定时期内相对稳定,因此与公司的业绩的关系并不非常密切。奖金一般以财务指标的考核来确定经理人的收入,因此与公司的短期业绩表现关系密切,但与公司的长期价值关系不明显,经理人有可能为了短期的财务指标而牺牲公司的长期利益。但是从股东投资角度来说,他关心的是公司长期价值的增加。尤其是对于成长型的公司来说,经理人的价值更多地在于实现公司长期价值的增加,而不仅仅是短期财务指标的实现。

为了使经理人关心股东利益,需要使经理人和股东的利益追求尽可能趋于一致。对此,股权激励是一个较好的解决方案。通过使经理人在一定时期内持有股权,享受股权的增值收益,并在一定程度上承担风险,可以使经理人在经营过程中更多地关心公司的长期价值。股权激励对防止经理的短期行为,引导其长期行为具有较好的激励和约束作用。

(三)团队激励计划的作用分析

团队激励计划可以增强团队制订计划和解决问题的能力,而且有助于促进团队成员间的相互合作,从而提高团队的工作业绩,为企业带来更多的收益。

研究证明,在提高绩效方面,团队激励计划和个人激励计划具有相同的功效。如果团队规模在8~12人之间,并且给予他们的任务是整个团队的任务而非单个人的任务的话,团队激励方案的实施效果将是最好的。另外,一些高科技企业和科研机构也大量采用团队激励方案来奖励某一领域的课题研究人员。

但是,如果采用了整个机构范围的激励方案,个人的努力与回报之间的关系将会非常小,以至于个人的努力同总产出之间不会有很明显的关系。员工会觉得,不管工作努力不努力,他们的收入都是非常接近的。他们也会感到,除了自己的努力之外,还存在很多因素可能影响到总产出,比如说工作流程和技术变革等。这正是团队激励计划应该避免产生不利效果的地方。

复习思考题:
1. 员工认可计划如何应用在管理实践中?
2. 企业在实施员工参与计划时应该采取的措施的哪些?注意的事项有哪些?
3. 简述个人激励计划的表现形式及其优缺点。
4. 简述团队激励计划的表现形式及其优缺点。

案例分析:

林肯电器公司

哈佛商学院向全世界出版了近4万个案例。被购买频率最高的案例是位于克利夫兰的林肯电器公司。该公司年销售额为44亿美元,拥有2 400名员工,并且形成了一套独特的激励员工的方法。该公司90%的销售额来自于生产弧焊设备和辅助材料。

林肯电器公司的生产工人按件计酬,他们没有最低小时工资。员工为公司工作两年后,便可以分年终奖金。该公司的奖金制度有一整套计算公式,全面考虑了公司的毛利润及员工的生产率与业绩,可以说是美国制造业中对工人最有利的奖金制度。在过去的56年中,平均奖金额是基本工资的95.9%,该公司中相当一部分员工的年收入超过10万美元。近几年经济发展迅速,员工年平均收入为44 000美元,远远超出制造业员工年收入17 000美元的平均水平。在不景气的年头里,如1982年的经济萧条时期,林肯公司员工收入降为27 000美元,这虽然相比其他公司还不算太坏,可与经济发展时期相比就差了一大截。

公司自1958年开始一直推行职业保障政策,从那时起,他们没有辞退过一名员工。当然,作为对政策的回报,员工也相应要做到几点:在经济萧条时期他们必须接受减少工作时间的决定;而且接受工作调换的决定;有时甚至为了维持每周30小时的最低工作量,而不得不调整到一个报酬更低的岗位上。林肯公司极具成本和生产率意识,如果工人生产出一个不合标准的部件,那么除非这个部件修改至符合标准,否则这件产品就不能计入该工人的工资中。严格的计件工资制度和高度竞争的绩效评估系统,形成了一种很有压力的氛围,有些工人还因此产生了一定的焦虑感,但这种压力有利于生产率的提高。据该公司一位管理者估计,与国内竞争对手相比,林肯公司的总体生产率是它们的两倍。自30年代经济大萧条以后,公司年年获利丰厚,没有缺过一次分红。该公司还是美国工业界中工人流动率最低的公司之一。前不久,该公司的两个分厂被《幸福》杂志评为全美十佳管理企业。

讨论题:
1. 你认为林肯公司使用了何种激励理论来激励员工的工作积极性?

2. 为什么林肯公司的方法能够有效地激励员工工作?
3. 你认为这种激励系统可能会给管理层带来什么问题?

物业经营管理公司的激励

某房地产集团属下有一家物业经营管理公司。成立初期,该公司非常注重管理的规范化和充分调动员工积极性,制定了一套较科学完善的薪酬管理制度,公司得到了较快的发展,短短的两年多时间,公司的业务增长了110%。随着公司业务的增加和规模的扩大,员工也增加了很多,人数达到了220多人。但公司的薪酬管理制度没有随公司业务发展和人才市场的变化而适时调整,还是沿用以前的。公司领导原以为公司的发展已有了一定的规模,经营业绩理应超过以前,但事实上,整个公司的经营业绩出现不断滑坡,客户的投诉也不断增加,员工的工作失去了往日的热情,出现了部分技术、管理骨干离职,其他人员也出现不稳定的预兆。其中,公司工程部经理在得知自己的收入与后勤部经理的收入相差很少时,感到不公平,他认为工程部经理这一岗位相对后勤部经理,工作难度大、责任重,应该在薪酬上体现出这种差别,所以,工作起来没有了以前那种干劲,后来辞职而去。因为员工的流失、员工工作缺乏积极性,致使该公司的经营一度出现困难。在这种情况下,该公司的领导意识到问题的严重性,经过对公司内部管理的深入了解和诊断,发现问题出在公司的薪酬系统上,而且关键的技术骨干力量的薪酬水平较市场明显偏低,对外缺乏竞争力;公司的薪酬结构也不尽合理,对内缺乏公平,从而导致技术骨干和部分中层管理人员流失。针对这一具体问题,该公司就薪酬水平进行了市场调查和分析,并对公司原有薪酬制度进行调整,制定了新的与企业战略和组织架构相匹配的薪资方案,激发了员工的积极性和创造性,公司发展又开始恢复良好的势头。

讨论题:

请运用所学的激励理论,对以上问题进行分析。

推荐阅读文献:

[1] [美]塔玛拉·罗威. 激励[M]. 长沙:湖南文艺出版社. 2011.
[2] 余世维. 卓越管理者的辅导与激励技巧[M]. 北京:北京大学出版社,2009.

第四篇 群体行为

第七章 群体行为的基础

◆**本章关键词**
群体；群体特征；群体行为；团队建设

第一节 群体概述

个体、群体、组织是一个不可分割的统一整体。如果把组织看成一个系统，那么群体是构成这个系统的一个子系统，个体则是群体或组织的基本构成要素和单元。群体中每个成员的行为都有可能影响群体中的其他成员，或被其他成员影响。也就是说，当个体处于群体中时，他们的行为与独处时是不同的。因此，作为管理者了解群体和个人之间的相互作用，了解影响群体行为的因素，对发挥群体的作用，增强群体的凝聚力进而提高组织的工作绩效是非常重要的。

一、群体定义

（一）什么是群体

群体是由个体构成的，但群体并非个体的简单的聚合，如果有几个人在排队购物，相互间没有任何交流，那么他们就不能算是群体。如果这些人之间通过商谈达成一致协议，价格太贵了要有优惠才购买商品，那么这些人就成为一个群体。一个政府代表团、企业中的产品研发小组、学校中的大学生篮球队等，都是群体的例子。

组织行为学中研究的群体是指由两个或两个以上人组成的、围绕着共同的目标，在行为上相互作用形成一定的规范和准则，在心理上相互影响，具有一定结构的个体的集合体。简单地说，群体是为了实现某个特定目标，由两个或两个以上相互作用、相互依赖的个体组合的集合体。

（二）理解群体的要点

（1）群体成员有其共同的目标。共同的追求或目标，是将单独的个体结合在一起的基本条件和原因。这种目标反映了个体追求的方向，且只有依靠群体的共同努力才可能实现。

（2）群体拥有共同的规范和规则。为了达到和实现群体目标，共同的行为规范和规则是必要的。群体规范是群体成员在相互磨合的过程中共同制定的，要求每一个成员必须共同遵守。

（3）群体是有着一定结构的整体。群体成员相互影响，相互依赖，是一个整体；群体具有一定的结构，群体成员在心理上意识到彼此的存在。不论是正式的还是非正式的，群体中的成员逐渐形成一定的地位，扮演一定的角色，有一定的职务，负有一定的责任和义务，享受一定的权利，以做好自己的工作而配合他人的活动，从而保证群体目标的有效实现。在这种结构体系中，成员之间存在经常性的信息、思想、感情上的交流和沟通，成员之间在心理上相互认同，行为上相互影响、相互制约，利益上相互认同，成为一个有机的整体。

群体构成组织,而群体又是由个体构成的。群体与个体是相互联系有区别的两个实体。群体由个体构成,但是个体离开群体就丧失了社会性。同时群体又不简单等于一定数量个体的集合,群体是沟通个体与组织的桥梁,也是沟通个体与社会的桥梁。社会通过群体来影响个体,个体由通过群体来表现自己对社会的输出。作为群体标志不是个体的特征,而是群体整体特征。

二、群体的类型

根据不同的标准,可以将复杂的组织内群体划分为不同的类型,这样有利于识别不同的群体,便于了解群体中的个体行为,加强对群体进行管理。目前具有代表性的分类主要有以下几种。

(一)正式群体和非正式群体

根据构成群体的原则和方式不同,可以将群体划分为正式群体和非正式群体。正式群体和非正式群体的划分,最早是由梅奥在霍桑试验中提出来的。

(1)正式群体是指由组织明文确定的,职责分配明确的群体。正式群体是一种工作群体或称为职能群体,这种群体是为了完成一定任务,达成组织特定目标而设立的。群体成员之间有正式的共同目标和权责关系,群体中的每一个人都有明确的分工,并承担组织规定的职责和义务;群体有明确的规章制度来规范成员的行为。正式群体往往一经形成就比较稳定,成员对群体具有较强的依附感和服从心理。

命令型群体:由组织结构规定,由直接向某个主管人员报告工作的下属组成正式群体。

任务型群体:由组织结构决定的正式群体,它是指为完成一项工作任务而在一起工作的人组成的正式群体。任务型群体不仅仅局限于直接的上下级关系,还可能跨越直接的命令关系。

(2)非正式群体是指未经官方正式设立、没有正式结构,也不是由组织确定,以个人之间的好感、喜爱或共同兴趣为基础而自发形成的群体。这类群体往往是由一些性格相投、志趣相近、价值观相似、感情亲近的个体在人际交往过程中自然形成的。非正式群体成员之间的关系存在明显的感情色彩,以个人好恶为基础。

利益型群体:是指为了某个共同关心的特定目标而组成的非正式群体。如公司中某些员工为了增加福利,或为了帮助一个家境困难的同事,或为了抗议长期加班,而结合在一起组成的一个群体,以实现他们的共同利益。

友谊型群体:是指基于成员具有某些共同的特点而形成的非正式群体,这种群体往往是在工作情景之中,由于工作场地和任务联系的密切而导致了交往比较频繁而逐渐形成的。

(二)大型群体和小型群体

根据群体的规模及成员间有无直接联系和接触,群体可以被分为大型群体和小型群体。

(1)大型群体指群体成员通过群体的共同目标,各层次的组织机构,以间接方式取得联系的群体。在大型集体中,由于其成员的联系是间接的,所以相对来说,社会因素比心理因素有更大的作用。

(2)小型群体指那些规模较小、相对稳定、成员之间为实现共同目标经常直接联系和接触的群体。由于在小型群体中,人们之间有直接的接触,从而建立起感情上和心理上的联系。因此,小群体中心理因素的作用相对来讲要大于大型集体中的作用。

当然大与小只是相对的,如一个工厂相对该厂的车间而言是大的,而相对它所属的公司或部门来讲就是小的。组织行为学重点研究的是小群体,如班组、科室、实验室等。人数不超过40人,一般认为以5~9人为最佳。

(三) 工作群体和休闲群体

根据群体的活动时间来分类,可以将群体分为工作群体和休闲群体。

(1) 工作群体是指群体的活动时间在工作时间类的群体,其目的是与组织的目标相关的,一般来说主要是正式组织中的群体。

(2) 休闲群体是指群体活动主要安排在休闲时间,其成员都自愿参加,其目的是促进成员的兴趣爱好或者感情交流。例如,各种运动俱乐部、各种兴趣爱好小组等。现在很多企业的管理者越来越认识到为这类群体开展活动创造条件,对建立企业文化、调整人际关系、沟通信息有无、培养感情等的好处。

(四) 长期群体和临时群体

根据群体维持时间的长短,可以分为长期群体和临时群体。

(1) 长期群体是指维持时间较长的群体。对于企业来说,大部分的正式群体都可以认为是长期群体。

(2) 短期群体是指维持时间较短的群体。辨别较长时间群体或者较短时间群体,可以从群体成员之间冲突的多少、相互之间了解程度和心理默契程度等方面来确定。例如,相对于学校,夏令营是一个较短的群体。

(五) 紧密群体和松散群体

根据群体成员之间的关系程度,可以将群体分为紧密群体和松散群体。

(1) 紧密群体是指群体成员之间关系紧密,具有共同的价值观、深厚的感情和高度信任的群体。这类紧密群体一般表现为一个团队形式开展活动。例如,研发团队、创业团队等。

(2) 松散的群体是指群体成员之间关系不太紧密。一般是因为认识时间较短,或者是成员之间交流机会少等等原因,导致成员之间信任度不高、感情不深。

(六) 开放群体和封闭群体

根据群体的开放程度,可以分为开放群体和封闭群体。

(1) 开放群体是指经常更换成员的群体。由于经常更换成员,群体一般来说流动性较大,个体之间关系不是很稳定。

(2) 紧密群体是指成员比较稳定的群体。群体成员比较固定,容易形成固定的地位关系,比较适宜于完成一个长期的任务。在企业管理中,一般可以根据完成任务的性质、内容,选是开放群体来完成还是紧密群体来完成。

三、群体的功能

人们为什么要参加群体?组织为什么是由群体构成的?这都是由于群体具有一定的功能。由于群体是介于组织和个体之间的人群的集合体,因此,它的功能表现在两大方面。

(一) 群体对组织的功能

1. 完成组织给予的任务

这是群体对组织的主要功能。一个组织为了有效地达成目标,就必分工协作,将最终目标分解成部门和群体目标,并具体化为任务。正式群体的功能主要就是执行特定的职责。非正式群体对完成组织分配的任务也有贡献。研究表明,利用非正式群体的消息传递线,可以很快了解任务落实的实际情况,获得许多通过正式沟通渠道无法获得的消息;非正式群体还是许多人才成长和领导艺术、技能发现和培养的"苗圃"。

2. 组织变革和发展的载体和对象

组织变革往往是对群体的变革,如群体成员的角色变革,观念的更新等。这些变革是组织变革,但本质则是对群体的变革,群体是产生新思想、新方法的载体。当信息分散于个人或成员之间时,需要靠群体的相互激发来创新。因此,群体还是一种解决问题的途径。例如,成立质量小组、新产品开发小组等来解决实际问题。另外,群体也是推动复杂决策完成的重要手段。如董事会对组织的重大问题进行的群体决策。

3. 协调人际关系,整合个体力量

群体不是简单个体的相加,而是将个体力量汇合成新的更大的力量。由于人们长期在一起生活和工作,难免会因为各种原因而产生矛盾。群体在整合个体力量的时候,如果能以共同的目标和利益做诱导,就能较好地解决矛盾、协调群体内部人际关系,更好地满足群体成员的需要,有的可以通过工作过程得到满足,有的则需群体来满足。

(二)群体对成员个体的功能

1. 满足安全需要

人们都有保护自己不受外部威胁的基本需要,不管这一威胁是真实的还是想象的。这些威胁包括被解雇或胁迫,在新环境里的尴尬,或者是对孤独的害怕。而加入群体是针对这些威胁的主要保护手段之一。通过加入一个群体,个体能够减少孤独、寂寞、恐惧等不安全感。

2. 满足感情需要

绝大多数个体都具有强烈的社会需要。人是一种社会性的动物,需要与他人交往以发展出有意义的关系,而群体可以为人们提供寻求友谊的环境,可以协调人际关系,化解隔阂和矛盾,促进成员间思想和感情的交流。人们往往会在群体成员的相互交往中感到满足。对许多人来说,这种工作中的人际相互作用是他们满足感情需要的最基本的途径。

3. 满足尊重和认同的需要

群体能使其成员感到活得更有价值,同时还能使自己因在群体中受人欢迎、受人尊重、受人保护而感受到自己的存在价值,给个体获得称赞和认可的机会,使个体感到自己很重要而获得满足感。

4. 满足实现目标的需要

群体的产生主要是为了完成任务,有很多工作必须协调努力才能完成。

四、群体发展的阶段

(一)五阶段模型

群体不是静止的,而是在不断变化发展的。从20世纪60年代中期开始,人们大都认为,群体的发展要经过5个标准阶段,见图7.1。

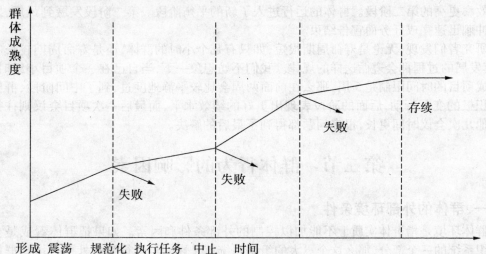

图7.1 群体发展阶段

1. 形成阶段

以大量的不确定性为特点。群体成员最初聚在一起,重点在于彼此认识、沟通信息、互相试探。群体目标、结构、领导都不确定。群体成员各自摸索群体可以接受的行为规范。群体成员开始把自己视为群体的一员时,这个阶段就结束了。

2. 震荡阶段

以群体内部的冲突为特点。群体成员接受了群体的存在,但对群体加给他们的约束给予抵制,对于谁可以控制群体,还存在争执。当群体的领导层次相对明确时,这个阶段结束了。

3. 规范化阶段

以亲密关系及内聚力为特点。群体成员会产生强烈的群体身份感和友谊关系。当群体结构稳定下来,群体对于什么是正确的成员行为达成共识时,这个阶段就结束了。

4. 执行任务阶段

此时群体最具功能性。群体结构已经开始充分地发挥作用,并已被群体成员完全接受。群体成员的注意力已转移到完成手头的任务。对于相对长久的工作群体而言,这是最后阶段。

5. 中止阶段

对于相对临时群体而言,这是最后阶段,其特征是关心如何做好善后工作而不关心工作绩效。

(二) 间断-平衡模型

有的研究者认为,群体发展的过程并不一定像五阶段模型中所描述的那样需要经过一系列阶段,而是在群体如何形成和变化的方式上有一些明显一致的地方。这种模型认为,群体发展的过程中基本上以接近中间的某个时间作为分水岭,划分成两个阶段,第一个阶段中群体运行的方式与第二个阶段有着明显的不同。

第一个阶段中,群体首先界定任务、确定目标,并且这些在第一个阶段中不太容易发生改变。即使有的群体成员有新的想法提出,大多也不会被付诸行动。因此,这个阶段群体的运行是处于一个平衡的阶段。

当群体发展到它的寿命周期的中间阶段时,就仿佛是敲响了警钟一样经历着一场危机。群体成员感到时间的压力和完成任务目标的紧迫,他们认识到必须迅速采取行动,必须对原有的运行方式做出某些改变。于是群体就放弃了旧的思维方式,采纳新的见解,进入到效率更高的第二阶段。群体的运行进入了新的平衡阶段。第二阶段发展到最后,以最后的冲刺迅速完成任务而宣告结束。

研究者们发现,无论是寿命周期很短,如只有几个小时的群体,还是寿命周期较长的群体,其发展的过程都会遵循这样的规律。我们不妨想象一下,当自己在一个项目小组时,如果完成项目的时间限制是 5 周,那么在前面两周会比较平静地度过,到了中间阶段,群体会采取积极的变革行动,后面的阶段表现出更好的绩效水平,而最后一次项目会议则往往会比其他几次会议时间更长,很多问题都得到了最后的解决。

第二节 群体行为的影响因素

一、群体的外部环境条件

群体环境是指群体实质上不能加以控制的外部条件和因素。如果把群体看成是更大的组织系统的一个部分,那么这个更大的组织系统就是影响群体行为的外部环境。群体行为只有适应群体外部环境,群体才能生存和发展,才能取得绩效。

(一)组织战略

一个组织的整体战略,通常是由组织的高层管理人员制定的,它规定着组织的目标以及组织实现这些目标的手段。例如,组织战略可能引导组织朝着降低成本,提高质量,扩大市场份额,或收缩其总体作业规模的方向发展。在任何时候,一个组织所追求的战略,都会影响到组织中工作群体的权限,反过来,这又将决定组织的高层管理人员希望分配给工作群体用以完成任务的资源,从而影响到组织中工作群体的目标和任务以及用以完成任务的资源。例如,一个组织通过出售或关闭主要业务部门来实现其紧缩战略,就会缩减其工作群体的资源,增加群体成员的焦虑感和引发群体内部的冲突的可能性。组织战略还决定着群体间的相互关系,会影响组织中群体间或群体成员的职责权限等。

(二)权力结构

权力结构存在于每一个组织中,它规定了决策权力的分配形式。例如,规定谁向谁汇报工作,谁有权决策,把哪些决策权力授予个人或群体。这种结构决定了一个工作群体在组织权力结构中位置,决定着群体的正式领导和群体之间的正式关系。虽然群体可能由群体内的一个非正式领导控制,由组织管理人员任命的正式领导仍然具有群体内其他成员所没有的权力。权力结构形式是采用集权结构还是分权结构,会对群体行为产生很大影响。权力结构还会直接影响到群体成员的甄选和评估。由于工作群体是较大组织系统的一部分,因而群体成员首先是这个组织的成员。一个组织在甄选员工的过程中所使用的标准,将决定群体成员的类型和特征。组织的绩效评估以及奖惩办法,是否鼓励挑战性的绩效目标,采用个人奖励还是进行集体奖励,对群体行为会产生很大影响。

(三)正式规范

组织通常会制定规则、程序、政策以及其他形式的规范使员工的行为标准化。正式规范使组织中群体成员的行为标准化、一致化。它使群体成员按照组织的要求行事,实现组织的目标。当群体成员与组织规范不一致时,组织会对群体成员采取惩罚措施。组织对员工施加的正式规范越多,组织中的群体自己制定独立的行为标准余地就越有限,群体成员的行为就越一致,越容易预测。

(四)组织资源

如果一个组织资源有限,那么它的工作群体所能拥有的资源当然也就比较有限。一个工作群体所能做的事情在很大程度上取决于其资源条件。各种资源,如资金、时间、原材料、设备是由组织分配给群体的,这些资源是富裕还是短缺,质量是好还是坏,影响到群体的技术装备、群体成员的工作积极性及效率,从而对群体的行为及其绩效产生巨大影响。

同时,组织资源分配还决定了给群体提供的物理工作环境,这对群体行为有重要影响。员工工作场所的外观、设备的安排、照明水平以及是否有隔音设备来减小噪音干扰,这些因素既可成为工作群体互动的障碍,又可为群体成员的交往提供机会。如果员工的工作场所相距较近,没有间隔物,而且直接上司在封闭办公室中,显而易见,员工之间的相互对话或流言飞语的传播就容易多了。

(五)组织文化

每个组织的组织文化都规定着哪些行为是可以接受的,哪些行为是不可以接受的。员工在进入组织几个月之后,一般就能了解其所在组织的组织文化。虽然许多组织中存在通常足以使工作群体为中心产生的亚文化,但这类组织中仍然是由主文化向所有的组织成员表明,组织所重视的价值是什么。如果工作群体的成员想得到组织的承认,就必须接受组织主文化所蕴涵的价值标准。显然,组织文化也会强烈地影响群体行为。

二、群体的成员资源与构成

一个群体能达到的绩效水平,很大程度上取决于群体中每个人给群体带来的资源。群体成员每一个人都是不同的,比如群体中成员的性别、年龄、社会分层、能力、个性特征等因素都会影响群体的构成以及群体行为;而且群体成员构成上的相似性或差异性,会影响群体的行为。

(一)同质群体

同质群体指群体成员在能力、性格、年龄、知识等各方面都比较接近。如果群体成员在许多重要特征上具有相似性,对群体或组织持相似的观点,就可能愿意加强彼此联系,留在此群体中,群体内部的矛盾、冲突比较少,有利于合作与交流,成员的满意度也较高。但过分的一致性和稳定性会付出一定的代价,如果大部分成员是同类者,一同进入群体,年龄相近,经历相似,那么其他成员被排斥的可能性较大,流动性较高,很可能会降低群体实现目标质量和效率。

(二)异质群体

异质群体指在上述各方面都迥然不同。如果群体成员具有较多的差异性,群体就可能拥有更多的能力和信息,增加有效完成任务的可能性。这样的群体在相互合作和解决问题的过程中,可能由于意见和解决问题方式的不同而相互产生碰撞和激励,但对于执行任务,这种差异性大的群体比相似性大的群体反而更加有效,能够创造性和高质量地实现目标。为此,西方创建了群体人口统计学,研究群体成员具有共同的统计特征的程度,如年龄、性别、种族、教育程度、在组织中服务的时间,以及这些特征对流动率的影响等。

(三)群体成员的人格特质和能力

群体成员的人格特质和能力是引起人们最大关注的两种变量。具有积极意义的人格特质对群体生产率、群体凝聚力和群体士气有积极的影响。这些特质主要包括:善于社交、自我依赖、独立性强。相反,那些具有消极意义的特质,如垄断、统治欲、反传统性等,则对群体生产率、群体凝聚力和群体士气有消极的影响。人格特质会通过影响群体成员相互作用方式,影响群体的绩效。一个群体的绩效水平不仅仅是其成员个人能力的总和,但其成员的能力使我们得以间接地判断群体成员在群体中能够做什么,工作效果和效率如何。这里说的效果是指目标的达到,效率是指有效输出与实际投入之比。一个人如果拥有对于完成工作任务至关重要的能力,这个人更愿意参与群体活动,一般来说贡献也更多,成为群体领导的可能性也比较大。如果群体能够有效地利用这种人的能力,其工作满意度会更高。

(四)群体构成与工作效率的关系

群体的构成是群体成员的组成成分,也可以称为群体成员的结构。群体成员的结构可分为不同的方面,如年龄结构、能力结构、知识结构、专业结构、性格结构以及观点、信念结构等。研究群体成员结构对于建立合理的领导班子及其他高效的工作群体,提高群体工作效率具有十分重要的意义。群体构成与群体效率关系见表7.1。

表7.1 群体构成与工作效率的关系

在下述情况,同质性群体可能达到最高的工作效率	在下述情况,异质性群体会达到最高的工作效率
工作比较单纯,不需复杂的知识和技能	完成复杂的工作
当完成一项工作需大家密切配合时	当做出决策太快可能产生不利后果时
从事连锁性的工作,如流水线上的操作工人	凡需要有创造性的工作

一般来说,工作组织的基层群体应为同质结构,各类组织领导班子应为异质结构。

三、群体的特征

群体的特征是群体作为有机整体所表现出来的独特性,它表现在群体成员之间稳定的关系框架和关系模式中。这种群体结构影响着群体的行为,具体有如下几个方面。

(一)群体规模

群体规模对群体行为的影响归结为以下几个方面:

1. 群体规模的上限与下限

美国心理学家詹姆斯认为,小群体的最佳人数为 2～7 人。有些学者认为,小群体的下限应为 3 人;多数学者认为,小群体的上限以 7 人为最佳,但也有人主张 20、30 甚至 40 人。

应根据工作任务的性质确定群体人数的下限,这个下限应保证能一般地完成工作任务。应确定群体规模的最适当人数,这个人数能保证群体的工作效率达到最佳程度。群体规模的上限应确定在这样的人数上,如果超过了这个人数,群体的工作效率会急剧下降,见图 7.2。

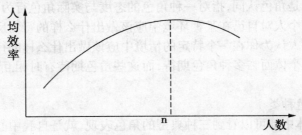

图 7.2　群体规模与人均效率的关系

2. 群体规模的奇偶数的影响

规模为奇数的群体比规模为偶数的群体更普遍,也更受欢迎。当进行决策表决时,能降低发生僵局的可能性。如股份有限公司的董事会成员一般都为奇数。

3. 群体规模对群体绩效的影响

具体表现为与工作满意度基本上呈反比关系,原因是个体在较大的群体中被关注的程度和重要性减小;与缺勤率和流失率呈一定的正比关系,原因是较大规模的群体满足所有个体需要的难度加大;与生产率即包括了效果和效率两方面的工作绩效的关系不明显,见表 7.2。

表 7.2　群体规模对群体行为的影响

因素	群体规模小	群体规模大
群体内部相互作用	较少、容易	较大、困难
群体凝聚力	较高	较低
工作满意度	较高	较低
缺勤率	较低	较高
员工流失率	较低	较高
生产率	无明显变化	无明显变化

(1)群体规模与生产率的关系。群体的规模并不是越大越好,一些学者研究了不适当的扩大群体规模可能产生的问题:随着群体规模的增大,群体资源的总量也增加,但这些资源不一定都是有用的资源,如群体间的不同点也增多,因而成员各自的特长难以发挥。随着群体人数增多,成员参加活动和得到奖励的机会减少。群体人数越多,就越需要做大量的组织工作,以协调成员的活动。随着群体人数增多,群体成员之间的冲突也会增多。群体成员人数越多,成员之间彼此了解的程度就会越低。

(2)群体规模与工作满意度的关系。群体的规模与工作满意度呈负相关。随着群体规模的扩大,每个人受到关注及与其他人交流的机会减少,个人的归属感、群体对个人的吸引力降低等因素使员工的满意度降低。

(3)群体规模与缺勤率的关系。国外对蓝领工人的研究表明,群体规模与缺勤率呈正相关,但在白领管理人员的研究中没有发现二者之间的关系。

(4)群体规模与离职率的关系。国外研究表明,群体规模与离职率呈正比。

(二)群体中的角色

1. 角色的概念

角色是人们对在某个社会性单位中占有某个职位的人所期望的一系列行为模式。

个体的角色获得过程:群体对这个角色赋予一定的期望,在群体其他成员与他的交往中表现出对他的这种期望,个体知觉到群体对他的这种期望,按群体的期望去实现角色行为。

角色同一性,也是角色认同,指对一种角色的态度与实际角色行为的一致性。

角色知觉,是一个人对自己在某种环境中应该做出什么样的行为反应的认识。

角色期待,是别人认为你在一个特定的情境中应该做出什么样的行为反应。

角色冲突,是当个体面临多种角色期待,而这些角色期待有时相互矛盾的,就产生了角色冲突。

2. 群体中的角色种类

在任何一个群体中都可以看到三种典型的角色表现,就是自我中心角色、任务角色、维护角色,见图7.3。

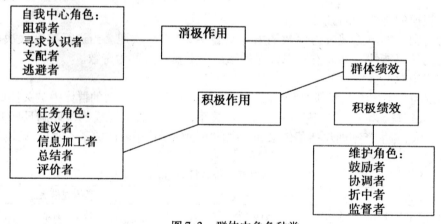

图7.3 群体中角色种类

(1)自我中心角色:处处为自己,关心自己。

阻碍者:为群体目标道路上设置障碍的人。

寻求认可者:表现个人成绩,引起群体注意的人。

支配者:驾驭别人,操纵所有事物,不管对群体有什么影响。

逃避者:对群体漠不关心,自己与群体无关,不作贡献。

(2)任务角色。

建议者:对群体的目标或有关问题提出建议。

信息加工者:搜集解决问题的信息。

总结者:为群体整理综合有关信息,为群体目标服务的人。

评价者:对建议的逻辑性、现实性做出评价,选出最佳决策。

(3)维护角色。
鼓舞者:表扬、赞同或接受别人的意见;
调和者:缓和矛盾、调节冲突;
折中者:协调不同意见,帮助群体成员制定大家都能接受的中庸决策;
监督者:置身于群体以外,客观地评价群体的活动。

3. 群体角色构成的群体类型

如果以任务角色的表现为横轴,以维护角色的表现为纵轴,可以把群体分为四种类型,团队群体、任务群体、人际群体、无序群体,如图7.4所示。

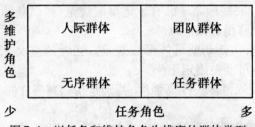

图7.4 以任务和维护角色为维度的群体类型

在一个群体中,如果成员们扮演任务角色的多而扮演维护角色的少,则被称为任务群体。这种群体对于应付紧急任务很适合,但很容易瓦解。作为管理者,就应该多扮演维护角色以帮助群体发展为团队类型。

在团队群体中,任务角色和维护角色都很多。对于长期目标来说,团队群体是最有绩效的,这种群体的领导可以放心大胆地充分授权给下级。

如果群体成员扮演维护角色的多,扮演任务角色的少,则称之为人际群体。在这种情况下,管理者就需要扮演任务角色,以免群体成员自我陶醉,忘乎所以,而耽误了任务的完成。

在无序群体中,任务角色和维护角色都很少。在这种群体中,多数成员关心自己,而很少关心任务及人际关系。无序群体是最没有绩效的。管理者需要扮演任务角色又扮演维护角色。一般是先着重任务角色,待群体有几次成功经验后,就可以削弱任务角色而更多地注意维护角色。

(三)群体规范

1. 群体规范的概念及其类型

群体规范指群体成员共同接受的一些行为准则。不同的群体,规范也不同。正式规范是由组织明文规定的员工应遵循的规则和程序。如企业的岗位规范、操作规程等。非正式规范不是由组织正式规定,而是员工在工作与生活过程中约定俗成的行为准则。

对大多数群体而言,规范类型主要有如下几类:

绩效规范:工作群体会明确告诉其成员应该努力工作,怎样完成,达到什么程度和水平,以及怎样与别人沟通。

形象规范:恰当的着装,对群体和组织的忠诚感。

社会约定规范:主要规定非正式群体成员如何相互作用。

资源分配规范:主要来自组织与群体内部,涉及员工的报酬分配,困难任务的安排,新型工具与设备的分发。

2. 群体规范的功能

(1)支持群体的功能。维系群体的存在,保持群体的一致性和整体性。

(2)群体行为的导向功能。群体规范指明了为实现群体目标和个人目标,个人应当怎样做,明确了个人行为的方向。

(3)评价、控制功能。个体怎样确定自己的行动是否符合要求,怎么评价他人的行动,群体规范界定了个体行为的范围和优劣标准。

(4)群体行为的合力功能。群体规范将群体成员的行为统一结合在一起,形成一种合力,这是完成群体目标的一个重要保证。

3. 群体建立规范的方式

群体成员认识到某些行为对群体的有效运行是必要的。同时,规范以非正式的形式逐渐建立起来。主要有四种方式:

(1)沿袭已有规范。一些行业早已有了定型的规范;如果新的机构从过去的机构中沿袭下来,也会将原有规范移植过来。

(2)最初的做法。首次活动就可能形成规范。当时的座次、个人的讲话方式、发言顺序、人的活跃程度等都有可能被固定下来。

(3)重要事件会形成规范。一些高强度,特别是情感高强度的特殊事件,大家对此有很深的印象。

(4)主管和同事明确声明,硬性地制定一些规定、制度等,也可以形成规范。

4. 规范的诱导与控制

管理者应该强化符合组织目标的规范,削弱不符合组织目标的规范。

(1)强化群体规范的原则。向成员解释规范与他们的愿望一致,没有牺牲;奖励遵守者;帮助成员了解他们怎样为完成群体目标作贡献;成员参与发言建立规范;不遵守规范会受到惩罚。

(2)削弱群体规范的手段。找出志同道合者,建立联合;与志同道合者讨论观点和计划,建立联合阵线;防止内部分歧;坦言所作所为,不怕压力;宣传与你合作的好处与报偿。

5. 规范分析法

20世纪60年代后期,美国学者皮尔尼克(S. Pilnick)提出了"规范分析法"作为改进群体工作效率的工具。这种方法包括三项内容:

(1)明确规范内容。了解已形成的规范,特别了解起消极作用的规范,并听取对这些规范进行改革的意见。

(2)制定规范剖面图。将规范进行分类,并对每一类规范进行评定,给出每类规范的评分与理想给分点。这种理想给分点与实际得分之间的差距,就是规范差距。

(3)进行改革。改革从最上层开始,逐级向下。根据规范对企业效率影响的大小,确定优先改革的项目。

(四)地位

1. 地位的含义

地位是指个人在群体或社会中的位置,是由其他人给群体或群体成员界定的社会地位与等级。它渗透在社会的各个角落。地位可以是组织正式给予的,即组织通过给予个体某种头衔或某类令人愉快的东西,而使个体获得某种正式地位。非正式地位可以通过出身、教育、年龄、性别、技能、经验、成就、财富等个人特征而正式地获得。任何东西只要被其他群体成员看成是与地位有关的,它就具有地位价值。非正式地位不一定不如正式地位重要。每个成员在群体中都有自己的身份地位。在群体中,地位高的个体通常能获得更多的特权,参与更多的群体活动,而且有更多的机会担任重要角色;地位低的成员常感到被疏远和遗忘。

2. 地位高低和规范压力

许多研究表明,地位对群体规范的效力和给人们带来的从众压力会产生有趣的影响。比如,与群体其他成员相比,一个地位较高的群体成员具有较大的偏离群体规范的自由,比地位低的同伴能够更好地抵制群体规范施加给他们的从众压力。如果一个群体成员很为群体中其他人所看重,而他又不在乎群体给予他的社会性报酬,那么在一定程度上,他就可以漠视群体的从众规范。作为一个地位较高的人,他的自主范围比较大。但是,只有他的活动不会严重妨碍群体目标的实现时,这一切才能成为现实。

3. 地位公平和群体矛盾

很重要的一点是让群体成员相信群体中的地位等级是公平的。如果群体成员认为群体中存在不公平现象,就会引起群体内的不均衡,并带来各种各样的修正性行为。与正式地位相对应的外在标志对于维持公平感也是很重要的因素。员工都期望一个人的所有和所得与其地位相一致。如果他觉得自己的地位与组织赋予他的地位标志不公平时,就会有群体矛盾产生。

(五)群体的内聚力

1. 群体内聚力的概念

所谓内聚力就是群体成员之间相互吸引并愿意留在群体中的愿望及愿意为群体承担责任和义务的强烈愿望。它包括群体成员与整个群体的吸引力,以及群体成员之间的吸引力。

高内聚力的群体有以下几个特点:成员之间具有良好的人际沟通,人际关系和谐;群体成员乐于加入到群体中来,积极参加群体组织的各种活动,群体对每个成员都具有较强的吸引力;成员对群体拥有责任意识,自觉维护群体的利益和荣誉,群体成员具有较强的归属感、尊严感和自豪感。

2. 影响群体内聚力的因素

群体内聚力是一个复杂的变量,对之影响和制约的因素很多,主要有群体成员在一起的时间、群体规模、群体成员的性别构成、外部威胁、以前的成功经验等。

(1)态度和目标的一致性。群体成员有相似的态度时候,他们愿意在一起。同样个体会被与自己相似的群体吸引。

(2)群体规模。较小的群体有利于成员之间的直接沟通,缺乏自信心的成员也能感觉到自己在群体中的位置;而在较大的群体中,则易于形成帮派,加大组织成员冲突,降低群体的整体内聚力。

(3)奖酬体制。以群体为单位的奖酬比一个人为单位的奖酬,会导致更高的群体内聚力。群体成员意识到他们的命运联系在一起,会增加合作精神。

(4)群体面临的外部威胁。如果群体受到外部威胁,群体内部通常会加强合作,群体的内聚力会增强。但这种现象并不是无条件的,如果群体成员认为他们的群体无力应付外部威胁,群体内聚力就很难提高。

(5)群体的地位。一般说来,群体在组织中的地位越重要,群体越容易显示出统一和合作的特点。归属于重要的群体从一定程度上就提升了个体的价值;反之,由于群体在组织中的不利地位,必将影响其成员的归属感。

(6)群体的绩效。如果群体一贯有成功的表现,它就容易建立起群体合作精神来吸引和团结群体成员,员工加入这样的群体会产生荣誉感和归属感。群体成员齐心协力,可以使群体行为保持较高的一致性,从而增强内聚力。

3. 内聚力对群体绩效的影响

一般说来，内聚力高的群体比内聚力低的群体更有效，人们会认为群体内聚力高有助于提高群体绩效，但实际上二者的关系比较复杂，主要表现在以下两方面。

第一，群体凝聚力与群体绩效是相互影响的。凝聚力高既是高绩效的原因，又是其结果。群体凝聚力高，成员之间的友好关系有助于降低紧张情绪，提供一个实现群体目标的良好环境。而成功的绩效和群体成员作为群体一分子的感觉，有助于强化成员对群体的忠诚感、归属，强化成员间吸引力，提高内聚力。

第二，群体内聚力和绩效的关系取决于群体的绩效目标。群体的凝聚力越强，群体越容易追随其目标。如果群体的绩效目标比较高（比如高产出、高质量），那么凝聚力高的群就比凝聚力低的群体更容易产生绩效；但如果一个群体的凝聚力很高，绩效目标却很低，群绩效水平就不是太高；如果群体凝聚力低，但绩效目标高，群体生产率水平中等，就比不过凝聚力和绩效目标都高的群体；如果凝聚力和绩效目标都低，群体绩效肯定低于一般水平，结论如图7.5中所示。

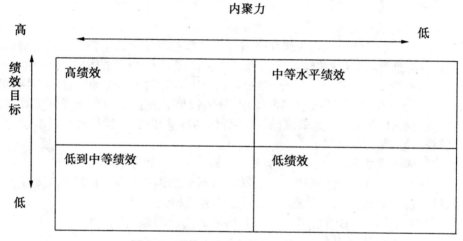

图7.5　群体内聚力与绩效目标的关系

第三节　群体行为

群体成员在群体中，由于受到其他成员的影响，并产生互动作用，所表现出来的心理反应和行为方式与个体在单独情况下所表现出来的心理反应和行为方式是不同的。群体成员的共同的行为趋向构成了群体行为的特征。

一、社会助长作用与社会抑制作用

在一些场合，有别人在场时，工作效率会有明显提高，这种现象被称为社会助长作用，个体活动效率因群体中其他成员的影响而出现提高的现象。在一些场合，有别人在场时，工作效率不仅不会提高，反而会大大降低，这种现象被称为社会抑制作用。个体活动效率因为群体中其他成员的影响而受到减弱的现象。当作业比较简单，而且人们熟练程度较高时，会发生社会助长倾向，否则，会发生社会抑制倾向。

早在1897年，心理学家特里普利特（N. Triplett）就进行了"群体效应"实验。40个学生单独地或在一起做事，发现共同做比单独做有更大的增量。社会助长倾向不是所有群体行为的特征,不是群体中的成员在别人在场时都能表现出的现象,但在群体情境下却更能提供社会助长倾向发生的条件。群体环境是社会促进作用的根本原因。在群体环境下,个体希望从群体中得到尊重、赞许以及某种程度的自我实现。个体会取得更好的绩效,以赢得心理上的满足,这就会产生社会助长倾向。

与社会助长倾向相反,社会抑制倾向是个体在大众面前感到不自在、拘谨,从而影响行为效果。同样,社会抑制倾向不是群体的成员在别人在场时都能表现出的现象,主要来自于个体的心理紧张。这种心理紧张主要是由于个体希望在群体中得到尊重和赞许的愿望与对自身工作的信心之间的差距造成的。一般说来,当群体成员的压力太大,竞争气氛过浓,工作难度超出了个体能够应付的程度,或对某种工作不够熟练时,可能发生社会干扰作用。那些拘谨、内向、羞怯者面对压力情境容易降低活动效率;而外向、自信,开朗者则容易提高活动效率。成就动机过强,"想赢怕输"的心理,也容易产生社会抑制倾向。

二、社会协同倾向

协同效应是指由两种以上的物质相互作用所产生的效果不同于单一物质作用的总和。借用这个概念可以更好地理解群体互动过程。社会协同倾向是指群体作为由多个个体组成的系统,会产生超过个体效能总和的整体效能。即整体效能会大于部分效能之和。协同效应可分为协同正效应和协同负效应。协同正效应指群体整体的产出大于群体成员个人产出的总和。协同负效应又叫社会惰化,指一个人在群体中工作不如单独一个人工作时更努力。指个体与他人共同工作时比自己单独工作付出的努力减少的倾向。瑞格曼通过拉绳试验证明了社会惰化倾向的存在,这在大型群体中表现更为突出。

社会惰化倾向产生的原因是:

(1)对群体缺乏责任心。如果个人对整个群体没有足够的责任心和承诺,那么他就不会尽心努力,尤其是在群体中没有严格的分工、工作没有人看见和监督的情况下。

(2)分配上的平均主义。如果每个成员的贡献难以衡量,个体就可能会降低他们的努力。每个成员得到的都是同样报酬,对个人的突出表现没有更多的激励和认可,那么人们就会有偷懒行为。

(3)不公平感觉。如果个体在群体中感到自己贡献大,而收入比其他人低,就有可能减少自己努力。

要克服社会惰化现象,使群体工作产生协同正效应,必须明确每个成员的工作责任,建立有效的绩效评估制度。

三、群体压力和从众行为

(一)群体压力和从众现象

群体压力是指由于群体规范的形成而对其成员在心理上产生的压力。群体对个体行为的影响主要通过群体规范所形成的群体压力而起作用。当一个人在群体中与多数人的意见有分歧时,会感到群体的压力,在群体压力之下,他会改变自己的态度和行为,与群体标准保持一致,这种现象叫做从众或顺从。

美国心理学家阿希(S. Asch)设计了一个典型的实验,如图7.6所示,证明群体规范的形成就会产生群体压力。阿希把9人编成一组,让他们看两张卡片,在第一张卡片上画着一条直线和x,第二张卡片上画着三条直线。而且让x = b,然后,让大家比较三条直线的卡片上哪条直线与另一张卡片上的直线x长短相等。在正常情况下被测试者都能判断出x = b,错误的概率小于1%。但阿希对实验预先做了布置,在9人的实验组中对8个人都要求他们故意作出一致的错误判断 x=c,第9个人并不知道事先有了布置,实验中让第9个人最后作判断,并且组织了许多实验组进行这样的实验。统计分析表明,这第9个人中有37%放弃了自己的正确判断而顺从群体的错误判断。

 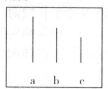

图7.6　阿希实验

前苏联心理学家彼得罗夫斯基对群体压力和顺从现象提出了不同的看法。他认为,把任何遵从群体意见的情况都看成是顺从并不正确。如果两个人都同样接受群体的意见,没有说明问题的实质。因为一个人接受意见可能是屈服于压力、怕被孤立,而另一个人可能是为了实现群体的理想和信念而与群体保持一致。他把后一种情况称为"集体主义的自觉"。彼得罗夫斯基也设计了实验。被试者是一些四年级、七年级和九年级的学生。让学生回答问卷,其中有些关于道德问题的判断,学生应对这些判断表示赞成或反对。问题很简单,每个学生都能根据公认的准则做出回答。过了一段时间之后,把这些关于道德问题的判断列入一张更长的项目单之中,并在学生回答问题之前给予暗示,指明其他人都赞成错误的判断。在这种情况下只有极少数人接受暗示,改变了原来的意见,绝大多数人并没有改变意见。这一实验表明,群体的压力并不是人们改变意见的关键因素。关键的因素是遵循集体的崇高理想、目的和价值观。因为实验中讨论的是伦理道德的是非问题,而不是阿希实验中对生活和工作没有什么意义的判断线条长短的问题。这表明具有"集体主义自觉"品质的人只在非原则问题上表现出顺从,目的是为了保持集体的团结一致。

尽管上述两项实验研究有分歧,但我们应该看到群体压力和顺从现象的存在。企业管理中应重视这种现象。群体压力来自并存在于群体内部,不同群体会形成不同性质和不同强度的群体压力。群体压力主要来自于群体规范,是由于个体违背群体规范而产生的,旨在教育其成员遵守群体规范。群体压力是行为个体的一种心理感受,个体行为目标与群体目标偏离越大,来自群体的压力就越大。同时,个体心理越脆弱,其对群体压力的感受就越强烈。

(二)群体压力类型

(1)理智压力。即采取摆事实、讲道理、进行耐心教育与引导,使其从道理上明辨是非。

(2)舆论压力。即通过正面(表扬、树先进典型、奖励等)或反面(批评、处分等)的舆论,对成员形成一种压力。良好的舆论能为个体指明行为的正确方向,是扶植正气、批评阻止邪气的一种前进力量。

(3)感情压力。即对群体成员动之以情,深厚真挚的感情能打动人心,促其顺从群体。

(4)强制压力。即采取强制的办法,如处分、惩罚、经济制裁等,以使其顺从群体。以上几种群体压力都会影响群体成员的行为。但是,影响群体成员行为的决定性因素是其远大的理想,正确的世界观、人生观和价值观。因此,有效的群体应该对其成员经常进行理想、纪律和人生观教育。

(三)群体对个体施加压力一般要经过四个阶段

(1)合理辩论阶段。即群体多数人对持不同意见的个体进行自由讨论,希望个体放弃个人意见。这个阶段对个体压力不大。

(2)劝诱阶段。即群体多数人对持不同意见的个体陈明利害,好言相劝,希望他改。这个阶段,群体对个体施加的既有理智压力,又有情感压力。

(3)攻击阶段。经过劝诱,个体若仍坚持个人错误意见并一意孤行,多数人便开始制造舆论,当面批评,压力加温升级。

(4)隔离阶段。经过上述几个阶段的工作,个体仍坚持个人意见并同群体公开对立,数人对其失去信心,从而采取不理政策,断绝同他的沟通,使其孤立。

规范和群体压力是客观存在的,对群体和个体的心理行为产生着巨大的影响。管理者应该认真研究并充分利用这种影响来做好群体成员的工作。

四、群体决策和冒险转移现象

在管理实践中,许多组织决策并不是由某管理者做出,而是通过委员会、团队,工作任务小组或其他群体做出。由于内外部环境的复杂多变,也由于决策者个人的价值观、态度、经验有一定的局限性,组织中群体决策应用的范围很广,但这是否意味着群体决策一定比个体决策优越?

(一)群体决策的优缺点

1. 相对于个体决策,群体决策主要的优点

第一,群体决策可以集思广益,博采众长,避免主观片面性,提高决策的质量。具有不同背景、知识结构、经验的成员在选择收集的信息、要解决问题的类型和解决问题的思路上往往都有很大差异,他们的广泛参与有利于提高决策时考虑问题的全面性,提高决策的科学性。

第二,群体决策有利于调动更多人的积极性,有利于决策的贯彻执行。来自于决策群体的成员具有广泛的代表性,所形成的决策是在综合各成员意见的基础上形成的,对问题趋于一致的看法,因而有利于有关部门或人员的理解和接受,在实施中也容易得到各部门和成员的相互支持与配合,从而在很大程度上有利于提高决策实施的质量。

2. 群体决策相对于个体决策存在的缺点:

第一,速度、效率可能低下。群体决策鼓励各个领域的专家、员工的积极参与,力争以民主的方式拟定出最满意的行动方案。但在这个过程中,如果处理不当,就可能陷入盲目讨论的误区之中,既浪费时间,又降低决策速度和决策效率,从而限制管理人员在必要时做出快速反应的能力。

第二,从众压力。前面我们已经指出,群体中存在从众压力。群体成员希望被群体接受和重视的愿望可能会破坏不同意见,在决策时使群体成员都追求观点的统一。

第三,少数人控制。群体讨论可能会被一两个人所控制,如果这种控制是由低水平的成员所致,群体的运行效率会受到不利影响。

第四,责任不清。群体成员对于决策结果共同承担责任,但谁对最后的结果负责呢?对于个人决策,责任者明确的,对于群体决策,任何一个成员的责任都会降低。

第五,可能更关心个人目标。在实践中,不同部门的管理者可能会从不同角度对不同问题进行定义,管理者个人更倾向对其各自部门相关的问题反应敏感。例如,市场营销经理往往希望较高的库存水平,而不把库存水平视为问题的征兆;财务经理则偏好于较低的库存水平,而把较高的库存水平看成发生问题的信号。因此,如果处理不当,很可能发生决策目标偏离组织目标而偏向个人目标。

(二)提高群体决策效率的办法

1. 知识结构上的互补

知识背景不同的人对客观世界的理解不同,看问题的角度不同,能力结构不同,思维方

式也不同。他们的互补不仅能够使得对客体的认识盲区大大减少,而且使决策群体中的成员能够相互启发,激发出创造性的新思想。

2. 性格、气质和决策风格上的互补

由于不同性格、不同气质的人各有优缺点,在情绪、意志等方面的表现各有千秋,因此组成决策群体时还应注意成员在性格、气质方面的互补。

3. 年龄、性别、所处阶层的合理分布

决策群体的组成还应注意年龄、性别、所处阶层的合理分布。这种合理分布,有利于决策群体加强与不同年龄、不同性别、不同社会阶层、社会集团的广联系,随时采集各方面的意见和建议,发挥各类成员的优势,取长补短。另外,在决策群体中包含组织内部不同层次的成员,也有利于调动成员的积极性,提高士气。

4. 决策群体的人数

研究表明,5~11人组成的中等规模的群体决策最有效,能得出更为正确的决策;4~5人的群体较容易使成员感到满足;2~5人的较小的群体容易得到一致的意见。

(三)冒险转移现象

实验发现,群体决策的冒险水平要高于个人决策冒险的平均水平。这种在群体决策中冒险水平增加的现象就是所谓"冒险转移"现象。冒险转移现象的发现令人感到意外。日常的观点一般认为群体决策应更小心谨慎,更倾向于保守。大量的研究表明,冒险转移现象是相当普遍的可观察到的现象。学者进一步探讨冒险转移现象的原因,各国学者提出了不同的假设,主要有下述五种假设。

1. 责任分摊的假设

每一种包含风险的决策都与一定的责任相联系。风险越大,失败的概率越高,决策者肩负的责任也越大。责任往往引起决策人的情绪紧张,焦虑不安,不敢贸然采取有较高风险的决策。而群体之所以采取有更大风险的决策,是因为对决策后果的责任可由群体全体人员分摊,万一决策失败,追究责任时不致独承其咎,这样就减轻了个人的心理负担。

2. 领导人物作用的假设

在群体中总会有领袖人物和有影响的人物,他们在群体活动中起着特殊的作用。他们为了显示自己的才能与胆略,往往会采取冒险水平较高的大胆决策。他们运用影响力和各种方式证明他们采取的决策是有根据的,因而他们的决策会被群体所接受,变成群体的决策。

3. 社会比较作用的假设

在许多群体内,提出有根据的冒险决策会得到好评。因此,群体中的个人提出自己的决策意见时,往往要与别人的意见进行比较。个人为了在群体中有更好的表现,在参加群体决策时提出意见的冒险水平往往增加。

4. 效用改变的假设

从这种假设来看,在群体中通过讨论彼此交换意见,会影响到个人选择方案效用的改变。同时,彼此相互影响也会改变冒险的效用,发生趋同现象。也就是说,群体中各成员对于冒险价值的主观意义会逐渐类似。但这种假设并不能全面解释冒险转移现象,为什么在大多数情况下向增加冒险的方向转移而不是向保守方向转移。

5. "文化放大"假设

这种假设认为,若一个国家或社会的文化中占主导地位的价值观是崇尚冒险,则这种价值观会被"放大",从而扩散与反映到该文化中的群体决策中来。美国社会正是如此,此假设可用以解释美国群体决策中的冒险转移现象。

综上所述，五种假设虽然都试图解释群体决策的冒险转移现象，但各自都不能解释全部实验材料。这五种假设中的每一种都有一定意义，但不能以偏概全，而应相互补充。群体决策中可能会有冒险转移现象，但不能认为群体决策向冒险方向转移是必然的规律。

（四）群体决策方法

1. 头脑激荡法

头脑激荡法最早由奥斯本（A. F. Osborn）于20世纪50年代提出。指在决策过程中让人敞开思想、畅所欲言的一种方法。头脑激荡法一般适用于比较单一明确的问题，如果问题复杂，则应分解为若干个小问题。这种方法的优点是使人解放思想，敢于大胆地想问题。缺点是整理意见、分析意见要花较多时间，拖延决策。

2. 德尔菲法

这种方法最初由美国兰德公司和道格拉斯公司提出，是一种集中各方面专家的意见，预测未来事件的方法。这种方法的好处是：一方面，被调查者彼此不见面，不了解真实姓名，可避免产生相互之间的消极影响；另一方面，经过几次反馈，意见比较集中，便于决策者下决心。其缺点是：这种方法要占用大量的时间，不适于快速决策。

3. 提喻法

提喻法由哥顿（W. J. Gordon）提出，因此，又叫哥顿法。其做法是邀请5~7人参加会议进行讨论，但讨论的问题与即将进行的决策没有直接关系，而是运用类比的方式进行讨论。类比的方式多种多样，如拟人类比、象征类比、幻想类比等。通过类比，把熟悉的事情变成陌生的事情，有助于人们摆脱框框的束缚，充分运用想象力开拓新的思路。

这种方法的优点：参加讨论的专家，往往也是方案的提出者，如果不讨论方案本身，而讨论方案的前提，能使他们客观地分析问题。如果参加讨论的人数较多，意见很杂，有时难以解决意见分歧。在这种情况下，往往采取调和折中的方案，而不是正确方案。分析方案前提则比较容易集中正确意见，从而得出正确方案。由于深追方案的前提，可以对方案的论据了解得更清楚、更深入，从而增加选择方案的把握。

4. 名义群体法

名义群体法指决策过程中对群体成员的讨论或人际沟通加以限制。讨论之前，每个人先写下自己的看法或观点。每人逐次向群体说明自己的观点，一次一个。群体讨论和评价这些观点。每人对所有观点进行排序。

5. 电子会议法

电子会议法是名义群体法与计算机技术相结合的一种方法。电子会议法的主要优势是：匿名、可靠、迅速。其缺点是：打字快的人能更好地表达自己的观点；想出最好建议的人也得不到应有的奖励；不如面对面沟通所能得到的信息丰富。

第四节　团队建设

一、团队

（一）团队内涵

团队指能够通过成员的共同努力而产生积极的协同作用的群体。团队是一种特殊类型的群体，由少量的人组织。这些人具有互补的技能，对一个共同目的、绩效目标及方法做出承诺并彼此负责。

团队一般由 5～30 名成员所组成,7～13 个为最佳;互补技能,如专业技术特长、概念性技能、人际技能;对一个共同的绩效目标做出承诺,管理层通过在公司绩效需求之内定义权限来指明方向。一个共同的目的使团队凝成一个整体,总体力量大于单个个体力量之和,团队将各种指标转换为具体而可衡量的绩效目标,具体的绩效目标有助于团队不断进步。共同的方法,成员间的心理契约与他们的目的相关联并指导他们如何一起工作。在实现团队目的、绩效目标的过程中,团队成员逐步形成默契的配合,彼此承诺和信任,彼此负责。

工作团队的优点:团队能够促进成员参与决策的过程,有助于管理人员增强组织的民主气氛,提高成员的积极性;团队可以根据工作任务的需要快速的组合、重组和解散,适应多变的环境;团队有助于组织充分利用不同成员的知识、经验和技能,做到优势互补,特别适合需要多种经验、技能的工作。

(二)团队与群体的差别

第一,从成员特色上看,团队成员的技能是互补的。群体成员知识、技能、经验相异性小,不具相互依存性,成员可以自由决定或采取行动。而团队成员具有不同的专长而互相依赖,任何成员的行动决定会影响到别的成员。

第二,从目标性质看,群体目标与组织的目标相似,能为成员所辨识;团队则是共同目标,并做出承诺。

第三,从运作方式看,群体有一位明确而强势的领导者,由领导者主导形成决策,指派或授权由个人执行任务。团队成员共享领导权,可以轮流担任领导者,决策过程由全体成员参加,决策内容为全体成员所认同,任务的达成要成员彼此交换信息及资源,协调行动。

第四,从成员评估看,群体偏重个别成员的影响,工作成败由个别成员承担。团队的绩效不仅取决于成员的贡献,而且还依赖于团队的共同工作成果。

二、团队的类型

(一)按照团队存在目的和形态分类

(1)问题解决型团队。由来自同一部门的人组成,定期开会,讨论有关改善和提高生产效率、改善工作环境等方面的问题。

(2)自我管理型团队。是早期解决问题型团队发展的产物,也称自我指导型团队,是真正独立自主的团队。通常由 5～30 名员工组成,他们不仅提出解决问题的建议,而且执行解决问题的方案,并对工作结果承担全部责任。

(3)跨职能型团队:是自我管理型团队的一种特殊类型,它除了具备自我管理型团队的两个要素外,还有一个要素。即其成员由来自不同工作领域、具有各种技能的员工组成,他们来到一起的目的是完成某项任务。

(4)虚拟团队。用电脑技术将分散的成员联系起来,以实现共同目标的团队。

(二)团队在组织中发挥的功能

(1)生产服务团队。通常是专职工人组成,从事按部就班的工作,自我管理团队。

(2)行动磋商团队。由较高技能的人组成,共同参与专门活动,每个人作用有明确界定。

(3)计划发展团队。由技术娴熟的科技或专业人员组成的团队,包含不同专业,团队工作时间长。

(4)建议参与团队。提供组织性建议和决策的团队,工作范围窄,队员在组织中还有其他任务。

三、团队角色

心理学家贝尔宾(R. M. Belbin)提出团队角色理论,成功的团队必须包含不同角色的人。

主席:阐明目标,分配角色,工作总结。
造型师:寻求群体讨论的模式,促使达成一致,做出决策;
开拓者:提出建议和新观点,以及行动新视角;
监控者-评价者:对问题和复杂性进行分析,评估其他人;
企业员工:将谈话和观念变成实际行动;
团队成员:对别人提供帮助和个人支持;
资源调查者:介绍外部信息,与外部人谈判;
完成者-精做匠:强调完成程序和目标必要性,完成任务。

研究发现成功的团队应该由具有不同性格、承担不同角色的人构成。有效的管理需要确保某个特定团队中尽量包含所有的这些角色。如果有必要的话,要引进某人去担任某个空缺的角色。

贝尔宾博士等人对上述角色的描述,不是对具体的工作职务角色的描述,而是对团队中的一般团队角色行为方式和职能的描述,并且带有一定程度的理想化色彩,只具有一定的适用性意义,我们不能机械地理解这些角色。例如,各类角色的特点未必很精确地符合一个具体的个人。因为每个人在履行某种角色时会受到个性与环境的影响,实际表现的角色会与典型的角色有一定的差距。实际工作和生活远比理论模型丰富,在一个团队中,一个人可能同时担任两个或更多的角色。例如,某个人同时担任协调者和凝聚者的角色,而一种角色往往也会同时由几个人在担任。一个人担任的主要角色随着时间、情境的转变也会发生变化。

四、创建团队的过程

阶段一:准备工作
首先要确定是否有必要建立团队;确立团队目标;完成目标的技能;确定团队制主权程度。

阶段二:创造工作条件
创造各种完成任务的条件,包括人力资源(各种技能的组合),物质资源(工具设备资金)、组织支持等。

阶段三:团队形成阶段
确定团队成员,团队成员理解团队使命和目标,在组织中正式宣布团队使命责任。

阶段四:提供持续支持
工作开始后组织要不断提供必要支持,消除存在的障碍,团队工作会更好。

五、建立高效团队

高效团队的衡量标准是什么,具体应该从三个方面,首先是团队生产率的客观指标,体现团队的整体工作能力;其次是管理者对团队绩效的评价,体现团队工作对组织的贡献度;第三,成员满意度,体现出团队对其成员的意义。高效的团队应该在这三个方面业绩突出。下面是建设高效团队的要素。

(一)工作设计

高效团队需要一起工作和共同承担责任,以完成重要的任务。因此工作设计的特点应该突出增加成员责任感和对工作自主性,使工作完成过程更有趣。这里重点关注工作设计中几个变量:自由度和自主权,技术多样性,任务同一性,任务重要性。

(二)团队构成

团队应该如何组织成员?团队角色的研究给我们很多启示,应根据任务需要选择成员。

能力方面,为保证团队的有效运作,一个团队需要三种不同类型的人:有技术专长的成员,具有发现问题、提出问题和决策技能的成员,具有良好沟通和人际协调技能的成员。

人格特点方面,人格特质中的外倾性、随和性、责任心和情绪稳定性都要考虑。选拔保证团队工作角色的多样性。

团队规模方面,7~9人最佳,不超过12人,4~5是必须的。

团队要有灵活性,成员的技能多样,可以相互替代完成任务,并且团队成员要喜欢团队工作,保证团队有效的协调和合作。

(三)外界条件

充分的资源:信息、技术、人员、鼓励和行政支持。

有效的领导:高绩效的工作团队需要由领导和组织资源解决工作中的管理与协调问题,能够保证团队在达到目标的手段方面团结一致。领导与组织资源能够提供导向和工作重点。

信任的氛围:团队成员之间具有高度的相互信任,团队成员之间彼此相信各自的正直、个性特点和工作能力。

绩效评估及奖励体系:除了根据个人的贡献进行绩效评估和奖励外,成功的团队通过以群体为基础进行的绩效评估,利润分享、小群体激励及其他方面的变革,强化团队的奋进精神和承诺。

(四)团队的互动过程

共同目的:有效的工作团队具有一个大家共同追求的有意义的目标。它能够为团队成员指引方向、提供动力、让团队成员愿意为它贡献力量。

具体目标:成功的团队会把他们的共同目标转变为具体的、可以衡量的、现实可行的绩效目标。

团队功效:高效团队自信自己能成功。

冲突水平:保持适度的冲突水平。

社会惰性:通过明确各自的责任来消除社会惰化现象。成功的工作团队通过使其成员在集体层次和个人层次上都承担责任,来消除社会惰化现象。

(五)团队情商

建设高效团队的还有一个重要方面是团队情商,它是指团队综合的情绪控制和调节能力。团队情商主要由团队成员个人情商的平均水平,团队管理层情商水平,以及团队成员协调水平三个方面决定。影响因素有领导者水平(个人修养和利益分配)和成员个体情商水平。

复习思考题:

1. 解释基本概念:群体、规范、从众、群体凝聚力、冒险转移现象。
2. 群体的功能有哪些?
3. 群体规范是怎样形成的,规范有哪几种类型?
4. 如何看待群体凝聚力和绩效的关系?

5. 简述团队与群体的区别。
6. 如何划分团队的类型？
7. 简述团队的一般角色分析及启示。
8. 如何塑造高绩效团队？

案例分析：

微软的团队精神
陈宏刚博士

团队精神是最能将微软的企业文化与微软强大的竞争力、创造力联系在一起的东西。因为微软是一个做技术的公司，技术又是靠人来实现的，实现一种好的技术，创造一种好的产品，都需要有一个好的团队。微软公司开发了难以计数的产品，管理着数量超过9 000个项目组，如何让所有团队都能团结在一起，都能创造出最好的产品，这里面的学问非常大，这也是微软做得成功，特别值得骄傲的一个方面。

1. 成败皆为团队共有

我曾经带领一个项目组很快完成了任务，就很得意，告诉老板我们做完了。老板就问，既然做完了，为什么不去帮助其他的项目组。我当时不理解，为什么他不夸我反而显得不大高兴，但我还是去帮别的项目组做事了。直到有一天有人问我，现在在做什么，我说在做IE。他说，你们有很好的团队，但是做得很糟糕，你们的产品没有按时完成。我说我的项目都是按时做完的。但他说，没人在乎你一个项目组是否做完了，所有人都是要看你们整个产品有没有完成。无论成功与失败，一个团队的所有人都在一起。所以在微软，一个项目组做完事情都会去帮助其他人，这是一个习惯，这也是一种文化，感染着每个新进微软的员工。

2. 互教互学

刚进微软的时候，我因为不会问问题，差点被老板赶走。后来有问题我就问。有一次，碰到了一个问题，我就发了一个电子邮件给所有测试员，很快就有人给我指出了解决问题的方法。但是，此后还不断有回复的邮件，提出很好的解决方法，并且认真解释原理。最后，一共有50多封邮件在讨论这个问题。没有想到，大家都是公司内部的竞争者，大家却对我那么好，我想问为什么，但微软却不需要答案，因为大家都认为这是应该的、自然的。

在微软如果谁有不懂的问题，大家都会很热情地帮助他，就算不知道也会帮忙查材料，或者介绍其他专家。在这种环境里，我们就会觉得自己很渺小，其他人都敞开胸怀，我们当然也会深受感染。我发现帮助别人的感觉很好，而且在帮别人的时候我也能学到很多东西。因为自己不一定真的懂很多，如果别人问到我不会的问题，自己也会去钻研，这样就又学会了很多东西。教了别人以后，结果别人比自己干得好也不会嫉妒或者表功，只会真诚的赞扬和祝贺。

3. 互相奉献和支持

有一次，我的小组要开发一个用于测试的工具，有人就推荐在Windws的一个组有一个类似的工具，可以直接用，你不用花那么多的精力去做。我一问，对方马上表示让我去看看，为我们详细讲解，并且愿意根据我们的要求帮我们修改一下。我知道他们的任务很紧，但他们没有只顾自己完成任务，而是热情地帮助我们。微软人在从公司全局考虑问题，愿意帮助公司减少花费，节省时间。

微软亚洲研究院刚建立的时候，由于工作需要，新招了三位年轻的博士做语音识别。要想从头开始做中文的语音识别，还要超过别的公司已有的产品，做到最好，怎么办？当时李开复博士提议去找总部的英文语音识别组问问，他们就去问美国那边的专家。那边一听,马上就把所有源代码送过来,还表示有问题可以随时问。因为源码太长不好读,我们这边的博士就说能不能直接问几个问题?那边马上说,没问题,我们可以约个时间。随后,那边的专家就打来电话一点一点地讲,讲完以后,美国那边已经半夜了。这对我们的帮助很大,在三个月后,研究院就做出了领先的中文语音识别技术。这就是大家互相奉献的结果。否则,三位刚毕业的年轻博士不可能在短短的三个月就能做出这么好的技术。

4. 遇到困难,互相鼓励,及时沟通,用团队智慧来解决问题

在工作中遇到困难是难免的,关键是遇到困难后的态度。我以前在一个小组,我与另一个小组的负责人产生了矛盾。我认为按规定,某件事应该是他们的工作,但他却觉得是我们的工作,他还说我们不要偷懒。我很生气,跟他说你要让我们做没问题,但是不能说我的小组偷懒。我让他向我的小组成员道歉,他不愿意。于是,我就找来经理,解释我要这样做的原因,那个小组负责人想了想觉得我的话有道理,就向我们所有人道歉。用这种沟通的方式,我们就把问题解决了。

在有困难的时候,比如,有一次我们开发的一个产品被取消了,大家很丧气,但是老板说我们做了一个非常好的尝试,表面上看是失败了,但是从中我们知道做产品不光要考虑技术,还要考虑市场,这就是一个很好的经验,这样对大家进行鼓励。类似的鼓励常常能起到鼓舞士气的效果。

在微软亚洲研究院建立以后不久,一个研究员不想干了。问他为什么,他说,我的老板给我穿小鞋。我问他,有没有把这件事告诉过他的老板。他说,没有,告诉也没用,因为他能想象出老板的回答。我认为他还是应该与他的老板谈谈,就鼓励他说,反正你走都不怕,告诉他又何妨?你直接告诉他你的感受,如果他真像你想象的那样回答,我再帮你沟通。他听了我的建议就去找他的老板了。

第二天,他没来找我,而是发了一封电子邮件给我说,谢谢你的指点,我跟老板直接谈了,出乎意料,老板没有像想象中那样回答我,反而真诚地道歉,说以前方式太直接,没有考虑我的感受,认为我说的的确很有道理,以前没有听清楚,老板也向我道歉了。老板还说,要多向我请教,与我配合。这个研究员现在很高兴,工作得很愉快。上面的案例说明,在微软沟通是很重要的。工作中,人与人总是会有矛盾的,关键是怎么解决矛盾。

5. 承认并感谢队友的工作和帮助

这点也很重要。一个人再能干,不承认并感谢队友的工作和帮助,谁还能跟你合作呢?承认并感激队友的工作和帮助时,并没有降低自己的个人能力或丢自己的面子,相反,你的人格魅力会由此而上升,大家就会觉得你真的很了不起。现在最不能理解的就是两人合作创造一件作品,最初两人好好地合作,后来互相打官司,都说自己是创作者。难道一个人创作就比两个人创作了不起吗?我不这么认为。我个人觉得,好东西为什么不能让大家分享呢?

6. 甘当配角

这非常重要。一个人一生,不管怎么样,大部分时间都是在当配角,人的自然角色就是配角。虽说不想当将军的士兵不是好士兵,但是当将军以前也是要先当士兵的。而且,当将军也不是靠自己个人的,想爬上去的,要当好士兵要得到大家的一致认可。所以说,主角是通过努力赢得的,配角则是天然的选择。

在一个团队中,做一切事情都是为了把事情做好,对整件事情来说,我们是配角,有些人可能被选为主角,但是大多数人的自然角色都是配角。比如打垒球,要赢得一场比赛,每个人都要当主角是不可能的。

7. 欣赏队友的工作

在微软，谁做完一件工作，大家就会对谁很推崇。学会欣赏队友的工作，这也能促进大家更好地合作，激发大家的工作热情。相反，如果老是挑别人的刺，那么工作就没办法开展了。

我刚回国的时候，跟一些学生一起工作。我发现，在做事的时候，他们大部分时间都是在互相挑刺。我很失望，我们为什么不能欣赏别人呢？有个学生主动要求印刷所有的宣传稿，一个人承担所有任务，印了一万多份。我看了很喜欢，觉得他很了不起，一个人能做那么多事。但是旁边的人就因为发现里面有印错的字，就认为他做得不好。当时，我就告诉了他们我的想法：第一，我真的觉得他很了不起，一个人做了这么多事。第二，如果有时间，下次我一定帮他检查一下，希望他不再犯类似的错误。

8.我不同意你，但我支持你

有时候老板不同意我的观点，但是支持我的决定，只要这件事属于我的职责范围。比如，我的小组招聘，老板有时候不同意我选的人，但是只要我负责招聘就由我做决定。在微软招聘，不是人事部做决定，是用人部门的经理做决定，我的老板也会尊重我的决定，他轻易不会否决我的决定。即使意见不统一，但当我告诉他我要这么决定时，他往往也同意。虽然我的决定不一定比他们的好，但他们还是让我做决定。因为在做决定的过程中能学到很多东西。人总是会犯一些错误，但是认识到错误以后就不再犯，在这个过程中自己就会有质的提高，这样才能培养出一批人才。微软的领导对部下总是信任和支持的，我对这一点的感觉非常深刻。我在微软总部的时候，我的小组总是由我做决定。最初我不习惯，遇事还要请示领导，但是老板告诉我，这是你的小组，你就要把它带出来，你就要自己做决定。因此，在这样的氛围里，就算做错了也不会太介意，关键是要敢作敢当。只要努力做事，错一点不重要，只要下次做得好。但是不做事，就必须离开，微软不需要不做事的人。

讨论题：

1. 微软的团队管理有哪些特点？
2. 如何解决团队中发生的冲突？
3. 结合微软的实例，谈谈如何塑造一个高绩效的团队。

无奈的李总

李总是一家上市企业的副总，负责这家企业汽车产业部的生产经营。他正坐在办公桌旁，为所面临的一个问题苦恼着。李总已经是接近60岁的人了，搞汽车差不多搞了一辈子，这次第一次上纯电动汽车项目。就如同李总说的，他搞汽车搞一辈子，搞了一辈子喝油的车子，给他带来很多荣耀，如果这次在他即将退休时候，能够把纯电动汽车项目搞成功，他就可以安心地退休了。

李总为了能够获得董事会批准争取上马研发电动汽车项目，没少跟董事会人员沟通、争论过，上周董事会已经通过上马纯电动汽车项目，李总全面负责该项目实施。在这几天准备项目正式上马时候，董事会的副董事长却提出企业要开发氢能源汽车项目。副董事长认为电动汽车项目可以缓一缓，而董事长及以前跟随副董事长打天下的相关董事会人员私下也是这样认为的。李总看着眼前的一帮年轻的中级干部说，"看来董事会会同意上氢能源汽车项目，我们这个项目也许要缓缓，如果两个项目同时上，势必在企业内形成PK，上次研发双层豪华客车的事情，大家都炸了，没有跟别人斗起来，自己跟自己倒斗起来了"。

负责公司技术研发的胡总工程师小声嘀咕着，"这帮人也不想想，知不知道技术发展轨迹啊，纯电动汽车能够量产就是近几年的事情，而氢能源汽车最起码还要10年以后才量产，现在搞研发，我们企业能够承担这么多研发费用和市场开发费用吗，这帮人就喜欢开玩笑。"

负责市场的王经理提醒李总，希望李总能够让董事会人员多咨询相关专家，多做一些市场前瞻性调研。李总抬头看了看大家:"看来大家跟我感受一样,请大家放心,我会在董事会上争取一下,尽量不让这个项目耽搁。再不行,我就离开这个企业,大家愿意跟我走,我们就一道走,我想我还是要搞这个项目。"大家都沉默不语。

前几章我们通过学习感知、个性、态度和激励,可能帮助提高个人的绩效,但李总是处于群体中的个体,在这个群体中,他既要面对董事会这个群体,也要面对自己手下这个群体,而且不同群体决策又受到多种因素的影响,请大家能够结合这个案例,理解和掌握本章的相关知识。

讨论题:

结合案例谈一谈群体决策会受到哪些因素的影响?可能会出现什么现象?如何能够做出正确决策?

推荐阅读文献:

[1] [美]斯蒂芬·P·罗宾斯.组织行为学.第十版.[M].孙健敏,李原,译.北京:中国人民大学出版社,2005年.

[2] 张德.组织行为学.第二版.[M].北京:高等教育出版社,2004年.

[3] 陈加洲,凌文辁,方俐洛.企业员工心理契约的结构维度[J].心理学报,2003,35(3):404–410.

第八章 群体沟通

◆本章关键词

沟通;沟通网络;冲突;谈判

第一节 沟通概述

一、沟通的概念

在组织行为学中,沟通是人、群体、组织之间传递信息并达到共同理解的过程。有意义的传递和理解是将某一信息或意思传递给客体或对象,以期客体做出相应的反应效果的过程。沟通理解并不意味着要完全同意,而是说人们必须对所传递信息的含义有相对准确的理解。因为群体、组织之间的沟通最终要通过人际沟通来实现,所以人际沟通是最基本的。

沟通的特点:

(1)沟通主要是通过语言来进行的。

(2)沟通不仅是信息的交流,而且包括情感、思想、态度、观点的交流。

(3)心理因素在交流中起着重要的作用,沟通双方需彼此了解对方的动机和目的,而交流的结果是影响和改变人的行为。

(4)在沟通中会出现人所特有的心理障碍。人际沟通不仅具有传达信息的功能。而且具有心理保健和形成和发展社会心理的功能。

二、沟通的功能

(一)心理保健功能

沟通不仅有传递信息的功能,还有心理保健和发展社会心理的功能。

根据这个标准,可将人际沟通分为工具式沟通和满足需要的沟通。工具式沟通主要是为了传达信息,将传达者自己的知识、经验、意见与建议等认知元素传递给接受者,以便影响接受者的认知结构、知觉思想及态度体系,进而改变其行为,以达到组织目标。满足需要的沟通,主要是情感元素的传递,即表达自己的情感情绪、意向态度,借以求得对方的同情、共鸣、支持、友谊和谅解,消除内心的紧张,从而确立和改善与对方的人际关系,以满足个人精神上的需要。

人的心理过程是知、情、意、行的统一,故实际中的沟通往往是这两种功能互相渗透、兼而有之。例如,一部杰出的文学作品之所以有强烈的感染力,不仅在于它向人们昭示了真实的人生,更在于它激发了人们对美好生活的向往。

(二)连接个体组成群体的功能

沟通在人的日常生活和社会关系中起着重要的作用,沟通将独立的个体组成有机整体。

沟通在人的日常生活和社会关系中起着重要的作用,沟通把许多独立的个人、群体和组织串联起来,形成相互联系的有机整体。有人甚至认为,国家、社会、种族发生冲突的主要原因是沟通问题,即"人类最大的失败在于不能获得他人的帮助及了解"。美国的一些调查说明,企业管理人员在沟通方面所花的时间占工作时间的50%~90%。

(三)形成信息传递系统的功能

在一个组织中沟通的作用在于使组织每一个成员能够将适当的信息,用适当的方法,传递给适当的人,从而形成一个健全、迅速、有效的信息传递系统,以利于组织目标的实现。

(1)提供充分、准确的信息材料,是正确决策的前提和基础。正确决策是组织高效运作的关键,无论是"做正确的事",还是"正确地做事",都是决策要解决的问题。在决策过程中,无论是问题的提出、原因的分析,还是各种方案的选择比较,都必须以所掌握的有关组织内部、外界环境的信息为依据。决策的失误往往是由于信息的不完备所导致的。在组织的竞争中,先拥有信息就掌握了主动权;拥有比竞争对手更完备的信息,就能获得竞争优势。"知彼知己,百战不殆"就说明了信息的重要性。而要获得完备的信息,就必须保证沟通的有效性。

(2)沟通是统一思想、协调行动的工具,是有效控制的基础。组织对员工的职责由于处境不同、利益和知识经验各异,因而组织成员和群体对某些问题、某一措施的认识与态度有差异。这会影响组织成员、群体的行为,进而影响组织活动的效果。分歧过大甚至会危及组织的存在,导致组织的分裂或解体。因此,为了使人们达成共识,理解并执行组织的决定,就必须通过充分、有效的沟通,交换意见、统一思想、明确任务并协作行动,以完成组织目标。没有沟通就无法协调,无从控制,不可能实现组织活动的目标。

(3)沟通是激励员工的有效方法。在工作中,明确告诉员工做什么,如何做,没有达到目标如何改进,能够调动员工的积极性。而这些具体目标的设置、工作过程中的持续反馈以及对理想行为的强化都要通过沟通实现。有效沟通所带来的组织内部经验传递、学习提高,也是一种激励手段。

(4)沟通提供了情绪表达机制,是组织成员之间特别是领导者和被领导者之间建立良好人际关系的关键。有效的沟通,可以满足员工的社交需要,通过表达自己的挫折感和满足感,增进了解,达到默契,使人际关系趋于融洽。沟通为员工提供了一种释放感情和压力的情绪表达机制,组织内部的人际关系,主要取决于沟通的水平、态度和方式。领导者深入基层、关心群众疾苦、虚心征求意见,就是沟通的一种方式。所以沟通是领导者的一项重要任务,是形成良好人际关系的关键。

总之,沟通是组织中一切活动的基础,巴纳德将沟通视为组织存在的三个基本条件之一,是领导人员的基本任务。

三、沟通的过程

沟通是发送和接收信息的过程。它包含三个要素:信息源(发送者)、信息和接收者。沟通过程中,信息首先被转化为便于传递的信号形式——编码,然后通过媒介物(通道)传送给接收者,由接收者将收到的信号转译回来——解码,并做出反馈。这样信息的意义就由一方传给了另一方。

图 8.1 信息沟通模型

图 8.1 描述了沟通的过程。这一模型包括 7 个部分:信息源、信息、编码、通道、解码、接收者和反馈。此外,整个过程极易受到各种因素的干扰,这就是噪声。无论是内部噪声——如说话人或发声者的声音过低,还是外部噪声,如同事在邻近高声喧哗,都可能在沟通的任一环节上造成信息失真。

(一)沟通的起点——沟通动机分析

(1)自我呈现论。社会学家 I. 戈夫曼认为,沟通的目的在于借助自己的言行向他人呈现自我,这种呈现往往是强调自身众多属性中的某些有利于自我形象的属性,而隐瞒其他属性。自我呈现论强调通过呈现自我,对他人施加影响,控制他人的行为,尤其是控制他人对待自己的方式。

(2)社会交换论。美国社会学家 G. 霍曼斯认为人际交往过程是一种交换过程。通过沟通,人们相互交换信息、赞许、荣誉或声望等非物质商品。人在交往过程中,得到的是报酬,付出的是代价,精神利润就是报酬减去代价,除非双方获利,否则,交往无法进行下去。

(3)社会实在论。菲斯廷格认为,当人们对自己的态度和意见正确与否无法确定标准时,会采用现实主义的立场和观点来评判事物,使自己的意见与团体舆论相认同,沟通有助于促使人们的认知协调和保持心理上的平衡,并取得团体中其他成员的支持和帮助,消除判断事物和行为表现上的偏差。

(二)编码

信息源把头脑中的想法进行编码而生成了信息(有时是承载信息的物理产品),编码是信息发出者把要传送的意义符号化,编制成一定的语言文字或表情动作。这一过程受四个方面的因素制约:

(1)技能,包括听、说、读、写和逻辑推理技能。如果教科书的作者缺乏必要的技能,就很难用理想的方式把信息传递给学生。作家能够成功地把信息传递给读者,依赖于作家的写作技巧。

(2)态度,个体的态度影响着信息的选择和理解。人们对许多事情有自己预先定型的想法,这种想法影响着人们的沟通。

(3)知识,对某一个问题的知识影响着我们要传递的信息。人们关于某一问题的知识影响人们要传递的信息。任何人都无法传递自己不知道的东西;反之,如果编码者某一问题上的知识极为广博,则接受者也可能不理解传递的信息。

(4)社会文化系统,信誉和价值观影响着沟通双方。我们在社会-文化系统中所持的观点和见解也影响着行为。信仰和价值观(均是文化的一部分)影响着沟通的双方。

(三)通道

通道是信息传递的媒介物,由信息源选择。在沟通过程中,无论使用什么样的支持性装置来传递信息,信息本身都会出现失真现象。人们传递的信息实际上是经过信息源编码的物理产品。当人们说话时,说出的话是信息;写作的时候,写出的内容是信息;绘画的时候,图画是信息;做手势的时候,手的动作、面部表情是信息。人们用来传递意义的编码和信号群、信息本身的内容,以及信息源对编码和内容的选择与安排所作的决策,都影响着信息,三者之中的任一方面都会造成信息的失真。

通道是指传送信息的媒介物。它由发送者选择。口头交流的通道是空气;书面交流的通道是纸张。传递一个具体的信息可以选择多种通道,但不同的通道有不同的传递效果。比如,邀请别人参加舞会可以口头表达也可书面表达,但两种表达方式的效果是不一样的。在组织中,不同的信息通道适用于不同的信息。如果大厦着火,使用备忘录方式传递这一信息显然极不合适。对于一些重要事件,如员工的绩效评估,管理者可能希望运用多种信息通道。比如,在口头评估之后再发出一封总结信。这种方式减少了信息失真的潜在可能性,增强了信息传递的效果。

(四)解码

解码是信息接受者将接受到的信号中所加载的信息翻译成他理解的形式的过程。解码过程也受信息接受者的技能、态度、知识和社会文化系统的制约。

接收者是信息指向的个体。但在信息被接收之前,必须先将其中包含的符号翻译成接收者可以理解的概念和形式,这就是对信息的解码。与编码者相同,接收者同样受到自身的技能、态度、知识和社会-文化系统的限制。信息源应该擅长于写或说,接收者则应擅长于读或听,而且二者均应具备逻辑推理能力。另外,接收者的态度及其文化背景也会导致理解的差异,使所传递的信息失真。

(五)反馈

信息接受者接收信息后,再将自己的意见编码,通过信道向原来发出者传送过去,从而构成一个循环。

四、沟通的分类

(一)正式沟通和非正式沟通

按沟通的组织系统,沟通可分为正式沟通和非正式沟通:正式沟通指通过组织机构明文规定的渠道进行的沟通。如组织之间的人员往来、请示汇报制度、会议制度等。非正式沟通指正式交往渠道以外的信息交流和意见沟通,如私人聚会、传播小道消息等。

(二)单向沟通和双向沟通

按信息有无反馈,可将沟通分为单向沟通和双向沟通:单向沟通,指交往的一方只发出信息,另一方只接受信息,没有反馈系统。双向沟通,指沟通双方既发出信息,又接受信息,在交往过程中可以随时掌握反馈的沟通形式。

(三)直接沟通和间接沟通

按沟通是否经过一定的中间环节,可分为直接沟通和间接沟通:直接沟通,指沟通双方不通过任何中间环节,面对面的沟通。间接沟通,需经过某种中间环节才能实现的沟通。

(四)口头沟通与书面沟通

按信息传递方式,沟通可分为口头沟通与书面沟通:通过口头语言进行的沟通叫做口头沟通。通过书面语言进行的沟通叫做书面沟通。

(五)水平沟通、下行沟通、上行沟通、斜向沟通、垂直沟通

按信息传递的方向可分为水平沟通、下行沟通、上行沟通、斜向沟通、垂直沟通:垂直沟通,组织中不同等级的成员之间发生的沟通。下行沟通:自上而下的沟通,在组织或群体中,从一个水平向另一个更低水平进行的沟通。上行沟通:自下而上的沟通,组织或群体中从低水平流向更高水平的沟通。斜向沟通:组织内非属同一层次的个人和群体之间的沟通。水平沟通:发生在同一等级的工作群体成员之间,同一等级的管理者之间以及任何等级相同的人员之间的沟通。

第二节 人际沟通与组织沟通

一、人际沟通

人际沟通是指人与人之间相互了解、共享信息的交流过程,它是渗透于社会和组织生活所有方面最基本的沟通形式。美国普林斯顿大学对1万份人事档案进行分析后发现,智慧、专业水平和经验只占成功因素的40%,其余60%取决于良好的沟通。因此,对管理者而言,良好的人际沟通能力既是管理者的必要素质和能力,也是实施组织有效管理的重要前提与保证。

人际沟通,它是一种积极的信息沟通,沟通的双方都是具有积极性的主体。发信者在发出信息时,必须分析和判断接受者的需要、动机、目的、定势等情况。同时,还要预测来自对方的反馈和新信息,反之亦然。它是双方心理上相互影响的过程,这种影响不仅是思想、观念的,而且是情感和心理的。它是积极的双向反馈过程,沟通双方对信息反馈灵敏,易于相互调整适应。它主要在个人之间进行,最容易受个人主观因素的制约。比如受个人的素质、能力、观念、态度、情绪、语言等因素的制约,信息在传递的过程中容易失真,形成人为的沟通障碍。

(一)口头沟通

口头沟通是信息传递的主要方式,它使用谈话、讲演、会议、会谈、谈判等形式,是人类最早的交流形式。口头语言直截了当、简便易行,形象生动,与非语言符号系统的配合不仅可以传递信息,而且可以传递丰富的情感。一个人可能不会使用文字,但人人都会用口语实现交流。人们一旦能很好地驾驭口语,在办事中交友,在交友中办事,对事业的成功将有直接的促进作用。

口头沟通优点,最突出的是快捷和反馈及时。在口头沟通中,人们可以及时了解双方的意见、观点和看法。尤其是当一方对问题的理解出现歧义时,沟通的另一方能够即时发现并做出反馈。总之,口头沟通的直接性极大地强化了沟通的准确性和有效性,是沟通的重要方式。

口头沟通的主要问题是：受时空限制，口头沟通的对象必须在特定的时空点见面才能进行。在口头沟通中沟通的变异性体现得最为突出，即信息沟通的人数越多，信息被曲解的可能性越大。由于每个人都按自己的方式理解并解释传送信息，所以在组各层级使用口头沟通时，管理者对信息的曲解现象要给予高度重视。

（二）书面沟通

书面沟通是口头沟通的发展，它是人们沟通行为的延长。书面语言不受时间、空间的限制，书面语言可以字斟句酌，达到完美的希望效果，实现口头语言无法完成的沟通效果。书面沟通在有一定文化素质而又擅长写作的人群中较为常用。由于它是口语的凝练与升华，具有规范性、长期性、影响力大等特点，因此书面沟通成为人际沟通的一个重要组成部分。

书面沟通形式包含各种报告、请示、计划、规章制度、总结、会议纪要、命令、指示、决定、通知、备忘录、传真、书信、请帖、协议、内部刊物、手册和网络交流等通过文字或符号传达意思的工具。

书面沟通为读者提供了以适合自己的速度和方式阅读材料的机会，易于远距离传递，所沟通的信息易于保存。人们一旦对该信息有疑问，可以查询，这个特点对冗长而复杂的信息尤其重要。书面沟通最重要的优点还在于沟通的过程本身，与口头沟通相比，沟通者会更深入、全面地考虑所要传达内容的正确性、逻辑性、修辞等方面内容。因而，书面沟通更全面、更有逻辑、也更清晰。

书面沟通的主要问题是：书面沟通耗时较长、书面的内容制作时间也要相对延长；书面沟通缺乏反馈，由于沟通双方是通过文字媒介交流，无法直接观察到对方的反应，沟通一方在对信息的理解方面容易出现偏差。

（三）非言语沟通

非言语沟通是指通过非语言文字符号进行信息交流的一种沟通方式，它比言语交流更常见，也更富有表达力。人们利用身体动作、面部表情、空间距离、触摸行为、声音暗示、穿着打扮、实物标志、色彩、绘画、音乐、舞蹈、图像和装饰等来表达思想、情感、态度和意向，有时非言语沟通可以起到语言文字所无法替代的作用。所以，非言语沟通不仅是语言交流的一种补充，而且是一种人与人之间的心理沟通，是人的情绪和情感、态度和兴趣的相互交流和相互感应。

视动符号系统。包括手势、面部表情、体态变化等。心理学家研究表明：仅是人的脸部，就能做出大约250 000种不同的表情。辅助语言系统。音质、音幅、声调及言语中的重音、停顿、速度快慢、附加的干咳、哭或笑等都能强化信息的语义分量，具有强调、迷惑、引诱的功能。

时－空组织系统

C. 霍尔根据对时－空组织系统的研究，创立了人类空间统计学，即空间心理学。华东师范大学杨治良教授的实验研究结果：

➢不同文化水平者对空间距离的要求不同：

女对男：大、中专生：98厘米；初、高中生：81厘米。

男对男：大、中专生：110厘米；初、高中生：99厘米。

➢不同社会地位者对空间距离的需求不同：

女对男：干部：97厘米；工人：82厘米。

➢陌生人之间，不论同性间还是异性间的接触，都有一定的空间距离需要：

男对女：134厘米；男对男：106厘米。

女对男：88厘米；女对女：84厘米。

二、组织沟通

研究表明，群体信息和意见沟通存在不同的结构模式。其中正式群体和非正式群体各有一些典型的网络结构，沟通的网络就是指沟通的结构。不同的网络构成对群体行为会产生不同的影响作用，进而制约着群体的工作绩效。沟通网络指信息流动的通道，可分为正式沟通网络与非正式沟通网络。

（一）正式沟通网络

正式沟通网络是指按照正式的权力系统并只进行与工作有关的信息沟通。优点是沟通效果好，比较严肃，约束力强，易于保密，可以使信息沟通保持权威性。

缺点是刻板，沟通速度慢，效率低。正式沟通网络有五种类型，即链式、环式、全通道式、轮式和Y式，见图8.2。

链式严格遵循组织的命令系统；环式相当于链式网络的封闭控制结构；全通道式允许所有的群体成员相互之间进行积极的沟通；轮式把领导者作为所有群体沟通的核心；Y式又称秘书关键式，是兼有链式和轮式特点的沟通网络。

没有一种网络在所有情况下都是最好的，相对于不同的任务、不同的要求，应使用不同的沟通网络。如果有效是速度快与反应控制，是轮式网络较好；如果有效是指成员满意度和解决复杂问题，则环形网络较好；如果组织庞大，则链型网络较好；如果主管事物繁杂，则才有Y型网络较好。

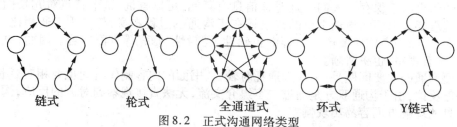

图8.2　正式沟通网络类型

（二）非正式沟通网络

非正式沟通网络不是以组织系统，而是私下的、非正式系统的沟通，常常被称为小道消息传播，它方向自由，并可跳过权力等级，能满足群体成员的社会需要。小道消息有3个特点：首先，它不受管理层控制；其次，大多数员工认为它比正式沟通渠道更可信；最后，它在很大程度上有利于人们的自身利益。

对于任何组织或群体的沟通网络来说，小道消息是其重要的组成部分，这是因为小道消息的存在可以缓解员工的焦虑情绪。研究表明，如果情境对我们来说十分重要，但又模棱两可时，易激起人们的焦虑情绪。而组织中的许多情境，如结构的重组、新领导的任命、人员的调整等，在未正式实施之前必然具有一定的保密性和竞争性，这些事件可能激起员工的焦虑感，此时小道消息会出现。如果通过小道消息，人们的愿望和期待得不到满足，焦虑得不到缓解，则小道消息会一直持续下去。

小道消息传播的传播类型：单线型、闲聊型、随机型、组串型，见图8.3。

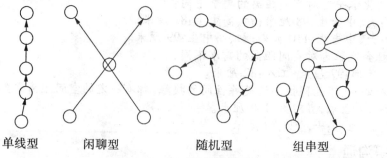

图8.3　非正式沟通网络类型

小道消息具有过滤和反馈作用，它使管理者认识到哪些事情员工认为很重要，管理者甚至可以利用非正式渠道来传递某些消息，使之起到正式渠道起不到的作用。有关小道消息的一个研究表明,尽管小道消息是信息来源的一种重要途径,但仅由10的管理人员担任联络员角色,即将信息传递给其他人。

但有研究表明,通过非正式渠道传递的信息,其中有些是不准确的,非正式渠道可能导致歪曲事实或编造谣言的消极作用。因此,在非正式网络客观存在的情况下,管理者应使小道消息的范围和影响限定在一定区域内,并使其消极结果减少到最低。以下是管理者可采取的几项措施:公布进行重大决策的时间安排;公开解释那些看起来不一致或隐秘的决策和行为;对目前的决策和未来的计划,强调其积极一面的同时,也指出其不利的一面,公开讨论事情可能的最差结局,降低由猜测引起的焦虑程度。

第三节 沟通障碍与克服

任何信息在沟通过程中都可能被有意或无意扭曲、遗漏,从而使其准确性和完整性受到影响,出现信息失真现象。显然,这种障碍不利于实现沟通的有效性。因此,研究沟通障碍及克服的方法,对于促进组织和群体内部的信息沟通和意见交流具有十分重要的作用。

一、有效沟通的障碍

信息传送者希望接受者能够准确无误地接收信息,进而实现有效的沟通,但实际沟通过程中有许多因素影响沟通的有效性,有效沟通的障碍主要有以下几个方面。

(一)个人因素

1. 沟通主体的过滤

是指发送者有意操纵信息,以使信息显得对接受者或自己更为有利。比如,一名管理者告诉上级的信息往往是上级想听到的东西,这名管理者就是在过滤信息。或当下级怀疑某些信息会给自己带来损害时,他在与上级沟通时常常对这些信息做一些有利于自己的加工。这些现象在组织中经常发生,在进行整合时,个人的兴趣和自己对重要内容的认识也加入进去,因而导致了过滤。组织纵向的层级越多,过滤的机会就越多。

2. 有选择地接受

是指在沟通过程中,接受者会根据自己的需要、动机、经验、背景及其他个人特点有选择地去看或去听信息。解码的时候,接受者还会把自己的兴趣和期望带进信息之中。我们看到的不一定是事实,而是对我们所看到的东西进行解释并称之为事实。

约瑟夫·克拉柏(Joseph Klapper)提出了"选择性注意、选择性理解、选择性记忆"的概念。选择性注意指人们总是注意那些与自己的观点、信念相一致或自己需要的、关心的信息。选择性理解指对于同样的信息,不同的人会产生不同的理解,这与个人的知识经验有关,受个人原有的态度制约。选择性记忆指人们容易记住自己感兴趣的事物,遗忘不感兴趣的东西。

3. 个人沟通技巧

运用沟通技巧的能力也影响有效的沟通,如有的人不能口头上完美地表述,但却能够用文字清晰而简洁地写出来,另一些人口头表达能力很强,但不善于听取意见,还有一些人阅读较慢,并且理解起来比较困难。所有这些问题都妨碍进行有效的沟通。

4. 情绪

在接收信息时,接受者的感受也会影响到他对信息的理解。不同的情绪感受会使个体对同一信息的解释截然不同。极端的情绪体验,如狂喜或悲痛,都可能阻碍有效的沟通。这种状态常常使我们无法进行客观而理性的思维活动,而代之以情绪性的判断。

(二)人际因素

1. 沟通双方的相互信任

沟通是发送者与接受者之间"给"与"受"的过程。信息传递不是单方面,而是双方的事情,因此,沟通双方的诚意和相互信任至关重要。如上下级间的猜疑只会增加抵触情绪,减少坦率交谈的机会,也就不可能进行有效的沟通。

2. 信息发送者的可靠性

信息发送者的可靠性由5个因素所决定:身份地位、专业知识、外表形象、良好愿望、共同价值观。有时,信息发送者可能并不同时具有这5个因素,但只要信息接受者认为发送者具有即可。可以说,信息发送者的可靠性实际上是由接受者主观决定的。例如,当面对来源不同的同一问题的信息时,员工最可能相信他们认为可信度最高的那个来源的信息。

3. 沟通双方的相似性

沟通的准确性与沟通双方间的相似性有着直接的关系。沟通双方特征(如性别、年龄、智力、种族、社会地位、兴趣、价值观、能力等)的相似性影响了沟通的难易程度和坦率程度。沟通一方如果认为对方与自己很相近,那么他将比较容易接受对方的意见,并且达成共识。相反,如果沟通一方视对方为异己,那么信息的传递将很难进行下去。例如,年龄差距或代沟在沟通中就是一个常见的障碍。

(三)结构因素

1. 地位差别

许多研究表明,地位的高低对沟通的方向和频率有很大的影响。例如,人们一般愿意与地位较高的人沟通,地位较高的则更愿意相互沟通;地位悬殊越大,信息越趋向于从地位高的流向地位低的。在谈话中,地位高的人常常是沟通的中心地位;地位低的人常常通过尊敬、赞扬和同意来获得地位高的人的接受和认可。地位是沟通中的一个重要障碍。

2. 信息传递链

一般说来,信息通过的等级越多,到达目的地的时间也越长,信息失真性越大。这种信息连续地从一个等级到另一个等级所发生的变化,称为信息传递链现象。一项研究表明,企业董事会的决定通过5个等级后,信息损失平均达80%。其中副总裁这一级的保真率为63%,部门主管为56%,工厂经理为40%,第一线工长为30%,员工为20%。

3. 地理障碍

企业组织庞大,地理位置分散,相距较远或地形复杂都会引起沟通困难,虽然有电话和文件等联系,但缺乏面对面沟通,这也是沟通的一大障碍。

(四)技术因素

1. 语言障碍

沟通的准确性依赖于沟通者赋予字和词的含义。年龄、教育、经历和文化背景影响着一个人的语言风格以及对字和词的界定。因此,语言和文字极少对发送者和接受者双方都具有相同的含义,更不用说许许多多不同的接受者。同样的词汇对不同的群体和个体来说,会导致完全不同的感情和具有不同的含义。

2. 非语言暗示

当人们进行交谈时,常常伴随着一系列有含义的动作。这些动作包括身体姿势、头的偏向、手势、面部表情、移动、触摸和眼神。这些无言的信号强化了所表述的含义。例如,沟通者双方的眼神交流,可能会表明相互感兴趣、喜爱或者攻击。面部表情会表露出惊讶、恐惧、兴奋,悲伤、愤怒或憎恨等情绪。身体动作也能传送渴望、愤恨和松弛等感情。

3. 媒介的有效性

管理人员十分关心各种不同沟通工具的效率。一般说来,书面和口头沟通各有所长。书面沟通常常适用于传递篇幅较长、内容详细的信息,但其缺点是沟通不够灵活,影响速度。口头沟通适合于传递感情和非语言暗示的信息,可以快速传递信息,立即得到反馈,但缺点是随机性强,不容易抓住要点。

由于电脑辅助技术的出现,使得今天的组织当中沟通手段更丰富,沟通内容也更广泛。选择何种沟通工具,在很大程度上取决于信息的种类和目的,还与外界环境和沟通双方有关。如选择不当,可能造成信息失真或延误。

4. 信息过载

我们生活在一个信息爆炸的年代,企业经理面临着信息过载的问题。信息过量不仅使经理人员没有时间去处理,而且也使他们难于向同事提供有效的、必要的信息,沟通也随之变得困难重重。

男性与女性沟通障碍

德博拉·泰南研究发现,男女沟通风格差异很大:
➢男性通过交谈强调地位,女性通过交谈来建立联系。
➢男性抱怨女性总是反复谈自己的问题,女性抱怨男性从来不认真听。实际情况是……
➢交谈中男性更直截了当,女性则委婉。
➢与男性相比,女性更少自夸,而是弱化自己的职位和权利,避免自吹自擂,以赢得信任,被男性误解缺少自信和胜任力。
➢男性常批评女性总是抱歉,其实他们没有理解这是女性表达遗憾的方式。

二、有效沟通的策略

善于沟通是企业管理者必备的知识和技能。为了有效地克服沟通障碍,提高沟通能力,需要注意以下几个方面。

(一)沟通要有认真的准备和明确的目的性

信息发送者自己首先要对信息的内容有正确、清晰的理解。重要的沟通最好事先征求他人意见,每次沟通要解决什么问题,达到什么目的,不仅发送者清楚,要尽量使接受者也清楚。此外,沟通不仅是下达命令、宣布政策和规定,而且是为了统一思想协调行动。所以沟通之前应对问题的背景、解决问题的方案及其依据、决策的理由和对组织成员的要求等做到心中有数。

(二)沟通的内容要确切

沟通内容要言之有物、有针对性、语意确切,尽量通俗化,具体化和数量化,要尽量避免笼统含混的语言,更不要讲空话、套话和废话。

(三)创造一个相互信任、有利于沟通的环境

沟通要有诚意,取得对方的信任并和接受者建立感情。要提高沟通效率,必须诚心诚意地去倾听对方的意见,这样对方也才能把真实想法说出来。

(四)提高倾听能力

倾听能力就是要理解听到的内容意义,它要求对声音刺激给予注意、理解和记忆。

学会倾听

➢使用目光接触;
➢展现赞许性的点头和恰当的面部表情。
➢避免分心的举动或手势;
➢提问;
➢复述;
➢避免中间打断说话者;
➢不要多说;
➢使听者与说者的角色顺利转换。

(五)设计沟通网络,形成沟通常规

这种方法的形式很多,如采取定期会议、报表、情况报告、相互交换信息等。

（六）缩短信息传递链，保证信息的畅通无阻和完整性

信息传递链过长，沟通速度慢并可能造成信息失真。要保证信息传递的速度和准确性，一方面要进行结构变革，减少管理层次；另一方面可建立高级管理者至基层管理者的直接渠道，以便于重要信息的传递。

（七）提倡平行沟通

平行沟通可以加强横向的协调和合作。可以通过定期召开由各部门负责参加的工作会议，允许他们汇报工作，提出对其他部门的要求等方式实现平行沟通。

（八）提倡直接的、双向的口头沟通

人们倾向于面对面的直接沟通、口头沟通和双向沟通。一个企业的领导者每天应到车间科室转转看看，主动询问情况和问题，多和当事者商量。日本企业不主张领导者单独办公，主张大屋集体办公，这些都是为了及时充分地掌握第一手资料和信息，不仅了解生产动态，而且也能了解员工的士气和愿望，还可以改善人际关系。

第四节 冲突与谈判

一、冲突概述

解决冲突是正确处理群体内部人际关系和群体间关系的重要问题，也是管理工作的主题。管理冲突的技能则是管理生涯发展和有效的前提。研究冲突，对于提高诊断冲突的水平，掌握有效解决冲突的策略技巧，具有重要意义。

（一）什么是冲突

冲突是两个或两个社会单元在目标上互不相容或相互排斥从而产生心理或行为上的矛盾。社会单元可以是个体、群体或者组织。冲突的可以发生在个体、群体和组织三个层次上：

1. 个体层次冲突

个人内冲突：个人内心在目标选择或认识统一方面的冲突。

个人间的冲突：由于两人对问题、目标或行动上的认识、态度、立场的不同造成的冲突。

2. 群体层次冲突

群体内的冲突：一个群体内的成员由于对问题、目标或行动上的认识、态度、立场的不同造成的冲突。

群体间的冲突：即群际冲突，在组织内多发生在不同部门之间，并导致竞争行为和一胜一负的结果。

3. 组织层次的冲突

组织内的冲突：分为四小类，具体包括：
- 纵向冲突，发生与上下级间的冲突；
- 横向冲突，同级部门间的冲突；
- 直线－职能冲突；
- 角色冲突，人们在组织中承担不同角色而产生的冲突。

组织间的冲突：组织与供应商、用户、竞争对手、政府机构等发生的冲突。

（二）冲突的主要特征

1. 过程性

冲突是一种过程，它起始于一方感觉到另一方对自己关心的事情产生消极影响或将要产生消极影响。

2. 对立性

冲突是意见的对立或不一致,冲突双方有一定程度的相互作用,如目标的不相容、事实的解释存在分歧、在行为期望方面的不一致等。这些因素所形成的条件决定了冲突过程的起点。

3. 感知性

冲突必须是双方感知到的,是否存在冲突是一个感知问题。如果双方没意识到冲突,常常会认为冲突不存在。冲突有水平不同的表现形式,从暴力、公开的活动到微妙、意见分歧的形式。

(三)冲突的观念发展经历了三个阶段

1. 在20世纪30~40年代

传统观点认为所有的冲突都有害并应避免。

2. 在20世纪40~70年代

人际关系观点认为冲突是任何群体中自然的、不可避免的结果。它并不一定是有害的,有时还会对群体的工作绩效有益,应该使它的存在合理化。

3. 在20世纪70年代以后

相互作用观点认为要鼓励冲突,冲突可以成为群体内的积极动力。冲突与工作绩效的关系,见图8.4。

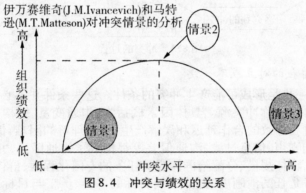

图8.4 冲突与绩效的关系

(四)冲突的类型

1. 按冲突的性质和后果分

(1)建设性冲突,即功能正常的冲突,是支持群体目标,促进群体绩效的冲突。冲突双方在目标一致,但由于实现目标的手段、方法或途径不一致而产生冲突。其后果是:增强群体凝聚力,促进群体成员积极性和创造性发挥,激发斗志,努力实现组织目标,促进群体成员关系稳定和统一。这种冲突可打破现状,进行组织创新和变革,提高群体的绩效,成为组织前进动力。

(2)破坏性冲突,即功能失调的冲突,是指阻碍群体工作绩效的冲突。冲突双方在目标不一致时各自为了自己的利益,采取错误的态度和处理方法而发生冲突。其后果是忽视组织绩效和目标,造成组织成员心理压力和紧张困扰,破坏群体人际关系和削弱群体凝聚力,阻碍群体信息沟通,从而降低群体的绩效。

通常群体在完成任务过程中的冲突或者任务冲突都是功能正常的冲突,而人际冲突则是功能失常的冲突。

2. 按冲突的内容和形式分

(1)目标冲突。即冲突双方具有不同的目标导向时发生冲突,表现为对目标设计意见不一致,对工作的分配不满意等冲突。通常是由于价值取向不同引起的。在同一群体内,有的成员注意荣誉地位,有的关注工作成绩,有的以经济实惠为重。不同的价值观可以产生不同的对目标和任务的评价和态度,从而发生冲突。

(2)认知冲突。即不同群体或个人在对待某些问题上由于认识、看法、观念之间的差异而引发的冲突,群体成员和群体在知识水平、经验、经历等方面都存在着差别,对同一问题产生不同的认识,引起冲突。

(3)感情冲突。冲突中的情绪卷入造成了焦虑、紧张、受挫和敌对。

(4)行为冲突。冲突表现为抵触、争执或攻击等特有行为,以一方拒绝另一方的行为为基本特征。

3. 按冲突的范围和水平分

可分成个人内部冲突、个人间冲突、群体间冲突,组织间冲突。

二、冲突过程

冲突过程可以划分为以下 5 个阶段,如图 8.5 所示。

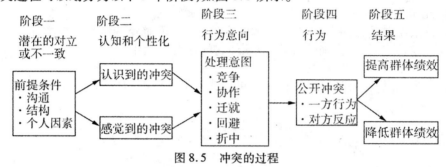

图 8.5 冲突的过程

(一)阶段一:潜在的对立或不一致

冲突过程的第一步是形成可能产生冲突的条件。这些条件并不必定导致冲突,但却是冲突产生的必要条件,亦称冲突源。具体因素概括为:沟通变量、结构变量、个人变量。在沟通变量中,沟通过程导致的合作延迟和误解产生,语义理解的困难,信息交流的不充分或过多,沟通通道中的噪声、信息过滤、沟通偏差等都构成了沟通障碍,并成为冲突的潜在条件。在结构变量中,群体规模、分配给群体成员任务的专门化程度、群体成员的任职时间和离职率、范围和任务责任的清晰度、群体之间目标的差异、员工与目标之间的匹配性、严密监督或依赖性的领导风格、以丧失他人利益为代价的奖励和报酬系统、群体间相互依赖的关系和程度等,都构成冲突的潜在可能性。在个人变量中,个体的个性特征(如人格类型)和价值观系统的差异是变量,尤其是价值观差异,是导致冲突的潜在原因。

(二)阶段二:认知和个性化

只有当一方或双方认识到冲突或感知到冲突时,阶段一中可能产生冲突的条件才会导致冲突。如果一方只是感觉到双方意见不一致,不一定会感到紧张或焦虑,因而也不一定影响到双方的感情。只有"认识到的冲突",才会有感情上的投入,双方都会体验到焦虑、紧张、敌对。阶段二是冲突形成的重要阶段,因为此时冲突问题变得明朗化了,并且决定冲突性质,也影响到冲突的可能解决办法。

(三)阶段三:行为意向

行为意向是指在冲突情境中采取某种特定行为的决策。只有判断出一个人的行为意向之后,才知道他会做出什么行为。很多冲突之所以不断升级,主要原因在于一方对另一方进行了错误归因。意向与行为之间也存在着不同,因此一个人的行为并不能准确反映他的行为意向。

在图 8.6 中,根据两个维度,其一是合作程度(一方愿意满足对方愿望的程度),其二是肯定程度(一方愿意满足自己愿望的程度),确定出 5 种处理冲突的行为意向:

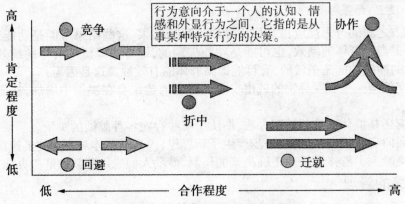

图8.6 冲突处理行为意向的维度

资料来源：[美]S.罗宾斯.组织行为学.第十版.[M].孙健敏,李原,译.北京:中国人民大学出版社,2005.

(1) 竞争——自我肯定但不合作。在冲突中希望自身利益的满足,而不考虑对冲突双方的影响。例如,试图以牺牲他人的目标为代价而达到自己的目标；试图向别人证实自己的结论是正确的,而别人的结论则是错误的；出现问题时试图让别人承担责任。

(2) 协作——自我肯定且合作。冲突各方均希望满足双方利益的局面。例如,试图找到双赢的解决办法,使双方目标均得以实现,寻求综合双方见解的最终结论。

(3) 回避——自我肯定且不合作。逃避或抑制冲突的愿望。例如,试图忽略冲突,回避其他人与自己不同的意见。

(4) 迁就——不自我肯定但合作。冲突中一方愿意把对方的利益置于自己之上。例如,愿意牺牲自己的目标使对方达到目标,尽管自己不同意,但还是支持他人。

(5) 折中——合作性与自我肯定性均处于中等程度。冲突中双方都放弃一些利益的局面。

研究表明,人们在处理冲突时要采取何种方式总有一种基本的倾向。具体而言,上述5种处理冲突的行为意向中,各人有各人的偏好,尤其是结合个人的智力特点和个性特点。偏好是稳定而一致的,可以有效地预测到人们的行为意向。

(四) 阶段四：行为

大多数人在考虑冲突情境时,倾向于强调这一阶段。因为在这一阶段中冲突是明显可见的。行为阶段包括冲突双方进行的说明、活动和态度,一方如何行为,对方如何反应。冲突行为试图实现冲突双方各自的愿望。但这些行为带有刺激性质,这种刺激常常与愿望无关。

所有的冲突都处于从无冲突到彻底的冲突的连续体的某一位置上,见图8-7。连续体的最下端,冲突以微妙、间接、节制为特点,表现为轻度的意见分歧或误解。如果冲突上升到连续体的顶端则具有极大的破坏力量,这时双方做摧毁对方的公开努力。罢工、骚乱和战争显然都位于这一连续体的顶端位置。大多数情况下,处于连续体顶端位置的常常是功能失调的冲突。功能正常的冲突一般来说位于冲突连续体的较低水平上。

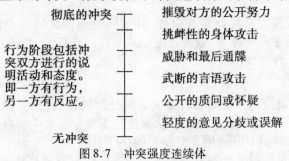

图8.7 冲突强度连续体

(五)阶段五:结果

冲突双方之间的行为反应相互作用导致了最后结果,这些结果可能是功能正常的,即冲突的结果提高了群体的绩效;也可能是功能失调的,即冲突降低了群体的绩效。较低或中等水平上的冲突功能是正常的,有可能提高群体的有效性。这是因为:

(1)冲突使得一些不同寻常的或由少数人提出的建议会在决策中增加,从而提高决策质量。

(2)冲突还是群体决策的矫正办法,淘汰了一些存在各种弊端的决策。

(3)冲突向现状提出挑战,进一步产生了新思想,提高了群体对变革的迅速反应力。

(4)冲突减少了群体思维对正确决策的压制,鼓励人们采用革新的解决办法。

三、冲突的管理

(一)对于功能失调的冲突,组织需采取措施降低冲突水平

(1)问题解决。冲突双方直接会晤,通过坦诚的讨论来确定问题并解决问题。

(2)目标升级。提出一个共同的目标,该目标不经冲突双方的协作努力是不可能达到的。

(3)资源开发。如果冲突是由于资源缺乏造成的,那么对资源的开发可以产生双赢的解决办法。

(4)回避。逃避或抑制冲突。

(5)缓和。通过强调冲突双方的共同利益而减弱他们之间的差异性。

(6)折中。冲突双方各自放弃一些有价值的东西。

(7)官方命令。管理层运用正式权威解决冲突。

(8)改变人的因素。运用行为改变技术(如人际关系训练)改变造成冲突的态度和行为。

(9)改变结构因素。工作再设计、工作调动、建立合作。

(二)当冲突水平过低,需要提高冲突水平

可采用下列手段:

(1)运用沟通。利用模棱两可或具有威胁性的信息可以提高冲突水平。

(2)引进外人。在群体中引进一些在背景、价值观、态度和管理风格方面均与当前群体成员不同的个体。

(3)重新建构组织。调整工作群体,改变规章制度,提高相互依赖性,以及其他类似的结构变革以打破现状。

(4)任命一名吹毛求疵者。任命一名批评家,他总是有意与组织中大多数人的观点不一致。

四、谈判

谈判是指双方或多方互换商品或服务,并试图对他们之间的交换比率达成协议的过程。导致谈判的原因主要是冲突,或者是由于缺乏规则或程序,希望避免争夺或实现联合。谈判是解决冲突的一种主要方式。

(一)谈判策略

(1)分配谈判。是指对一份固定资源应如何分配的谈判,是一种一赢一输的情境。这意味着短期协作关系,也可能就此分手。谈判技巧主要是通过说明自己的具体目标的可行性和公正性,激发对方感情用事,同意并尽可能接受它。

(2)综合谈判。是指寻求一种或多种解决方案以达到双赢目标的谈判。这意味着长期协作关系。谈判技巧要求各方愿意了解对方的观点,信息的公开和双方的坦诚,信任和灵

活性。采用谈判处理冲突的方式,必须开诚布公地交换意见,寻求共同的目标,采取灵活的态度,避免使用威胁手段。

综合谈判的策略难免要承担风险。有时候采用综合谈判策略的人容易被分配谈判策略的人所利用,因为这种谈判成功必须具备一些条件:信息的公开和双方的坦诚;一方对另一方需求的敏感性;信任别人的能力;双方维持灵活性的愿望。这些条件往往是达不到的。因此,谈判通常成为分配谈判,双方建立在为自己获胜而不惜任何代价的动力基础上。

(二)谈判过程

谈判过程分为以下5个阶段:

1. 准备和计划

谈判开始前,需要做一些必要的准备工作。冲突的性质是什么?导致这场谈判的发展过程是怎样的?谁参与谈判?他们是怎样理解冲突的?你想从谈判中得到什么?你的目标什么?形成一个达成谈判协议的最佳选择方案,个体对于谈判协议可接受的最低价值标准是什么?进行这些准备有助于你把精力集中在它上面。你还要评估对方对你的谈判目标有什么想法,他提出什么要求?他们坚守自己立场的程度如何?对他们来说有哪些无形或有形的重要利益?希望达成什么样的协议?如果你能预测到对手的立场与观点,你就能用事实和数字支持你的反击对方的观点。然后,运用你积累的信息提出一种策略,事先就知道在具体情境下应做出何种反应,还应确定你自己与对方达成谈判协议的最佳方案,它决定了在谈判协议中你可接受的最低价值水平。只要你所得到的任何提议高于你的最佳方案,谈判就不会陷于僵局。反过来说,如果你的提议不让对方感到比他的更有吸引力,你就不能期望你能获得谈判的成功。如果你在进入谈判时对对方的方案有比较清楚的了解,即使你不能满足他的要求,你也可能使对方做些改变。

2. 界定基本规则

你可以和对方一起就谈判本身界定基本规则和程序。谁将进行谈判?谈判在哪里进行?谈判限制在多长时间里?谈判要受到哪些方面的约束?如果谈判陷入僵局,应遵循什么具体程序?在这一阶段中,双方将交流他们的最初提议和要求。

3. 阐述和辩论

相互交换了最初观点后,你和对方都会就自己的提议进行解释、阐明、澄清、论证和辩论。这一阶段不一定非是对抗性的,它可以是双方对下面这些问题交换信息的机会:为什么这些问题很重要?怎样才能使双方达到最终的要求?此时,你会给对方提供所有支持你观点的材料。

4. 实行谈判

讨价还价和解决问题。谈判过程实际上是一个为了达成协议而相互让步的过程,谈判双方毫无疑问都需要做出让步。为了增加达成有利协议的可能性,你应该注意以下谈判技能:

(1)以积极主动的态度开始谈判。可能小小让步,才会得到对方同样让步的酬答。

(2)针对问题,不针对个人。着眼于谈判问题本身,而不针对对手的个人特点。应做到把事与人区分开来,不要使差异人格化。

(3)不要太在意最初的报价。把最初的报价仅仅看做是谈判的出发点。

(4)重视双赢解决方式。按照对手的兴趣建构选择,并寻求能够使你和对手均成功的解决办法。

(5)建构开放和信任的气氛。有经验的谈判者是个好听众,他们更多询问问题,更直接地关注对方提议,更少防卫性,并避免使用能够激怒对手的词汇,做到慷慨的报价,公平的价格;他们善于建构必要的开放和信任的气氛,以达到综合解决方法。

5. 结束与实施

谈判过程的最后一步是将已经谈成的协议正规化,并为实施和监控执行制定必要的程序。对于一些重要谈判,包括各种劳资谈判、租约条款谈判、购买房地产谈判、提供高层管理职位的谈判,需要在订立正式合同时敲定各种细节信息。

复习思考题:

1. 什么是沟通?试指出沟通在群体内和组织内的功能,并分别举例说明。
2. 试描述基本沟通模式,并指出其主要环节和关键要素。
3. 影响沟通的因素有哪些?沟通的障碍有哪些?为了提高你的沟通效果,使接收者得到和理解的信息正如你的本意,你应该如何改进?
4. 试比较人际沟通的3种形式各有什么特点,应当根据什么原则进行选择?
5. 人际沟通网络的组织形式有哪几种?说明它们各自的类型。
6. 群体间沟通的3种途径是什么?各有什么特点?
7. 如何提高群体间沟通的有效性?有哪些基本原则和主要策略?
8. 什么是冲突?冲突过程的5个阶段分别是什么?导致冲突的原因是什么?处理冲突的行为意向有哪几种?解决冲突的技术、激发冲突的技术和减少冲突的技术各有几种?
9. 什么是谈判?两种谈判策略有什么区别?为什么综合谈判在组织中未得到广泛应用?谈判过程的5个阶段是什么?

案例分析:

摩托罗拉公司的沟通方式

摩托罗拉公司(天津)设立了多种沟通方式,一方面让员工能及时了解到公司的各方面信息,另一方面公司也努力解决员工关注的各种问题,听取员工的建议,从而实现管理层与员工的有效沟通。

(1) 肯定个人尊严。公司设计了一份包含6个问题的问卷,每个季度每个员工填写一次问卷,回答"是"则表示员工与公司的关系和谐一致;回答"否"则表示员工存在不满意或不理解的成分。对此,管理人员必须安排时间与员工座谈,寻找改进办法。

(2) "我建议"活动。鼓励全体员工通过"我建议"信箱和布告栏,以书面的形式提出自己对公司各方面的改善建议,公司视效果每季度评出先进团队和个人并给予表彰。

(3) 畅所欲言。公司每一个员工都可以通过"畅所欲言"信箱反映各自的意见,人事部有专人负责并保守员工所反映问题的秘密性。

(4) 热线电话。是一种及时高效、高度绝密的双向沟通渠道,反映的内容是一些不易被人发现的公司存在的隐患和损失。经查证后属实且为公司挽回损失的,视情况予以奖励。

(5) 总经理座谈会。为员工与管理人员的交流提供一种双向沟通的渠道,定期召开座谈会,当场回答员工关心的问题。

(6) 报纸及杂志。每周出版《大家庭》报纸,每天播出《大家庭》电视节目,每月出版《移动之声》杂志等。

(7) 每日简报。迅速传达公司重要事件和通知,使全体员工能及时了解公司的信息。

(8) 员工大会。由经理直接传达公司的重要信息,有问必答。

(9) 教育日。为员工提供了解公司文化、理念及学习有关规定及技能的机会。

(10) 墙报。在公司的走廊和餐厅设有定期更换的墙报,其形式活泼,内容丰富,观赏性强,各种通知及宣传的信息可以一目了然。

(11) 589信箱。员工的合理建议或意见尝试以上沟通渠道后仍然无法得到及时、公正的反馈,可以直接投递589信箱。589信箱得到的信息会直接由员工关系经理及人力资源总监负责,及时解决问题。

(12) 员工委员会。是员工与管理层直接沟通的常设机构。

讨论题：

摩托罗拉公司(天津)设立的多种沟通方式对我国企业管理有何启示？

亚通网络公司的冲突

亚通网络公司是一家专门从事通信产品生产和电脑网络服务的中日合资企业。公司自1991年7月成立以来发展迅速，销售额每年增长50%以上。与此同时，公司内部存在着不少冲突，影响着公司绩效的继续提高。因为是合资企业，尽管日方管理人员带来了许多先进的管理方法，但是日本式的管理模式未必完全适合中国员工。例如，在日本，加班加点不仅司空见惯，而且没有报酬。亚通公司经常让中国员工长时间加班，引起了大家的不满，一些优秀员工还因此离开了亚通公司。

亚通公司的组织结构由于是直线职能制，部门之间的协调非常困难。例如，销售部经常抱怨研发部开发的产品偏离顾客的需求，生产部的效率太低，使自己错过了销售时机；生产部则抱怨研发部开发的产品不符合生产标准，销售部门的订单无法达到成本要求。研发部经理虽然技术水平首屈一指，但是心胸狭窄，总怕他人超越自己。因此，常常压制其他工程师。这使得工程部人心涣散，士气低落。

讨论题：

1. 亚通公司的冲突有哪些？原因是什么？
2. 如果你是亚通的经理将如何解决公司存在的冲突？

推荐阅读文献：

[1] 石兴安,安文,姜磊.组织行为学——以人为本的管理[M].北京:电子工业出版社,2005.

[2] [美]斯蒂芬·P·罗宾斯.组织行为学,第十版.[M].孙健敏,李原,译.北京:中国人民大学出版社,2005年.

[3] 王晶晶.组织行为学[M].北京:机械工业出版社,2009.

第五篇 领导行为

第九章 领导理论概述

◆ 本章关键词

领导与领导者；领导权力；领导特质理论；领导行为理论；领导权变理论

第一节 领导与领导者的影响

一、领导及其功能

领导是领导者及其领导活动的简称。领导者是组织中那些有影响力的人员，他们可以是组织中拥有合法职位的、对各类管理活动具有决定权的主管人员，也可能是一些没有确定职位的权威人士。领导活动是领导者运用权力或权威对组织成员进行引导或施加影响，以使组织成员自觉地与领导者一道去实现组织目标的过程。领导是管理的基本职能，它贯穿于管理活动的整个过程。

毛泽东指出："领导依照每一具体地区的历史条件和环境条件，统筹全局，正确地决定每一时期的工作重心和工作秩序，并把这种决定坚持地贯彻下去，务必得到一定的结果，这是一种领导艺术"。美国前总统尼克松对"领导"是这样描述的："伟大的领导能力是一种独特的艺术形式，既要求有非凡的魄力，又要求有非凡的想象力。经营管理是一篇散文，领导能力是一篇诗歌。"管理学的鼻祖彼得·德鲁克认为："领导就是创设一种情境，使人们心情舒畅地在其中工作。有效的领导应能完成管理的职能，即计划、组织、指挥、控制。"著名的学者哈罗德·孔茨是这样定义领导的："领导是管理的一个重要方面。有效地进行领导的本领是作为一名有效的管理者的必要条件之一。"在学术界引用较为广泛的是斯蒂芬·罗宾斯的定义："领导就是影响他人实现目标的能力和过程。"

领导的功能是领导者在领导过程必须发挥的作用，即领导者在带领、引导和鼓舞下属为实现组织目标而努力的过程中，要发挥组织、激励和控制作用。

(一)组织功能

组织功能指领导者为实现组织目标，合理地配置组织中的人、财、物，把组织的三要素构成一个有机整体的功能。组织功能是领导的首要功能，没有领导者的组织过程，一个组织中的人、财、物只可能是独立的、分散的要素，难以形成有效的生产力，通过领导者的组织活动，人、财、物之间的合理配置，构成一个有机整体，才能去实现组织的目标。

(二)激励功能

激励功能指领导者在领导过程中，通过激励方法调动下级和职工的积极性，使之能积极努力地实现组织目标的功能。实现组织的目标是领导者的根本任务，但完成这个任务不能仅靠领导者一个人去动手亲自干。他应在组织的基础上，通过激励功能的作用，将全体职工的积极性调动起来，共同努力，"众人拾柴火焰高"，领导的激励功能。形象地说，就是要使众人都积极地去拾柴。

(三)控制功能

控制功能指在领导过程中，领导者对下级和职工，以及整个组织活动的驾驭和支配的功能。在实现组织的目标过程中,"偏差"是不可避免的。这种"偏差"的发生可能源自于不可预见的外部因素的影响,也可能源自于内部不合理的组织结构、规章制度、不合格管理人员的影响。因此,纠正"偏差",消除导致"偏差"的各种因素是领导的基本功能。

二、领导者及领导者职责

所谓领导者,是指居于某一领导职位、拥有一定领导职权、承担一定领导责任、实施一定领导职能的人。在职权、责任、职能三者之中,职权是履行职责、行使职能的一种手段和条件,履行职责、行使职能是领导者的实质和核心。但是,领导者要想有效地行使领导职能,仅靠制度化的、法定的权力是远远不够的,必须拥有令人信服和遵从的高度权威,才能对下属产生巨大的号召力、磁石般的吸引力和潜移默化的影响力。

领导者的职务、权力、责任和利益的统一,是领导者实现有效领导的必要条件。职务是领导者身份的标志,并由此产生引导、率领、指挥、协调、监督、教育等基本职能;权力是领导者履行领导职能所需要的法定权力;责任是领导者行使权力所需要承担的后果;利益是领导者因工作好坏获得的报偿和受到的奖惩。领导者职务、权力、责任、利益的统一,突出表现为有职务必须要有相应的权力,有权力必须负起应有的责任,尽职尽责的领导者应当受到一定的奖励。反过来说,有职无权就无法履行领导责任,有权无责就会滥用权力,不尽职尽责应该受到惩罚。

现代领导者在组织中担负着引导和服务两个方面的职责:

第一,引导职责是指领导者有责任指导各项活动的开展和协调。

第二,服务职责是指领导者有责任为各项活动的开展提供条件和帮助。

可见,引导职责和服务职责是相辅相成的,并且,服务职责发挥得越好,引导职责就越能有效地实现。对于作为组织主管人员的领导者来说,权力和权威是实施领导有效工具,领导者需要用自己所拥有的权力和权威进行控制和指挥,发挥其在组织中的影响力。

三、领导者的类型

组织中的领导者是复数而非单数,是一群人而非一个人。领导者的类型按不同的角度可划分为多种类型。如从制度权力的集中度,可分为集权式领导者和民主式领导者;从创新纬度,可分为维持型领导者和创新型领导者。

(一)集权式领导者

所谓集权,是指领导者把管理的制度权力进行收揽的行为和过程。因此,所谓集权式领导者,就是把管理的制度权力相对牢固地进行控制的领导者。由于管理的制度权力是由多种权力的细则构成的,如奖励权、强制权、收益的再分配权等。这就意味着对被领导者或下属而言,受控制的力度较大。在整个组织内部,资源的流动及其效率主要取决于集权领导者对管理制度的理解和运用。同时,个人专长权和影响权是他行使上述制度权力成功与否的重要基础。这种领导者把权力的获取和利用看成是自我人生价值的实现。

显然这种领导者的优势在于,通过完全的行政命令,管理的组织成本在其他条件不变的情况下,要低于在组织边界以外的交易成本。这对于组织在发展初期和组织面临复杂突变的变量时,是有益处的。但是,长期将下属视为可控制的工具,则不利于他们职业生涯的良性发展。

(二)民主式领导者

和集权式领导者形成鲜明对比的,是民主式领导者。这种领导者的特征是向被领导者授权,鼓励下属的参与,并且主要依赖于其个人专长权和影响权影响下属。从管理学角度看,意味着这样的领导者通过对管理制度权力的分解,进一步通过激励下属的需要,去实现组织的目标。不过,由于这种权力的分散性,使得组织内部资源的流动速度减缓,因为权力的分散性一般导致决策速度降低,进而增大了组织内部的资源配置成本。但是这种领导者对组织带来的好处也十分明显。通过激励下属的需要,组织发展所需的知识,尤其是意会性或隐性知识,能够充分地积累和进化,员工的能力结构也会得到长足提高。因此,相对于集权式领导者,这种领导者更能为组织培育未来发展所需的智力资本。

(三)维持型领导者

维持型领导者一般也称为事务型领导者(Transactional Leader)。这种领导者通过明确角色和任务要求,激励下属向着既定的目标活动,并且尽量考虑和满足下属的社会需要,通过协作活动提高下属的生产率水平。他们对组织的管理职能推崇备至,勤奋、谦和而且公正,将把事情理顺、工作有条不紊地进行引以为自豪。这种领导者重视非人格的绩效内容,如计划、日程和预算,对组织有使命感,并且严格遵守组织的规范和价值观。

(四)创新型领导者

1. 魅力型领导者

这种领导者有着鼓励下属超越他们的预期绩效水平的能力。他们的影响力来自以下方面:有能力陈述一种下属可以识别的、富有想象力的未来远景;有能力提炼出一种每个人都坚定不移赞同的组织价值观系统;信任下属并获取他们充分的信任回报;提升下属对新结果的意识,激励他们为了部门或组织而超越自身的利益。这种领导者不像事务型领导者那样不擅长预测,而是善于创造一种变革的氛围,热衷于提出新奇的、富有洞察力的想法,并且还能用这样的想法去刺激、激励和推动其他人勤奋工作。此外,这种领导者对下属有某种情感号召力,可以鲜明地拥护某种达成共识的观念,有未来眼光,而且能就此和下属沟通,激励他们的工作方向。

2. 变革型领导者

这种领导者鼓励下属为了组织的利益而超越自身利益,并能对下属产生深远而且不同寻常的影响。如美国微软公司的比尔·盖茨。这种领导者关心每一个下属的日常生活和发展需要,帮助下属用新观念分析老问题,进而改变他们对问题的看法,能够激励、唤醒和鼓舞下属为达到组织或群体目标而付出加倍的努力。

3. 战略领导者

战略领导者的特征是用战略思维进行决策。战略,本质上是一种动态的决策和计划过程,追求的是长期目标,行动过程是以战略意图为指南,以战略使命为目标基础。因此,战略的基本特性,是行动的长期性、整体性和前瞻性。对战略领导者而言,是将领导的权力与全面调动组织的内外资源相结合,实现组织长远目标,把组织的价值活动进行动态调整,在市场竞争中站稳脚跟的同时,积极竞争未来,抢占未来商机领域的制高点。战略领导者认为组织的资源由有形资源、无形资源和有目的地整合资源的能力构成。他们的焦点经常超越传统的组织边界范围中的活动,进入组织之间的相互关系地带,并将这种区域视为组织潜在的利润基地。

战略领导行为是指有预见、洞察、保持灵活性并向他人授权,以创造所必需的战略变革的能力。战略领导是多功能的,涉及通过他人进行管理,包含整个企业的管理,并帮助组织处理随着竞争环境的巨变带来的变化。管理人力资本的能力是战略领导者最重要的技能。能干的战略领导者有能力创造产生知识资本的社会结构,能提出组织创新的思想。现代社会的竞争,将不止是产品之间或组织之间的竞争,更是组织管理人员的思维方式之间和管理框架之间的竞争。战略领导者行为的有效性,取决于他们愿意进行坦荡、鼓舞人心但却是务实的决策。他们强调同行、上级和员工对于决策价值的反馈信息,讲究面对面的沟通方式。

战略领导者一般是指组织的高层管理人员,尤其是首席行政长官(CEO)。其他战略领导者还包括企业的董事会成员、高层管理团队和各事业部的总经理。不管头衔和组织的功能怎样,战略领导者一般具有不可授权的决策责任。没有战略领导者,也就无所谓战略的提出与实施。

四、领导者的影响力

影响力是指一个人在人际交往过程中影响他人思想和行为的能力。领导的本质就是影响力。人与人之间的影响力在速度、强度、持久性等方面存在着个体差异。领导者的影响力构成是多方面的。

(一)权力因素

包括传统因素(人们对领导传统的观念,属于非完全强制因素)、职位因素(强制性因素)、资历因素(非完全强制性因素)。

(二)非权力因素

包括品格、能力、知识、感情等因素(完全非强制因素)。

1. 品格方面

这是非权力感召力的重要前提。品格是指反映在人的一切言行中的道德、品行、人格、作风等的总和。这是非权力感召力的本质要素。优良的品格会给领导者带来巨大的感召力,使群体成员对其产生敬爱感。一个适应社会的好的品格,常被人们作为典范来效仿。品格优良、作风正派的领导,必然带出一大批正直的下属。一个领导应该懂得无论他(她)职位有多高,倘若在品格上出了问题,其政治威望(感召力或亲和力)就会荡然无存。

2. 能力方面

这是非权力性感召力产生的重要内容。能力是指能够胜任某项工作的主观条件,这是非权力性感召力的实践性要素。人的能力是多方面的,如果一个领导能够在安排下属的工作中,避其所短,扬其所长,比如使下属的专长得到充分的发挥,使本群体的各项工作更加井然有序,这就是领导者识人、用人本领和能力。古人曰:"有才者不难,能善用其才则难"说的就是这样的道理。

3. 知识方面

这是非权力感召力产生的重要依据。知识是指人们在改造客观世界的实践活动中所获得的直接经验和间接经验的总和。这是非权力感召力的科学性要素。知识是一个人的宝贵财富,是领导者领导群体成员实现群体目标的重要依据。丰富的知识会给领导者带来良好的感召力,会使下属对其产生依赖感。领导者如果具有某种专业知识,那么,必然会对他人产生影响,具备这种素质的领导要比不具备这种素质的领导,在行使权力上要顺利得多。

4. 情感方面

这是非权力性感召力产生的重要纽带。情感是人对客观事物(包括人)主观态度的一种反映。这是非权力性感召力的精神性要素。领导人深入基层,平易近人,时时体贴关心下属,和下属同甘共苦,与下属建立良好的情感,就容易使下属对其产生亲切感,下属的意见也容易反映到领导处,从而在领导做决策时可以根据群众的工作情况和思想状况作出更科学、合理的决策。

任何一个在位的现职领导者都同时拥有两种影响力——强制性影响力和自然性影响力。强制性影响力来源于领导者的地位权力,下级被动接受其影响,影响力持续的时间是短暂的;自然性影响力来源于领导者的个人条件,下级主动接受其影响,影响力持续的时间是持久的。

不同风格的领导者两种影响力组成的结构比例是不相同的。国内外常用两个性质不同的指标同时对领导者进行分类,即硬指标——工作目标是否达到;软指标——自然影响力变化的方向。根据这两个标准,可把领导者分为三种类型:一是不成功的领导者(工作目标没有达到);二是成功而无效的领导者(工作目标虽然达到,但自然影响力下降);三是成功而有效的领导者(不仅工作目标达到,而且自然影响力也在不断提高)。

第二节 领导与权力

一、权力的概述

领导工作从狭义上讲指的是领导者运用其拥有的权力,以一定的方式对他人施加影响的过程。影响意味着使他人的态度和行为发生改变。而要产生这种影响,领导者就必须拥有某种比被领导者更大的权力,这种权力是领导者对他人施加影响的基础。可以说,领导的影响力是由权力派生而来的。

(一)权力的定义

权力是指改变个人或团体行为的能力。也可以说,权力是引起他人或团体采取与原来不同的行为的力量。

(二)权力的构成

权力的构成基础有法定权、强制权、奖赏权、专长权和表率权。

1. 法定权

法定权是指组织中各职位所固有的合法的、正式的权力。这种权力来自一个人在组织中的职位,代表一个人在正式层级中占据某一职位所相应得到的一种权力。

2. 强制权

这是建立在惧怕之上的权力。一个人对不遵从上级意图所可能产生的负面结果的惧怕,促使他对这种权力作出反应。

3. 奖赏权

奖赏权与强制权相对应。下属服从上司的命令,是因为他认识到这种服从会带来正面的、有利的结果,即奖励与赏识。所以,一个能给他人施以他们认为有价值的奖赏的人,就对这些人拥有一种权力,即奖赏权。

4. 专长权

专长权是来自特殊技能或专门知识的一种影响力。凡是具有某种别人无法与之抗衡的特殊技能或专门知识的人,就享有专长权。

5. 表率权

这是与个人的品质、魅力、经历、背景等相关的权力,是建立在一个人对另一个人的认可和信任的基础上的。在一个组织中,总有某些人的行为、思想可以作为其他人的表率,由于他们具有某种超人的禀赋,或者好的品质、作风、学识,受到别人的敬佩和赞誉,愿意模仿和服从他。

(三)权力的来源

企业组织的权力来源主要有正式的职位、个人的特质、专业的技能、可利用的资源、社会的影响力等五个方面。

1. 从正式职位上产生相应权力,也可理解为一种法定的权力,组织中的员工一般会认可这一权力。

2. 个人的特质常被理解为人格魅力,并由人格魅力产生出积极的感召力,影响力。一个人或一个团体都具有这个权力。例如,受欢迎且负责任的管理者可能因为员工被鼓励去模仿他的工作习惯而具有影响力,实际就是一种潜在的权力。

3. 拥有专业技能的人员或部门具备较大的权力,一方面是其他的人员或部门对其产生的依赖性;另一方面,还在于这些专业人员或部门有能力处理不确定的问题。

4. 对各种资源的控制,是组织中权力的一个重要来源。

5. 那些具备相当社会影响力,并能够驾驭其运用的企业内部的部门或人员,无形中会形成一个权力区域。

在企业组织中,权力的主要来源是正式的职位、个人的特质、专业的技能、可利用的资源、社会的影响力等。这些因素能够使职权得到合理有效的运用。

(四)权力与职权的区别

(1)职权是赋予某个正式职位的合法权力,它与企业组织的结构和管理联系在一起。职权的范围要小于权力。

(2)组织职权存在于上下级之间,而权力可以存在两个人或更多人之间,可以在纵向和横向上使用,并不仅仅局限于企业的所有者或管理者。

一般而言,企业中的管理者凭借他们的职权或权力,为企业中的员工制定并推行规则。正式职权作为权力的一种,经常与组织结构与管理层次联系在一起,但职权和权力这两个名词常常彼此相互交织。管理者如何能够有效地运用他的职权取决于他的理解力,而权力的实质内容就是向他人施加影响的能力。

从接受论的角度出发,现代企业组织中,一个拥有正式职权的人有可能没有真正的权力,原因就在于他的下属没有接受或理解他的指令。

二、领导权力

(一)领导权力的概念

所谓领导权力,就是领导者(权力所有人),遵循相关的法律法规,运用多种方法与手段,在实现特定目标的过程中,对被领导者(权力相对人)做出一定行为与施加一定影响的能力。

这一定义大致包含以下几方面的主要内容:

1. 领导权力的主体

在这里,领导权力的主体包括党政机构的领导者、企事业单位的领导者以及广大的社会组织中的领导者。

2. 领导权力的目标

领导权力的根本目标是要通过贯彻执行国家法律、法令和各类政策来有效地实现国家意志。

3. 领导权力的作用方式

领导权力的作用方式主要是强制性地推行政令。

4. 领导权力的客体

总体而言,领导权力的客体包括所有的居民以及由居民组成的不同社会组织和社会集团。可以说,领导权力的客体囊括了领土范围内的整个社会。

(二)领导权力的起源与发展

1. 权力起源概说

(1)神权说。这是一种关于权力来源的愚昧主张,认为权力来源于上帝,进而创造出"神权论"或"君权神授论",为封建专制统治辩护并服务。

(2)德仁说。这一学说主张权力是一种来自道德教化的影响力。中国古代孔子的"德治"、孟子的"仁政"等思想,都属于此类学说。

(3)智慧说。古希腊思想家苏格拉底、柏拉图提出了权力应该来源于知识的"哲学王"学说;近代英国思想家培根提出的"知识就是力量"及现代学者提出的"科技治国论"等主张,都属于此类学说。

(4)暴力说。这一观点主张权力应以法律、军队等暴力工具为依托。中国古代的韩非子、西方中世纪末思想家马基雅维利是该主张的重要代表。

(5)契约论。这一观点的主要代表者为卢梭与孟德斯鸠等人。他们认为,国家是人类根据自己的需要,通过契约建立起来的,国家的权力来自人民,而人民的权力则是天赋的。

(6)资源说。这一学说把权力的来源归结为对组织资源的拥有与控制。这里的资源包括金钱、信息、武力、社会地位、立法权、投票权等。人们只要掌握了一定的资源,便具有影响他人的力量。

(7)接受论。这一观点是由巴纳德第一次系统地阐述的。他认为"应从组织成员是否接受一项命令、指示或建议的角度来考察权力"。此外,在西蒙的权威论中也有接受论的主张。

2. 权力起源的因素

总体说来,权力起源的因素主要体现于人所具有的一些固有的本质特征。具体表现为:人以劳动作为自身存在的前提;人具有高度的社会性;人的欲望具有无限性。

(三)领导权力的发展

1. 传统社会时期的领导权力

传统社会时期的领导权力是指与传统农业社会相适应的领导权力,这种领导权力主要具备如下特点:

(1)传统社会时期领导权力的社会职能与国家政治权力的统治职能明显地交织在一起。

(2)传统社会时期领导权力与宗教权力或迷信权力等曾经相互结合。

(3)传统社会时期领导权力与宗法权力等血缘关系权力有根深蒂固的联系。

(4)传统社会时期领导权力与经济权力有相当直接的关系。

2. 现代社会的领导权力

现代社会的领导权力是与现代工业社会相适应的领导权力,其与传统社会时期的领导权力相比,具有自身鲜明的特点:

(1)现代社会领导权力的自主性非常明显,社会管理职能日益突出。

(2)现代社会的领导权力不仅实现了同外部权力的分离,其内部的功能分化也日益发达。

(3)现代社会的领导权力是一种法理型的权力。

3. 社会转型期的领导权力

在转型期社会,行政领导权力的现代性特征与传统性特征就盘根错节地交织在一起。这种转变中社会的领导权力可称为转型期的领导权力。

(四)领导权力的结构

领导权力的结构是领导权力的各种构成要素依附于一定的组织机构并在进行有序性活动的过程中构成的静态结构与动态结构的总称。

1. 领导权力的静态结构

领导权力的静态结构主要包括领导权力主体、领导权力客体和领导权力载体这三种构成要素。

(1)领导权力主体。领导权力主体是指国家党政机关、企事业单位与社会组织的各级领导者,是在确定领导目标、履行领导职能、取得领导绩效过程中起主导作用的人或集团。其特点主要有以下几个方面:

第一,在其位。领导权力主体必须身处一定的职位并担任一定的职务。

第二,负其责。领导权力主体负有领导责任。

第三,用其权。领导者在实施领导职责时,事实上主要运用两种权力:其中一种是职位权力,即由所在组织所授予的,为满足履行领导职能的需要而具有的影响和改变他人心理和行为的强制性与法定性力量。另一种是统御权力,这是区别于领导职位权力的另一种权力表现形式。它是指领导者以其自身素质对他人的心理与行为施展影响的能力。

(2)领导权力客体。领导权力客体是指领导权力作用的对象,即领导活动中的被领导者。从广义上说,如前所述,领导权力的客体包括所有的居民以及由居民所组成的不同社会组织和社会集团,可以说囊括了领土范围内的整个社会。从狭义上说,领导权力的客体则专指各自组织系统内部的被领导者。

(3)领导权力载体。领导权力的载体是指领导权力与其主客体结合以后所形成的一种网络架构,它表现为领导权力关系及其制度安排的总格局,是领导活动赖以展开的组织依托与基本框架。

第一,领导权力载体在纵向上表现为金字塔式的层级结构。

第二,领导权力载体在横向上表现为平行式的部门结构。

2. 领导权力的动态结构

领导权力的动态结构是由领导权力作用的方向、方式、轨道、层次、时间和结果等要素结合在一起所构成的权力运行模式。

(1) 领导权力是一种矢量,其作用方向和轨道具有明显的指向。
(2) 领导权力的运行呈现出明显的层次性,其中间过程存在许多中介。
(3) 时间在领导权力的动态结构中是一个必不可少的因素。
(4) 领导权力运行的结果。

第三节 领导理论模型

一、领导特质理论

早期的领导理论研究都着重在找出杰出领导者所具有的某些共同的特性或品质上,称为特性论(或品质论)。传统的领导特质论认为,领导特质是天生的,Sir. F. Galton 早在 1869 年就认为领导者的特质是天生的。在早期美国管理学家 Edwin E. Ghiselli 提出了 8 种个性特征和 5 种激励特征。他在其《管理者探索》中研究得出的 8 种个性特征为:才智、首创精神、督察能力、自信心、决断力、适应性、性别、成熟程度等,5 种激励特征为:对工作稳定的需求、对金钱奖励的需求、对指挥别人权力的需求、对自我实现的需求、对事业成就的需求等。在 1969 年 Gibb 的研究认为,天才领导者应该具有 7 种特质:善于言辞、外表英俊、高超智力、充满自信、心理健康、支配趋向、外向敏感等。后来,Stogclill 等认为领导者的特质应包括 16 种特质。

近年来,又有一种"新特性论"。R. M. Stogdill 把这些领导特性归纳为六类:身体性特性;社会背景性特性;智力性特性;个性特性;与工作有关的特性;社交性特性。

以上特性论对领导者的特质进行研究,在这个时期并没有把具有某些特质的领导命名为某种类型,后来出现了新特性论。新特性论中最有名的要数较近期的领袖魅力理论。另外,类似的有变革型领导、愿景型领导等等,形成了后来领导风格理论的研究。

二、领导行为理论

行为理论研究的真正萌芽开始于 20 世纪 40 年代,那时,许多管理心理学家在调查研究中发现了领导者在领导过程中的领导行为与他们的领导效率之间有密切的关系。基于此,为了寻求最佳的领导行为,许多机构对此进行过大量的研究。

首先是俄亥俄州立大学 Hemphill(1941)等因素分析的方法,从多种领导行为因素中抽出了两个基本因素,发现了领导行为的两个互相独立的维度(抓组织和关心人),并采用了量表作为测量工具来评定这两个维度的领导行为。

二次大战以后,以 E. Fleishman(1948)为首的美国俄亥俄州立大学的一批研究人员,对领导的效能进行了大量的研究。他们使用了多种问卷,做了大量测量后,发现总是有两种领导行为突显出来,这两种领导行为被称为"创立结构"和"关怀体谅"。创立结构是指那些把重点直接放在完成组织绩效上的领导行为。关怀体谅,是指信任下级,友爱温暖,关怀下级个人福利与需要。

在 1964 年,Blake 与 Mouton 在以往领导行为研究的基础上,提出了著名的"管理方格理论",他们用纵坐标表示对人的关心程度,横坐标表示对生产的关心程度。两者按程度大小各分成九等分,从而形成一个方格图。这样,在理论上能组合成 81 种不同的领导方式,在这 81 种领导方式中,可以选取 5 种典型的领导方式。

从领导关心任务达成和关心下级需要两个角度来考虑领导者的行为类型的思想引起

许多研究人员的兴趣,美国之外的许多其他研究人员也对此进行了有益的探索和研究。

日本学者在20世纪60年代在吸取了前人研究成果的基础上,提出了著名的PM理论。该理论也是从两个维度来分析领导行为的,在形式上与俄亥俄州立大学的校正矩阵相似,但是把群体作为一个整体的角度出发研究领导行为和群体行为。该理论认为,群体具有两种功能:一种功能是实现群体的特定目标,即绩效(Performance,用P表示),另一种功能是改善群体自身的正常运转,即维持(Maintain,用M表示)。PM理论认为,领导者的作用就在于执行这两种团体机能。因此,领导者的行为也就包括这两个因素。这样,不论M因素多么强,也总包含着某种程度的P因素,同样的道理,不管P因素多么强,也总包括M因素。此外,P和M两方面都强或两方面都弱的情况也是存在的。参照Blake和Mouton(1964)管理方格图的思想,如果以P为横坐标,M为纵坐标,并在P和M坐标中点,各一条线,就可划分出PM、PM、MP、PM四种领导类型。

20世纪80年代,我国徐联仓等人对PM理论进行了研究,并根据我国国情对PM量表进行标准化。后来凌文辁等还探讨了领导行为评价的中国模式问题,增加了品德维度。也有近期董燕等人(1996)对军队初级指挥官PM领导行为类型研究,并且表明军队领导行为的类型以及情景因素等方面与企业比较有其不同的特点。

三、领导权变理论

权变理论学者们针对前两种理论研究的不足,在研究领导与绩效的关系时把情境因素考虑在内。权变理论方面比较有代表性的有费德勒模型(Fred Fiedler)、Psul Hersey & Kenneth Blanchard提出的情境领导理论、Graeo提出的领导成员交换理论、Robert House提出的途径-目标理论、Vector Vroom & Phillip Yetton提出的领导者参与模型等。

Fred fiedler在研究领导时将领导风格分为关系取向和任务取向,并考虑了领导者-成员关系、任务结构和职位权力三种情境。通过调查研究得出结论:任务取向的领导者在领导者成员关系比较好、任务结构比较高和职位权力比较强的情境领导者-成员关系差、任务结构低和职位权力弱的情境下工作会取得比较好的工作绩效,关系取向的领导会在中等条件下取得比较好的工作绩效。

Psul Hersey & Kenneth Blanchard与Fred fiedler对领导维度的划分相同,但考虑的情境不同,他们将下属的成熟度(个体完成某一具体任务的能力和意愿的程度)设定为情境,并根据下属的成熟度界定出四种有效的管理方式:在员工非常成熟的情况下,采取授权的领导方式比较有效;在员工比较成熟的情况下,采用参与的领导方式比较有效;在员工不大成熟的情况下,采取推销的领导方式比较有效;在员工不成熟的情况下,采取指示的领导方式比较有效。

日常工作中,由于时间压力,领导者往往与下属中少部分人建立特殊关系,这些个体就成为圈内人士,他们受到信任,得到领导更多的关照,也更可能享有特权;而其他人员则成为圈外人士。根据这种现象,George Graeo提出了领导者-成员交换理论。领导者-成员交换理论预测,"圈内"地位的下属得到的绩效评估等级更高,离职率更低,对主管更满意。

根据下属参与决策的程度,Vector Vroom & Phillip Yetton提出了领导者参与决策模型。该理论认为领导行为必须根据具体情况加以调整。该理论将完全独裁到群体决策设定为五个等级,领导者可根据权变因素调整自己的行为。在该理论中,共有12个权变因素:质量要求、承诺要求、领导者信息、问题结构、承诺的可能性、目标一致性、下属的冲突、下属的信息、时间限制、地域的分散、激励-时间、激励-发展。

第四节 领导理论新观点

一、情商与领导效果

领导特质的研究表明,领导者需要有基本的智力和与工作相关的知识,智力、知识和技能是领导的必要条件,而情感智力能使领导更加出色。缺乏情感智力的个体可能拥有出色的受教育经历、高超的分析头脑、长远的远景规划、层出不穷的新想法,但是依然难以成为优秀的领导者。有证据表明,在高层管理岗位上,优秀者与业绩平平者相比,有将近90%的差异归因于情商,而不是智商。因为领导的对象是人,领导的本质是影响力,有效影响他人的能力更多需要的是人的情绪管理能力,因此情商对领导者而言,更能影响他的工作绩效。

情感智力与工作绩效成正相关,尤其与那些需要高度社会互动的工作有关。显然,领导的工作内容恰恰如此。优秀的领导者在以下五个情感智力因素上表现突出:

(1)自我情绪认识能力,即对自身状态的感知力。
(2)情绪控制力,即针对具体情况以恰当的方式表达情绪的能力。
(3)自我激励,即树立目标并努力去实现它的能力。
(4)认知他人情绪的能力,即正确地判断、了解和分享他人情感的能力。
(5)处理人际关系的能力,即能充满情感地与他人建立联系的能力。

二、领导替代论

按照权变的观点,领导行为并不是在任何情况下都有效。一些权变理论的研究资料已经表明:在许多情境下,比如下属是经过培训的、有丰富经验的、属内部激励而对组织奖励淡然的,此时领导者的领导行为是无关紧要的,甚至是多余的。罗宾斯认为,某些个体、任务和组织变量可能成为领导的替代因素,或者使领导者对下属的影响是无效的。

领导者并不总是对下属产生影响,因为对个体工作绩效和工作满意感产生影响的变量是很多的:态度、个性、能力、动机和群体动力因素、企业文化。领导及其行为只是组织行为总体模型中的自变量之一,在某些情况下,它能解释或者影响到员工的工作行为、工作绩效和工作的积极性;在某些情况下,它可能被其他方面的因素所替代,对员工没有产生影响。领导替代论的启示在于,领导的某些情境因素也许替代和阻碍了领导对下属的影响,亦即有些事情是超出领导者控制的——领导对人们并没有神秘的力量;当然,替代观点并不否定领导,但说明领导是可以通过下属来实现的——人们可以自己领导自己。

三、领导技能和职业发展计划

领导人才一向是稀缺的资源,对高级经营管理人才和职业经理人的后备力量的需求从未减退过。为了解决这样的问题,组织行为和人力资源管理领域一直在寻找培训和发展领导者技能的理论和方法,人们考虑并尝试了诸多技术。

(一)加速站

加速站用来自评价中心的信息确认潜在的新领导候选人,把他们送到加速站专门进行培训,在那里,关键的领导能力、对工作的理解和有关组织的知识都会得到提高,同时对每个候选人的优缺点也能有所了解。在加速站可以加快从培训到进入领导岗位的进程。

(二)辅导

如果辅导者和被辅导者之间的关系是建立在互相信任、尊重以及表达自由之上的话,将大大增加学习进步的潜力。一个支持性的辅导者或讲师可以构建一种心理纽带,来帮助领导者重获能力并应对新的挑战。有效的辅导者还可以帮助领导者明确范围和期望,将领导的努力限制在可以明确的目标上。还可以采用策略性集中辅导的方法,辅导整合到现有的人力资源系统中,提供一些可以信赖的系列辅导,并且对这些结果进行系统的评价。

(三)按需培训

一些培训者指出,大多培训领导项目的失败在于,它们以能力为起点,聚焦于个体。因此,他们建议采用不同的方法。个人不再是目标,而是从商业效果出发,再回归到能力。换句话说,首先更为重要的是明确商业目的以及所需求的结果,然后对领导者如何实现这些结果进行培训。

另外一种新的理论,采用一种以学习为基础的模型来培训领导者。终身学习强调灵活性和认同感,领导者必须学会如何学习,从而应对不断变化的环境。

(四)确定领导技能的范畴

领导者需要什么技能?长期以来,人们一直热衷于罗列领导者的关键技能,然而正如一个学术分析所指出的:"泛滥的对于成功管理所需要的概念化的技能,事实上阻碍了我们对这个现象的理解"。Whetten & Cameron 基于对 400 多名高效管理者的访谈,提出了有效领导技能的四个范畴:参与性和人际关系(如支持性沟通和团队建设)、竞争性和控制能力(如决断性、实施权力及影响)、创新性和企业家精神(如创造性地解决问题)、维持秩序和理性(如管理时间以及做出理性决策)。

通过研究,Whetten 和 Cameron 对上述各种领导技能进行了评价,指出以下三种特征:第一,这些技能都是行为上的。它们并不是特质,也不是风格。它们是一组可以指明的行为,可以产生一定的结果。第二,这些技能在不同的例子中似乎是相对的或者是矛盾的。譬如说,他们既不是拼命三郎也不是偷工减料者;既不以团队工作和人际关系为指向,也不唯一地指向个人主义和企业家精神。第三,这些技能是相互关联的,而且有时是重叠的。有效的领导者不只表现出其中一种或一类技能;换言之,有效的领导者具有多种技能。接下来,他们从个人和人际两个方面来讨论领导技能。

此外指出,"事业流"应在组织层面受到重视。从组织的角度来说,最为重要的是在个人、职位以及公司需要三者之间找到一个最佳适合点。同时,组织在培养领导者和试图让他们留在组织内时,要意识到所谓的"群鸽效应"。也就是说,一个有效的领导者跳槽后,可能导致其领导的下属纷纷叛逃。领导技能及事业发展项目可能需要扩展为包括招聘、培训乃至"后职业生涯发展的内容"(如一个人在公司的职业生涯结束后该追求什么)。领导技能及职业发展已具有前所未有的重要性。

复习思考题:

1. 领导者的工作内容包括哪些?
2. 职权与权力有什么联系和区别?你如果是组织中最基层的工作人员,你会有什么权力吗?
3. 定义领导权力,并阐述领导权力如何应用在企业管理中的。
4. 简述领导理论的三种模型。

案例分析:

关于领导方式

不久前,某乡某村因农民负担过重引发了群体事件。为了及时调解矛盾,安抚村民,县委县政府决定派一支特别工作组进驻该村。可是,在研究落实工作组人选问题上碰到了难题,派谁去合适呢?张三不行,他虽然在该乡工作一届,但临走时硬是被群众点着鼻子骂走的;李四怎么样?也不行,他在那里工作三年,农民群众对他的告状信就有半麻袋。挑来挑去好不容易找到几个与当地群众关系好的,袁大为也荣幸地被选为工作组成员之一,县委主要领导还赋予他尽可能答复群众提出的一切合理要求的权力,真可谓"受命于危难之际"。

经过一天一夜的努力工作,袁大为先后倾听了数十名群众的怨言怨语,本着能答复的立即答复、不能答复的做耐心细致的解释工作的原则,最后终于达成一致。末了,几个群众代表异口同声地说:袁会计,今天若不是你,他们哪个来也与我们谈不到一块儿。接着面对县委书记说:如果你们这些领导干部都能像他们这样就好了,这样的事也就不会发生了……

事后,县委书记感慨地问袁大为:那些村民为什么都听你的?袁大为纠正说:不,应该说首先是我听他们的……

十多年前,袁大为曾在那个乡担任过会计,有一次去这个村收缴公购粮折征款,走村串户了解实际情况后,得知十余户农民家庭存在各种各样的困难,就一一记在本子上,并要求他们分别向公社写出要求困难补助的申请报告,回来后如实向公社党委作了详细汇报。几天后他就带着补助款徒步十多公里去给他们分发。此外,谁孩子病了,送医捎药;谁家有困难,积极上报。就是这一件件、一桩桩不大不小但却是关系农民切身利益的事,袁大为全身心地为他们解决困难,十几年过去了,村民们仍然铭记在心①。

讨论题:
1. 为什么张三、李四都不行,只有袁大为能完成调节矛盾、安抚村民的任务?
2. 如何评价领导者选择袁大为并让他尽可能答复群众要求的行为。
3. 这个案例对你有何启示?

失败的超前决策②

EQ公司是从事利用火车、轮船进行长途邮政运输的企业。它存在的主要问题是:职工违章违规现象严重;运输的质量、安全性不高;出勤率低,伤、病假多。经过研究。EQ公司的领导决定打破职工的铁饭碗,用合同的形式与职工形成权利与义务的关系,并明确严重违章的责任,最严重的可除名、开除。在执行这项政策前,他们曾请示过上级,上级的答复是:先搞起来。可实施之后,与预想的差距很大,职工们怨言颇多,根本无法理解此项政策。虽然可以开除严重违纪的员工,但对其他职工起到的教育作用不大。

看到这个结果之后,EQ公司研究出台了另一项政策——"职工流动蓄水池"。对大错没有,小错不断的员工给予进入"蓄水池"的处理,即只拿基本生活费,每天照常上班,但没有任何任务分配,并进行职业培训和职业道德教育。一旦员工转变观念,表现积极即可重新"上岗",这项政策实行几年内,进"蓄水池"待工的人数不到十人,不少人只待了几天就"上岗"了。职工们说,天天坐在单位里没事干,既在邻里、同事面前丢脸,对家里也不好交代,压力很大。后来大家都不愿进"蓄水池",工作质量、劳动态度、纪律观念都有很大好转。

讨论题:
1. 超前领导决策为什么行不通?
2. 为什么一个"蓄水池"能使一个单位的情况大有好转?
3. 这个案例对你有什么启示?

推荐阅读文献:
苏东水.管理心理学[M].上海:复旦大学出版社,2002.

---

① http://www.doc88.com/p-71661053915.html
② http://www.docin.com/p-277612458.html

第十章 领导行为风格理论

本章关键词：
领导行为四分图理论；领导方格理论；支持关系理论；领导连续统一体理论

第一节 领导行为四分图理论

一、领导行为四分图理论的提出

最全面且重复较多的领导行为理论来自于20世纪40年代末期在美国俄亥俄州立大学进行的研究。1945年起，以亨普希尔(J. K. Hemphill)为首的一批学者希望确定领导行为的独立维度。他们收集了大量的下属对领导行为的描述，开始时列出了1 790种因素，最后归纳为两大类，分别称之为结构维度和关怀维度，并运用"领导行为四分图"评定领导者的类型，如图10.1所示。这是以二维空间表示领导行为的首次尝试，俗称二维理论，为以后领导行为的研究开辟了一条新的途径。

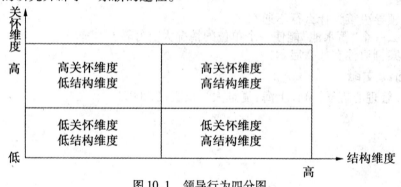

图10.1 领导行为四分图

（一）结构维度

结构维度即领导者更愿意界定和建构自己与下属的角色，以达成组织目标的程度。高结构特点的领导者向小组成员分派具体工作，要求员工保持一定的绩效标准，并强调工作的最后期限。

（二）关怀维度

领导者在工作关系中具有信任、尊重下属意见和感情的程度。高关怀特点的领导者帮助下属解决个人问题。他友善而平易近人，公平对待每一个下属，对下属的生活、健康、地位和满意度等问题十分关心。

二、领导行为风格有效性

（一）高关怀低结构的领导者

该种领导者注意关心爱护下属，经常与下属交换思想，交换信息，与下属感情融洽，但是组织内规章制度不严，工作秩序不佳。这是一个较仁慈的领导者。

(二)低关怀高结构的领导者

该种领导者注意严格执行规章制度,建立良好的工作秩序和责任制,但是不注意关心爱护下属,不与下属交流信息,与下属关系不融洽。这是一个较为严厉的领导者。

(三)高关怀高结构的领导者

该种领导者注意严格执行规章制度,建立良好的工作秩序和责任制,同时关心爱护下属,经常与下属交流信息,沟通思想,想方设法调动组织成员的积极性,在下属心目中可敬又可亲。这是一个高效成功的领导者。

(四)低关怀低结构的领导者

该种领导者不注意关心爱护下属,不与下属交换思想,交流信息,与下属关系不太融洽,也不注意执行规章制度,工作无序,效率低下。这是一个无能、不合格的领导者。

高关怀高结构的领导者并不总是产生积极效果。在生产部门内,工作技巧评定结果与结构程度呈正相关;而与关怀程度呈负相关。但在非生产部门内,这种关系恰恰相反。一般来说,高结构和低关怀的领导方式效果最差。其他三种类型的领导行为普遍与较多的缺勤、事故、抱怨及离职有关系。

一般来说。中国企业的领导者采取的领导行为是高关怀、低结构的领导风格;而西方国家的领导者采取的是一种高关怀、高结构的领导风格。

三、领导行为四分图理论的不足

二维理论盛行于20世纪40年代末到60年代初,适用于世界经济发展较为稳定而且可预测的背景,却不能很好反映当今世界经济变化极快的现实。

芬兰和瑞典的研究者提出了是否只存在两个的疑问。其基本假设是:在变化的世界应该表现出发展导向的领导行为。领导者重视尝试寻求新方法,发动和实施变革等。他们重新考察了俄亥俄州立大学的原始实验数据,发现其中实际上包括了发展因素,如"做事总愿意采用新方法","运用新观点解决问题"及"鼓励下属采取活动"。但是,这在当时并不能很好地解释领导有效性。他们认为,这是因为在当时,开发和变革并不是十分重要的。然而,在今天动态环境中,情况发生了根本改变。他们采用一些芬兰和瑞典领导者的样本进行了新的研究,结论是还存在与领导有效性有关的第三个维度——发展维度,即领导者更重视尝试,寻求新方法,发动和实现变革。

第二节 领导方格理论

一、领导方格的提出

领导方格理论也称管理方格理论,是由美国得克萨斯大学的行为科学家罗伯特·布莱克(Robert R. Blake)和简·莫顿(Jane S. Mouton)在1964年出版的《管理方格》(1978年修订再版,改名为《新管理方格》)一书中提出的。他们充分概括了俄亥俄州立大学和密执安大学领导行为二维观点。他们认为,在企业管理的领导工作中往往出现一些极端的方式,或者以生产为中心,或者以人为中心,或者以X理论为依据而强调靠监督,或者以Y理论为依据而强调相信人。为避免趋于极端,克服以往各种领导方式理论中的"非此即彼"的绝对化观点,他们指出,在对生产关心的领导方式和对人关心的领导方式之间,可以有使二者在不同程度上互相结合的多种领导方式,在对生产关心和对人关心的两种领导方式之间,可以进行不同程度的互相结合,以一种9×9的矩阵形式最终得到81种不同管理风格。

管理方格图,如图10.2所示。以关心生产程度为横坐标、关心人程度为纵坐标,在坐标轴上分别划分出9个等级,从而生成了81种不同的领导类型。

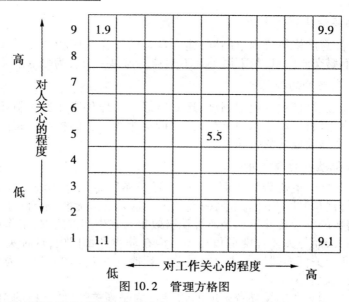

图 10.2 管理方格图

二、管理方格的领导风格典型类型

根据方格图可以将领导行为风格分为 5 种典型类型：

(1)1.1 贫乏的领导者,对业绩和对人关心都少。实际上,他们已放弃自己的职责,只想保住自己的地位。

(2)1.9 俱乐部式领导者,对业绩关心少,对人关心多,他们努力营造一种人人得以放松、感受友谊与快乐的环境,但对协同努力以实现企业的生产目标并不热心。

(3)5.5 小市民式领导者,既不偏重于关心生产,也不偏重于关心人,风格中庸,不设置过高的目标,能够得到一定的士气和适当的产量,但不是卓越的。

(4)9.1 专制式领导者,对业绩关心多,对人关心少,作风专制,他们眼中没有鲜活的个人,只有需要完成生产任务的员工,他们唯一关注的只有业绩指标。

(5)9.9 理想式领导者,对生产和对人都很关心,对工作和对人都很投入,在管理过程中把企业的生产需要同个人的需要紧密结合起来,既能带来生产力和利润的提高,又能使员工得到事业的成就与满足。

除了那些典型类型外,还可以找出一些组合。比如,5.1 方格表示准生产中心型管理,比较关心生产,不大关心人;1.5 方格表示准人中心型管理,比较关心人,不大关心生产;9.5 方格表示以生产为中心的准理想型管理,重点抓生产,也比较关心人;5.9 方格表示以人为中心的准理想型管理,重点在于关心人,也比较关心生产。还有,如果一个管理人员与其部属关系会有 9.1 定向和 1.9 体谅,就是家长作风;当一个管理人员以 9.1 定向方式追赶生产,而在这样做的时候激起了怨恨和反抗时,又到了 1.9 定向,这就是大弧度钟摆;还有 5.5 平衡方法等。

三、领导方格理论对管理的启示与应用

管理方格法问世后便受到了管理学家的高度重视。它启示我们在实际管理工作中,一方面要高度重视手中的工作,要布置足够的工作任务,向下属提出严格的要求,并且要有纪律规章作保障;另一方面又要十分关心下属个人,包括关心他们的利益,创造良好的工作条件和工作环境,给予适度的物质和精神的鼓励等。从而,使下级机械及其工作人员在责、权、利等方面高度统一起来,以提高下属的积极性和工作效率。

管理方格图中,"1.1"方格表示对人和工作都很少关心,这种领导必然失败。"9.1"方格表示重点放在工作上,而对人很少关心。领导人员的权力很大,指挥和控制下属的活动,而下属只能奉命行事,不能发挥积极性和创造性。"1.9"方格表示重点放在满足职工的需

要上,而对指挥监督、规章制度却重视不够。"5.5"方格表示领导者对人的关心和对工作的关心保持中间状态,只求维持一般的工作效率与士气,不积极促使下属发扬创造革新的精神。只有"9.9"方格表示对人和工作都很关心,能使员工和生产两个方面最理想、最有效地结合起来。这种领导方式要求创造出这样一种管理状况:职工能了解组织的目标并关心其结果,从而自我控制,自我指挥,充分发挥生产积极性,为实现组织的目标而努力工作。

布莱克和莫顿认为,作为领导者应该客观地分析组织内外的各种情况,把自己的领导方式改造成9.9理想型的方式,以求得最高效率。

布莱克和莫顿还根据自己从事组织开发的经验,总结出向9.9领导方式发展的五个阶段的培训:

(1)阶段1:组织的每个人都卷入方格学习,并用它来评价自己的管理风格。

(2)阶段2:进行班组建设,以健全的协作文化取代陈旧的传统、先例和过去的实践,建立优秀的目标,增强个人在职位行为中的客观性等。

(3)阶段3:群体间关系的开发,利用一种系统性的构架来分析群体间的协调问题,恰当地利用好群体间的对抗以从中发现组织中存在的管理问题,利用这种有控制的对抗和识别为建立一体化所必须解决的症结问题,为使各单元之间的合作关系不断改善作下一次实施计划。

(4)阶段4:设计理想的战略组织模型,要明确确定最低限度的和最优化的公司财务目标,在公司未来要进行的经营活动、要打入的市场范围和特征、要怎样创造一个能够具有协力效果的组织结构、决策基本政策和开发的目标等方面有明确的描述,以此作为公司的基本纲领,作为日常运作的基础。

(5)阶段5:贯彻开发。研究现有组织,找出目前营运方法与按理想战略模型的差距,明确企业应该在哪些方面进行改进,设计出如何改进的目标模式,在向理想模型转变的同时使企业正常运转。布莱克和莫顿认为,通过这样的努力,就可以使企业逐步改进现有管理模式中的缺点,逐步进步到9.9的管理定向模式上。

第三节　支持关系理论

一、支持关系理论的含义

支持关系理论也称为利克特的支持关系理论。是由美国心理学家、行为科学家伦西斯·利克特(Rensis Likert)提出的一种企业领导方式理论。这一理论是利克特和他的同事对以生产为中心的领导方式和以人为中心的领导方式进行比较研究后所得出的成果,它集中体现于利克特所著的《管理的新模式》和《人群组织:管理和价值》两本著作中对企业的管理模式发表了独特的见解,并提出了支持关系理论。该理论认为支持关系是双向的。领导者要考虑下属职工的处境、想法和希望,帮助职工努力实现其目标,使职工从中认识到自己的价值和重要性。领导者对职工的这种支持能激发下属职工对领导采取合作、信任的态度,支持领导者的工作。

二、支持关系理论的内容

(一)对人的领导是管理工作的核心

利克特认为,在所有的管理工作中,对人的管理是最重要的中心工作,其他工作都取决于它,即使在做同一工作的各个单位中,有的生产率高,有的生产率低,究其原因主要是领导人所采取的领导方式不同。以职工为中心的领导风格,强调的是工作中的人际关系,监督只是一般性的,而不是严密的。结果不但生产率高,而且集体中内聚力高,士气足,工人不安情绪少,跳槽者少。以工作为中心的领导风格,监督者注意的中心是生产,对工作的技术更感兴趣,对职工的监督过于严密琐细,经常给职工施加不必要的压力,动辄批评和处罚职工。其结果是生产效率低,集体的内聚力弱,士气低,不安情绪高,跳槽者多。

(二)领导行为风格分类

利克特把领导风格归为以下四种:
(1)高度集权领导——上级决定一切(权力高度集中,惩罚为主,自下而上的沟通)。
(2)温和集权领导——授予中下层部分权利,奖惩并用。
(3)协商式民主领导——在次要问题上,下级有一定决策权,奖励为主,双向沟通。
(4)参与式民主领导——民主协商,职工参与管理,上下级平等,奖励与支持。

(三)参与式领导方式是高效领导方式

第一种方式是传统的领导风格,第二、三种方式虽然有程度上的不同,但无本质上的差别,都属于权力主义的领导风格,只有第四种参与式领导风格才是效率高的领导风格。因为:
(1)参与式的管理在对待所有其他成员、对待上级、对待工作、对待组织方面的相互信赖的高水平。
(2)对组织及其目标极为明确,并能有效地调动所有主要的激励力量来达到,彼此都很合作。
(3)该组织的工作群体的成员之间具有高度的群体忠诚心,组织的上下级之间呈现出积极的和信任态度。同时表现出对团队的重视,以及在个人的相互作用和群体的活动等方面表现出高水平的技能。

三、支持关系理论的应用与意义

(一)利克特提出了几条领导原则

1. 相互支持原则

领导支持下属实现其目标的行为,从而激发下属对上司采取合作态度,支持组织的目标。

2. 团体决定原则

决策和管理都采取以团体行动的方式进行,一方面领导层是一个团体,在领导层团体内行动,另一方面中下层同样是团体,决定问题通过中下层团体讨论,会增强对团体的忠诚。

3. 高标准要求的原则

制定高标准的团体目标,团体内人员的切身利益(职务提升、工资提高等)的实现取决于团体高目标的实现。

利克特认为,领导要考虑下属员工的处境、想法和希望,支持员工实现其目标的行动,让员工认识到自己的价值和重要性,认识到他们在工作中的经验和知识是有助于提高他们对个人价值和重要性的感觉。每个人的工作对于组织来说都是不可或缺的选择高效率领导方式的管理者在处理上下级关系时,还必须努力做到:
(1)尽力以易于感受的、体贴的方式对待下属,支持、关心和帮助他们,努力为下级、为公司的最佳利益服务。
(2)要信任下属的能力,因为只有信任才会使下属人员的培训、提高,使其能适应更高层次的工作。
(3)对于不适合于其工作岗位和不能胜任自己工作的下属,要努力帮助其找到适合于他们位置的工作,并切实安置好。

(二)支持关系理论的意义

(1)支持关系理论强调领导要重视人的作用,充分信任被领导者,尊重和满足其心理需求,给予一定的管理和决策权力,沟通领导和被领导的内在感情,为推进民主管理提供心理依据。
(2)支持关系理论提出以民主式管理代替专制式管理,在管理思想史上是一个进步。

利克特把管理效率等同于积极参与是有其积极意义的,但将其完全等同,则缺乏科学性,因为领导方式的选择离不开任务、成员的素质,以及该组织的传统文化背景和习惯等。

第四节 领导行为连续统一体理论

一、领导行为连续统一体理论的含义

美国管理学家坦南鲍姆(Robert Tannen-baum)和沃伦·施密特(Warren H. Schmidt)所表达的领导连续流(Leader-ship as Continuum)。这种连续流也称做主管者-非主管者的行为续流,他们认为领导方式有各式各样。一个适宜的领导方法取决于环境适合性。他们描述了从主要以领导人为中心到主要有以下属为中心的一系列领导方式,这些方式依领导者把权力授予下属的大小程度而不同。

二、领导行为风格分类

在高度专制和高度民主的领导风格之间,坦南鲍姆和施密特划分出7种主要的领导行为方式,如图10.3所示。

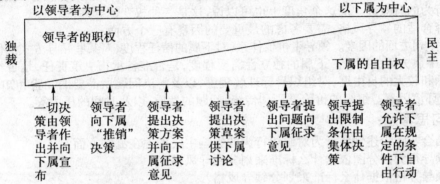

图10.3 领导行为连续体理论的7种主要的领导风格

（一）领导做出决策并宣布实施

在这种模式中,领导者确定一个问题,并考虑各种可供选择的方案,从中选择一种,然后向下属宣布执行,不给下属直接参与决策的机会。

（二）领导者说服下属执行决策

在这种模式中,同前一种模式一样,领导者承担确认问题和做出决策的责任。但他不是简单地宣布实施这个决策,而是认识到下属中可能会存在反对意见,于是试图通过阐明这个决策可能给下属带来的利益来说服下属接受这个决策,消除下属的反对。

（三）领导者提出计划并征求下属的意见

在这种模式中,领导者提出了一个决策,并希望下属接受这个决策。他向下属提出一个有关自己的计划的详细说明,并允许下属提出问题。这样,下属就能更好地理解领导者的计划和意图,领导者和下属能够共同讨论决策的意义和作用。

（四）领导者提出可修改的计划

在这种模式中,下属可以对决策发挥某些影响作用,但确认和分析问题的主动权仍在领导者手中。领导者先对问题进行思考,提出一个暂时的可修改的计划,并把这个暂定的计划交给有关人员进行征求意见。

（五）领导者提出问题,征求意见做决策

在以上几种模式中,领导者在征求下属意见之前就提出了自己的解决方案,而在这个模式中,下属有机会在决策做出以前就提出自己的建议。领导者的主动作用体现在确定问题,下属的作用在于提出各种解决的方案。最后,领导者从他们自己和下属所提出的解决

方案中选择一种他认为最好的解决方案。

（六）领导者界定问题范围，下属集体做出决策

在这种模式中，领导者已经将决策权交给了下属的群体。领导者的工作是弄清所要解决的问题，并为下属提出做决策的条件和要求，下属按照领导者界定的问题范围进行决策。

（七）领导者允许下属在上司规定的范围内发挥作用

这种模式表示了极度的团体自由。如果领导者参加了决策的过程，他应力图使自己与团队中的其他成员处于平等的地位，并事先声明遵守团体所做出的任何决策。

三、管理中有效领导行为风格的选择

在上述各种领导行为方式中，坦南鲍姆和施密特认为，不能抽象地认为哪一种一定是好的，哪一种一定是差的。成功的领导者应该是在一定的具体条件下，善于考虑各种因素的影响，采用最恰当行动的人。当需要果断指挥时，他应善于指挥；当需要员工参与决策时，他能适当放权。领导者应根据具体的情况，适当选择连续体中的某种领导风格，才能达到领导行为的有效性。从这个角度上也可以说，这是一种权变领导理论。

选择合适的领导风格，需要考虑的最重要的因素有三个方面：

(1) 上司方面的因素。领导者价值体系，对下属的信任程度，对某些领导方式的偏好等。

(2) 下属方面的因素。下属的独立性需要程度，是否准备承担决策责任，是否希望有明确的指示和较大的自由度，对组织目标理解程度，以及解决问题所需要的经验和知识。

(3) 环境因素。组织的价值准则和传统，问题的性质，以及时间的压力等。

复习思考题：

1. 结合实际论述领导行为对组织行为的影响主要表现在哪些方面？
2. 领导行为四分图依据什么标准来划分领导风格？
3. 领导方格依据什么标准来划分领导风格？
4. 论述支持关系理论如何应用在现代企业管理中？
5. 领导行为连续统一体理论依据什么标准来划分领导风格？

案例分析：

新厂长的选拔

一次，某钢铁公司领导班子会议正在研究一项重大的人事任免案。总经理提议免去公司所属的有2 000名职工的主力厂——炼钢一厂厂长姚成的厂长职务，改任公司副总工程师，主抓公司的节能降耗工作；提名炼钢二厂党委书记林征为炼钢一厂厂长。姚、林二人都是公司的老同志了，从年轻时就在厂里工作，大家对他们的情况可以说是了如指掌。

姚成，男，48岁，中共党员，高级工程师。20世纪60年代从南方某冶金学院毕业后分配到炼钢厂工作，一直搞设备管理和节能技术工作，勤于钻研，曾参与主持了几项较大的节能技术改造，成绩卓著，在公司内引起较大震动。1983年他晋升为工程师，先被任命为一厂副总工程师，后又任生产副厂长，1986年起任厂长至今，去年被聘为高级工程师。

该同志属技术专家型领导，对炼钢厂的生产情况极为熟悉，上任后对促使炼钢一厂能源消耗指标的降低起了巨大的推动作用。他工作勤勤恳恳，炼钢转炉的每次大修理他都亲临督阵，有时半夜入厂抽查夜班工人的劳动纪律，白天花很多时间到生产现场巡视，看到有工人在工作时间闲聊或乱扔烟头总是当面提出批评，事后通知违纪人所在单位按规定扣发奖金。但群众普遍反映，姚厂长一贯不苟言笑，没听姚厂长和他们谈过工作以外的任何事情，更不用说和下属开玩笑了。他到哪个科室谈工作，一进办公室大家的神情便都严肃起来，犹如"一鸟入林，百鸟压音"，大家都不愿和他接近。对他自己特别在行的业务，有时甚至不事先征求该厂总工程师的意见，直接找下属布置工作，总工对此已习以为常了。姚厂长手下几位很能干的"大将"却都没有发挥多大的作用。据他们私下说，在姚手下工作，从来没受过什么激励，特别是当他们个人生活有困难需要厂里帮助时，姚厂长一般不予过问，

用工人的话说是"缺少人情味。"久而久之,姚厂长手下的骨干都没有什么积极性了,只是推推动动,维持现有局面而已。

林征,男,50岁,中共党员,高中毕业。在基层工作多年,前几天才转为正式干部,任车间党支部书记。该同志脑子灵活,点子多,宣传、鼓动能力强,具有较突出的工作协调能力。1984年出任钢二厂厂办主任,1986年调任公司行政处副处长,主抓生活服务,局面很快被打开。1988年炼钢二厂党委书记离休,林征又回炼钢二厂任党委书记。

林征长于做人的工作,善于激励部下,据说对行为科学很有研究。他对下属非常关心,周围的同志遇到什么难处都愿意和他说,只要是厂里该办的,他总是很痛快地给予解决,民主作风好,工作也讲究方式方法,该他做主的事从不推三阻四。由于他会团结人(用他周围同志的说法是"会笼络人"),工作力强,因此在群众中享有一定的威望。他的不足之处是学历低,工作性质几经变化,没有什么专业技术职称(有人说他是"万金油"),对工程技术理论知之不多,也没有独立指挥生产的经历。姚、林二人的任免事关炼钢一厂的全局工作,这怎么能不引起司领导们的关注?公司领导们心里在反复掂量,考虑着对炼钢厂厂长这一重大人事变动提议应如何表态。①

讨论题:

1. 根据姚成的性格特点和技术专长,对他这次任免是否合适?
2. 对厂长的领导素质、领导风格应有什么要求?林征会成为一名合格的厂长吗?

领导干部"事必躬亲"的思考

S市铁路X站附近的自来水管因施工影响而损坏,自来水白白流淌将近一年,过往行人无不痛心。一位市人民代表于4月26日向有关部门提出书面意见,回答说"该意见已转有关方面"处理。可直到5月4日上午,自来水仍然"自流不息"。这位代表当面向一位市领导反映,市领导亲自过问之后,有关部门才派人修复。这位代表感慨地说:没想到这样一件小事,都要市领导亲自过问才得以解决,如果件件事都得这样,S市怎么办?②

讨论题:

1. 领导干部"事必躬亲"的做法,违背了领导职能中的基本理念,这个基本理念主要是什么?
2. 领导干部"事必躬亲"这种领导方式,从领导风格角度来说,属于哪类领导?
3. 这个案例对你有什么启示?

推荐阅读资料:

[1] 石兴安,安文,姜磊.组织行为学——以人为本的管理[M].北京:电子工业出版社,2005.
[2] 李剑锋.人力资源管理:原理与技术.北京:电子工业出版社.2002.
[3] 徐国华.张德.赵平.管理学[M].北京:清华大学出版社.1998.

---

① http://zhidao.baidu.com/question/280860469.
② http://www.docin.com/p-278242374.html.

第十一章 领导权变理论

本章关键词：
费德勒模型；途径－目标理论；领导生命周期理论；领导成员交换理论

第一节 费德勒模型

一、费德勒模式的提出

弗雷德·费德勒(Fred E. Fiedler)，美国当代著名心理学和管理专家。在芝加哥大学获得博士学位，现为美国西雅图华盛顿大学心理学与管理学教授。他从1951年起由管理心理学和实证环境分析两方面研究领导学，提出了"权变领导理论"，开创了西方领导学理论的一个新阶段，使以往盛行的领导形态学理论研究转向了领导动态学研究的新轨道，对以后的管理思想发展产生了重要影响。他的主要著作和论文包括《一种领导效能理论》(1967)，《让工作适应管理者》(1965)，《权变模型——领导效用的新方向》(1974)，以及《领导游戏：人与环境的匹配》等。

在许多研究者仍然争论究竟哪一种领导风格更为有效时，费德勒在大量研究的基础上提出了有效领导的权变模型。他认为，任何领导形态均可能有效，其有效性完全取决于所处的环境是否适合。

费德勒模型也称费德勒的权变管理思想(Fiedler's Contingency Theory)。领导者在指挥下属时，可以有两种方式：一是明确指令下属做什么和怎样去做；二是吸收他们一起来参与决策，从而与组织成员共同分担领导工作，共同承担责任。这两种方式从表面上看是相反的，一个使用的是权力的大棒，一个使用的是胡萝卜，但其实质是一样的，都是为了激励组织成员去努力工作，为实现组织的预定目标而奋斗。这两种方式各有优劣，不能说哪一个就一定比另一个好，它们对领导者来说都是有用的，问题是应当在不同的场合或情境下使用不同的领导方式。

可以有两种方法来达到领导方式与情境相一致：第一种方法是先对要实施领导的工作环境进行考察，看究竟是哪种方式更适合领导开展工作，然后再去选择具有这类领导方式的人或是培养出这种领导方式的人来担任领导。第二种方法是先选出或培养出具有某种领导方式的人，然后再去改变工作环境或领导情境，通过改造环境来与领导方式相一致。过去，人们都习惯于第一种方法，其实，第二种方法比第一种方法更好。

二、费德勒确定领导风格

费德勒相信影响领导成功的关键因素之一是个体的基本领导风格。费德勒花费了很多时间，对1 200个团体进行了调查分析，最后概括出两种领导方式或领导风格。一种是"以任务为动因"的指令型领导方式，领导的注意力主要集中在完成任务的方面；另一种是"以人为动因"的宽容型的领导方式，领导的主要注意力集中在得到别人的支持和尊重。对于这两种类型的领导方式或领导风格，人们又如何来具体地对它们作出衡量呢？过去，人们的确很少去做这方面的研究。费德勒是第一个对此有贡献的人，他创造了LPC问卷表，让每个群体的领导对他"最不能合作共事"的同事按照双极式的差别标准进行评分。

费德勒运用LPC评分表来测定领导者的两种动因系统。LPC表上具有双极的语义差别标度，可以请领导者回想所有曾经与他共同工作过的人，并对其中最难相处的人加以描述,从而进行评分。一般地说,以任务为动因的领导对其难以相处的下属进行描述时,往往使用非常消极、否定的字眼。因为在他看来,工作做不好的人,其个性是讨厌的。而以关系为动因的领导,仍能把一个工作不好的人看做是令人愉快的、友好的或有帮助的人。一般来说,凡是关心人际关系的、宽容的、民主式的领导,其 LPC 表上的分值就高;凡是专制型的、以工作任务为中心的领导,其在 LPC 表上的得分就低。

```
         费德勒的 LPC 问卷
快乐   —— 8 7 6 5 4 3 2 1 —— 不快乐
友善   —— 8 7 6 5 4 3 2 1 —— 不友善
拒绝   —— 1 2 3 4 5 6 7 8 —— 接纳
有益   —— 8 7 6 5 4 3 2 1 —— 无益
不热情 —— 1 2 3 4 5 6 7 8 —— 热情
紧张   —— 1 2 3 4 5 6 7 8 —— 轻松
疏远   —— 1 2 3 4 5 6 7 8 —— 亲密
冷漠   —— 1 2 3 4 5 6 7 8 —— 热心
合作   —— 8 7 6 5 4 3 2 1 —— 不合作
助人   —— 8 7 6 5 4 3 2 1 —— 敌意
无聊   —— 1 2 3 4 5 6 7 8 —— 有趣
好争   —— 1 2 3 4 5 6 7 8 —— 融洽
自信   —— 8 7 6 5 4 3 2 1 —— 犹豫
高效   —— 8 7 6 5 4 3 2 1 —— 低效
郁闷   —— 1 2 3 4 5 6 7 8 —— 开朗
开放   —— 8 7 6 5 4 3 2 1 —— 防备
```

三、研究权变因素及领导情景

费德勒在论述了组织领导的方式类型之后,又进一步研究了与领导方式有着紧密关联的领导环境或领导情境问题。他认为尽管可以去根据一定的领导方式创造领导工作环境,但是,领导方式的发挥不考虑具体的领导环境是不行的,某种领导方式只有在一定的、与之相一致的环境中才能运用自如。

费德勒将领导的环境因素选择三个:

(1)领导者-成员的关系。即领导者是否受到下级的喜爱、尊敬和信任,是否能吸引并使下级愿意追随他。

(2)职位权力。即领导者所处的职位能提供的权力和权威是否明确充分,在上级和整个组织中所得到的支持是否有力,对雇佣、解雇、纪律、晋升和增加工资的影响程度大小。

(3)任务结构。指工作团体要完成的任务是否明确,有无含糊不清之处,其规范和程序化程度如何。

费德勒模型利用上面三个权变变量来评估情境。领导者与成员关系或好或差,任务结构或高或低,职位权力或强或弱,三项权变变量总和起来,便得到八种不同的情境或类型,每个领导者都可以从中找到自己的位置。

四、实现领导风格与领导情景的匹配

费德勒模型指出,当个体的 LPC 分数与三项权变因素的评估分数相匹配时,则会达到最佳的领导效果。费德勒研究了 1 200 个工作群体,对八种情境类型的每一种,均对比了关系取向和任务取向两种领导风格。他得出结论:任务取向的领导者在非常有利的情境和非常不利的情境下工作得更好。也就是说,当面对Ⅰ、Ⅱ、Ⅲ、Ⅶ、Ⅷ类型的情境时,任务取向的领导者干得更好;而关系取向的领导者则在中度有利的情境,即Ⅳ、Ⅴ、Ⅵ类型的情境中干得更好,见图11.1。

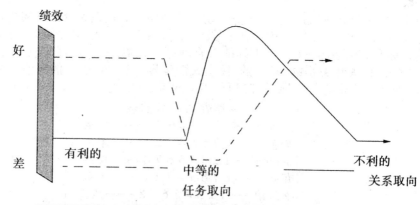

图 11.1 费德勒模型

费德勒认为领导风格是与生俱来的——你不可能改变你的风格去适应变化的情境。因此提高领导者的有效性实际上只有两条途径。

第一,你可以替换领导者以适应环境。比如,如果群体所处的情境被评估为十分不利,而目前又是一个关系取向的管理者进行领导,那么替换一个任务取向的管理者则能提高群体绩效。

第二,改变情境以适应领导者。费德勒提出了一些改善领导者-成员关系职位权力和任务结构的建议。领导者与下属之间的关系可以通过改组下属组成加以改善,使下属的经历、技术专长和文化水平更为合适;任务结构可以通过详细布置工作内容而使其更加定型化,也可以对工作只做一般性指示而使其非程序化。领导的职位权力可以通过变更职位充分授权,或明确宣布职权而增加其权威性。

费德勒模型强调为了领导有效需要采取什么样的领导行为,而不是从领导者的素质出发强调应当具有什么样的行为,这为领导理论的研究开辟了新方向。费德勒模型表明,并不存在着一种绝对的最好的领导形态,企业领导者必须具有适应力,自行适应变化的情境。同时也提示管理层必须根据实际情况选用合适的领导者。

费德勒模型的效用已经得到大量研究的验证,虽然在模型的应用方面仍存在一些问题,比如 LPC 量表的分数不稳定,权变变量的确定比较困难等,但是费德勒模型在实践中还是具有重要的指导意义的。

第二节 途径-目标理论

一、途径-目标理论原理

途径—目标理论也称路径目标理论,是领导权变理论的一种,由多伦多大学的组织行为学教授罗伯特·豪斯(Robert House)最先提出。后来,华盛顿大学的管理学教授特伦斯·米切尔(Terence R. Mitchell)也参与了这一理论的完善和补充。

途径-目标理论目前已经成为当今最受人们关注的领导观点之一。途径-目标理论来源于激励理论中的期待学说。期待学说(即期望理论,这一理论以弗罗姆的研究最有代表性)认为,个人的态度,取决于他的期望值的大小(目标效价)以及通过自己努力得到这一期望值的概率高低(期望几率)。该理论认为,领导者的工作是帮助下属达到他们的目标,并提供必要的指导和支持以确保各自的目标与群体或组织的总体目标相一致。"途径-目标"的概念来自于这种信念,即有效领导者通过明确指明实现工作目标的途径来帮助下属,并为下属清理各项障碍和危险,从而使下属的这一履行更为容易,见图11.2。

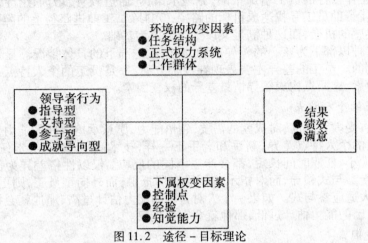

图11.2 途径-目标理论

"途径-目标理论"同以前的各种领导理论的最大区别在于,它立足于部下,而不是立足于领导者。在豪斯眼里,领导者的基本任务就是发挥部下的作用,而要发挥部下的作用,就得帮助部下设定目标,把握目标的价值,支持并帮助部下实现目标。在实现目标的过程中提高部下的能力,使部下得到满足。

这样,就形成了这一理论的两个基本原理:

(1)领导方式必须是部下乐于接受的方式,只有能够给部下带来利益和满足的方式,才能使他们乐于接受。

(2)领导方式必须具有激励性,激励的基本思路是以绩效为依据,同时以对部下的帮助和支持来促成绩效。也就是说,领导者要能够指明部下的工作方向,还要帮助部下排除实现目标的障碍,使其能够顺利达到目标,同时在工作过程中尽量使职工需要得到满足。

二、确定四种领导行为风格

豪斯确定了四种领导行为:

(一)指导型领导(Directive Leadership)

领导者对下属需要完成的任务进行说明,包括对他们有什么希望,如何完成任务,完成任务的时间限制等。指导性领导者能为下属制定出明确的工作标准,并将规章制度向下属讲得清清楚楚,指导不厌其详,规定不厌其细。

(二)支持型领导(Supportive Leadership)

领导者对下属的态度是友好的、可接近的,他们关注下属的福利和需要,平等地对待下属,尊重下属的地位,能够对下属表现出给予充分的关心和理解,在部下有需要时能够真诚帮助。

(三)参与型领导(Participative Leadership)

领导者邀请下属一起参与决策。参与性领导者能同下属一道进行工作探讨,征求他们的想法和意见,将他们的建议融入到团体或组织将要执行的那些决策中去。

(四)成就取向型领导(Achievement-Oriented Leadership)

领导者鼓励下属将工作做到尽量高的水平。这种领导者为下属制定的工作标准很高,寻求工作的不断改进。除了对下属期望很高外,成就导向性领导者还非常信任下属有能力制定并完成具有挑战性的目标。在现实中究竟采用哪种领导方式,要根据部下特性、环境变量、领导活动结果的不同因素,以权变观念求得同领导方式的恰当配合。

三、研究权变因素及领导情景

按照豪斯的概括,领导人的职能,具体表现为六个方面:①唤起员工对成果的需要和期望;②对完成工作目标的员工增加报酬,兑现承诺;③通过教育、培训、指导,提高员工实现目标的能力;④帮助员工寻找达成目标的路径;⑤排除员工前进路径上的障碍;⑥增加员工获得个人满足感的机会,而这种满足又以工作绩效为基础。

要实现这种以部下为核心的领导活动,必须考虑部下的具体情况。显然,现实中的部下是千差万别的。员工的差异主要表现在两个方面:一是员工的个人特点;二是员工需要面对的环境因素,这两点构成领导情景差异的权变因素。

(一)下属的个人特点

包括个性,受教育程度,对成就的需要,领悟能力,愿意承担责任的能力,对独立性需求的程度。下属的个人特点差异,新手和老手不一样,技术高低不一样,责任心的强度不一样,甚至年龄大小、任职时间长短,都会产生不同的反应。仅以性格差异为例,内向型的员工,更易于接受参与式领导,而对指示式领导有所抵触;而外向型员工,则更易于接受指示式领导,却不大适应参与式。如果一个人对自己的能力估计过高,那他就会抵触指令;而如果一个人对自己的能力估计过低,那他就会害怕授权。

(二)环境因素

包括工作性质,职权大小,非正式组织等。就员工面对的环境因素而言,不同企业、不同岗位的工作任务不一样,企业组织的权力系统不一样,基层的工作群体不一样。如果是明确清晰的工作任务,有效得力的权力系统,友好合作的工作群体,那么,强化控制明显属于多事,还会伤害员工的满足感;而如果情况相反,放松管制就会出现偏差,同样会招来员工的抱怨。单纯以工作任务而论,如果完成任务不能使员工得到满足,那么领导人越加强规章制度,越施加任务压力,员工的反感就越大。所以,"途径 - 目标理论"强调,领导方式要有权变性,见图11.3。

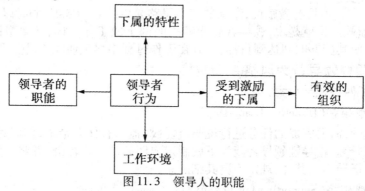

图 11.3 领导人的职能

按照途径 - 目标理论,领导者的行为被下属接受的程度,取决于下属是将这种行为视为获得满足的即时源泉,还是作为未来获得满足的手段。领导者行为的激励作用在于:

第一,它使下属的需要满足与有效的工作绩效联系在一起。

第二,它提供了有效的工作绩效所必需的辅导、指导、支持和奖励。

四、实现领导风格与领导情景的匹配

和费德勒不同,豪斯主张领导方式的可变性。他认为,领导方式是有弹性的,这四种领导方式可能在同一个领导者身上出现,因为领导者可以根据不同的情况斟酌选择,在实践中采用最适合于下属特征和工作需要的领导风格。豪斯强调,领导者的责任就是根据不同的环境因素来选择不同的领导方式。如果强行用某一种领导方式在所有环境条件下实施领导行为,必然会导致领导活动的失败。

如果下属是教条的和权力主义的,任务是不明确的,组织的规章和程序是不清晰的,那么,指导型领导方式最适合。

对于结构层次清晰、令人不满意或者是令人感到灰心的工作,那么,领导者应该使用支持型方式。当下属从事于机械重复性的和没有挑战性的工作时,支持型方式能够为下属提供工作本身所缺少的"营养"。

当任务不明确时,参与型领导效果最佳,因为参与活动可以澄清达到目标的路径,帮助下属懂得通过什么路径和实现什么目标。另外,如果下属具有独立性,具有强烈的控制欲,参与型领导方式也具有积极影响,因为这种下属喜欢参与决策和工作建构。

如果组织要求下属履行模棱两可的任务,成就导向型领导方式效果最好。在这种情境中,激发挑战性和设置高标准的领导者,能够提高下属对自己有能力达到目标的自信心。事实上,成就导向型领导可以帮助下属感到他们的努力将会导致有效的成果。

途径－目标理论证明:当领导者弥补了员工或工作环境方面的不足,就会对员工的绩效和满意度起到积极的影响。但是,当任务本身十分明确或员工有能力和经验处理它们而无需干预时,如果领导者还要花费时间解释工作任务,则下属会把这种指导型行为视为累赘多余甚至是侵犯。

五、途径—目标理论的发展

随着时代的发展,豪斯也没有固守着"目标－途径理论"而止步不前。20世纪90年代中期,豪斯和他的同事们根据多年的实证研究,在"途径－目标"理论的基础上,综合了领导特质理论、领导行为理论以及权变理论的特点,以组织愿景替换并充实原来的"途径－目标",围绕着价值这个核心概念,阐述了什么样的行为能有效地帮助领导者形成组织的共同价值,以及这些行为的实施条件,提出了以价值为基础的领导理论。

以价值为基础的领导理论认为,被领导者对领导者所信奉的、并已融入企业文化中的价值的共享和认同程度越高,领导行为就越有效。也就是说,持有明确价值观的领导者,通过明确表达愿景,向组织和工作注入自己的价值观,使之与被领导者所持有的价值观和情感发生共鸣,从而唤起被领导者对集体目标和集体愿景的认同,并导致被领导者自我价值的提高,进而更好地提高领导行为的有效性。

以价值为基础的领导理论还认为,有一系列行为对于形成组织的共同价值非常有效。组织成员在对领导者所信奉的价值观产生强烈认同,并内化为自身的价值观后,将得到强烈的激励效果,这些行为被称为以价值为基础的领导行为。它包括:清楚地表达组织愿景;向员工展示领导者自己的良好素质,领导者自己对愿景的不懈追求和牺牲精神;传达对员工的高档次期望,表达对他人的高度信心;树立追求组织愿景的个人榜样;用智慧的手段将富有创造性的人团结在自己周围。

以价值为基础的领导理论强调价值观念的感召作用,这种感召能够不断吸引有能力的人加入组织。在一个有着强烈的共同价值的组织中,即使有困难出现,人们也会为了共同的价值而同甘共苦,一起渡过难关。大量的实证研究表明,领导者采用以价值为基础的领导行为,将会对下属产生巨大的影响和积极的效果。当下属对领导者所信奉和倡导的价值观达到认同后,这种认同会逐渐内化成为自身价值的一部分,成为其为人处世的相关原则。

这种激励效果比采用简单的物质奖励、地位提升或惩罚更加持久和有效。以价值为本的领导行为,能使组织成员自觉地朝着共同价值指引的方向去努力,而且成员之间为了实现共同价值会加强沟通,这样就容易形成一种氛围。与共同价值取向相一致的行为会得到大家的赞许和认同,能为组织作贡献将被视为个人自我价值提升的一种表现。这种组织,将是克服了组织与个人对立状态、取得和谐共生的组织。

值得注意的是,组织成员达成价值共识,意味着组织中的技术创新、组织变革会更加容易被接受。所以,以共同价值为基础的领导行为,能使组织更加适应环境的变化。

豪斯的"途径－目标理论",同利克特的支持关系模型有一定的相似之处。二者的区别是,利克特单纯强调领导与部下的关系,而豪斯的关注范围更为广泛,考虑到了领导活动的各种情境因素。从坚持权变观点的角度看,豪斯与费德勒也有一定程度的理论重合。但是,费德勒把注意力集中于情境因素的权变,而豪斯则强调领导者本身的权变。可以说,由于豪斯的理论时间上推出较晚,所以,有可能也有条件吸取前人的大量成果。而豪斯本人以价值和愿景对自己理论进行调整,也显示了这一理论不断发展的容量和前景。

第三节 领导生命周期理论

一、领导生命周期论的含义

领导生命周期论也称领导生命周期理论(Leadership Life Cycle Theory),是由科曼首先提出,后由保罗·赫西(Paul Hersey)和肯尼斯·布兰查德(Kenneth Blanchard)予以发展的领导生命周期理论,也称情景领导理论,这是一个重视下属的权变理论。赫西和布兰查德认为,依据下属的成熟度,选择正确的领导风格,就会取得领导的成功。西方不少企业在培训其管理者的领导艺术时常使用这一理论,如《财富》杂志500家企业中的美国银行、IBM公司、美孚石油公司、施乐公司等都采用此理论模型,甚至美国军队中的一些部门也采用这一模型培训其军官。

赫西和布兰查德重视下属在领导效果方面的作用,是因为下属可以接纳或拒绝领导者的命令,领导者的领导效果经常取决于下属的行为和活动。然而这一问题的重要性却被许多的领导理论所忽视或低估。

赫西和布兰查德将成熟度定义为:个体对自己的直接行为负责任的能力和意愿。它包括两项要素:工作成熟度与心理成熟度。前者包括一个人的知识和技能。工作成熟度高的个体拥有足够的知识、能力和经验完成他们的工作任务而不需要他人的指导。后者指的是一个人做某事的意愿和动机。心理成熟度高的个体不需要太多的外部激励,他们主要靠内部动机激励。

二、确定四种领导行为风格

领导的生命周期理论使用的两个领导维度,与菲德勒的划分相同:工作行为和关系行为。但是,赫西和布兰查德更向前迈进了一步,他们认为每一维度有低有高,从而组成以下四种具体的领导风格,见图11.4。

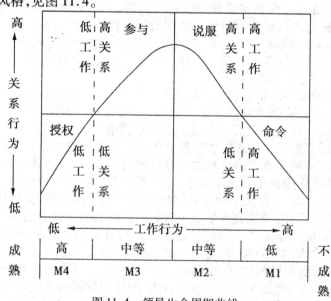

图11.4 领导生命周期曲线

(1)命令型领导方式(高工作-低关系)。领导者定义角色,告诉下属应该干什么、怎么干以及何时何地去干。

(2)说服型领导方式(高工作-高关系)。领导者同时提供指导性的行为与支持性的行为。

(3)参与型领导方式(低工作-高关系)。领导者与下属共同决策,领导者的主要角色是提供便利条件与沟通。

(4)授权型领导方式(低工作-低关系)。领导者提供极少的指导或支持。

三、实现领导风格与领导情景的匹配

领导生命周期理论对下属成熟度的四个阶段的定义:

(1)第一阶段:这些人对于执行某项任务既无能力又不情愿。他们既不胜任工作,又不被信任。

(2)第二阶段:这些人缺乏能力,但愿意执行的工作任务,他们有积极性,但目前尚缺足够的技能。

(3)第三阶段:这些人有能力,却不愿意干领导者希望他们做的工作。

(4)第四阶段:这些人既有能力又愿意干让他们做的工作。

有效领导方式的选择:

(1)当下属成熟程度为第一阶段时,选择命令型领导方式。

(2)当下属成熟程度为第二阶段时,选择说服型领导方式。

(3)当下属成熟程度为第三阶段时,选择参与型领导方式。

(4)当下属成熟程度为第四阶段时,选择授权型领导方式。

如图11.4所示,当下属的成熟水平不断提高时,领导者不但可以不断减少对下属行为和活动的控制,还可以不断减少关系行为。在第一阶段(M1),需要得到具体而明确的指导;在第二阶段(M2)中,领导者需要采取高工作-高关系行为;高工作行为能够弥补下属能力的欠缺;高关系行为则试图使下属在心理上"领会"领导者的意图;对于在第三阶段(M3)中出现的激励问题,领导者运用支持性、非领导性的参与风格可获最佳解决。最后,在第四阶段(M4)中,领导者不需要做太多事,因为下属愿意又有能力担负责任。

领导生命周期理论体现了一个观点,即领导者只有根据下属的成熟程度不同,采取适当的领导方式才是有效的,而且这些领导方式不是固定不变的,对某些职工采取命令型,对另一些职工采取参与型,既可以同时采取两类型,也可以同时采取四种类型,应以实际情况为转移,进行灵活运用,以实现领导方式的长期有效。

第四节 领导成员交换理论

一、领导成员交换理论的含义

领导-成员交换理论(Leader-member Exchange,简称LMX理论)是由葛伦(George Graeo)在1976年首先提出的。他在VDL模型(Vertical Dyad Link Model)的研究过程中,通过纯理论的推导,得到了这样一个结论:领导者对待下属的方式是有差别的;组织成员关系的集合中往往会包括一小部分高质量的交换关系(圈内成员之间)和大部分低质量的交换关系(圈外成员与圈内成员之间)。

领导-成员交换理论指出,由于时间压力,领导者与下属中的少部分人建立了特殊关系。这些个体成为圈内人士,他们受到信任,得到领导更多的关照,也更可能享有特权。而其他下属则成为圈外人士,他们占用领导的时间较少,获得满意的奖励机会也较少,他们的领导-下属关系是在正式的权力系统基础上形成的。

该理论指出,当领导者与某一下属进行相互作用的初期,领导者就暗自将其划入圈内或圈外,并且这种关系是相对稳固不变的。领导者到底如何将某人划入圈内或圈外尚不清楚,但有证据表明领导者倾向于将具有下面这些特点的人员选入圈内:个人特点(如年龄、性别、态度)与领导者相似,有能力,具有外向的个性特点,如图 11.5 所示。LMX 理论预测,圈内地位的下属得到的绩效评估等级更高,离职率更低,对主管更满意。

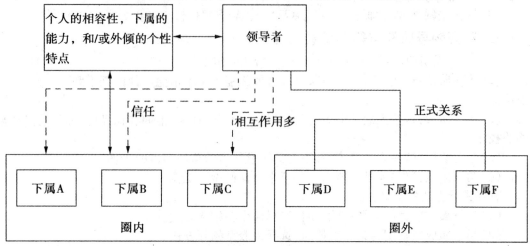

图 11.5　领导成员交换理论

二、领导与下属的关系

(一)影响领导与下属的关系的因素

(1)贡献。在双方关系中,个体所知觉到彼此投注于与工作有关系的活动的量、质和方向。

(2)忠诚。在双方关系中,对另一方的目标与个人特长所表现的公开支持。

(3)情感。在双方关系中,基于人际吸引(而非工作或专业价值)对另一方所产生的情感。

(二)领导和下属的关系

葛伦的 LMX 理论提出了领导者和下属之间可能存在的三种关系,这些关系包括:

(1)领导者和单个下属之间的关系(一种二维向量关系,领导者在一对一基础上对待单个下属,这与多维关系有所不同)。

(2)领导者和一个下属群体之间的关系(一种均衡领导方式,领导者以同等方式对待组织中每个下属)。

(3)领导者和两个有区别的下属群体之间的关系(领导者对待不同群体的人态度不同,对待同一群体的人则态度相同)。

一直以来,大部分对领导 – 成员交换研究的重点都集中于领导和下属之间个人对个人的关系,以及这种关系的后果。

三、领导成员交换关系的模式

领导 – 成员交换关系的形成是一个伴随着时间的演变而发展变化的过程。

Bauer & Green(1996)主要从分析单一领导与成员"二元体"中的交换关系模式着手,认为某一领导 – 成员"垂直二元体"交换关系的形成与发展过程要经历三个阶段,分别是接触、评价阶段,认识、行动阶段和感情、信任阶段,见图 11.6。

(1)接触、评价阶段。领导与成员之间由于对对方的信息知晓较少,从而使得双方的人口特征和个体相似性对关系起初的发展产生极大的影响。随着时间的推移、接触的增多,领导对成员的评价和考核就不再仅仅依赖成见和"晕轮"了。成员绩效的高低取决于其个人能力和可觉察到的资源及权力的获得程度,而权力往往是领导授权的结果。但对于领导者而言,授权本身就意味着承担风险,因此领导者必须首先信任他的下级,才会采取行动。

(2)认识、行动阶段。早期绩效水平较高、能力强的成员容易获得更多的信任,并赢得超过别人的授权。不断取得高绩效的成员,将会获得进一步的信任,从而在下个工作流程中得到更多的授权。

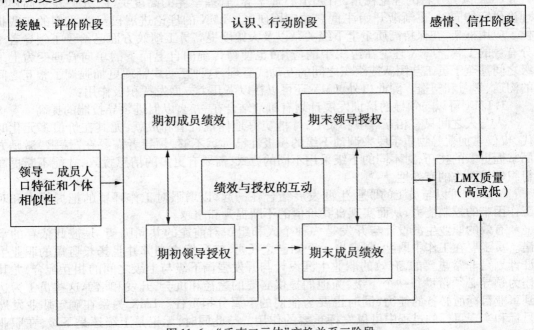

图 11.6 "垂直二元体"交换关系三阶段

(3)感情、信任阶段。领导与成员之间通过持续的感情积累、不断的绩效评价和授权,在感情、信任阶段就会建立起高质量的交换关系。相反在不断的交换中,无法获得感情支持和信任授权的成员,领导只能与其产生低质量的交换关系。

Bauer&Green(1996)的研究认为,领导-成员交换关系的形成与发展要经历4个阶段:

(1)第一阶段,领导与不同成员之间发展了不同的关系,形成"圈内"与"圈外"之分。

(2)第二阶段,领导与成员在实际的团队工作中,各自采取行动改进交换关系,"圈内"成员试图保住"位置","圈外"成员试图进入"圈内"。在双方努力的过程中,工作绩效与团队绩效也随之发生改进。

(3)第三阶段,领导与成员共同构建基于感情与信任的工作生活情景。

(4)第四阶段,领导-成员的"二元"关系升华至团队层面,发展为团队-成员交换关系。

四、领导-成员交换理论的研究和应用展望

尽管对 LMX 理论的研究尚有某些方面的问题没有系统解决,但我们也已看到了它的应用前景:

(一)LMX 发展阶段的特点与问题

LMX 关系的形成是一个纵向发展过程,目前的研究大部分还只停留在第一、二阶段,而后两个阶段虽然反映出 LMX 发展的时代特征,但目前尚缺乏相应的理论与实证研究。从组织中上下级关系的发展过程着眼,对不同交换阶段 LMX 关系的结构特点以及相应的领导模式的探索,将是今后这一领域研究的一个重要趋势,特别是在团队结构、网络结构为基础的组织中,LMX 的特征又会发生哪些变化,它又是如何影响团队或组织的绩效等问题尚有待重点探索。在复杂的组织背景中,从团队管理的思路去理解 LMX 关系,将上下级之间的成对关系拓展为组织中的网络性人际关系,这也是 LMX 理论内涵的有效扩展。当 LMX 发展成为 TMX 时,它的研究对象就超越原来组织中成对的上下级关系而扩展为个体

与团队及组织的一种彼此互动交换的关系,这一趋势与当今组织结构趋向扁平化和日益强调员工自我管理的组织管理新特点相适应。

(二) 加强LMX理论的实际应用

LMX以其独特的理论视角,引起了心理学界、管理学界的高度关注,人们在更高层次理论研究的同时,也渐渐开始注重它的应用研究。LMX的理论进展已经为我们的实践提供了应用框架,在保持高质量上下级关系以及大幅度提高员工绩效方面已给予了领导者十分有效的工具。LMX理论在组织中的应用,也使得传统的自上而下的单向管理变为上下级之间甚至于员工与团队或组织之间的互动式管理,这种互动式管理更加强调了相互之间的沟通、学习和塑造。除此以外,LMX还可以在以下几个方面发挥积极作用:

1. LMX可以与领导的培训发展计划有机地结合在一起,以促进领导技能的提高

人与人之间只有相互尊敬和关心,才能更好地体现价值和成就,尤其在价值多元化时代,仅仅靠加薪等物质手段来调动下级的积极性已远远不够,领导者需要在"情感"激励方面掌握更多的技巧,对不同的下级采用不同的方式,需要有更多的情感投入,才能不断提高组织领导工作的有效性。

2. LMX可以与员工的职业生涯发展结合在一起,以增强对工作环境的把握能力和对工作困难的控制能力,从而实现自我价值的不断提升和超越。

有效的职业生涯设计与开发是一种个人和组织对前途的共同瞻望,是彼此依存的承诺。员工要在工作中取胜,制定出一个知己之长短、知环境之利弊并且扬长避短的职业生涯计划是非常重要的,有效的职业生涯设计与开发强调下级与上级之间的相互配合,尤其作为领导必须帮助每一个下级,为他们提供必要的途径和机会,开发和培养这些员工为达到事业目标所必备的能力,同时也要为他们的下属分担责任。LMX关系在确定职业发展目标和实现目标的过程中可以发挥重要的作用。与此同时,无论是上级还是下级,在职业发展中的每一次进步都是对LMX关系发展的有力促进。

3. LMX还有助于建立组织内良好的信息沟通网络,达到改善组织气氛的目的

越来越多的组织将内部沟通视为组织管理的一个战略性工具而得以广泛的运用。LMX理论在组织中应用的一个重要功能是能促进上下级之间的有效沟通,而且更加强调的是一种互动式的交流。互动式沟通可将理、事、情三者融合于一体,赋予信息更大程度的平易性和平等性,表现出近距离、反馈快和更及时的特点,能使上下级都能获取更丰富、更全面、更生动的信息,有利于对问题的全面思考和研究,同时也有助于树立领导者的亲和形象。有效的沟通又可在更高层次上促进LMX关系的改善。

4. LMX还有助于提升团队合作精神,增强组织凝聚力

加强LMX关系的建立,将大大促进组织中信任、尊重和支持为导向的文化价值观的形成,营造真诚、开放和平等的团队氛围,激发下属积极地表现出团队所期望的行为。LMX上升至TMX时,团队关系的质量将产生显著的增量效果。此外,已有实证的研究表明,组织中的关系冲突和团队的生产力及团队成员的满意感呈负相关,关系冲突往往破坏了人们之间的善意以及相互理解,防碍了团队任务的完成。而组织中TMX的倡导,将十分有助于缓解团队关系冲突,以保持团队的持久团结和合作。

总之,LMX理论具有更广阔的应用前景。通过构建和发展高质量的LMX关系来提高领导效能和组织绩效是一种非常有效的技术和方法。

复习思考题:

1. 简述费德勒模型在管理学中的作用。
2. 企业中如何应用途径目标理论进行领导管理?
3. 什么是领导生命周期理论?该理论分为几个阶段?每个阶段有哪些意义?
4. 领导-成员交换力量的内容和模式是什么?
5. 简述领导-成员交换力量与传统领导理论的差异。

案例分析：

采取什么领导方式好

三个大学期间的同学，20世纪60年代初毕业后，各奔前程，少有来往。20年后，一次偶然的机会使他们在校友会上又见面了，想不到都被推上了领导岗位，分别在三个工业局担任分管生产的副局长。这三位老同学，新局长，聚在一起，自然就说到了走马上任时的各自经历。

A副局长说，他上任后抓的第一件事是：召集有关处室的负责人开座谈会。他认为，通过这种形式，一方面可以让大家了解自己，另一方面自己又可以熟悉各处室的负责人，从而对局里的整个情况有一个大致的了解。为了尽快熟悉分管工作的情况，他采取的方法是：机关工作一有空闲，就深入到局属厂矿、公司去，力争在最短时间内，熟悉各基层单位情况。

B副局长与A副局长不同，他上任后选择做的第一件事，是与局其他领导逐个进行一次谈心。向他们了解局里的情况，谈谈自己新上任后的想法。这位副局长说这样做可以先沟通领导班子的思想，彼此有所了解，为今后顺利开展工作打下基础。为了更快地了解全局的情况，特别是了解局属的全部企业和公司，他说："作为一个领导干部，就是要十分熟悉所管辖的干部群众，与他们建立起密切的联系，只有这样，才能在指挥上有发言权。"

C副局长上任后做的事又完全不同于前两位。他显得很自信，上任后即行使职权，要求有关处室画出六张图来，这六张图的内容分别是：组织结构图、功能图（岗位责任制）、内部关系图（处、室内部关系以及协调）、外部关系图（处室与处室之间和处室与外局对应处室之间的关系）、信息流程图、局内重大事情处理程序图。他自己也参加这项工作，并根据自己的理解与同志们共同商讨和修改。他谈到为何要选择这样一种方法时说："要尽快熟悉局里的情况，依靠传统的做法是很难在短期内做到尽快熟悉的。现在，我构思出六张图，并参与有关处室绘图的过程，是因为通过看这六张图，可以在较短时间内基本了解清楚局里的机构设置、工作范围，相互关系等，以后在深入厂矿、公司研究工作处理问题时，也基本可以做到心中有数。"①

讨论题：

1. B副局长上任后，逐个与其他领导谈心，这表明了B局长实行了怎样的领导方式？
2. C副局长上任后，要求有关处室画出六张图来，局内重大事情按照程序处理，这反映了哪种领导艺术和方法？
3. A局长采取的是什么样的领导方式？他是怎样的领导？
4. 评价这三位领导，并说明你比较欣赏哪位领导，并说明理由。

拿破仑为何兵败滑铁卢

众所周知，拿破仑是法国历史上一位机智勇敢、能征善战的杰出的军事家。但这位叱咤风云的人物却在1815年6月的"滑铁卢"战役中一败涂地，被流放到大西洋中的圣赫勒拿岛，直至后来病死。那么，他为什么会兵败滑铁卢呢？这还得从头说起。

1815年2月26日，拿破仑从流放地——厄尔巴岛逃回法国，法国人民欢呼雀跃，拥戴拿破仑奇迹般地重新登上皇位。欧洲封建军者和英国统治阶级对拿破仑的东山再起深感恐惧，立即组织了由英、俄、普、奥、意五国反法联盟向法国进攻。法国人民深深懂得，只有拿破仑才能保卫资产阶级的胜利果实，于是他们将30万热血男儿交给了拿破仑。

战争迫在眉睫，拿破仑认为，只要能击败反法联盟的主力英、普二军就能瓦解反法联盟，因此，他决心争取主动。6月15日，他出其不意地开赴比利时，打败了布吕歇尔领导的普鲁士军队。随后，拿破仑命令骑兵将领格鲁希追击普军。他说："格鲁希，你的任务就是将可恶的普鲁士人赶回老家，最好是提着布吕歇尔的脑袋来见我，其他的事就由我来做好

---

① http://course.edufe.com.cn/kejian/demo/B0607A/relating/wenzi/anlifenxi.htm

了。""是,将军!"格鲁希坚定地回答。

  6月18日,法军向英军发动了激烈地进攻,由于惠灵顿进行了周密的部署,双方伤亡都很严重,战斗处于胶着状态,援军成了决定胜负的关键。

  遗憾的是率先出现的就是普鲁士军队。原来,格鲁希由于行动缓慢使布吕歇尔逃脱,面对远处传来的枪炮声,布吕歇尔立即命令部队开赴战场,而格鲁希却无动于衷。当手下的将领向他建议,放弃追击普军,转而支援拿破仑时,格鲁希竟说:"军人以服从命令为天职,将军(拿破仑)职授予我追击布吕歇尔的权力,没有授予我改变计划的权力,你们懂吗?"就这样,格鲁希无视将领们的苦苦哀求和远处传来愈来愈激烈的枪炮声,依然命令部队按原来方向追击,白白将有利的战机送给了普军,此时拿破仑在英普军队的夹击下,寡不敌众,大败而归。①

讨论题:
1. 拿破仑兵败滑铁路的根本原因是什么?
2. 在当今社会,领导者应当如何避免"兵败滑铁卢"事件的发生?

推荐阅读资料:

[1] 彼得·圣吉.第五项修炼——学习型组织的艺术和实务[M].上海:三联书店,1999.

---

① http://course.edufe.com.cn/kejian/demo/B0607A/relating/wenzi/anlifenxi.htm

第六篇 组织行为

第十二章 组织行为

◆本章关键词
组织;组织结构;组织设计;

第一节 组织概述

一、组织的定义

组织是由两个或两个以上的人组成,有一定社会边界,为一定目标而进行协作活动的集体。同时,组织又是对完成特定使命的系统性安排的过程。有效的协作需要管理,而管理的载体就是组织。管理学家切斯特·巴纳德(Chest Barnard)认为,由于生理的、心理的、物质的、社会的限制,人们为了达到共同的目标,就必须合作,于是形成群体,即组织。所谓组织,就是为达成某些目标而设计的集合体,是成员进行各种活动的基本框架。

理解组织的几个要点:
(1)组织是社会实体,是人的集合体。
(2)组织有确定的目标,将资源组合在一起完成特定的目标。
(3)组织是有一定的结构和协调模式的动态系统,随着时代的发展能够通过运用现代的制造技术和新的信息技术,重新设计组织结构和管理实践以增进效率,并为创新提供条件,从而有效地生产商品和提供服务。
(4)与外部环境相联系,组织还适应并影响着迅速变化的环境。组织也必须应付和适应当今劳动力多样化的挑战,更加注重伦理和社会责任,改变雇员的职业生涯模式,找出有效的办法激励组织成员完成组织目标。因此,组织以多种方式改变我们的生活,同时管理者也能改变组织,重新设计组织,提高组织效率。

二、组织的要素

各种社会组织的具体形式因社会功能差异而不同,但构成组织的内部和外部的基本要素相同。

(一)内部要素
一般包括5个基本要素:
(1)目的——宗旨,含义比目标广泛,表明为什么要有这个组织。
(2)人——包括管理的主体和客体。
(3)物和技术——管理的客体、手段和条件。
(4)信息——管理的媒介、依据,同时也是管理的客体。
(5)机构——体现管理的分工关系和管理方式。

(二)外部要素
作为社会系统的子系统,组织活动具有9个外部环境要素:①市场;②行业,包括同行业的斗争对手和相关行业的状况;③人力资源;④资金资源;⑤原材料供应基地;⑥技术;⑦政治形势;⑧政府;⑨社会文化。

因此,一个组织的建立和发展,既要具备基本的内部要素,又要受到一系列外部环境要素的影响和制约。管理就是在这样的组织中,由一个或者若干个人通过行使各种管理职能,合理配置以人为主的各种要素,为实现组织目标而进行的活动,这对任何性质、任何类型的组织都具有普遍意义。

三、组织的特征

(一)组织是以人为主的各种资源集成的社会技术系统

组织由人构成,没有人群便没有组织。同时,组织活动又需要一定的物质资源,而这些资源配置也要人来完成。因此,组织是以人为主导的物质结构和社会结构综合的有机体,是人的系统、物的系统和社会环境系统相结合的社会技术系统,又是相对静态的人群社会实体单位。组织是投入产出的系统,它与社会环境相互作用成为独立的法人,并具有调节、适应发展变化功能的开放系统。人类的力量在本质上是组织的力量。各种组织是构成现代社会的基本的独立单元。

(二)组织是适应实现目标的需要而存在的

组织必须有共同目标,而它自身则是实现共同目标的手段。任何组织都有其基本目标,即满足人们日常生活和社会活动的种种需要,如企业提供产品(服务)以满足顾客需要、学校培养人才、医院为病人提供健康服务等。为满足需要,群体产生了。群体活动正式化、群体规则稳定化的结果就导致了组织的出现。组织是有一定的需要、动机、感情和进取心的团体意识和精神的结合体。为了完成共同的目标,组织成员按照一定方式相互合作而结成有机整体,从而形成单个人力量简单相加所不能比拟的整体力量。组织活动扩大了人的活动范围,增强了人们认识、改造客观世界的能力。

(三)组织是通过专业化分工和协作来实现目标的

组织是组织工作或组织活动的动态系统。组织作为一种职能,是完成特定目标的系统性安排的过程,如企业"组织"生产经营、学校"组织"课堂教学、军队"组织"战术训练、政府"组织"抗震救灾等。在许多情况下,人们需求的满足方式是多元化的,既可能通过个体活动实现,也可能由组织活动提供,至于如何选择,则取决于组织活动和个人活动两种方式效率的比较。当组织活动的效率高于个体活动时,便会在人们长期的自然选择比较中逐渐胜出。一个典型的例子便是学校的出现和发展。知识传授的方式可以是师傅带徒弟式的个体活动,也可以是学校教育式的组织活动,在社会发展到一定程度后,后者具有更高的效率,于是后者便取代了前者。组织活动的展开离不开相应的人力资源(员工)、物力资源(原材料和机器设备)、财力资源(资金)和信息资源(各种数据和情报)等条件,为了保证组织活动基本过程的顺利进行,就需要分工和协作,使组织活动形成互相联系的层次网络结构。与此相适应,组织的成员也应当根据各自的权利、责任制度形成正式的层级指挥体系。这种系统性安排能保证组织完成单个人无法完成的持续性和系列化的特定目标。

(四)组织的功能是在部门协作中实现的

组织的功能是在组织目标已经确定的情况下,将实现目标所必需进行的各项业务活动加以分组合,并根据管理幅度原理,划分出不同的管理层次和部门,将监督各类活动所必需的职权授予各部门的主管人员,以及规定这些层次和部门间的相互配合关系。目的是通过建立一个适于组织成员相互合作、人尽其才的良好环境,从而消除由于工作或职责混乱引起的各种冲突,使组织成员都能在各自的岗位上为组织目标的实现做出应有的贡献。

四、组织行为的特点

组织作为一个整体的特征如组织结构、组织文化对个体和群体行为,从而对组织效率和组织气氛都有重要的影响。例如,分配部门任务和责任的不同方法可能会影响这些部门及其员工的行为、信息沟通、能力发挥以及整个组织的工作效率;组织所应用的技术、组织规模、组织年限等因素会影响组织结构、组织效率;认识组织与环境之间的关系及其影响,把握组织变革和发展的规律,有助于提高组织的效率。因此,我们要了解组织作为一个整体的行为特征,这对认识组织本质、提高组织效率是有意义的。

(一)组织行为是一个连续的过程

设计和建立一种科学的、合理的组织结构,是为成功实现组织目标而采取行动的一个连续的过程。这个过程由一系列的步骤所组成:①确定组织目标;②分解目标,拟订派生目标;③确定为了实现目标所必需的各项业务工作或活动,并加以分类;④根据可利用的资源及利用它们的最佳途径来划分各类业务工作或活动;⑤授予执行有关各项业务工作或活动的各类人员以职权和职责;⑥通过职权关系和信息系统,把各层次、各部门联结成为一个有机的整体;⑦编制组织系统图和职务说明书。

这个过程的前两步实际上是组织工作的依据,有了这个依据,组织工作才有必要和可能进行,后几步才是组织工作的实质内容。主管人员通过这一过程来消除混乱,解除人们在工作或职责方面的矛盾冲突,建立起一种适合组织成员互相默契配合的组织结构。而一系列的组织系统图和职务说明书则是组织工作结束后最终成果的表现。组织系统图描述的是一个组织内部的各种机构(包括层次和部门),以及其中相应的职位和相互关系;职务说明书则详细规定了各个职务的职权和职责,以及与其相关的上下左右的关系。

(二)组织行为是动态的

设计和建立起来的组织结构不是一成不变的,而是随组织内外要素的变化而变化,需要维持或创新。任何组织都是社会系统的子系统,不断地与外部环境进行能量、信息、材料等的交流,这种输入和输出一般都会影响组织目标。原来的目标由于环境变化可能不太适宜了,这时必须根据环境条件的变化,不断地修正目标。目标变化自然会影响随同目标而产生的组织结构,为使组织结构切实起到促进组织目标实现的作用,就必须对组织结构做出适应性的调整。即使组织的内外部要素的变化对组织目标影响不大,随着科技的进步,当原有组织结构已不能适应实现目标的要求时,也需要对其进行调整和变革。

(三)组织行为涉及正式组织和非正式组织

任何正式组织都伴随着非正式组织。非正式组织是在组织成员之间感情相投的基础上自发形成的伙伴关系。组织行为研究中应着重考虑非正式组织的两个特点:一是非正式组织在满足成员个人的心理和感情需要上比正式组织更有优越性,应发挥它增强组织凝聚力的作用。二是非正式组织形式灵活、稳定性弱、覆盖面广,几乎所有的正式组织的成员都介入某种类型的非正式组织,应有意识、有计划地促进某些具有较多积极意义的非正式组织的形成和发展,例如,学习互助、技术钻研、业余娱乐等,使其成为正式组织的辅助。在时机成熟和条件许可的情况下,也可将其中一些转化为正式组织,使其成为组织结构的有机组成部分。

第二节 组织结构

一、组织结构含义

组织结构是描述如何将组织所有工作分配到组织的下级部门中去,以及这些部门是如何进行协调和完成这些工作的。所以,组织结构是指组织对工作任务进行分工、分组和协调合作的模式。它表现为组织各部分排列顺序、空间位置、聚集状态、联系方式以及各要素之间的相互关系,同时也是执行管理任务的体制。

组织结构在整个管理系统中同样起"框架"作用,有了它,系统中的人流、物流、信息流才能正常流通,组织目标才可能实现。所不同的是组织结构是主管人员有意识地创造的结构,组织能否顺利达到目标,能否促进个人在实现目标过程中作出贡献,在很大程度上取决于这种结构的完善程度。

二、组织结构的演变和类型

组织结构的设计从直线型、职能型结构开始到现在,经过了直线职能型组织结构、事业部制组织结构、矩阵式组织结构、多维立体组织结构和委员会等形式组织结构的演变。为了应付环境的不确定性,近年来理论界和实际部门又发展了一些新的结构形式,如项目组织设计、团队结构模式、虚拟公司模式和自由型结构等,并给组织结构赋予了扁平化、柔性化、分立化和网络化等一些新的特点。

(一)常用的一般组织结构形式

常用的一般组织结构形式:简单结构、官僚结构、事业部制结构和矩阵结构。

1. 简单结构

简单结构型组织的最大特点在于它不是什么,而不在于它是什么。它不复杂,部门化程度很低,控制跨度宽,权力集中在一个人手中,正规化程度较低。简单结构是一种扁平式组织结构形式,通常仅有2层~3层垂直层次,员工之间的联系比较松散,决策权力集中在一个人身上。

简单结构的优势就在于它的简单。它简便易行、反应敏捷、费用低廉、责任明确。随着组织的扩展,这种组织形式由于正规化程度低,高度集权导致的信息积聚于上层,使它难以适应组织的扩展需要。随着组织规模的扩大,如果高层主管还企图独揽决策大权,组织决策就会日渐迟缓,甚至停滞,这往往会导致许多小型企业的倒闭。如果一个组织的员工人数在50人~100人之间,企业主就很难包揽所有的决策。如果组织结构还不加以改变,使之更加复杂,这个企业就难免失去不少发展机会,最终是要倒闭的。简单结构的另一个不足在于它的风险性:一切都取决于一个人,事实上,一次心脏病发作就足以破坏整个组织的信息与决策中心。

2. 官僚结构

官僚结构的特点是:通过职务专门化,制定非常正规的制度和规则;以职能部门划分工作任务;实行集权式决策,控制跨度狭窄;通过命令链进行经营决策,来维持日常的组织运营顺利进行。具体的表现形式有直线型组织结构,职能型组织结构,直线-职能型组织结构。

(1)直线型组织结构。由垂直系统的各管理层次的主管人执行统一指挥和管理职能,一般不设职能人员或者只在上层组织配备少数职能人员协助主管人员工作,见图12.1。

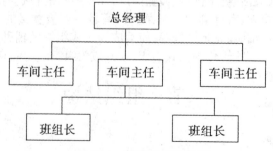

图12.1 直线组织结构图

优点:结构单一,管理权限集中,实行统一指挥和管理,下级不会同时接受两种相互抵触的命令。

缺点:未设职能机构,管理劳动缺乏分工,采用家长式的领导方法。

运用:这种组织类型一般在规模小、经营项目单一的企事业单位中采用。

(2)职能型组织结构。是在直线型组织的基础上,设置各级职能机构(人员),协助行使管理职能,各级职能机构(人员)在自己的业务范围内,可以向下级发布命令、指示,见图12.2。

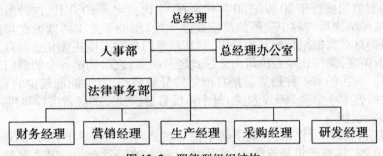

图13.2 职能型组织结构

优点:管理劳动专业化,能吸收专业人员参加管理。

缺点:强调例行工作;管理人员本位性观念,难以成为高层领导;减少了部门的依赖性,协调更困难;难以分清对整体成果的责任。

运用:稳定环境;中小企业;常规技术,职能部门之间相互依赖;以效率和工艺质量为目标。

(3)直线-职能型组织结构。是上述两种类型的结合,以直线型为基础,在主管人员之下设置职能机构,协助主管人员工作,不对下级直接指挥,只对下级职能机构进行业务指导,见图12.3。

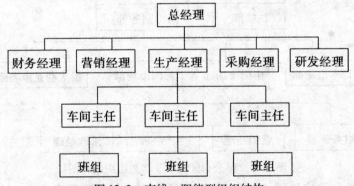

图12.3 直线-职能型组织结构

优点:综合了直线型和职能型的优点,既发挥了职能型实行管理专业化的长处,又保持了直线型集中统一领导的优点,为管理组织的基本形式。

缺点:职能机构之间的横向联系较差,容易产生相互脱节的现象,主管人员必须做好协调工作。

运用:比较适用中、小型组织,但对于规模较大、决策时需要考虑较多因素的组织,则不太适用。在目前仍被我国大多数企业采用。

官僚结构型组织的主要优势在于,它能够高效地进行标准化活动操作。把同类专家配置在同一个职能性部门,能够实现规模经济,使人事与机器的重复设置降到最低限度,员工也有更多的机会与自己的同事进行兴趣相投的交流。而且,这种结构形式对中低层的管理人员的要求较低,因此可以节约成本。规章制度在组织中的渗透在某种程度上使管理人员处理问题比较容易。实行标准化操作和高度正规化经营,使决策可以集权化。因此,对中、低层管理人员创新能力、决策、工作经验的要求不高。

官僚结构型组织的一个主要不足是工作专门化导致了各个分部门之间的冲突,职能部门的目标有时会凌驾于组织的整体目标之上;官僚结构的另一个不足是过于刻板和机械,对于在官僚结构型组织工作的人来说,即使事实与规则不完全相符,也要遵守规则,根本没有变通的余地。只有在员工们面临他们熟悉的问题,而且问题解决方法已有程序性规定时,这种结构的效力才能发挥出来。

官僚结构型组织盛行于 20 世纪 50 年代至 60 年代。到了 90 年代,这种组织形式已经过时,有人认为这种结构形式对于变革的反应速度太慢,压抑了员工的创造性和积极性。但是多半大型组织仍具有官僚结构的基本特点,尤其是专门化和高度正规化这两点。但在控制跨度上,大都有所拓宽,集权式经营决策向分权式经营决策转变,功能齐全的部门与多功能团队共同发挥作用。现在的另一种趋势是把官僚结构分解成小型的、职能较少的官僚结构单位,这种单位一般拥有 150 个至 260 个员工,每个单位有自己独立的经营宗旨和利润目标。

3. 事业部制组织

亦称分权组织或部门化结构,其下属单位是在公司统一领导下,按产品地区或市场(顾客)划分而建立的、具有产供销权限的、实行相对独立的经营单位。其主要特点是"集中政策,分散经营"。基本要素是相对独立的经营自主权,相对独立的市场、相对独立的利益。公司最高管理机构握有人事决策、财务控制、规定价格幅度、监督等大权,并利用利润指标加以控制,见图 12.4。

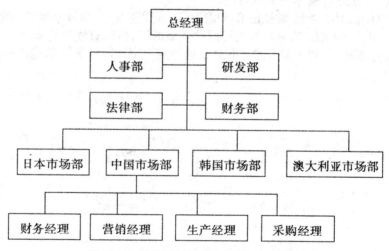

图 12.4 某公司区域事业部制组织结构图

优点:适应性和稳定性强,有利于组织的最高管理者摆脱日常事务而专心致力于组织的战略决策和长期规划,有利于调动各事业部的积极性和主动性,并且有利于公司对各事业部的绩效进行考评。

缺点:机构重复,造成了管理人员浪费;由于各个事业部独立经营,各事业部之间要进行人员互换就比较困难,相互支援较差;各事业部主管人员考虑问题往往从本部门出发,引起相互间激烈的竞争,可能发生内耗;由于分权易造成忽视整个组织的利益、协调较困难的情况,也可能出现架空领导的现象。

运用:产品多样化和从事多元化经营的组织,也适用于面临市场环境复杂多变或所处地理位置分散的大型企业和巨型企业。

事业部制首创于 20 世纪 20 年代的美国通用汽车公司,是在组织领导方式上由集权制向分权制转化的一种改革,其最突出的特点是"总公司集中决策,事业部独立分散经营",即总公司下设多个事业部,有各自独立的产品和市场,实行独立核算,事业部内部在经营管理上则拥有自主性和独立性。这种组织结构多适用于规模较大的一些公司等组织,在国外相当普及,我国的许多大企业也开始采用。

20世纪70年代美国和日本的一些公司在事业部制的基础上创建超事业部制组织结构类型,是在组织最高管理层和各个事业部之间增加了一级管理机构,负责统辖和协调所属各个事业部的活动,使领导方式在分权基础上又适当地集中。这样做的好处是可以集中几个事业部的力量共同研究和开发新产品,可以更好地协调各事业部的活动,从而能够增强组织活动的灵活性。

4. 矩阵制组织结构

也称目标-规划制,按职能划分的部门和按工程项目或服务项目划分的小组相互结合的一种组织形式。实质上,矩阵结构是对两种部门化形式(职能部门化和产品部门化)的融合,见图12.5。

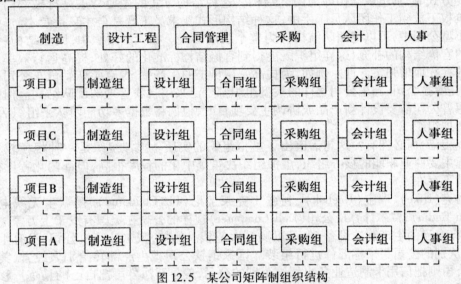

图12.5 某公司矩阵制组织结构

优点:促使各职能部门间密切配合,相互协调地执行任务;机动灵活,弹性较大,增强组织的应变能力;集中有关专业人员协作攻关,发挥创造性,开发新产品和推广新技术,提高管理水平。

缺点:矩阵制组织形式中,领导关系具有双重性,容易发生工作上的意见分歧,因而应加强信息沟通和协调工作。利于具有政治才能的人,不利于技术型人才。

运用:适用于任务复杂的社会管理组织和生产技术复杂、各项管理需要具有专门知识的企业管理组织。

职能部门化的主要优势在于把同类专家组织在一起,使所需人员降到最少,使生产不同产品时可以实现特殊资源的共享。其主要不足在于,要协调好各种专家之间的关系,否则,他们在资金预算范围内完成任务是比较困难的事。

相反,产品部门化的优势与劣势和职能部门化的优、劣势正好不同,它有利于专家的协调,在预算范围内及时完成任务,而且,它为各种活动规定了清晰的职责。因此,可以与职能部门化实现互补。矩阵结构试图把二者融合在一种组织结构中,扬二者之长,避二者之短。

矩阵结构最明显的特点是突破了控制统一性的框框。这种组织形式是为了完成特定的任务,从有关职能部门抽调专业人员而组成的项目小组或委员会。组织关注产品和专业技能整体,资源共享。矩阵结构组织中的员工有两个上司——职能部门经理和产品项目经理,既受原属职能部门(在业务方面)的领导,又受项目小组(在执行工作任务方面)的领导。因此,其命令链是双重的。当该项任务完成后,员工即可回原来的单位和部门。这种组织形式,既保持原工作单位或部门的纵向领导系统,又增设项目小组的横向领导系统,从而形成矩阵状的二维组织。

在矩阵组织中,这些规则富有弹性,因此职能部门主管和生产部门主管之间的斗争就不可避免。对于渴望安全感,却因工作中的模糊性而得不到安全感的员工来说,这种工作环境会产生压力。员工向多个上司汇报工作会带来角色冲突,模糊不清的角色期待会导致角色模糊。官僚组织中一切都可预测的安全感不见了,取而代之的是不安全感和压力增加。

(二)新型组织结构形式

新型组织结构形式有团队结构、虚拟组织、无边界组织、女性化组织形式。

1. 团队结构

现在团队已成为组织工作活动的最流行的方式,当管理人员动用团队作为协调组织活动的主要方式时,其组织结构即为团队结构。这种结构方式的主要特点是打破部门界限,并把决策权下放到工作团队员工手中,这种结构形式要求员工既是全才又是专才。

在小型公司中,可以把团队结构作为整个组织形式。在大型组织中,团队结构一般作为典型的官僚结构的补充,这样组织既能得到官僚结构标准化的好处,提高运行效率,又能因团队的存在而增强灵活性。例如,为提高基层员工的生产率,像克莱斯勒汽车公司、土星公司、摩托罗拉公司、施乐公司这样的大型组织都广泛采用自我管理的团队结构。但是,当波音或惠普公司需要设计新产品或协调主要项目时,他们将根据多功能团队来组织活动。

2. 虚拟组织

可以租借,何必拥有?这句话道出了虚拟组织的实质。虚拟组织是一种规模较小,但可以发挥主要商业职能的核心组织,虚拟组织决策集中化的程度很高,但部门化程度很低,或根本就不存在。

像耐克(Nike)、瑞宝(Reebok)、利兹·克莱宝尼(Liz Claiborne)、爱默生无线电公司(Emerson Radio)、戴尔计算机公司(Dell Computer)这样的公司在美国有成千上万家。它们发现,没有自己的生产制造设备,也可以赚到大笔钱。例如,戴尔计算机公司,没有生产工厂,只是从别的公司买来零部件进行组装。国家钢铁公司把生产部转给别人经营,美国电话电报公司则把信用卡制造业务出租给了别的公司,美孚石油公司把自己的精炼厂移交给别的公司经营。

这样做的目的是什么?它们追求的都是最大的灵活性。这些虚拟组织创造了各种关系网络,管理人员如果认为别的公司在生产、配送、营销、服务方面比自己更好,或成本更低,就可以把自己的有关业务出租给它们。

虚拟组织与官僚组织截然不同,官僚组织垂直管理层次较多,控制是通过所有权来实现的,研究开发工作主要在实验室中进行,生产环节在公司的下属工厂中完成,销售工作由公司自己的员工去做。为保证这些工作顺利进行,管理层不得不雇用大量的额外人员,包括会计人员、人力资源专家、律师等。与之相反,虚拟组织从组织外部寻找各种资源,来执行上述职能,而把精力集中在自己最擅长的业务上。见图12.6。

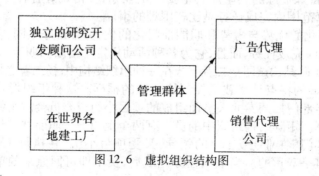

图12.6 虚拟组织结构图

对于大多数美国公司来说,这意味着公司主要把精力集中在设计和营销上。例如,爱默生无线电公司,现在集中精力开发设计新型的电视机、录像机、立体声收音机及其他消费电子产品,把生产任务承包给了亚洲供应商。

管理人员把公司基本职能都移交给了外部力量,组织的核心是一小群管理人员,他们的工作是,直接督察公司内部的经营活动,协调为本公司进行生产、分配及其他重要职能活动的各组织之间的关系。实质上,虚拟组织的主管人员主要是通过计算机网络联系的方式,把大部分的时间用于协调和控制外部关系上。

虚拟组织的主要优势在于其灵活性。例如,它能使善于创新但又缺乏资金的人,如迈克尔·戴尔(Michael Dell)和他的戴尔计算机公司成功地与 IBM 这样的大公司进行竞争。这种结构的主要不足是,公司主管人员对公司的主要职能活动缺乏强有力的控制。

3. 无边界组织

管理人员通过取消组织垂直界线而使组织趋向扁平化,等级秩序作用降到了最低限度,个人身份与头衔的地位也一落千丈。组织看上去更像一个粮仓筒而不是金字塔,最上层的谷粒和最下层的谷粒差别不大。

通用电气公司总裁杰克·威尔奇(Jack Welch)创造了无边界组织这个词,用来描述他理想中的通用公司的形象。威尔奇想把他的公司变成一个年销售额达 600 亿美元的家庭式杂货店。也就是说,尽管公司体积庞大,威尔奇还是想减少公司内部的垂直界限和水平界限,消除公司与客户及供应商之间的外部障碍。无边界组织所寻求的是减少命令链,对控制跨度不加限制,取消各种职能部门,代之以授权的团队。通用电气公司用来取消组织垂直界线的做法有:引入跨等级团队(由高级主管、中级主管、基层主管和员工组成);让员工参与决策;360 度绩效评估(员工的绩效由他的同事及其上、下级共同评定)。

组织的水平界线是由职能部门的存在而形成的,因此消除这种界线的方法是,以多功能团队取代职能性部门,围绕公司的工作流程来组织活动。例如,施乐公司现在通过多专业交叉的团队参与整个工作流程的工作,而不是围绕狭窄的职能任务来开发新产品,他们要参与整个过程。与此相似,美国电话电报公司的部分下属单位进行年度预算时也不再基于职能或部门运行,而是建立在提供世界性通讯网络服务这样的过程上。管理人员可以用以清除水平障碍的另一种途径是,进行各部门间的人员横向调动或在不同职能领域的工作轮换,这样有助于专才变成全才。

充分发挥无边界组织的职能,有助于打破组织与客户之间的外在界线及地理障碍。取消外部界限的方法包括:经营全球化,实行公司间的战略联盟,建立顾客与组织之间的固定联系,这些方式都有助清除组织外部界线。例如,可口可乐公司已把自己看做是一个全球性公司,而不是美国或亚特兰大的公司。像日本电气公司(NEC)、波音飞机公司、苹果电脑公司这类大型公司,都与几十家公司存在着战略上联盟或合伙关系。由于员工都是在为共同的项目而工作,因此,这些联盟也就模糊了各组织之间的界线。在美国电话电报和西北航空公司(Northwest Airlines),已经开始允许顾客行使以前由管理人员所行使的职能。

使无边界组织能够得以正常运行的技术原因之一是计算机网络化,这类工具使人们能超越组织内外的界线进行交流。例如,电子邮件使成百上千的员工可以同时分享信息,并使公司普通员工可以直线与高级主管进行交流。现在组织间的网络,使商品供应商可以及时查看自己经营的商品在商店的存货情况。如沃尔玛的供应商宝洁公司和列维斯特劳斯公司可以分别监控商店中香皂和牛仔裤的存货水平,因为宝洁和列维的计算机系统与沃尔玛的系统是相连的。

4. 女性化组织

一个更有争议的组织设计方案是关于性别问题的,性别差异是否导致了女性对女性化组织的偏爱。

20世纪80年代初,一些组织理论学家开始探索女性的价值观与组织结构之间的关系。他们最主要的发现是,女性偏爱那些重视人际关系和人际交往的组织。据这些理论家所言,这是由女性社会化的方式决定的:"很少有人能够怀疑,在很大程度上,女性的社会化角色是家庭主妇的角色,女性要支持别人,照顾别人,要维系长期的家庭关系,要让家中每一个人都有成就感,并尽可能地使各人的利益与大家的利益协调起来。"

组织社会学家乔伊斯·露丝查德(Joyce Rothschild),对女性化组织方面的有关研究进行了归纳和发展,建立了具有6个特点的女性化组织模型。

(1)重视组织成员的个人价值。组织成员被当做个体看待,承认他们有自己的价值和需要,而是把他们看做是组织角色的扮演者。

(2)非投机性。组织成员之间的关系被看做是成员自身价值的体现与维持,而不仅仅是实现组织目标的手段。

(3)事业成功与否的标志是为别人提供了多少服务。在官僚组织中,成员事业成功的标志是晋升,获得权力,增加薪水。而在女性化组织中,则以为别人提供了多少服务来判断一个人成功与否。

(4)重视员工的成长。女性化组织为其成员提供广泛的个人成长的机会,这种组织不强调培养专家或开发狭窄的专业技能,而重视拓展成员的技能,增强员工的多种能力。组织不断地为员工提供新的学习机会,从而达到上述目的。

(5)创造一种相互关心的社区氛围。女性化组织成员的社区感很强,很像生活在小城镇中的居民,她们信任并彼此照顾。

(6)分享权力。在传统官僚组织中,信息和决策权是大家都渴望拥有的,要通过等级秩序加以分配。而在女性化组织中,信息资源大家共享,所有可能受一项决策影响的人都有机会参与这项决策。

露丝查德认为,在由女性加以管理并为女性服务的组织中,女性化组织模式运作效果可能很好。

三、组织结构差异化策略选择的影响因素

我们介绍了许多组织设计方案,其中有高度结构化、标准化的官僚组织,也有松散无定形的无边界组织,在这两个极端形态之间还有其他几种组织形式。考察了这些组织机构模型,各自都具有不同特点。为什么不同组织选择不同的组织结构形式?影响这种选择的因素有哪些?我们来看看。

影响组织结构选择的因素包括战略、组织规模、技术、环境,组织绩效就取决于其组织结构与这些因素相适应程度。

(一)战略

组织结构是管理人员用来达到组织目标的一种手段。由于组织目标是由组织的总体战略决定的,因此,组织战略与组织结构的关系很密切。具体一些说,组织结构应该服从组织战略。如果组织战略发生了重大变化,组织结构也应作相应的调整,以支持组织战略的变化。现在,大多数组织战略集中在3种战略的选择上:创新、成本最小化、模仿。在进行组织结构设计时,就出现3种联合组织战略的形式。

一个组织在多大程度上引进主要的新产品和服务方式就是它的创新战略。它不是指简单的、表面上的战略变化,而是注重有意义的、独特创新的战略形式。显然,并非所有的公司都追求创新。这种战略可能很好地概括3M公司的特征,但却不是《读者文摘》(Reader's Digest)杂志社所追求的战略。

奉行成本最小化战略的组织对成本加以严格地控制,限制不必要的发明创新和营销费用,压低销售基本产品的价格。普通日用品销售公司一般实行这种战略。

奉行模仿战略的组织试图充分利用上述两种战略的优势,它追求的是风险最小化,利

润最大化。在一种新产品或新市场的开发潜力被创新组织证明之后,它们才进行大胆投资。它们采纳革新者的成功思想并进行模仿。那种剽窃时装设计师的风格、进行时装规模生产的厂家奉行的正是此种战略。像 IBM 和履带拖拉机公司这样有名的大公司也可能采用这种战略,它们基本上追寻那些较小的、富有创新精神的竞争者的脚步,只在竞争对手证明了市场的存在后,再以优质的产品争夺市场。

表 12.1 描述了与每种组织战略相对应的最佳的组织结构选择。创新战略需要有机结构的灵活性;成本最小化战略要求机械结构的效率和稳定性;而模仿战略所适用的组织结构是这二者的融合。运用机械结构可以实现严密的控制并降低目前活动的成本。同时,创设有机结构单位,便于组织进行创新活动。

表 12.1 战略－结构理论

战略	结构方案
创新战略	结构松散,工作专门化程度低,正规化程度低,分权化
成本最小化战略	控制严密,工作专门化程度高,正规化程度高,高度集权化
模仿战略	松紧搭配,对于目前的活动控制较严,对创新活动控制较松

（二）组织规模

组织规模对组织结构有一定的影响。设想对 10 万员工用什么方式能把他们组织起来呢？唯一的办法是大量实施工作专门化和部门化,同时制定大量的程序和规则来保证统一的行动,实施高度的分权化决策。但对于仅雇用 10 个员工,就不必实行分权决策或明确规定程序与规则了。

大量证据支持这样的思想:组织规模对组织结构的影响很大。例如,大型组织,一般员工在 2 000 人以上,工作专门化、部门化的程度较高,垂直层次较多,规章制度也较多,但规模与结构之间并非简单的线性关系;相反,呈递减的趋势。随着组织的扩大,规模的影响会渐渐减小。因为,假如一个组织拥有 2000 名员工,其专门化和部门化程度已经较高了,再增加 500 名员工,影响也不大。但对于仅有 300 人的组织而言,再增加 500 人可能会导致组织工作的专门化和部门化程度大大增强。

（三）技术

技术是指组织把投入转化为产品的手段。每个组织都至少拥有一种技术,从而把人、财、物等资源转化为产品或服务。例如,福特汽车公司主要是应用生产线来生产汽车。

有关技术－结构关系的研究很多,具体情况比较复杂,这里介绍一些最基本的东西,然后就我们所了解的进行归纳总结。

我们直接来考察对技术进行区分的一个常用标准是他们的常规性程度,也就是说,技术是常规性的还是非常规性的。常规性的技术是指技术活动是自动化、标准化的操作,非常规性的技术则是指技术活动内容根据要求而有不同的活动,包括像家具组装、传统的制鞋业和遗传学研究之类的活动。

技术与结构之间存在什么关系呢？我们发现虽然二者关系并非高度相关,但常规性的任务与层次繁杂和部门化的结构有关,技术与正规化程度相关。多种研究一致表明,常规性技术任务通常与各种操作规则、职务说明及其他正规文件分不开。

技术与集权化的关系很有趣。在逻辑上,似乎常规性技术应与集权化结构相关,而非常规性技术,因为更多地依赖专家的知识,应与分权化结构相关。这种推理得到了一定的支持。但是,一般的结论认为,技术与集权化之间的关系受正规化程度的影响。正规的制度程序与集权化经营决策都属控制机制,二者可以相互取代。如果组织的规章制度很少,常规性技术就与集权相联系了,但是,如果正规化程度很高,常规性技术则可以伴随分权化控制机制。因此,只有在正规化程度较低时,常规性技术才能导致集权化。

(四)环境

一个组织环境是由组织外部可能影响组织绩效的多种机构和因素构成的,主要包括供应商、顾客、竞争者、政府管理机构、公众压力群体等。

为什么环境会影响组织结构?因为环境是不确定的。有些组织所面临的环境相对静止,环境中的因素基本上没有变化。比如,它们没有新的竞争对手,或现有的竞争对手在技术上没有重大突破,公众压力群体对组织的影响很小。而有些组织所处的环境则是动态的。比如,不断变化的政府规章制度影响企业的业务活动,新的竞争者不断出现,获得原材料的难度,顾客对产品口味的变化。静止环境给管理者造成的不确定性要小得多。由于不确定性会危害组织的有效性,因此,管理人员会努力减小它的影响。减小环境的不确定性的方法之一是调整组织结构。

任何组织环境都有3个关键维度:环境容量、稳定性、复杂性。环境容量是指环境可支持组织发展的程度。丰富和不断成长的环境可带来丰富的资源,这可以使组织面临资源短缺时有缓冲的余地。丰富的容量为组织提供了改正错误的机会,而容量短缺就做不到这一点。环境的稳定性反映在稳定维度上。当环境中不可预测的变化太多时,环境处于动态中,管理人员就很难对各种决策意见的未来结果进行准确预测,决策也就比较困难。与此相对的是稳定的环境,现在这种组织环境较少存在了。最后,还要考虑环境的复杂性,即环境要素的异质性和集中性状况。简单的环境是同质的、单一的。相反,异质性强、分散程度较高的环境则为复杂环境。面临这种环境,几乎每天都有新竞争对手出现,已有的公司不得不做出应对措施。

在这种3维度环境定义的基础上,我们可得出一些普遍性结论,环境的不确定性与组织结构有关。具体地说,环境的稀少性、动态性、复杂性越强,就越应该采用有机式组织结构;环境的丰富性、静态性、简单性越强,就越可以考虑实行机械式组织结构。

工业革命带来了经济规模的扩大、现代大型公司的出现。起初,公司组织为简单结构式。随着组织的发展,它们的机械性和官僚倾向日益增强。从20年代至70年代,官僚结构渐渐发展成为工业国家占主导地位的组织结构形式,原因主要在于3点:第一,这段时间中环境相对稳定。大型公司垄断市场,国际竞争对手又很少,这使环境的不确定性降到了最低限度。第二,经济规模化,竞争性较弱,使各种公司可以引进高度常规性的技术。第三,大多数大型公司奉行成本最小化和模仿战略,把创新空间留给了小公司。把这些战略与公司规模、常规技术相对丰富、稳定和简单的环境结合起来考虑,就不难解释官僚组织结构兴起并走上主导地位的原因了。

竞争进入了全球性时代,为了更有效地进行竞争,高级管理人员开始重构自己的组织。有的选择了矩阵组织,以给公司带来更大的灵活性;有的则增加了团队结构,以便对变化做出更迅速的反应。现在,大型公司的高层管理人员大都在改变组织的官僚结构,通过裁员、削减垂直层次、分权等手段来使组织更加有机化。促使他们这样做的原因主要是组织环境的不确定性程度越来越高。管理人员认识到,在一个动态的、不断变化的环境中,如果组织缺乏灵活性,就会走向破产的境地。

第三节 组织设计对行为的影响

一、组织设计的含义

组织设计,又称组织结构设计,是指对组织内的层次、部门和职权进行合理的划分,即把为实现组织目标而需完成的工作划分为若干性质不同的业务工作,然后再把这些工作"组合"成若干部门,并确定各部门的职责与职权。因此就有如何正确进行组织设计的问题。

组织设计的基本原则和程序:第一,目标明确、功能齐全、政企分开。第二,组织内部必须实行统一领导,分级管理。第三,有利于实现组织目标,力求精干、高效、节约。第四,有利于转换经营机制和提高经济效益与社会效益。第五,既要有合理的分工,又要注意相互协作和配合。第六,明确和落实各个岗位的责、权、利,建立组织内部各种规章制度。

程序包括六个步骤:第一,以人为本,确定各级机构的目标。第二,进行管理业务流程的总体设计。第三,设置管理岗位。第四,规定管理岗位内容,建立健全激励机制。第五,配置岗位人员。确定每个岗位配置人员量和质的要求,可用岗位人员配置一览表明示。第六,设置管理机构,确定管理机构的形式,划分管理岗位,绘制组织图,编制说明书。

二、影响组织设计的因素和问题

组织设计是为了有效地实现经营目的而实际探索应该如何设计组织结构,是一种由管理机制决定的、用以帮助达到组织目标的有关信息沟通、权力、责任、利益和正规体制。管理者在进行组织结构设计时,必须考虑6个关键因素:工作专门化、部门化、命令链、控制跨度、集权与分权、正规化,见表12.2。

表12.2 设计组织结构时需要思考的6个关键问题

关键问题	关键因素
1. 把任务分解成各自独立的工作应细化到什么程度	工作专门化
2. 对工作进行分组的基础是什么	部门化
3. 员工个人和工作群体向谁汇报工作	命令链
4. 一位管理者可以有效地指导多少个员工	控制跨度
5. 决策权应该放在哪一级	集权与分权
6. 应该在多大程度上利用规章制度来指导员工和管理者的行为?	正规化

(一)工作专门化

20世纪初,亨利·福特(Henry Ford)通过建立汽车生产线,享誉全球。他的做法是,给公司每一位员工分配特定的、重复性的工作。例如,有的员工只负责装配汽车的右前轮,有的则只负责安装右前门。通过把工作分化成较小的、标准化的任务,使工人能够反复地进行同一种操作,福特利用技能相对有限的员工,每10秒钟就能生产出一辆汽车。福特的经验表明,让员工从事专门化的工作,他们的生产效率会提高。今天,我们用工作专门化这个术语或劳动分工这类词汇来描述组织中把工作任务划分成若干步骤来完成的细化程度。

工作专门化的实质是:一个人不是完成一项工作的全部,而是将工作分解成若干步骤,每一步骤由一个人独立去做。就其实质来讲,每个人的工作只是完成组织任务活动的一部分,而不是全部活动。

通过实行工作专门化,管理层还寻求提高组织在其他方面的运行效率。通过重复性的工作,员工的技能会有所提高,在改变工作任务或在工作过程中安装、拆卸工具及设备所用的时间会减少。同样重要的是,从组织角度来看,实行工作专门化,有利于提高组织的培训效率。挑选并训练从事具体的、重复性工作的员工比较容易,成本也较低。对于高度精细和复杂的操作工作尤其是这样。例如,如果让一个员工去生产一整架飞机,波音公司一年能造出一架大型波音客机吗?最后,通过鼓励专门领域中进行发明创造,改进机器,工作专门化有助于提高效率和生产率。

20世纪50年代以前,管理人员把工作专门化看做是提高生产率的不竭之源,或许他们是正确的,因为那时工作专门化的应用尚不够广泛,只要引入它,几乎总是能提高生产率。但到了60年代以后,越来越多的证据表明,好事做过了头就成了坏事。在某些工作领域,达到了这样一个顶点:由于工作专门化,人的非经济性因素的影响(表现为厌烦情绪、疲劳感、压力感、低生产率、低质量、缺勤率上升、流动率上升等)超过了其经济性影响的优势。在这种情况下,通过扩大而不是缩小工作活动的范围,可以提高生产率。另外,许多公司发现,通过丰富员工的工作内容,允许他们做完整的工作,让他们加入到需要相互交换工作技能的团队中,他们的产出会大大提高,工作满意度也会增强。

(二)部门化

一旦通过工作专门化完成任务细分之后,就需要按照类别对它们进行分组以便使共同的工作可以进行协调,工作分类的基础是部门化。

对工作活动进行分类主要是根据活动的职能。制造业的经理通过把工程、会计、制造、人事、采购等方面的专家划分成共同的部门来组织其工厂。当然,根据职能进行部门的划分适用于所有的组织。只有职能的变化可以反映组织的目标和活动。这种职能分组法的主要优点在于,把同类专家集中在一起,能够提高工作效率。职能性部门化通过把专业技术、研究方向接近的人分配到同一个部门中,来实现规模经济。

工作任务也可以根据组织生产的产品类型进行部门化,这种分组方法的主要优点在于提高产品绩效的稳定性,因为公司中与某一特定产品有关的所有活动都由同一主管指挥。如果一个组织的活动是与服务而不是产品有关,每一种服务活动就可以自然地进行分工。每个部门都会在一个产品或服务经理的指导下,提供一系列服务项目。

可以根据地域来进行部门划分分组。每个地区是围绕这个地区而形成的一个部门。如果一个公司的顾客分布地域较宽,这种部门化方法就有其独特的价值。

可以根据顾客的类型来进行部门化分组方法,因为每个部门的顾客存在共同的问题和要求。因此通过为他们分别配置有关专家,能够满足他们的需要。例如,一家销售办公设备的公司可下设3个部门:零售服务部、批发服务部、政府部门服务部、比较大的法律事务所,可根据其服务对象是公司还是个人来分设部门。

大型组织进行部门化时,可能综合利用上述各种方法,以取得较好的效果。到了20世纪90年代有两个倾向较为普遍:第一,以顾客为基础进行部门化越来越受到青睐。为了更好地掌握顾客的需要,并有效地对顾客需要的变化做出反应,许多组织更多地强调以顾客为基础划分部门的方法。例如,施乐公司已取消了公司市场部的设置,把市场研究的专家排除在这个领域之外。这样使得公司能更好地了解谁是它的顾客,并更快地满足他们的需要。第二个倾向是,坚固的职能性部门被跨越传统部门界限的工作团队所替代。随着工作内容日益复杂,所需要的技术日趋多样化,管理人员开始将注意力转向多功能型团队。

(三)命令链

过去,命令链的概念是组织设计的基石,但今天它的重要性大大降低,不过在决定如何更好地设计组织结构时,管理者仍需考虑命令链的意义。

命令链是一种不间断的权力路线,从组织最高层扩展到最基层,澄清谁向谁报告工作。它能够回答员工提出的这种问题:"我有问题时,去找谁?""我对谁负责?"。为了促进协作,每个管理职位在命令链中都有自己的位置,每位管理者为完成自己的职责任务,都要被授予一定的权威。而且一个人应该对一个主管,且只对一个主管直接负责,维持命令统一性。如果命令链的统一性遭到破坏,一个下属可能就不得不穷于应付多个主管不同命令之间的冲突或优先次序的选择。

时代在变化,组织设计的基本原则也在变化。技术的发展和给下属充分授权的潮流的冲击,现在,命令链、权威、命令统一性等概念的重要性大大降低了。随着计算机技术的发展,日益使组织中任何位置的员工都能同任何人进行交流,而不需通过正式渠道,在一个基层雇员能在几秒钟内得到20年前只有高层管理人员才能得到的信息。而且,权威的概念和命令链的维持越来越无关紧要,因为过去只能由管理层作出的决策现在已授权给操作员工自己作决策。除此之外,随着自我管理团队、多功能团队和包含多个上司的新型组织设计思想的盛行，命令统一性的概念越来越无关紧要了。当然，许多组织仍然认为通过强化命令链可以使组织的生产率最高，但今天这种组织越来越少了。

（四）控制跨度

一个主管可以有效地指导多少个下属？这种有关控制跨度的问题非常重要，因为在很大程度上，它决定着组织要设置多少层次，配备多少管理人员。在其他条件相同时，控制跨度越宽，组织效率越高。

组织控制跨度的不同对组织的又不同的影响。首先，控制跨度宽的，在成本方面，组织效率更高。但是，在某些方面宽跨度可能会降低组织的有效性。也就是说，如果控制跨度过宽，由于主管人员没有足够的时间为下属提供必要的领导和支持，员工的绩效会受到不良影响。其次，控制跨度窄也有其好处，把控制跨度保持在5人～6人，管理者就可以对员工实行严密的控制。但控制跨度窄也有缺点：管理层次会因此而增多，管理成本会大大增加；使组织的垂直沟通更加复杂，管理层次增多也会减慢决策速度，并使高层管理人员趋于孤立；控制跨度过窄易造成对下属监督过严，妨碍下属的自主性。

近几年的趋势是加宽控制跨度。例如，在通用电气公司和雷诺金属公司这样的大公司中，控制跨度已达10人～12人，是15年前的2倍。加宽控制跨度，与各个公司努力降低成本、削减企业一般管理费用、加速决策过程、增加灵活性、缩短与顾客的距离、授权给下属等的趋势是一致的。但是，为了避免因控制跨度加宽而使员工绩效降低，各公司都大大加强了员工培训的力度和投入。管理人员已认识到，自己的下属充分了解了工作之后，或者有问题能够从同事那儿得到帮助时，他们就可以驾驭宽跨度的控制问题。

（五）集权与分权

在有些组织中，高层管理者制定所有的决策，低层管理人员只管执行高层管理者的指示。另一种极端情况是，组织把决策权下放到最基层管理人员手中。前者是高度集权式的组织，而后者则是高度分权式的。

集权化是指组织中的决策权集中于一点的程度。这个概念只包括正式权威，也就是说，某个位置固有的权力。一般来讲，如果组织的高层管理者不考虑或很少考虑基层人员的意见就决定组织的主要事宜，则这个组织的集权化程度较高。相反，基层人员参与程度越高，或他们能够自主地作出决策，组织的分权化程度就越高。

集权式与分权式组织在本质上是不同的。在分权式组织中，采取行动、解决问题的速度较快，更多的人为决策提供建议，所以，员工与那些能够影响他们的工作生活的决策者隔膜较少，或几乎没有。

近年来，分权式决策的趋势比较突出，这与使组织更加灵活和主动地作出反应的管理思想是一致的。在大公司中，基层管理人员更贴近生产实际，对有关问题的了解比高层管理者更翔实。IBM的欧洲总监瑞纳托·瑞沃索把欧洲大陆的公司分成200个独立自主的商业单位，每个单位都有自己的利润目标、员工激励方式、重点顾客。"以前我们习惯于自上而下的管理，像在军队中一样。"瑞沃索说，"现在，我们尽力使员工学会自我管理。"

（六）正规化

正规化是指组织中的工作实行标准化的程度。如果一种工作的正规化程度较高，就意味着做这项工作的人对工作内容、工作时间、工作手段没有多大自主权。人们总是期望员工以同样的方式投入工作，能够保证稳定一致的产出结果。在高度正规化的组织中，有明确的工作说明书，有繁杂的组织规章制度，对于工作过程有详尽的规定。而正规化程度较低的工作，相对来说，工作执行者和日程安排就不是那么僵硬，员工对自己工作的处理权限就比较宽。由于个人权限与组织对员工行为的规定成反比，因此工作标准化程度越高，员工决定自己工作方式的权力就越小。工作标准化不仅减少了员工选择工作行为的可能性，而且使员工无需考虑其他行为选择。组织之间或组织内部不同工作之间正规化程度差别很大。

三、组织设计对行为的影响

组织结构对于员工行为有深刻的影响。回顾一下组织结构与员工绩效、工作满意度的关系，可以得出这样的结论：没有一种一致的关系。并非每个人都喜欢有机结构带来的自由和灵活性。有些人在工作任务标准化程度很高，且比较明确时，绩效最高，工作满意度也是最佳状态。因此，在讨论组织设计对员工行为的影响这一问题时，必须考虑到个体差异。

（一）工作专门化会导致员工生产率的提高，但以工作满意度降低为代价

我们在前面已经指出，工作专门化并非是提高生产率的不竭之源，人们从事重复单调性的工作会导致非经济性因素的增长超过经济性因素的增长，这也会影响到生产率的提高。现在，由于越来越多的劳动力受过高等教育，他们渴望工作具有内在的激励性。因此，与过去的几十年相比，工作专门化更容易导致生产率的下降。

现在由于工作领域过于狭窄，失业的年轻人比他们的父辈或祖父辈要多。尽管如此，仍有一部分人偏爱常规性强和高度专门化的重复性工作。这些人希望工作对智力的要求低一点，能够提供一种安全感。对于他们来说，高度的工作专门化是工作满意感之源。对于那些渴望个人成长，希望工作多样化的个人来说，从事工作专门化程度过高的专业技术工作只会降低他们的工作满意度和生产率。

（二）控制跨度与员工绩效之间的关系尚无定论

我们可以这样设想，控制跨度宽可能会带来员工的高绩效。因为控制跨度宽意味着员工的工作环境比较宽松，有更多的机会发挥个人的主观能动性。但现在尚无充分证据来证明这一点。在这个问题上，很难说哪一种控制跨度对于提高下属绩效和工作满度效果最佳。原因可能主要在于员工个体之间的差异。也就是说，有些人喜欢独处，有些人则喜欢上司随时加以指点。我们认为，在说明控制跨度的宽窄对员工绩效与工作满意度的影响这一问题时，应该考虑到员工的经历、能力、工作任务结构等因素的作用。不过，有些事实表明，管理人员所监督的下属增多时，他的工作满意感会增强。

（三）集权化与工作满意度的相关度很高

集权程度低的组织，员工参与决策的程度就比较高。有事实表明，员工参与程度与工作满意度呈正相关。但是，这个问题还是要考虑员工的个体差异。员工自尊心较弱时，分权化与工作满意度的相关度较高。因为低自尊的员工对自己的能力没有信心，他们喜欢分散决策，这样他们就不必为决策后果而负全部责任。

我们的结论是：要提高员工的工作绩效和满意度，必须全面考虑员工的经历、个性、任务结构等因素。有些员工喜欢依赖地位较高的权威人物，喜欢正规、具体的各种规则来指导自己的工作程序，希望在工作中与别人保持正规关系。这种人适合于在机械结构中工作；而另一类员工更适合于在有机组织机构中工作。

复习思考题：

1. 什么是组织？组织的内部要素是什么？它受哪些外部要素的影响？
2. 组织的特征和功能是什么？
3. 谈谈你对组织行为的主要特点的看法。
4. 简述组织结构演变的过程。
5. 简述决定组织设计的6个关键要素。
6. 决定组织结构差异化策略选择的因素有哪些？为什么？
7. 组织结构设计如何影响员工行为。

案例分析：

康宝公司的组织结构

康宝公司是北京一家生产办公设备的公司。该公司几个月前推出了一款型号为PX9000的产品，这是一款集彩色打印、彩色扫描、彩色复印和传真机功能于一身的设备。PX9000由于功能强大、价格适中和设计新颖而赢得了高度的赞誉。很快，便出现了严重的订单积压，康宝公司已经不能及时满足需求。

一开始，康宝公司的总经理张涛对订单积压极为关注，给生产经理乔京生施加了很大的压力，要求他增加产量。但是，张涛很快转移了方向，因为他收到了新的报告，称PX9000的退货和投诉比正常的行业水平高出了4倍。张涛意识到这一问题的严重性，决定请一位外部的质量专家来帮助公司尽快解决问题。

张涛请到了某大学的质量专家王文成来帮助调查这个问题。王文成来到公司后，决定首先对一些关键的人员进行访谈，以尽可能多地了解问题。因为事情紧急，张涛承诺王文成可以找任何人了解情况，并立刻通知全体员工配合和协助王文成的调查。

王文成最先约谈的是成品装配车间的主任李金德。李金德说：我昨天收到了张总的便笺。坦白说，我对PX9000出现问题并不吃惊。我们这一块的装箱是一个问题。箱子的底和盖很少能够严丝合缝。我们常常不得不使很大的劲才能把箱子扣上。所以，包装箱的破裂或散架并不足为奇。需要说明的是，我们原来的装箱可没出过这样的问题。采购部为了每个箱子省2元钱而更换了供应商。

午饭后，王文成找印刷电路板车间的主任郑根夫谈话。郑根夫正同一个工人检查一台自动植入机。这种机器是用来把集成电路、电容、电阻等在波焊前布置在印刷电路板上。王文成向郑根夫做了自我介绍，然后问："这里有什么问题吗？"郑根夫回答说：PX9000的印刷电路板有点麻烦。设计师把元件间的距离设置得太近，超过了我们的设备所能达到的水平。结果，很多元件出现了弯曲，合格率恐怕不会超过25%。我们要花大量的时间检查电路板，对有问题的就要进行返工。订单已经积压了很多，再加上大量的返工，我们只好让设备以120%的速度运转。这又导致设备经常出故障。一个班次几乎要停一两个小时。

所以，说到产品质量，我认为电路板肯定是一个关键的原因。我们尽了最大的努力来查找并纠正缺陷，但电路板的检验和返工耗时、乏味，员工现在不得不频繁加班。我最大的遗憾是在制作PX9000的原型时没有更多地参与。假如他多听听生产部门的意见的话，也就不会有这么多的问题。

接下来，王文成又拜访了生产科的经理魏西平。魏西平完全同意李金德和郑根夫的观点，他进一步补充说：最大的问题是缺乏合作。采购部为了省几元钱就更换了供应商，工程师设计产品时不考虑生产的条件。这些都是缺乏合作惹的祸。

第二天，王文成拜访了采购部的经理马琳琳。当提到箱子的问题时，马琳琳回答说：生产部门的那些家伙总觉得地球应该围着他们转。但是，我们的新供应商的包装箱每个要便宜2.2元。听起来不多，可我们今年预计一共需要125 000个，这是一个相当大的数字。当然，包装箱的质量也很重要，我下次同供应商见面时会跟他们讨论这一问题，我们预定在下月初见面。

结束了与马琳琳的谈话，王文成决定再找设计部的人谈一下。路上碰到了前一天与郑根夫在一起的那个工人。这个工人自我介绍叫崔平，说他原来一直在送货部工作，两周前才调到车间。崔平没有受过任何正规的培训来操作这台新机器。他说质量检验员让他很紧张，他感到他们总是在盯着他。

与崔平告别后，王文成见到了设计部的经理贾晓明。针对王文成的提问，贾晓明说：我们部门也知道现在质量出了一些问题。我们现在面临的压力是如何使产品小型化。两年前，传真机、打印机、扫描仪和复印机都是单独的设备。现在的PX9000把所有功能集中到了一台机器上,而且体积还不能比原来的打印机大。这就使得产品更难生产了。但是,我们要生存,生产部门也必须一起努力。我们设计部门做了应当做的工作。我们设计了一款现当代技术发展水平的产品,产品原型也很不错。我们已经做了能做事情,现在是该生产部门的家伙们解决如何生产出来的问题。

第二天下午,王文成见到了质量部经理林世恩。林世恩说:我作为质量部经理的最大挑战是让大家都认识到质量的重要性。个人口头上都承认质量的重要性,一到月底,工期就成了最优先的因素。我有时会感到很无助。虽然我负责质量,但我对生产工人没有指挥权力。我的下属质量检验员能做的就是检验产品,不合格时贴上标签,除此之外什么都做不了。说老实话,非常高兴张总对质量表现出这样的关注,我愿意全力配合你的工作。我再不抓质量的话,真的要出大问题了。①

讨论题:
1. 推测康宝公司的组织结构是何类型?
2. 康宝公司的哪个部门对质量的影最大?对于张涛关注的康宝公司的质量问题,你能提什么建议?

团队在这里行不通

Levi Strauss 公司重新设计他在美国工厂的成衣生产线,试图减少由于工作重复而造成的成本。此外,还希望能够在美国继续生产而不必转移到国外生产。但是,Levi Strauss 公司的竞争对手早已将主要生产线转移到国外去了。

Levi Strauss 公司放弃了原来的按部件工作的体系,改为建立团队工作。原来的按部件工作体系中,工人重复着单一、简单的任务(像缝制拉链等),并按照所完成的工件数量领取工资。在团队工作体系下,由 10 到 35 名工人组成一个团队,根据整个团队所生产裤子的数量获得工资。工人们轮流做不同的任务,以减少由于工作单调和重复给他们造成的损害。

然而,新的工作系统并没有导致更高的生产力,而是降低了生产力、产生混战和新的冲突,员工之间的威胁和侮辱变得更为普遍。工作快的工人想摆脱慢的人,所以,友情消失了。生产裤子的质量在第二年下降到了每个团队合格率只有 77% 的水平,后来尽管生产力慢慢提高,但是仍然只有原来的 93%。此外,每件裤子的劳动成本上升了 25%。重要的是,最高工资下降了。例如,一个熟练缝纫女工每小时工资由原来的 8.75 美元下降到了 7.00 美元,原因在于合作伙伴动作慢。但是,较慢的工人的工资反而增加了——这就减少了 Levi Strauss 公司在节约上的努力。缝制一件"Dockers"裤子的单位劳动成本由原来的 5.00 美元上升到了 7.50 美元。

根本问题在于工作的特性上。生产的速度与工人的熟练程度有关,缝制裤子需不断重复的毅力。高绩效者当看到报酬减少,就会决定不那么刻苦工作了。一个工人说,"你会感到受骗,你的收入在减少,还干嘛给予他们 120% 努力呢?"当一个团队成员旷工或减慢,团队中其余的人就得弥补缺下来的生产,业绩好的人就会生气,他们不得不干得差些。团队成员的缺乏友情也引起了旷工队员的愤恨和跳槽。管理部门注意到,团队工作体系产生了要求平等的要求,而这些平等要求并不总是健康的。

最终,Levi Strauss 公司裁减 6 000 名工人——国内员工的 1/3。一般来说,这种方法在很大程度上是做样子给人看的,经理人员希望以此提高生产力。尽管如此,一个长期雇员说:"我讨厌团队,Levi 不是团队使用的地方。"②

---

① 杨文士.管理学[M].第三版.北京:中国人民大学出版社,2009:153
② http://zhidao.baidu.com/question/131766547

讨论题：
1. 为什么 Levi Strauss 公司采用团队工作系统并没有取得更好的结果？
2. 你认为如何变革 Levi Strauss 公司的工作系统能达到提高生产力的目的？

推荐阅读文献：
1. [美]彼得.德鲁克.德鲁克日志[M].上海：上海译文出版社,2006.
2. 芮明杰.管理学[M].上海：上海人民出版社,1999.

第十三章 工作设计与工作压力管理

本章关键词:
工作设计;工作压力;压力管理;员工援助计划

第一节 工作设计

一、职位设计的含义

职位设计就是将若干工作任务组合起来构成一个完整的职位。现实中有些职位是常规性的,有些是非常规性的。有些职位要求广泛多样的技能,有些则只要求范围狭窄的技能;有些职位规定了非常严格的程序,有些则是有相当的自由度。职位因为任务的组合方式不同形成了不同的职位设计方案。

组织可以看成是由各种各样的职位、职位之间关系以及相互作用所构成的特定功能的有机体。如果将组织活动看成是一场戏剧,职位就相当于戏剧中的各种角色。因而,从分工和协作的意义上讲,组织实际上是一种有意识形成的职位结构或角色结构。

职位工作内容的确定,应该既要考虑工作效率的要求,同时兼顾工作人员能从中体验的内在工作满足,这是调动人的积极性的一个重要因素,以便在任务和人员两方面要求的相互平衡中,确定出职位的合理广度与深度。

一个职位要存在并有意义,必须满足以下几个特征:
(1)具有明确而且能够检验的目标,这是一个职位之所以存在的理由。
(2)具有明确的职责,也就是必须清楚该职位所承担的任务或活动。
(3)具有明确的职权,以使占据该职位的管理者有可能去实现其目标。

二、职位设计的演化

从历史上来看,职位设计经历了如下一些变迁和发展。

(一)按照专业化分工的原则设计职位

20世纪上半叶以前,职位设计是与劳动分工、工作专业化意义相同的,人们力求将组织中的工作设计得尽可能简单、单纯、易做。

现在大量的工作仍然是在按照专业化分工的原则进行。生产工人在装配流水线上从事简单、重复的工作,办公室职员坐在计算机前从事范围狭窄的、标准化的任务,甚至护士、会计及许多其他的职业性工作都是按照同样原则组织起来的。

专业化分工的好处是不容置疑的,有利于提高人员的工作熟练程度,利于减少因工作变换而损失的时间,有利于使用专用设备和减少人员培训的要求,有利于扩大劳动者的来源和降低劳动成本等。但职位设计得过于狭窄也会带来负面的影响,诸如在流水线上每天上千次地拧紧螺栓这样的工作,其枯燥、单调、乏味造成了人们在生理、心理上的伤害,导致了员工的心烦和不满情绪,工作之间的协调成本上升,从而影响了总体的工作效率和质量。早期,人们在职位设计方面基本上都是通过提高专业化和分工的程度来获得规模经济和高效率。后期的努力则转向了如何克服由于过度的专业化和分而产生的各种弊端。

(二)职位扩大化

这是为了克服由于过度分工而导致的工作范围过于狭窄的弊端而提出的一种职位设

计思想。它主张通过把若干狭窄的活动合并为一项工作的方式来扩大工作的广度和范围，这样降低了工作的单调程度。

(三)职位轮换

职位轮换是让员工定期地从一项工作更换到另一项工作上去。如在仓库工作的工人，可以在卸货、出货、记录、盘点等多项职位上定期轮换。这样有利于促进员工技能的多样化，在一定程度上减少工作的单调和枯燥的感觉。有些企业在中低层的管理职位上进行定期或不定期的职位轮换，以更好地培养和激励管理人员。

(四)职位丰富化

职位扩大化是指工作的横向扩展，职位丰富化则是指从纵向上充实和丰富工作内容，也即从增加员工对工作的自主性和责任心的角度，使其体验工作的内在意义、挑战性和成就感。在强调劳动分工的时代，一般主张在管理人员和作业人员之间进行明确的职责划分，由管理人员来决定工作的内容和工作的方法，而一般人员只需俯首听命即可。职位丰富化设计，就是要将部分管理权限下放给下级人员，使其在一定程度上自主决定工作的内容、方法和进度等。

(五)工作团队

上述几种方式均是依据个人来进行职位设计的。当职位设计是围绕群体而不是个人时，就形成了工作团队。近年来，工作团队代表了一种日益盛行的职位设计方案，越来越多的组织采用这一方式来安排工作以期提高组织的竞争力。工作团队有多种类型，自主管理工作团队便是其中最具代表性的一种。这种团队享有相当大的自主权，除了安排工作进度、决定工作方法之外，团队甚至可以自主挑选成员、自主考评工作绩效以及决定对团队成员的奖惩。

三、职位特征模型

理查德·哈克曼(J. Richard Hackman)和格雷格·奥尔德姆(Greg R. Oldham)提出职位特征模型对组织的职位设计具有指导意义。该模型由四个重要的部分所组成，即关键心理状态、核心职位特征、调节因素和结果，见图11.7。

从该模型中可以看出，三种关键心理状态导致了四个方面的结果。这三种关键心理状态分别是体验到工作的意义、体验到对工作结果的责任和了解工作活动的结果。四种结果则是内在工作动机大、工作满意度高、工作绩效质量高以及缺勤率和流动率低。

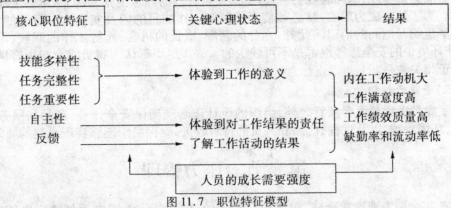

图11.7 职位特征模型

根据这一模型，可以用一个称为激励潜力分数(MPS)的单一指标来衡量一个职位本身对人们的激励程度：

MPS ＋[(技能多样性＋任务完整性＋任务重要性)÷3]＝自主性反馈

技能多样性、任务完整性、任务重要性、自主性和反馈这五个因素称为核心职位特征。

这五个方面的核心职位特征决定了三种关键心理状态。其中,技能多样性、任务完整性和任务重要性这三项因素决定了工作的意义。一个职位如果具有这三个特征,则可以预期任职者会将他的工作视为是重要和有价值的。而拥有自主性的职位会给任职者带来对于工作结果的责任感,反馈则能够使人们了解自己的工作绩效。MPS得分较高的职位将对人们的动机、绩效和满意度产生积极的影响。

该模型指出,要是一个人知道(对结果的了解)他个人(责任感的体验)在其关注(有意义的体验)的任务上完成得很好,他会获得一种内在的激励。一个职位越是具备这三个条件,则员工的动机、绩效和满意度就会越强,而缺勤和辞职的可能性会越小。

该模型还指出,上述结论受到个人的成长需要强度,亦即对自尊和自我实现的需要强度的中和与调整。也就是说,具有高度成长需要的员工,面对MPS得分较高的职位,在心理状态上要比那些只有低度成长需要的员工有更高程度的体验。

根据职位特征模型,组织可以采取以下五个方面的策略以实现MPS的提高:

(1)形成自然的工作单位,使工作具有完整性。
(2)归并任务,将现有的过细分割的任务组合起来,形成一项新的内容丰富的职位,从而提高技能的多样性和任务的完整性。
(3)建立客户联系,这有助于增加技能多样性、自主性和绩效反馈。
(4)纵向扩展职位,缩小计划、实施和控制之间的距离,增大员工的自主性。
(5)开通反馈渠道,这有助于使员工了解其工作做得如何,有无改善。

四、职位设计要求

职位设计必须满足顾客、雇员和组织的利益要求,对任何有关方面的忽视都会导致组织设计的失衡。

(一)着眼于顾客满意

组织职位的成功设计应着眼于顾客满意。雇员们必须清楚顾客的需要以及满足这些需要的方式,必须知道这些需要是否得到了满足以及通过哪些改进能够使之获得进一步的愉悦。雇员必须有机会来努力确保顾客的需要得到满足,确保这方面绩效得到持续的改进。职位的设计必须能够确保了解、理解并沟通顾客的需要,确保对于满足顾客需要的绩效有所反馈。组织的设计应当能够为雇员提供实现绩效持续改进的机会。

(二)着眼于雇员满意

雇员满意是实现顾客满意的关键。全面质量管理的理念主张,人们从本性上渴望成长和学习。为了使之成为现实,就必须使雇员理解工作的目的以及实现这一目的的策略,使人们理解组织对他们的期望。此外,充分的薪酬、成长的机会、履行工作的职权、足够的培训、工作环境中的安全感等也都是不可缺少的。许多组织都认为雇员满意与顾客满意之间存在着正相关关系。

(三)着眼于组织的利益

除了雇员满意与顾客满意之外,组织的设计还必须确保安全作业,产品和服务的质量与价值,环境保护,以及过程、产品和人员的持续改进,确保组织能够实现卓越的绩效。

第二节 压力管理

2008年金融海啸席卷全球,美国的一些大的公司倒闭,美国失业创造历史新低,还有很多的大公司正在裁员,没有被解雇的员工则被要求承担起更重的工作量,结果就导致了员工紧张感的增加。日本人创造了一个词,叫做过劳死,意思是因工作过度引起心脏病发作或中风而暴死。在日本,一天工作16小时的人并不罕见。专家估计,每年因工作过度而死亡的日本人有10 000人。

事实表明,工作压力是组织中的一个严重问题。下面我们将考察工作压力的起因与后果,以及员工和组织应采取什么样的措施来缓解工作压力。

一、什么是压力

压力是一种动态情境,在这种情境中,个体要面对与自己所期望的目标相关的机会、限制及要求,并且这种动态情境所产生的结果被认为是重要而又不确定的。

压力本身不一定是件坏事,但一般讨论的是其负面影响,其实它也有积极的、有价值的一面。它意味着潜在的收益机会。举个例子,运动员或舞台演员们在"紧要关头"往往会有超常水平的发挥,如果他们不是利用压力的积极作用来抓住机会,发挥出他们相当或接近最大化的水平,他们就不可能创造出优异的成绩。

一般说来,压力总是与各种限制和要求相联系的。前者会阻碍一个人去做自己想做的事,而后者则会使自己丧失所渴望得到的事物。因此,当你在学校参加考试或在工作岗位上参加全年工作绩效评估时,你会感到有压力。因为你要面对各种机会、限制和要求。好的绩效评定结果可能导致晋升,更大的责任,更高的报酬;相反,如果绩效较差,则可能使你失去提升的机会,很差的绩效结果还可能导致自己被解雇。

潜在压力变成现实压力的两个必备条件是:活动结果具有不确定性,而且这个结果很重要。另外,还要具备的条件是,个人不能确定机会能否被抓住,限制因素能否被排除,损失能否被避免。当这几项条件都具备后,压力才会产生。对于自己的成功与失败无法确定的人压力感最强,而认为自己败局已定的人压力感最小。但同时还必须考虑结果的重要程度。如果认为输赢都无所谓,就不会产生压力感。很显然,如果保住职位或得到提拔对你来说无足轻重,你就没有理由为要经受绩效评估而感到压力。

二、理解压力及其后果

哪些因素会导致压力感的产生?它会给员工个人带来何种后果?为什么在同样的条件下,有人压力感很强,有人却很弱?

压力的潜在来源有环境的、组织的和个人的;这几方面的因素是否会导致现实压力感的形成取决于个体差异,如工作经验与个人认知等;当个体体验到压力感时,其外化的症状有3类:生理症状、心理症状、行为症状。见图13.1。

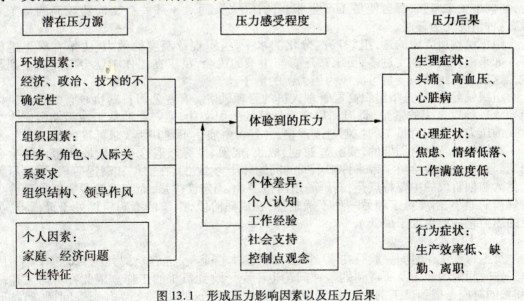

图13.1 形成压力影响因素以及压力后果

（一）压力的潜在来源

1. 环境因素

环境的不确定性不仅会影响组织结构的设计，它也会影响组织中员工的压力水平。商业周期的变化会造成经济的不确定性。经济紧缩时，人们会为自己的安全保障而倍感压力。本世纪30年代经济大萧条时期，自杀率达到顶峰绝非偶然。较小的经济衰退同样也会导致压力水平的上升。与经济的下滑相伴随的，往往是劳动力减少、临时解雇人数增多、薪水下调、工作时间缩短等后果。

政治的不确定性在海地、伊拉克这样的国家中，会给工人带来较大压力，但在北美国家则不会。因为美国和加拿大的政治体制比较稳定，即使有变化，通常也是有秩序地进行。但即使是在像美国和加拿大这样的国家里，政治变革或政治威胁也总是会诱发压力感。

新技术革新使一个员工的技术和经验在很短时间内过时。因此，技术的不确定性，是引发压力感的第三类环境因素。电脑、自动化、机器人及其他形式的技术创新会威胁到许多人，使他们产生压力感。

2. 组织因素

组织内有许多因素能引起压力感。例如，所做的不是自己愿意做的事或要求在有限时间内完成工作，工作负担过重、同事令人讨厌、难以相处的老板等，都会给员工带来压力。

任务要求，是指一些与个人所从事的工作有关的因素，包括个人工作的设计（自主性、任务的丰富性、自动化程度）、工作条件、体力消耗程度等。自动生产线速度过快时，会给员工带来压力；个人工作与其他人的工作之间相互依赖性越强，个人越可能产生压力，但是工作自主性能减轻工作压力。如果工作环境的温度、噪音及其他条件有危险或不受欢迎，会使员工焦虑感增强。如果让员工在一个干扰较多的透明空间或在一个过于拥挤的房间工作，员工焦虑感也会增强。

角色要求，是指个人在组织中扮演的特定角色给他带来的压力。角色冲突会带来一些难以协调而且又难以实现的个人预期；员工被要求去做很多事，又得不到足够时间时，他就会产生角色过度负荷感；角色预期不清楚，员工不知道他该做些什么时，就会产生角色模糊感。

人际关系要求，是指由于其他员工的缘故而带来的压力，如果个人缺乏同事的社会支持，与同事关系紧张，都会使员工产生相当的压力感，而对于那些社交需要较高的员工来说，这种情况尤为普遍。

组织结构所界定的是，组织层次分化的水平、组织规章制度的效力、决策在哪里进行等。如果组织规章制度过多，员工缺乏参与决策的机会，员工在工作中就会因此而受到影响。这就是组织结构变量可能成为压力源的例子。

组织领导作风，是指组织高层管理人员的管理风格。有些公司首席执政官的管理风格会导致一种以员工的紧张、恐惧和焦虑为特征的组织文化，他们会使员工在短期内产生幻觉式的压力。他们对员工的控制过度严格，并经常解雇达不到其所要求标准的员工。

组织的运行是有周期的，要经过初创、成长、成熟、最终衰退这4个阶段所组成的生命周期。这个过程会给员工带来许多不同的问题和压力。尤其在初创和衰退阶段，更是压力重重。初创阶段的主要特点是，新鲜的东西很多，不确定性很强；而衰退阶段一般伴随着生产规模的缩小、解雇员工和另一种不确定性；在成熟阶段，组织的不确定性处于最低点，员工的压力感一般也处于最低水平。

3. 个人因素

员工每周工作时间一般只在40小时~50小时之间。员工在每周其他120多个小时的非工作时间内的经历及所碰到的各种问题也不免影响到员工的工作。因此在考虑工作压力时，同时应考虑到员工的个人生活因素。一般来说，这些因素主要有家庭问题、经济问题、员工个性特点等几个方面。

人们把家庭和人际关系的地位看得很重。婚姻困境，某种亲密关系的破裂，以及管教孩子中的麻烦事,这些都是人际关系方面出现问题的例子。这些问题会给员工带来压力感,而且使员工在工作时也对此耿耿于怀。

员工开支过大而出现的经济问题也会给他们带来压力感,并使他们工作时分心。不管收入高低,有些人就是不善于理财,或者他们的开支欲望总是超出他们挣钱的能力。

压力因素具有可相加性。考察个体压力因素时,往往会忽略这样一个事实,即压力具有可相加性,压力是逐步积累和加强的。每一个新的持续性的压力因素都会增强个体的压力水平。单个压力因素本身可能无足轻重,但如果加在业已很高的压力水平上,它就可能成为"压倒骆驼的最后一根稻草"。如果要评估一个员工所承受的压力总量,就必须综合考虑他所经受的机会压力、限制性压力和要求性压力。

(二)个体差异

有些人在压力重重的环境中生机勃勃,而有些人则萎靡不振,是什么因素致使人们处理压力的能力有差异呢?哪些个体差异变量调节着潜在压力因素与实际压力感之间的关系呢?我们发现至少有5个因素是与此相关的中介变量:个人认知、工作经验、社会支持、个性特质和行为模式。

1. 个人认知

组织中员工的反应是基于他们对现实的认知,而不是基于现实本身。因此,个人认知是潜在压力环境与员工反应之间的一个中介变量。公司裁员时,有的员工害怕自己失去工作,而有的却认为这是脱离公司,从而开展自己事业的一个机会。与此相似,同样的工作环境,有的员工认为它富有挑战性,能够使人的工作效率提高;而有的员工却认为它危险性太大,要求太高。因此,环境、组织、个人因素中潜在压力的产生并不取决于客观条件本身,而取决于员工对这些因素的认知诠释。

2. 工作经验

有人说,经验是一位很好的老师,你的第一次约会或你进大学的头几天,对于我们多数人而言,这类情境的全新性和不确定性会带给我们压力感。但当我们有了经验以后,那种压力感就消失了或大大减小了。这种规律似乎对工作也适用。也就是说,工作经验与工作压力大致呈反比关系。至于原因,大致有两种观点:第一种是选择性退缩。压力感较重的人更可能会自动流动。因此,在组织中工作时间长的员工是那些抗压素质较高的人,或对于他们所在组织的压力抵抗能力更强的人。第二种观点是,随着时间的推移,人们最终会产生一种抗压力机制。因为这要花费一定的时间,所以组织中的资深成员适应能力更强,压力感也较轻。

3. 社会支持

越来越多的证据表明,社会支持,也就是与同事或上级主管的融洽关系,能够消减压力带来的影响。把社会支持作为中介变量的理论基础是:社会支持可以减轻由于高度紧张工作所带来负面影响的压力。对于那些碰到自己的同事不提供帮助,甚至对自己抱有敌意等情况的员工而言,他们缺乏工作中的社会支持。如果员工更多地参与家庭生活、朋友交往以及社区活动,他们也能更多地拥有社会支持,这样也会使工作压力相对减轻。

4. 个性特质

当内控者和外控者面对相似的情境时,内控者更倾向于认为自己可以对行为后果产生较大影响。因此,他们采取行动以控制事件的发展。外控者则更多地倾向于消极防守,他们不是采取行动来减轻压力,而是屈服于压力的存在。因此,处于紧张气氛中的外控者不仅易于产生无助感,也易产生压力感。

5. 行为模式

A型人格的主要特点是,总是有一种时间紧迫感和过分的竞争驱动力。一个具有A型人格的人总是积极地投入到长期的、不停的争斗中,以越来越少的时间,获得越来越多的成绩,而且如果需要,就与别人的反对意见对着干。

研究者发现，A型人无论是在工作中还是在工作外，都更容易产生压力感。具体说来，大家普遍认为，A型人更容易患心脏病。但对于研究资料的深层次分析则得出了新的结论。通过考察A型人格的各种构成因素，人们发现，只是与A型行为相联系的敌意感和愤怒情绪才真正与心脏病有关。情绪长期处于愤怒状态、多疑、对别人不信任的人更容易得心脏病。同时，如果一个人是工作狂，缺乏耐心，竞争心较强，这并不意味着他必然易患心脏病，相反，那些易怒、对事物持有敌意感、对别人老是持怀疑态度的人，才更容易患心脏病，受到压力负面因素影响的可能性也较大。

（三）压力的后果

压力感表现形式多种多样。例如，压力感水平较高的人可能血压升高、易怒，作例行性的决策有困难，缺乏食欲，易出事等。这些症状可归并为3个类型：生理症状、心理症状和行为症状。

1. 生理症状

压力感出现初期，容易使人先注意到其生理症状方面。这主要是因为，这些是医疗保健专家所研究的主题。研究结论是，压力感能使患者新陈代谢出现紊乱，心率、呼吸率增加，血压升高，头痛，易患心脏病。

压力感与特定生理症状的关系尚不明确，如果有关，这种关系也不稳定。这主要是因为，各种症状很复杂，很难进行客观测量。

2. 心理症状

压力能导致不满意。与工作有关的压力能导致工作不满意感，工作不满意实际上是压力感的"最简单、最明显的心理影响后果"。但压力感的心理症状还有其他表现形式。例如，紧张、焦虑、易怒、情绪低落等。

有关事实表明，当工作对个人的要求很多，而且又相互冲突，或者任职者的工作责任、权限及内容不明确时，员工的压力感和不满意感都增强。与此相似，对工作的速度越是缺乏控制能力，压力感和不满意感就越强。虽然这种关系还有待于进一步研究，但有关事实表明，如果一个人的工作内容单调，重要性、自主性低，工作反馈机制不健全，工作同一性差，任职者的压力感就会增强，工作满意感就会下降，对工作的投入程度也会降低。

3. 行为症状

压力感的行为症状包括：生产率的变化、缺勤、流动、饮食习惯改变、嗜烟、嗜酒、言语速度加快、烦躁、睡眠失调等。

对压力与工作绩效二者关系方面的研究很多。人们研究最广泛的是二者的倒U型关系模型。倒U模型的理论基础是：压力感低于中等水平时，它有助于刺激机体，增强机体的反应能力。这时候，个体的工作会做得更好、更快，并且个体也更具有工作热情。对个体施加过大压力，对员工提出过多要求和限制时，会使员工绩效降低。这种倒U型结构，也可以描述个体在较长时间内，对压力和压力感强度变化的反应。也就是说，持续性的压力强度会拖垮个人并将其能量资源消耗殆尽。长此以往，即使压力处于中等水平，也会给员工的工作绩效带来负面的影响。尽管倒U型理论很热门并且很有吸引力，但实证支持并不多。从这个角度说，管理人员不要认为，这个模型可以准确地描述压力与工作绩效之间的压力应对策略。

三、压力的应对策略

从组织角度讲，员工压力感低于中等水平时，管理者们可能并不在意。因为，我们前面已指出过，低于中等水平的压力感有助于员工提高绩效。但如果压力感水平过高，或者即使压力水平较低，但持续时间过长，都会使员工绩效降低。因此也需要管理人员采取行动。

尽管一定的压力感有助于员工提高绩效，但他们自己并不这样看。从员工个人角度来讲，即使人的压力感水平很低，也是令人不愉快的。因此，工作压力感多大才好？管理人员和员工个人的观点是有所不同的。管理人员认为，"对肾上腺良好运转起积极推动作用"的压力感,在员工看来,就过分沉重了。我们在讨论员工个人和组织在应对压力问题的方法时,应记住这一点。

(一)员工个人的解决途径

员工个人通过承担责任能够减轻自己的压力感。有效的个人策略包括:实行时间管理法,增强体育锻炼,进行放松训练,扩大社会支持网络。

很多人不善于管理自己的时间。如果他们能恰当地安排好时间,那么他们在既定的每天或每周时间段内所必须完成的任务就不至于落空。井然有序的员工就像井然有序的学生一样,与无序者相比,在相同的时间段内,能够完成无秩序者两倍或三倍的任务。因此,理解并学会应用基本的时间管理原则有助于员工更好地应付工作要求带来的压力感。大家所熟悉的时间管理原则有:①列出每天要完成的事情。②根据重要程度和紧急程度来对事情进行排序。③根据优先顺序进行日程安排。④了解自己的日常活动周期状况,在自己最清醒、最有效率的时间段内完成工作中最重要的部分。

保健专家们推荐了以下非竞技性的活动,来对付较高水平压力感。例如,增氧健身法、散步、慢跑、游泳、骑自行车等,这些形式的生理锻炼有助于增强心脏功能,降低心率,使人从工作压力中解脱出来,并可提供员工用于发泄不满的渠道。

通过各种放松技巧,如自我调节、催眠、生物反馈等方法,员工自己可以减轻紧张感。进行放松活动的目标是达到深呼吸状态,员工从中可以体会到自己身体彻底放松了,在某种程度上脱离了周围环境,也没有了身体的紧张感。每天进行15分钟或20分钟的深呼吸练习,有助于减轻紧张感,使人感到平和。尤其重要的是,达到较深的放松状态后,心跳、血压及其他生理状况也会有所改善。

压力感过强时,通过与朋友、家人、同事聊天提供了一个排遣压力的途径。因此,扩大自己的社交网络是减轻压力的一种手段。这样,在你有问题时,就会有人来倾听你的心声,并帮助你对问题进行客观的分析。

(二)组织途径

几种导致工作压力感的因素,尤其是任务要求和角色要求及组织结构,是由管理人员控制的。这样,就可以对它们进行调整和改变。管理人员可用来减轻员工压力感的方法有:加强人事遴选和工作安排;设置现实可行的目标、重新设计工作、提高员工的参与程度、加强组织的沟通、设立公司身心健康项目等。

有些工作比其他工作更容易使人产生压力感。但同时,不同的员工对同一压力情境的反应也是不同的。例如,工作经验少、持外控观念的人压力倾向一般较强,进行甄选和安置决策时,应把这些因素考虑在内。很显然,工作经验丰富、持内控观念的人,能更好地适应压力较强的工作,并能高效地做好这类工作。但是,管理人员也不可能只雇用这类员工。

员工的目标比较具体又富有挑战性,而且能及时得到有关情况反馈时,他们会做得更好。利用目标设定可以减轻工作压力,增强员工的工作动机。如果目标比较具体,而员工又认为目标可以达到时,这就有助于他们明确自己的绩效预期。另外,如果工作中反馈及时,这就有助于降低员工实际工作绩效的不确定性。这样,能够相应地减轻员工的受挫感、角色模糊感和压力感。

重新设计工作可以给员工带来更多的责任,更有意义的工作,更大的自主性,更强的反馈,这样就有助于减轻员工的压力感。因为这些因素可以使员工对工作活动有更强的控制力,并降低员工对他人的依赖性。但我们在讨论工作设计时已指出,并非所有的员工都愿意使自己的工作内容更丰富。那么对于那些成就需要较低的员工而言,进行工作设计时,应使他们承担较轻的工作责任,同时还应增加具体化的工作。如果员工更乐意做例行性和结构化的工作,那么降低工作技能的多样化要求,就能相应地降低工作中的不确定性和压力水平。

角色压力存在范围较广。因为员工对于工作目标、工作预期、上级对自己如何评价这类问题可能会有种不确定感。这些方面的决策能够直接影响员工的工作绩效,因此如果管理人员让员工参与这方面的决策,就能够增强员工的控制感,帮助员工减轻角色压力。从这个角度说,管理人员应提高员工参与决策的水平。

强化与员工正式的组织沟通,有助于减轻角色的模糊性和角色冲突,从而减少不确定性。尽管在压力感-员工反应这对关系中,员工个人认知是一个很重要的中介变量,但管理人员可以运用有效的沟通作为改变员工个人认知的手段。记住,员工所划分的各种任务要求、威胁、机会,都仅仅是他们对现实的一种诠释,而管理人员与员工的沟通所采取的符号和举措能够影响到这种诠释。

最后一个建议是,为员工提供组织支持的身心健康方案。这些项目应从改善员工的身心状况着眼。例如,组织一般都提供各种活动以援助员工戒烟、控制饮食量、减肥、改善饮食状况、培养良好的锻炼习惯。实施这种福利举措的理论假设是,员工应该对自己的身心健康负责,组织只是提供他们达到目的的手段。

第三节 员工援助计划

一、员工援助计划发展历史

(一)什么是员工帮助计划

关于员工援助计划的概念目前还没有统一的定义。

古丁斯(Goodings)等人认为,员工援助计划是企业通过合理的干预方法,积极主动地去了解、评估、诊断及解决影响员工工作表现及绩效问题的过程。

鲍兰德(Bohlander)等人认为,员工援助计划是企业通过为员工提供诊断、辅导、咨询等服务,解决员工在社会、心理、经济与健康等方面问题,消除员工各方面的困扰,最终达到预防问题产生,提高员工工作生活质量的目的。

戴斯尔(Dessler)也认为,员工援助计划是企业内部正式、系统的项目,通过该项目的实施与推动,为面临情绪、压力、酗酒、赌博等问题的员工提供咨询、引导及有效的治疗措施,帮助他们渡过困难的过程。

格劳瑞(Gloria)认为,员工援助计划是由管理者,或由工会团体、员工协会与咨询顾问公司、社会团体、心理健康服务机构或个人签约,为员工提供援助服务的总称。

阿塞(Arthur)也认为,员工援助计划主要是针对存在心理问题的员工及其家属,提供相应心理评估、咨询辅导与治疗服务及家庭、法律、医疗与财务等方面援助的过程。还有一些研究者对EAP也进行了相似的定义。

概括来说,EAP(Employee Assistance Programs),即员工援助计划,是由组织为其成员设置的一项长期的、系统的援助和福利计划。

员工援助计划是一项为工作场所中个人、组织提供咨询的服务项目。它帮助管理者识别员工所关心的问题,并且提出解决方案。需要强调的是,这些问题应该会影响到员工的工作表现,甚至影响到整个组织的业绩。员工援助计划的服务涉及三方面内容:个人生活、工作问题和组织发展。个人生活方面涉及健康问题、人际关系、家庭关系、经济问题、情感困扰、法律问题、焦虑、酗酒、药物成瘾及其他相关问题;工作问题涉及工作要求、工作公平感、工作关系、欺负与威吓、人际关系、家庭/工作平衡、工作压力及其他相关问题;组织发展涉及的是具有企业发展战略的服务项目,比如能给组织带来一定的效益,需要通过组织措施、系统的人力资源管理方法,使组织能够从员工援助计划中获得最大益处。比如,组织变革过程中员工对于裁员的适应等等。这完全根据组织的情况和要求来进行量身定制式的设计。

(二)员工援助计划的起源与发展

1. 员工援助计划的起源

早在1917年,美国企业就开始提供员工援助计划(EAP)的支持,以提高工作绩效,这些得到支持的问题往往来源于个人生活。R. M. Macy 公司和北洲电力公司最早意识到了对 EAP 的需要,并建立了 EAP 服务体系。到了 20 世纪 40 年代,大多数的 EAP 服务主要是针对当时一些企业白领员工的酗酒问题,后来,还专门建立了职业酒精依赖项目(Occupational Alcoholism Program, OAP),这可以视为员工援助计划的雏形。对 EAP 的大量应用始于上个世纪的 60~70 年代。1972 年,酒精滥用和酗酒联邦研究所职业项目办公室提供的联邦资助,大大提高了项目的数量。

2. EAP 发展的 4 个阶段

(1)职业戒酒计划(Occupational Alcoholism Programs, OAPs)(1939~1962)。职业戒酒计划最早可追溯到 1917 年美国纽约梅西百货所创立的员工咨询系统。从 20 世纪初,美国的一些企业开始注意到由于员工的酗酒、吸毒和其他一些药物滥用问题会影响员工和企业的绩效,于是开始聘请有关专家探讨解决这些问题的可能性。另外,当时已不再认为酗酒是缺乏道德与精神堕落的表现,而被正式认为是一种疾病。这些原因都推动了职业戒酒计划的产生。从 20 世纪 40 年代起,职业戒酒计划开始在许多美国企业中实施并逐渐普及,这时候也有一些企业将职业戒酒计划的内容扩展到员工精神和情绪方面。到了 20 世纪六七十年代,由于美国社会的剧烈变动,滥用药物、家庭暴力、工作压力、离婚、疾病、法律纠纷、亲人伤亡等问题也越来越成为影响员工情绪及工作表现的重要原因,这一切都使企业开始考虑更为广泛的健康问题,因此增加职业戒酒计划服务的内容已成为必然趋势。这个阶段的主要特点是,认为酗酒是引起员工问题的主要原因,并成为员工是否需要帮助的特征,没有考虑到酗酒背后的深层次原因,组织及管理者在职业戒酒计划中处于被动状态。组织的职责是引导有问题的员工到外部寻求帮助,但前提条件是当员工的帮助或治疗成为需要时,组织管理者或工会才会提供这种引导。

(2)员工援助计划(Employee Assistance Programs, EAPs)(1962~现在)。从 20 世纪 60 年代起,越来越多的企业开始执行员工援助计划,扩大帮助解决处理员工个人问题的范围,并提高独立解决问题的能力。从这时起,人们开始关注一些更为广泛的社会问题,探讨酗酒背后的深层次原因,并一致认为各种社会问题和压力是引发酗酒的主要原因。在这个时期,企业主要运用一些系统干预的方法来了解、诊断问题员工的行为并探讨产生的原因,积极主动地提供家庭、法律、医疗、财务方面的援助,帮助员工解决问题。常见的干预方法主要包括评估、咨询、辅导、治疗等。这一时期具有代表性的事件是美国在 1970 年正式成立美国联邦酗酒机构(National Institute on Alcoholism and Alcohol Abuse, NIAAA)和劳工与管理者酗酒咨询机构(Association of Labor and Management Consultants on Alcoholism, ALMACA),负责全美员工援助计划的研究与推广。后来,ALMACA 更名为员工援助专业机构(Employee Assistance Professionals Association, EAPA),并于 1987 年开始 EAP 专业人员的考试认证制度。

(3)职业健康促进计划(Occupational Healthpromotion Programs, OHPPs)(1980~现在)。职业健康促进计划是针对于员工戒酒计划中员工援助项目过于一般化,对员工心理与行为问题缺乏细致描述的不足而提出来的。OHPP 是组织所采取的寻找并解决那些在工作场所内外引起员工健康隐患问题措施和活动的总称,目的在于通过提高员工健康医疗维护费用,提高身心健康的水平,促进员工的人际关系的良性发展,增加工作环境中的合作行为,提高员工的适应性、健康水平及主观幸福感,最终达到提高工作效率与组织绩效的目的。关注员工具体疾病隐患,具有御防性是 OHPP 与其他项目的主要区别。

(4)员工增强计划(Employee Enhancement Programs, EEPs)(1988~现在)。从 20 世纪 80 年代起,一些新概念的提出使员工援助计划延伸至员工增强计划,它强调压力管理、全面健康生活形态、工作生活质量、人际关系管理等问题,致力于改善工作中和工作后可能逐渐引发未来健康问题的行为。员工增强计划具有系统性、全面性、动态性、超前性的特点。

二、员工援助计划内容

关于员工援助计划内容的研究目前没有一致结论。EAP 已经发展成一种综合性的服务,其内容包括压力管理、职业心理健康、裁员心理危机、灾难性事件、职业生涯发展、健康生活方式、法律纠纷、理财问题、饮食习惯、减肥等各个方面,全面帮助员工解决个人问题。

1. 工作环境设计与改善

工作环境设计与改善包括如下两个方面的内容:一是通过改善工作硬环境,亦即改善工作物理环境、工作条件以及工作场所的设施或辅助工具。二是通过组织结构变革、优化工作氛围、企业文化建设、工作轮换等手段改善工作的软环境,在企业内部建立一个舒适安全并具有支持性的工作环境,丰富员工的工作内容,发展和谐的企业文化。

2. 心理压力应对

通过压力管理、挫折应对、情感调节等一系列培训,帮助员工掌握应对压力的基本方法,改善应对方式,提高适应能力。从改变他们对于压力的看法开始,最终改变他们对工作的看法,学会处理压力问题,从而增强他们对于工作压力的承受力。

3. 沟通和人际关系改善

良好的人际关系和交流不但是心理健康的表现,也是人们最基本的心理需求。一方面,通过培养和训练,使员工学会改善人际关系技巧,提高处理人际关系的能力,建立起心理支持系统;另一方面,帮助组织领导者、管理者引导组织内的人际关系朝着积极的方向发展,包括建立合理的组织结构,创造有利的群体环境和交往气氛,改善和促进上下级之间的沟通和交往,理顺组织成员之间的各种关系,为整个组织建立起系统有效的沟通渠道和沟通网络。

4. 职业心理健康问题

由专业人员采用专业的心理健康评估方法评估员工心理生活质量现状,发现导致问题产生的原因,并提出解决方案或建议,对企业员工的一些具体个人问题,比如恋爱、婚姻、家庭、子女教育、个人心理困扰等问题,提供及时有效的咨询、辅导和支持帮助;通过对企业人员心理健康调查,根据企业的实际情况和具体要求,为企业举办各层次具有针对性的职业心理健康讲座、咨询、团体辅导(培训)以及搭建专业心理服务网络平台。

5. 职业生涯规划

对个体做出专业的诊断与详尽的评估,然后根据组织的规范,针对个体的具体情况作出合适的个性化设计(包括组织内的职业生涯设计乃至人生的规划),继之以适当地修正与持续地督导,促进个人潜能的充分开发与价值的实现,同时满足组织所要求达成的价值需求。

6. 心理危机干预

当员工的不良嗜好、身心疾患困扰、家庭或婚姻生活失败、降职或解雇、创伤性应激、暴力或自杀倾向等个人问题引发心理危机出现时,通过个别心理咨询、小组辅导、团体训练等一系列干预方式,帮助员工掌握提高心理素质的基本方法,增强对心理问题的抵抗力。管理者通过咨询和训练掌握员工心理管理的技术,能够在员工出现心理困扰,发生心理危机时,及时找到适当的处理方法。

三、EAP 的实施

(一)EAP 应用条件

员工援助计划能否在企业得到应用取决于几方面因素。

1. 企业决策者的高度重视

借鉴国外企业实施员工援助计划的成功经验,结合我国企业的现实,我国企业的决策者应该重视员工的健康与发展,积极探索和实践符合企业实际情况的员工援助计划。员工援助计划作为一种先进的管理模式,已经在国外发达国家的企业普遍应用,并取得了显著成效,但是目前在我国企业中还没有得到应有重视。然而,企业引入员工援助计划是一种必然趋势。因为健康、高效的人力资源已经日益成为企业核心竞争力的决定因素。我国企业如果忽视员工的心理与健康,很难在激烈的竞争中保持长久竞争优势。因此,企业决策者必须建立以人为本的先进理念,对员工健康与企业发展关系有一个理性认识,对企业实施员工援助计划给予高度重视,并提供强有力的支持和保障。

2. 员工的理解与配合

企业员工援助计划本质上是一项涉及人、工作以及企业等方方面面的系统工程,其引进实施必将引起企业文化、人力资源以及相关制度的一系列转变,尽管它本身以员工健康为出发点,但也会给员工带来心理或行为上的改变。因此,企业如果想要实现员工援助计划的预期效果,必须要让全体员工真正认可和接受该计划,并以积极的心态与切实的行为融入到这个新型的健康管理中来。

3. 技术的投入与支持

员工援助计划技术投入主要包括心理咨询专家、专业测量工具(SCL-90,EPQ,MMPI)、心理咨询室、数据库建立等方面。其中专业心理咨询师是员工健康援助计划能否取得良好效果的关键因素,心理咨询师通过运用专业的心理咨询和心理测评等科学手段,形成员工对心理健康的正确认识。专业测量工具主要用于对员工心理状况的测量,其目的在于通过对员工心理健康状况的科学评估,发现导致员工心理问题的根本原因。心理咨询室是企业开展多种形式心理咨询的固定场所,主要包括咨询热线、网上咨询和个人辅导等多种咨询方式。数据库主要用于建立员工心理健康档案,进行员工心理状况的跟踪与记录。以上四个方面是员工援助计划的基础条件,它们的投入与支持对于发挥员工援助计划的效用非常重要。

(二)EAP的项目功能

通过个人生活水平、工作问题水平和组织发展水平三个维度概括EAP内容,实施EAP项目工作基本上应该包含以下三个层面。

1. 初级预防:消除诱发问题的来源

初级预防的目的是减少或消除任何导致职业心理健康问题的因素,并且更重要的是设法建立一个积极的,支持性的,和健康的工作环境。通过对人力资源方面的企业诊断,能够发现问题在哪里和解决问题的途径。通常,初级预防通过改变一些人事政策来实现,如改善组织内的信息沟通、工作再设计和给予低层人员更多的自主权等。

2. 二级预防:教育和培训

教育和培训旨在帮助员工了解职业心理健康的知识,如各种可能的因素怎样对员工心理健康产生影响,以及如何提高对抗不良心理问题的能力。有关的教育课程包括应付工作压力,自信性训练,放松技术,生活问题指导,以及解决问题技能等。二级预防的另一个重要目的是向人力资源管理人员和组织内从事员工保健的专业人员提供专门的培训课程,来提高他们对员工心理健康的意识和处理员工个人问题的能力。如"基本咨询技能"和"行为风险管理"等方面的培训。

3. 三级预防:员工心理咨询与辅导

员工心理咨询是指由专业心理咨询人员向员工提供个别、隐私的心理辅导服务,以解决他们的各种心理和行为问题,使他们能够保持较好的心理状态来生活和工作。由于员工的许多职业心理健康问题与家庭生活方面的因素有关,因此这种心理咨询服务通常也面向员工的直系家庭成员。

(三)EAP的实施路径

企业员工援助计划的实施方案应从操作模式和实施程序两方面进行考虑,建立具体可行的操作性核心路径。

1. 员工援助计划实施的操作模式

(1)内置模式。内置模式指企业自行设置员工援助计划实施的专职部门,聘请具有心理专业背景人员来策划实施该项目。工会成员援助计划是内置模式中的常见形式,由工会聘用专职人员,向员工提供直接或间接的援助服务。内置模式的优点是针对性强、适应性好,能够及时为员工提供援助服务。

(2)外设模式。外设模式是企业将员工援助计划项目外包,由外部具有心理专业背景的机构提供员工援助计划服务,这种模式在员工人数不多的情况下比较适用。外设模式的优点在于保密性好、专业性强、服务周到,能够为企业提供最新的信息与技术。

(3)联合模式。联合模式是多个企业联合成立一个专门提供员工援助计划的服务机构,由企业内部专业人员构成,该模式一般应用于具有长期合作关系的企业之间。联合模式的优点是专业性强、经济效益好、灵活性高,能够为企业度身定做不同类型的员工援助计划。

(4)共同委托模式。共同委托模式是指多个企业共同委托外部的专业咨询机构,向员工提供援助服务。共同委托模式的优点是专业性强,经济效益明显,能够促进企业之间资源共享,增强双方的沟通合作。

(5)整合模式。整合模式也称为内置、外设并举模式,是指企业在原来已有内置式员工援助计划的基础之上,与外部其他专业服务机构合作,共同为当地员工提供援助计划服务。该模式的优点在于能够降低企业内部人员负担,减少企业经济支出,充分发挥企业内部和外部的优势。

2. 员工援助计划实施的操作程序

本文以外设模式为例,探讨企业成功实施员工援助计划的过程。

(1)进入与签约。进入与签约是员工援助计划实施的第一步,主要目的在于明确企业存在的问题,经过初步沟通建立良好合作关系。

(2)企业诊断。在实施员工援助计划之前,首先要对企业存在问题进行分析,制定符合实际情况的员工援助计划。一般来说,可以从以下六个方面进行分析:现状分析、原因分析、计划分析、创新分析、执行分析、反馈分析。在分析的过程中,可以采用观察、调查、访谈、查阅二手资料等方法来收集信息,运用专业分析方法来发现问题,明确企业和员工的需要,并在此基础上设计符合实际的员工援助计划,同时还要及时将诊断结果反馈给企业。

(3)企业宣传、教育和推广。推广与宣传工作主要包括:员工援助计划的作用与意义、员工援助计划的主要内容、员工援助计划的实施原则,管理者与员工的角色定位等。通过全面的宣传与推广,可以提高员工的信任感,消除员工的顾虑,使员工接受并乐于参与到员工援助计划中来。不同企业在治理结构、所在行业、规模大小、区域位置以及人员结构等方面存在很大差异,因此员工援助计划在前期调查、教育推广以及服务形式等方面都应有所不同。

(4)设计与执行干预措施。干预措施是一套旨在提高企业心理管理能力的一系列行动或事件。一般来说,一个员工援助计划项目大致包含以下三个层面的工作:初级预防,其目的在于减少或消除导致职业心理问题的因素,建立积极、健康的工作环境,主要通过改变人事管理制度来实现;二级预防即教育和培训,旨在帮助员工了解心理健康知识并培养处理心理问题的技能,以增强企业处理员工心理问题的能力;三级预防即心理咨询与辅导,由专业心理人员向员工提供个别或团体心理辅导服务,使他们能够保持良好的生活与工作状态。

(5)评估员工援助计划干预的效果。该步骤主要在于考察员工援助计划干预是否按计划进行并取得预期效果,以作为管理者决定是否继续投资的重要依据。评估的方式有硬性指标和软性指标两种。硬性指标包括生产率、销售额、产品质量、缺勤率、员工赔偿等;软性指标包括人际冲突、员工士气、员工忠诚度和组织气氛等。

企业实施员工援助计划不仅要在操作模式和实施层面建立一整套系统框架,还需要积极从企业理念、企业文化、制度体系等方面建立一系列的保障体系,只有这样,才能保证员工援助计划的顺利实施,真正发挥员工援助计划的实际效用,以促进企业的健康发展。

复习思考题:

1. 什么是职位设计?职位的特征模型中包括有哪些因素?
2. 什么是压力?压力产生来源有哪些?
3. 压力的后果是怎样的?如何有效管理压力?

4. 什么是员工援助计划？具体内容包括哪些？
5. 企业如何有效实施员工援助计划？

案例分析：

通用汽车如何渡过内部危机？

1971年12月，通用汽车公司洛滋敦厂的管理部门开始对装配线上装配的维加车出现异乎寻常的不合格率感到极为担心。在可容2 000辆汽车的存车厂里放满了发送给全国汽车商之前需要返修的维加车。

管理部门特别感到恼火的是，许多毛病是一般汽车装配生产中不应出现的质量缺陷。有数不清的维加车挡风玻璃碎了，内饰割伤，点火开关坏了，后视镜打碎……该厂经理说，在有些情况下，"整个发动机装置经过40个人，可是谁也没有为它们做什么工作！"

总之，公司在分厂一级的管理中遇到了危机：工人缺勤、质量下降、成本增加，甚至出现罢工等严重问题。有些人把这件事看做是"年轻工人的反抗"，简言之，可称作次企业内部的伦理危机。

企业伦理涉及企业与雇员、企业与消费者、企业与政府、企业与环境等方面的相互关系，通用汽车公司的企业伦理危机发生在企业与雇员、企业与工会之间的相互关系，以及因公司改革或重组所产生的裁员等问题。从表面上看，通用汽车公司的危机产生于GMAD（通用汽车公司装配改革计划）——为了提高产品质量和劳动生产率，对汽车生产装配技术操作加强控制，并把这个管理系统扩展到6个工厂。

在实施GMAD改革后，虽然企业的管理部门声称改革不会给装配工人带来太大的压力，但是工会指责说这次改革又恢复了30年代"血汗工厂式"的管理，要工人以同样的工资做更多的工作。一个工人抱怨说："那是世界上最快的生产线，它置我们于死地，我们无法在规定的时间内完成工作，每天两班倒，而公司还要埋怨我们低质量、低效率"。

工人的不满大大增加。在GMAD改革以前，厂里的不满指责大约有100个，自改革后，增至5 000个，其中1 000个是指责工作岗位上加了太多的活。

当工人们抵制管理部门命令时，一些迹象表明，第一线的管理人员并没有受过适当的训练，不能很好地执行管理人员的任务，当时管理人员的平均工作经验不到3年，其中20%还不到1年。一般地说，他们都很年轻，对工会合同的条款和管理人员的其他职责缺乏了解，同时，对如何处理正在发展的工人的抱怨和敌对情绪缺乏经验，从前没受过这方面的训练。

另一个重要事实是，工人的强烈反应并不完全由于GMAD的组织和工作的变革。管理部门发现，公司没有对他们进行必要的企业伦理、规章制度、知识技能方面的教育和培训。

一个高级管理人员承认，公司没有采取有效的手段使工人对工作发生兴趣。许多工人受益于公司补助学费支持他们上夜大的计划。但受了这种教育后，装配工作显然就不能满足他们的要求及做高级工作的期望。此外，当时的劳工市场很困难，他们在别处找不到有意义的工作，同时，他们也不愿意放弃在装配线上挣得的优厚工资。公司的高级职员们说，这使工人感到困惑和灰心丧气。

许多管理者和工程师都在问：不知管理部门所采用的这种管理模式能否继续下去。随着作业越来越容易、简单和重复，体力劳动越少，对工人的技能要求是低了，但工作却更单调了。有一个工人说："公司必须想点办法，使一个小伙子能对所干的活感兴趣。一个小伙子总不能一天8小时，年复一年地干同一个活呀！公司也不能仅对小伙子说：'好，原来你有6个点要焊，现在你只要焊5个了。'"

由于工人的不满增长，汽车工人工会于1972年1月初决定举行一次罢工，由于高达97%的工人表示赞成，罢工于3月初开始。公司估计由于工人不满和怠工造成的对工作的破坏已使公司损失总额达4 500万美元。

此后，公司管理部门考虑对GMAD的改革中某些不合理的地方进行修正，洛兹敦厂的一些矛盾才得到了缓和。

在危机事件解决以后的几个月中,通用汽车公司发动了一次深入的恢复正常工作环境的活动。因为工人们回去工作后,许多思想问题并没有很好解决,还存在不安的情绪。在公司总部办公室的协助下,洛兹敦厂的管理部门制定了企业伦理建设计划,首先从诊断上一次发生的危机开始。他们对全厂工人进行了问卷调查,与各级领导管理人员一起举行了一系列会议,并征求了工会的意见,最后得出了以下结论:

(省略……)

通过上述诊断,公司认为产生危机的主要根源是管理部门和工人之间缺乏及时的沟通和必要的交往。于是,从1972年开始实施"交流计划"。该交流计划的内容是:

第一,工厂每天的无线电广播:管理部门每天用5分钟在工厂公众讲话。广播与汽车工业、公司和工厂有关的新闻,使工人对汽车工业、公司和工厂的情况有大体的了解。其内容也张贴在工厂各处布告栏里。

第二,消息公报:作为工厂经理和工人之间一种直接交流的方法,所有有关工厂业务的主要消息都直接传给工人,工厂经理还告诉大家该厂存在的问题,并征求工人对解决这些问题的意见。

第三,管理训练:为了加强管理人员在工作中起个人之间交往的作用,所有管理人员,从工厂经理到基层的管理人员,以及职员都要经过人际关系和交往的训练。这个计划的目的在于提高管理人员同他们的部下进行组织联络和交往的自觉性。训练计划由富有组织装配线经验的公共关系协调员和质量控制主任来设计和指导。

管理部门任命公共关系协调员担任工厂交往协调员,负责厂内外计划。此外,管理部门还发展了一种作业轮换计划,对轮换工作有兴趣的工人给予必要的训练,帮助他们扩大在同一装配工作组内的工作能力。

1973年10月查尔斯·艾伯内西任洛兹敦厂新经理。他被认为是GMAD组织中最能干的经理之一,对交往计划热烈赞成,他自己也参加了培训计划。

洛兹敦厂经过一段时间,不仅恢复到正常情况,而且在1975年一年中,出现了争取成为效率最高的装配厂之一这种受鼓舞的迹象。工人不满下降到1971年~1972年的三分之一,生产效率也有明显提高。

洛兹敦管理部门深信,齐心协力改善管理部门和工人的关系是取得积极成果的主要因素。正如工厂经理所说:"我们的最终目的是形成这样一种组织风气,经理和工人都共同感到我们是在这里一起工作。现在我们这里相互之间分得太清楚,管理部门、工人和工会之间都人为地分开了,我看不出会有什么理由不能通过直接交往加强管理部门和工人之间的关系。"

"由于汽车装配业中有许多限制,因此工人不能意识到自己是该组织的一分子。我们必须用现有的技术生产一定数量的汽车,以便在该行业中站住脚。只要我们很好地解释,相信大多数工人是能够理解的。他们可能并不喜欢这样做,但是他们肯定能理解,而且愿意同我们合作。"

"我认为工作多样化和组织发展这两个计划是对的,但是我们必须承认装配厂的技术局限性。在洛兹敦厂我们有一支年轻而且受过相当教育的劳动力,他们希望知道正在进行的每件事。令人意外的是,如果你诚恳地同他们交往,你告诉他们什么,他们就会接受。相互交往正是把每天的生产连贯在一起的最好办法。"

洛兹敦厂的管理部门就是根据这种管理哲学和企业伦理,考虑于1975年夏在原有的几个交流计划上增加了一个新的交流计划。他们对原有计划所取得的进步感到满意,但是认为,如果正式把这些计划联结在一起,使工人和管理人员进行人与人的直接交往,可以进一步达到交往的目的。由于认识到第一线的管理人员太忙,对人与人的交往,特别是对他们的部下,无法给予足够的关心,因此管理部门发展了一个计划,以促进和加强高级管理人员和其他管理人员在交往中的作用。建议的计划有以下特点:

第一,建立称为通讯员和训练员的新职务,主要目的是把管理人员、工人和职能人员的工作结合在一起。要在 11 个生产部门中各委派一个通讯员和训练员,由他们向工厂经理直接汇报情况。

第二,通讯员和训练员的作用,对于装配线工人来说是一种"综合者",因而可以加强工人和管理人员之间,装配线工人和职能人员之间的交往联系。

第三,由于通讯员和训练员大部分时间在工厂,因此他们能搞清楚工人和第一线管理人员之间,及上级管理人员之间是否进行了合适交往。在需要促进生产部门和职能部门的交往及设法使职能部门的服务及时满足生产线的需要时,还可以起"中间作用"。

第四,通讯员和训练员每天要和工厂经理及交往协调员见面,检查和讨论工厂中存在的"人的问题"。

大家认为选择和训练通讯员和训练员对于这个新计划能否成功至关紧要,通讯员、训练员应该有相当的工作经验,要当过总厂长,并在工作中显示出具有组织和处理人与人关系的才能。[1]

讨论题:
1. 请对通用汽车做出组织诊断,通用汽车存在的问题有哪些?
2. 他们采取了哪些变革措施来帮助克服困难和解决问题的?

推荐阅读文献:
[1] 靳娟. 工作压力管理[M]. 北京:人民邮电出版社,2007.
[2] [美]斯蒂芬·P·罗宾斯. 组织行为学. 第十版. [M]. 孙健敏,李原,译. 北京:中国人民大学出版社,2005.

---

① http://wenku.baidu.com/view/24b0d7573c1ec5da50e270b9.html

第十四章 组织文化与组织行为

本章关键词：
组织文化；组织文化建设；跨文化冲突

第一节 组织文化概述

一、组织文化含义及特征

（一）文化

人类学家从多方面给文化下了一百多条定义。归结起来，所谓文化是凝聚在一个民族的世世代代的人的身上和全部财富中的生活方式之总体。生活方式包括行为方式和思考方式，文化是各种行为方式和思考方式的整体。作为文化的生活方式，创造了人类丰富的物质和精神财富，因此，广义的"文化"是人类社会实践过程中所创造的物质财富和精神财富的总和。狭义的"文化"是指社会的知识和意识形态，以及与之相适应的制度和组织机构。

1. 文化的特点

文化具有以下几个方面的特点：

（1）民族性。任何一种文化，都带有本民族的特点，深深打上民族心理、民族精神、民族语言、民族传统和民族生活行为方式的印记。

（2）时代性。不同时代具有不同的文化特质和表现形式，体现着时代特征和风貌。

（3）历史继承性。文化是一种历史现象，它为社会成员所共享并传承下去，每一代社会成员都受到上代流传的文化的影响，又影响到下一代，这是一个不断继承与创新的过程。

（4）阶级性。文化作为一种社会现象，体现了不同阶级的利益要求，显示出不同阶级的特色，代表着不同阶级的地位和生活方式。

2. 文化的存在方式

文化的存在方式包括以下三个方面：

（1）物质文化。物质文化是通过物质生活和各种有形的具体的实物表现出来的文化，有建筑物、交通工具、劳动和学习工具、通讯工具、大众传播工具、服装、装饰品、用品等。在这些实物中表现出来的文化，包括对实物的制作方式和在制作过程中产生的空间意识和审美意识。

（2）社会文化。社会文化（又称行为文化）是通过社会成员共同遵守的社会规范和规范行为表现出来的文化。社会规范包括制度、法律、道德、风俗、信仰等，对社会成员起约束作用，调节和协调人际关系及社会关系。因而使人们的社会行为能够形成一种比较一致的、共有的类型和模式，维系这个社会的安定和秩序，社会文化作为社会规范存在着，是社会意志的产物。

（3）精神文化。精神文化是通过精神活动和精神产品表现出来的文化。精神产品包括文学艺术、科学、哲学、大众传播等，其中为人们共有又比较稳定的思考方式代表文化。精神文化作为知识的总体，是思维的结果。

上述三种文化紧密相连、互为一体。物质文化是对人最早和最经常起作用的文化。用品式样、空间造型等,都影响人的视听品质和日后的生活习惯,陶冶人的性格和品格,深刻地影响人们的美感和品性。

社会文化是在人们的各种社会关系中起作用的文化,是在物质文化的基础上,随着人们的"关系"的建立和发展,对人起作用。人们在家庭和触及社会组织中获得语言和思考能力后,才能把自己和他人在实际中联系起来又区别开来。人有了"关系",有同他人和整个社会的接触,就必须接受社会管理和社会控制,就得不断社会化。

精神文化是在前两种文化基础上形成,并在精神活动中起作用的思考方式。精神文化的支柱是知识,知识虽然不等于文化,但是知识却体现一个民族的文化素质和文明程度。因此,精神文化比社会文化(行为文化)和物质文化的层次都要高。

(二)组织文化

凡是有人群存在的地方就有文化。组织文化是文化的一种表现形态,是组织在长期的实践过程中形成并为组织成员普遍遵守和奉行的共同价值观念。它反映和代表了组织成员的整体精神、共同的价值标准、合乎时代的伦理和追求发展的文化素质。组织文化以观念的形态,从非计划、非理性的因素出发调控着组织成员的行为,补充和强化着组织管理,维系着组织内部人与人之间的关系,团结着组织成员为实现组织目标而努力工作。

1. 组织文化的内容

组织文化涵盖以下八个方面的内容:
(1)组织价值观和精神。
(2)组织发展战略和目标。
(3)组织管理制度。
(4)组织道德规范和行为准则。
(5)组织形象和凝聚力。
(6)组织内部人际关系和文明建设。
(7)组织人才成长发展条件。
(8)组织生产、生活条件、文化活动及文化氛围。

2. 组织文化的特点

组织文化主要有以下特点:
(1)民族性。组织文化包容于民族文化之中,建立在民族文化基础之上。民族文化对组织成员的影响比组织文化大。
(2)整体性。组织文化是组织上下全体员工在长期发展过程中共同形成的价值观,渗透到组织活动的每一种行为,具有整体功能。
(3)个体性。组织文化有鲜明的个性,不同的组织具有不同的文化,组织文化总是在特定的环境中生长,在特定的范围发生作用。
(4)连续性。组织文化与组织的长期发展历史相联系,是一个不断适应环境、挑战未来的历史继承与创新的过程。
(5)创新性。组织文化总是在适应环境的过程中不断创新,唯有创新,组织文化才得以生存和延续下来。

3. 组织文化的内在特质

分析和研究组织文化的个性特色,可以从以下七个方面考察和评价组织文化的内在特质和文化状态:
(1)组织是鼓励创新、冒险还是赞赏安分守己。
(2)组织期望员工把工作做得细致缜密到何种程度。

(3) 组织是看重结果还是强调实现结果的手段和过程。
(4) 组织是关注人还是关注工作。
(5) 组织是强调集体、团队的作用还是突出个人的活动。
(6) 组织内部成员是积极进取、竞争还是一团和气。
(7) 组织注重维持现状还是成长发展。

对一个组织文化的特性,可以考察以上七个要素所表现的程度,从而确定其组织文化的类型和个性特点。

二、组织文化的构成及其表现形式

(一)组织文化的内容结构

组织文化是由核心的精神文化、中间的制度规范文化和表层的物质文化构成的圈层系统,见图14.1。

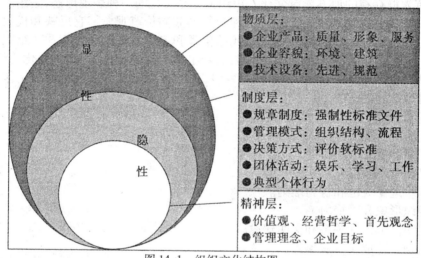

图14.1 组织文化结构图

三个要素之间是有机联系的整体,物质文化和制度文化是精神文化的具体表现,是显性文化。所谓显性指以精神的物化产品和精神行为为表现形式的,人通过视听器官能感受的,又符合组织文化实质的内容;主要通过组织标志、工作环境、规章制度、组织目标、经营管理行为五个方面来体现的。精神文化是隐性文化,组织文化的隐性内容是组织文化的根本,包括组织经营哲学、价值观念、组织道德规范、组织精神、组织风气等几个方面。

1. 组织精神文化的内容

(1) 组织核心价值观,是组织成员评价事物重要性和优先次序的共同标准,是组织成员共同的思想基础、信仰支柱行为准则,因而也是组织文化的核心和基石。同时,它也是制定经营方针、发展战略和策略的指导思想。

(2) 组织道德,是指组织内部调整人与人、单位与单位、个人与集体、个人与社会、组织与社会之间关系的行为规范。道德与制度都是行为准则和规范,但制度是强制性的,而道德是非强制性的;前者针对是否合理,后者解决是否合法的问题。

(3) 组织精神,是组织有意识地在员工群体中提倡、培养的优秀价值观和良好精神风貌,是对组织现有的观念意识、传统习惯、行为方式中的积极因素进行总结、提炼及倡导的结果。因此,组织精神是组织文化发展到一定阶段的产物,组织文化则是组织精神的源泉。

(4) 组织风气,是指组织内所形成的带普遍性的、重复出现的和相对稳定的心理行为状态,是影响整个组织活动的重要因素。组织风气是组织文化的外在表现,组织文化是组织风气的本质内涵。人们总是通过组织成员的言行举止感受到组织的独特风气,又透过组织风气体会到成员共同遵循的价值观,从而深刻地感受到该组织的组织文化。

(5)组织目标,是上述精神文化的集中体现。有了明确的组织目标,就可以提高广大员工的主动性、积极性、创造性,使员工将自己的岗位工作与实现组织奋斗目标联系起来,组织的管理工作就有了坚实的群众基础。因此,组织目标是组织成员凝聚力的焦点,是组织共同价值观的集中表现,也是组织对员工考核和奖惩的主要标准,同时又是组织文化建设的出发点和归宿。

2. 组织规范文化的内容

组织规范文化是组织文化的中间层次,是组织文化中按精神文化要求对组织和成员行为产生规范性、约束性影响的部分,主要规定组织成员在共同的工作、活动中应当遵循的行动准则。

(1)工作制度。如组织的领导工作制度、技术工作及技术管理制度、计划管理制度、生产管理制度、设备管理制度、物资供应管理制度、产品销售管理制度、经济核算及财务管理制度、生活福利工作管理制度、劳资人事管理制度、奖惩制度等。这些成文的制度与某些不成文的规则,对员工思想和行为起着约束作用。

(2)责任制度。是指组织内各级组织、各类人员工作的权力及责任制度,如领导干部责任制、各职能机构及职能人员责任制,以及员工岗位责任制等。其目的是使每个员工、每个部门都有明确的分工和职责,使每个组织能够分工协作,井然有序、高效率地工作。

(3)决策方式,是指组织的非程序化制度。如员工民主评议干部制度、干部"五必访"制度(即员工生日、结婚、死亡、生病、退休时干部要访问员工家庭)、员工与干部对话制度、庆功会制度等。

(4)群体及个体活动方式。比如特殊仪式就是为表明和强化组织最关键的价值观、最重要的目标和最重要的人而进行的重要活动,如生日晚会、周末午餐会、厂庆活动、内部节日等。

3. 组织物质文化的内容

组织物质文化是组织文化的表层,是形成制度层和精神层的物质条件,往往能折射出组织的经营管理哲学、工作作风和审美意识。

(1)环境面貌。企业的自然环境,建筑风格,车间和办公室的设计及布置方式,工作区和生活绿化、美化,企业污染的治理等,都是企业物质文化的反映。

(2)产品的外观和包装。产品的特色、式样、品质、牌子、包装、维修服务、售后服务等,是文化的直接表现。例如,美国汽车以豪华、马力大为特点,日本汽车以省油为特点,德国汽车以耐用为特点等。企业只有具有自己独特的产品,才能吸引一部分具有特殊需求的顾客。产品特点不突出,就要靠其他因素,如包装、价格、销售地点和服务等赢得市场。

(3)工艺技术设备特性。设备是指企业的机器、工具、仪表、设施,是企业的主要生产资料。一个具体的设备,都与一定的工艺和技术相联系。工艺技术设备和原材料,是维持企业正常生产活动的物质基础,也是形成企业生产经营个性的物质载体。一定的工艺技术设备,不仅是知识经验的凝聚,也往往是管理哲学和价值观念的体现。

(4)纪念物。组织在其环境中往往设置纪念建筑,如雕塑、石碑、纪念标牌等,在公共关系活动中送给客人纪念画册、纪念品、礼品等,充当组织理念的载体,成为组织塑造形象的工具。

三、组织文化功能

组织文化来自组织,但它一旦形成,就将反过来对组织产生巨大的能动作用,可能解决被视为管理难题的组织目标与个人目标、管理者与被管理者的矛盾,将全体员工的思想行为统一到组织发展的目标上来。

(一)组织文化积极的功能

1. 目标导向功能

组织文化能够引导和塑造员工的态度和行为,在组织具体的历史环境及条件下将人们的事业心和成功欲整合成组织的奋斗目标、信条和行为准则,形成员工的精神支柱和动力,为组织的共同目标而奋斗,使得组织中的个体目标与组织的整体目标相一致,成为个体目标发展的导向。因此,优秀的组织文化建立的实质就建立内部的动力机制。这一动力机制的建立,使广大员工了解了组织正在为崇高的目标而努力,使他们可以产生具有创造性的策略,而且可以使员工勇于为实现组织目标而做出个人牺牲,使员工与组织真正成为一个有机整体,形成一股强大的力量向特定的方向努力。

2. 约束规范功能

组织中成文或不成文的法规和价值准则,引导和塑造员工的态度和行为,对员工的思想、性格、情趣产生潜移默化的影响。组织文化的作用机制是建立共同的价值观体系,形成统一的思想,使信念在员工的心理深层形成一种定势,只要外部诱导信号发生,即可得到积极的响应,并迅速转化为预期的行为,就形成了组织的"软约束"。这种影响作用比权威、命令的效力更大。

3. 团结凝聚功能

组织文化发展组织成员对组织的集体认同感,使组织成员不仅仅注重自我利益,更考虑组织利益。它使大家认清组织共同利益大于各自的一己利益,组织的兴衰关系到每个人的切身利益,形成组织对成员的吸引力和成员对组织的向心力,指导着人们的行为,提供了言谈举止的标准,是一种社会黏合剂,有巨大的内聚作用,使员工个人的命运与组织的安危紧密联系起来,把整个组织聚合起来。

4. 激励振奋功能

组织文化建立了一种精神目标和支柱,形成人人受重视、受尊重的文化氛围。良好的文化氛围,往往能产生一种激励机制,可以激励全体成员自强自信,团结进取,形成组织成员的统一意志。这种意志能形成自身的发展机制,并产生激励效应。

5. 创新功能

组织是由人组成的,也应当像人一样,有自己独特的性格和风范。一个没有文化的组织就像没有个性的人,不会引人注意,是绝无竞争力的。组织文化起着分界线的作用。它使不同的组织区别开来。建立具有鲜明特色的组织文化,正是组织创新的重要方面,是激发员工创新精神的动力,使组织在激烈的市场竞争中立于不败之地的重要保证。

6. 适应和辐射功能

组织文化塑造组织形象,一方面可以激发组织员工对本组织的责任心和自豪感,另一方面能更深刻反映组织文化的特点及内涵。组织形象的树立,除对本组织产生很大影响,还会对社会公众乃至其他组织产生一定的影响,在提高组织知名度的同时,构成社会文化一部分,具有巨大的辐射作用。

(二)负面功能

当然也要看到,组织文化有时也可能成为变革的障碍、多样化的障碍、兼并和联合的障碍,成为组织发展的束缚,必须正确处理。因此,对组织文化的负面影响也不容忽视。主要表现在:

1. 对变革的影响

组织处于动态变化的情况下,组织文化往往成为组织的束缚。根深蒂固的组织文化容易束缚组织的手脚,使组织难以对付变幻莫测的环境,对那些不符合组织的价值观念总是

2. 对个性的影响

组织文化强调统一的价值观、生活方式,强调新成员服从组织文化,这不利于组织成员自身个性多样化和创新能力的发展。

3. 对组织兼并、收购的影响

组织文化一旦形成,便具有相对的稳定性和个性特色,这种特色使得两种不同的组织在兼并、联合、收购后面临着文化融合、文化沟通的难题,使得新的组织文化同原有的组织文化之间出现摩擦和碰撞,有可能导致收购和兼并的失败。

五大流行的企业文化

现代中外许多成功企业的经营之道为现代企业提供了值得借鉴的宝贵经验。

- 民生文化。民生公司发展之所以如此迅速,和创始人卢作孚的经营成功有着极大关系。在卢作孚的长期经营实践中,一个突出的特点便是十分注重文化意识在经营管理中的作用。例如,他极为注意强化企业对职工的凝聚力,鼓励企业和职工的双向参与。他曾提出一个著名的口号:公司问题,职工来解决;职工问题,公司来解决。他把这一口号印在轮船的床单和茶杯上,逐步培养职工树立一种和公司同生存共荣辱的集体意识,在企业发展中起到良好的作用。

- 松下文化。松下公司在几十年的经营生涯中形成了独特的企业文化,制定了七大精神:"产业报国、光明正大、和亲一致、奋斗向上、礼节谦虚、顺应同化、感谢报恩",充分表现了松下那种谦和、执著、一以贯之的朴实风格。

- 大庆文化。以"铁人"王进喜为代表的大庆油田工人,把"艰苦创业"作为座右铭,坚持"有条件上,没有条件创造条件也要上"的创业精神。大庆人艰苦创业、三老四严的精神,化作了中国工人阶级自力更生、艰苦创业的强大力量。

- 索尼文化。索尼的企业哲学其中突出的一点就是十分重视人的因素和民主作风,特别看重中层管理人员的作用,并设法淡化等级观念。该公司领导努力将工厂的车间搞得比工人的家庭更舒服,而把管理人员的办公室尽量布置得朴素些。另外,索尼人始终不满足现状,时时有"饥饿感"、"紧迫感"伴随,这可谓索尼文化的另一特色。正因如此他们能不断学习世界上比自己先进的东西,经过消化,创造出别人没有的东西,适应了市场,赢得了声誉。

- IBM文化。IBM公司即美国国际商用机器公司,该公司的信条就是"IBM就意味着最佳服务"。因为他们懂得,优质服务是顾客最需要的。这不能不说是IBM公司多年来一直取得成功的一个奥秘。

第二节 组织文化研究的内容

一、组织文化理论研究的兴起

(一)组织文化研究发展历史

组织文化理论产生于20世纪70年代末80年代初,它是组织管理发展的必然成果,是一门新兴的组织管理科学,它的兴起标志着组织管理科学研究进入了一个新的阶段。

组织文化理论的兴起是20世纪70~80年代新技术革命的发展和人们对人类自身的认识深化的结果。重视人的发展和人的潜能,充分调动人的积极性,成为时代的共性和人类发展的现实趋势。文化管理受到各国企业的普遍关注。企业联合兼并趋势明显,使得文化沟通、文化融合的问题突出出来。特别是进入90年代以来,文化对员工行为的影响作用越来越大,组织控制的跨度拓宽,组织结构扁平化,工作团队的引入,员工权力的增大,要求组织提供共同的价值体系。科技发展和竞争的加剧使得组织对劳动力素质要求越来越高,劳动力结构发生变化,知识层次普遍提高,把员工当做"社会人",满足员工心理的、感情的、精神的需要,形成和发展员工群体价值观,成为组织文化理论研究的时代课题。

组织文化理论源于日本,研究中心却在美国。20世纪70年代末80年代初,美国作为世界经济强国,在石油危机的冲击下,其企业竞争能力大大削弱,劳动生产率停止了增长,而东方小国日本的经济却得到长足的发展,并在许多方超过了美国,对其经济利益形成了强大威胁,引起了美国各界人士的普遍关注。经过研究,美国专家学者认识到,在日本企业中,不是就管理理论管理,而是站在企业经营哲学的高度研究企业管理,把企业视为一种文化实体来实施管理。他们把日本的经验与美国的管理现状进行了比较,作了系统的概括和总结,形成了有关组织文化理论的一系列著作,提出了独到的见解。

1981年,美国加利福尼亚大学美籍日裔教授威廉·大内出版了他的专著《Z理论——美国企业界怎样迎接日本的挑战》。该书分析了企业管理与文化的关系,提出了"Z型文化"、"Z型组织"等概念,认为企业的控制机制是完全被文化所包容的。

1982年特雷斯·迪尔(Terrence E. Deal)和艾兰·肯尼迪(Allan Kennedy)出版了《企业文化》(Corporate Culture)一书。他们提出,杰出而成功的公司大都有强有力的企业文化,他们在这本书中还提出,企业文化的要素有五项:①企业环境;②价值观;③英雄;④仪式;⑤文化网络。其中,价值观是核心要素。该书还提出了企业文化的分析方法,应当运用管理咨询的方法,先从表面开始,逐步深入观察公司的无意识行为。

1982年,美国著名管理专家托马斯·彼得斯与小罗伯特·沃特曼合著《寻求优势——美国最成功公司的经验》,研究并总结了3家优秀的革新型公司的管理,发现这些公司都以公司文化为动力、方向和控制手段,因而取得了惊人的成就,这就是企业文化的力量。

组织文化在90年代研究由理论研究向应用研究和量化研究方面迅猛发展,出现了四个走向:理论研究的深入探讨;企业文化与企业经营业绩的研究;企业文化测量的研究;企业文化诊断和评估的研究。

组织文化理论的兴起突破了传统的企业观,认为企业不仅创造利润,还要谋求人的全面发展,谋求人与其本质活动——生产活动的统一,实现社会与其生产组织形式——企业的统一。正如美国著名管理学家德鲁克指出的:"利润和盈利性固然是极为重要的,但盈利性并不是工商企业和企业活动的目的";"企业的目的必须存在于企业本身之外,事实上,它存在于社会之中,因为企业是社会的一个机构"。组织文化理论的兴起标志着组织行为研究向更加深化、更高层次发展。组织文化是组织赖以生存和发展的精神支柱,是组织的最高层次,组织文化理论适应了组织管理的需要,有利于实现组织目标。

组织文化理论追求组织的整体优势和组织成员良好的集体感受,通过组织的文化优势创造出导致个体从众行为的群体规范和共同价值准则,通过成员的集体感,使组织的人际关系达到协调,组织文化的研究是组织理论由个体的研究向组织整体化研究的发展。

(二)中国组织文化研究状况与发展

1. 中国企业文化研究与国外相比较薄弱

(1)中国的企业文化研究还停留在粗浅的阶段,虽然也有一些关于企业文化的研究,但是大多数是以介绍和探讨企业文化的意义及企业文化与社会文化、与企业创新等的辩证关系为主,真正有理论根据的定性研究和规范的实证研究为数甚少;

(2)中国企业文化研究严重滞后于中国企业文化发展实践,许多企业在塑造企业文化时主要是企业内部自己探讨,企业文化实践缺少真正的科学理论的指导,缺少个性,同时也难以对企业长期发展产生文化的推动力。因此,应该借鉴国外企业文化研究,加强中国企业文化研究,促进中国企业文化的发展。

2. 未来研究主要侧重三个方面

(1)在中国文化背景下,探讨中国企业文化的基础理论,研究企业文化与中国传统文化和现代社会文化的关系、企业文化与企业管理、企业环境、企业发展和企业创新的关系等。

(2)加强企业文化的应用研究。例如,关于企业文化的测量、诊断、评估和咨询的实证研究。

(3)加强企业文化的追踪研究,企业文化的塑造不是一次性完成的作品,它要随着企业的发展和变化而做出及时的调整和改变,才能对企业的长期发展产生深远的影响。所以对企业文化进行追踪研究的价值是不可低估的。

二、组织文化的影响因素

了解组织文化的特性和结构,使我们对组织文化的整体构造有较清晰的认识,深入理解组织文化还需要认识组织文化的影响因素,具体有如下七个方面。

(一)民族文化因素

作为组织文化主体的组织成员,同时也是社会成员,在创建或进入组织前,就是在民族文化的陶冶中成长起来的。所以,组织文化植根于民族文化的土壤中,分析一个组织的文化内涵,不能忽视其所在的民族文化大背景的影响。一个组织的价值观、行为准则、道德规范等无不打上民族文化烙印,民族文化对组织的经营思想、方针、战略和策略等也会产生深远的影响。组织要获得成功需要努力适应在一定民族文化环境下形成的社会心理状态,否则就将陷入困境和危机难以维持。研究表明,组织文化对员工行为的影响很大,而民族文化的影响更大。中国是一个文明古国,文化历史悠久,优秀文化传统不仅与市场经济可以相容,而且应该成为现代企业组织文化的深厚基础和重要营养。

(二)制度文化因素

组织文化的重要影响因素之一是制度文化。不同的国家以及同一国家在不同的历史时期,它们基本的政治制度和经济制度各不相同,由此对一个组织的文化形成所产生的影响也各不同。我国和日本同属于东方民族,有以儒家文化为特色的民族文化传统,但在社会制度上却有着根本差别。组织文化的核心问题是要形成群体意识和群体规范,由于社会制度差异不同,国家中企业的组织文化是不同的。

(三)地域文化因素

地域和行业文化是组织文化存在的中观环境。"一方水土养一方人",各个地区教育、风俗民情、地理环境的不同,地域文化各具特色,对组织文化产生着潜移默化的影响。北方人重义气,南方人讲效率,这些因素对组织文化的影响是不可低估的。与民族文化因素一样,"入乡随俗",只有认同并适应组织所在的地域文化,组织才能得到良好的,组织的文化建设也才能得到保障。

(四)行业文化因素

行业性质不同,决定了工作内容、工作方式、劳动力结构等方面的差异,价值观念、道德理念、行为规范等方面有着各自独特的偏好,对组织文化形成具有重大影响。

(五)组织传统因素

组织文化的形成过程是对组织传统的发扬和传承的过程。每个组织应该根据各自外部环境和内部条件特点,总结出自己企业的优良历史传统和经营特色,形成自己企业的价值观念,产生出本组织独具特色的组织文化风格。只有这样,才能形成具有个性的组织文化。

(六)个人文化因素

个人文化因素,指的是领导者和组织成员的思想素质、文化素质和技术素质。组织文化是组织成员在长期活动中养成并共同遵守的最高目标、价值标准和行为规范。组织成员的思想素质、文化和技术素质直接影响和制约着组织文化的层次水平,在某种意义上是组织领导者价值观念和管理理念的反映。领导者的思想经验、价值观念、思想方法和工作作风等因素,甚至个性特征,影响组织文化的形成,要建设好组织文化,领导者的作用至关重要。

(七)外来文化因素

对于一个组织来讲,其他国家、民族、地区、行业、组织的文化,都是外来文化,随着经济全球化的发展,市场的日益融合,各国、各区域间经济关系日益密切,文化交流和经济渗透对组织文化产生越来越大的影响。因此,在引入先进技术和思想的同时,要根据本组织的具体环境条件,有选择地吸收、消化、融合外来文化中有利于企业发展的文化因素,也要警惕和拒绝对本企业文化建设不利的文化因素。

三、组织文化建设

(一)组织文化建设的内容

组织文化建设,是指组织领导者有意识地培育优良文化、克服不良文化的过程,也称为组织的"软管理"。优良的组织文化能创造出和谐、上进的组织氛围,产生源源不断的动力,对组织发展起到巨大的推动作用;反之,则会阻碍组织前进的步伐,甚至导致组织衰退和灭亡。优秀的组织领导者,不仅应强烈意识到组织文化的存在,而且应不断提倡和发扬组织好的精神和传统,消除组织中不良的观念、习惯和风气,能动地引导组织文化的运行和完善,自觉地进行组织文化的建设和管理。组织文化建设的内容通常包括以下方面:

(1)培育具有优良取向的核心价值观,塑造杰出的组织精神。
(2)坚持以人为本管理,全面提高员工素质。
(3)提倡先进的管理制度和行为规范。
(4)加强礼仪建设,促进组织文化的习俗化。
(5)改善物化环境,塑造组织的良好形象。

(二)组织文化的形成过程

组织文化的形成是一个历史过程,它不是凭空产生的,一旦形成又很难消除。它是随着组织的诞生、创始人的倡导、组织的各种规定和活动制度化以及组织成员对于基本的、有意义的行为的共同理解,并经过甄选、高层人士倡导、社会化逐步形成和发展起来的。

1. 组织文化形成的源头

组织文化的最初源头是组织的创始人。组织的创始人对组织的早期文化影响最大,他们规划了组织发展蓝图,把特定的理念和价值观表达出来并贯彻为愿景、哲学和商业战略。当这些理念和价值观导致组织成功后,它们就会被制度化,那些反映组织创始人和领导者思想的愿景和战略的组织文化随之出现,并不随领导人的更改而更改。一个成功的组织必然是那些能够对环境的各种变化做出敏锐的准确反应的组织。要使组织在变化不定的环境中长盛不衰,有远见卓识的领导人总是在组织中形成一种能够洞悉环境因素的变化及这种变化对组织的影响的内在机制。这种机制的存在能够保证组织在其卓越领导人的时代结束后仍然保持敏锐的洞察力和较强的适应性。组织文化总是打着创始人所追求的宗旨、价值观、愿景的印记,体现着创始人独有的风格和特色。

2. 组织文化的发展过程

组织文化建立起来以后,要经过一系列的强化过程,逐步发展成熟。

(1)要经过组织对人员的识别和挑选过程。组织总是按照自己的价值观和判断标准招聘、雇用应聘员工,筛选掉那些可能对组织核心价值观构成威胁或者与之不协调、不融洽的人,经过多次挑选,被甄选出来符合组织要求的人员起着维系组织文化的作用。

(2)组织文化通过高层管理人员的身体力行得以灌输。高层管理人员通过自己的所作所为,把行为准则渗透到组织中去。公司倡导什么精神,鼓励什么行为,如何看待创新和失败,如何对顾客的需求变化作出反应,组织的信任程度与规章制度、监督控制的关系等,通过高层人员的管理活动,使员工在接受管理的过程中不断认同。

(3)员工自身对组织文化的适应和被同化,实践和传播着组织文化。员工进入组织以后,不断改变自己原有的价值观、态度和期望,逐步了解组织的评价体系、人们的期望和价值标准。在与同事、上级和组织交往的过程中,员工经过不断调整自身行为的社会化过程,逐步接受组织的规章制度、行为规范,并把它内化为自己的认知评价体系和自觉行动,通过自己的社会活动实践和传播着组织文化。可以说,员工既是组织文化的体现者,又是组织文化的创造者。

(三)组织文化的传播形式

组织文化首先应该是企业有形无形的规范,是员工和管理者行为与决策方式的表现。组织文化不是自然产生的,而是管理者的主观意识与企业发展要求相结合的产物。组织文化需要借助于一定的形式来表现,需要人们基于可观察到的物象来推断,需要通过一定的渠道和途径以及表现形态传递给员工和外界,以利于解释、识别和学习。

1. 礼仪和仪式

礼仪和仪式是组织日常的已经成为习惯的一系列文化活动的总称。这项文化活动体现了组织对员工的期望和要求。它以生动的形象化的形式,向员工灌输本组织的价值观。文化仪式,实际上是一种培养人们一定价值观念和行为方式的手段和载体,它使本来抽象的价值观念变成具体的有形的东西,成为组织文化不可缺少的一部分。文化仪式能够增进员工向新的社会角色转化,使员工产生更强的社会认同感,有助于改善组织功效,使员工之间产生共同的纽带和良好的情感,增强员工对组织的认同。可以说,没有文化仪式,就没有组织文化。文化仪式的形式多种多样,有各种表彰和奖励活动,有各种聚会和娱乐活动,有唱歌、升旗和背诵誓词等。

2. 英雄人物

那些受人尊敬的英雄人物是组织价值观念的集中体现。这些英雄人物使组织价值观"人格化",他们是员工学习的榜样。这些英雄人物大多是从实践中涌现出来的、被员工推选出来的普通人。他们在各自的岗位上做出了突出成绩,是组织的象征,是员工心目中有形的精神支柱。英雄人物的巨大影响是潜移默化的,因而会产生一种持久的影响。所以,英雄人物也是组织文化的重要载体和传播形式。

3. 故事

故事是指在组织内曾经发生的能够体现组织的价值观、反映组织情境的、经过演化和加工而流传下来的叙述性事件。这些故事有的是历史事件和传奇故事,加进了一些虚构的细节,有的是有事实根据、经过艺术加工的神话。故事的内容大多与组织创建者、违反组织制度、从乞丐到富翁的发迹史、裁减劳动力、员工重新安置、反省过去的错误以及组织应急事情等有关。故事借古喻今,使公司价值观保持长久活力,为全体员工提供了一种共享的理念,还可以为组织政策提供解释。

4. 文化网络

文化网络是指组织内部非正式的信息传递的手段,它是组织文化的载体,在组织中起到上下左右、内外纵横的渠道作用,广泛存在于组织员工之中。文化网络对所传播的消息做艺术加工,对消息含义的解释往往与组织的正式渠道的解释不同,信息的传递大多靠口头传播。

5. 物质象征

物质象征是组织文化的物质形态和外在表现。这些物质象征包括公司的外在形象,如公司的名称、标志物、内外空间设计,劳动环境,如色调、音乐、员工休息室、餐厅、教室、图书室、文化娱乐环境,还包括给高层管理人员配备、提供的各种办公条件、生活待遇、津贴以及基层管理人员的衣着、交通配置等。

6. 语言

语言是指在组织中特有的、常用的,体现组织的行业特点、工作性质、专业方向的专用术语。如公司的格言、口号、隐喻或其他形式的语言,这些语言能够识别和解释组织文化或亚文化,并成为组织文化的重要组成部分。组织成员学会这种语言,有利于他们接受组织文化。

(四)组织形象设计

CIS 策划,组织形象设计(Corporation Image System,简称 CIS)。CIS 于 20 世纪 50 年代起源于美国,60 年代发展于日本,现已风行世界的 CIS,曾造就了 IBM、麦当劳、可口可乐、松下、索尼等国际一流企业。

CIS 包括理念识别(MI)、行为识别(BI)和视觉识别(VI)3 个层次,它们与组织文化的观念层(深层)、规范层(里层)、物质层(表层)这 3 个层次是一一对应的,在内容上大体一致,因而被视为较抽象的组织文化建设的具体操作艺术和行动入手点,见图 14.2

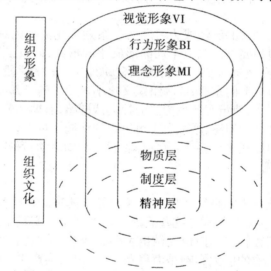

图 14.2　企业形象识别系统组织文化关系图

1. 理念识别(MI)

包括企业的目标、宗旨、精神、道德等内容,实际是组织精神文化的体现,核心是指企业必须用为全体员工所遵循的共同价值观作为企业的指导思想和员工的行为准则,贯穿于企业活动的整个过程,是塑造企业形象的战略出发点。组织一旦建立了共识、共存、共荣的共同价值取向,员工对企业充满感情,CIS 就有了根。世界名牌企业都有自己明确的、积极的、深入人心的价值观念。如海尔公司的"真诚到永远",美国通用电器公司的"进步乃是我们最重要的产品"等信条。

2. 行为识别(BI)

是紧扣和体现企业理念,并使之具有可操作性的措施和行动方式。这里的"行为"包括对内的组织管理、人员培训、企业礼仪和风尚、工作环境与气氛等;对外的市场调查、产品推广、服务态度和技巧、公共关系活动等。而"识别"是指在这些行为中贯彻和体现被社会公众认同的企业个性化的理念。总之,BI 是以企业理念为核心,渗透在企业内部组织、教育、管理、制度、行为等方面,并包括支持公益事业、赞助活动、公共关系等方面的动态识别形式。

行为识别是企业理念的具体体现和实施贯彻,企业理念是企业形象塑造的基础和前提,没有企业理念,行为识别就成了无源之水,无本之木;但只有理念识别,如不通过具体的行为来体现,再好的理念也只能是一句空洞的口号。行为识别使企业理念由抽象化过渡为操作化,使全体员工行为规范化和协调化,始终能以一种统一的良好行为出现在公众面前,给公众留下稳定、规范、诚信的印象,才能将企业理念落到实处,让企业理念发挥效力。行为识别还能使公众从企业行为中真正感受到企业的理念,树立良好的企业形象。

3. 视觉识别(VI)

视觉识别是指借助静态的识别符号,通过视觉传递信息的各种传递形式,是 CIS 的外显部分,也是消费者接触层面最广泛、效果最直接、最具传播力与感染力的视觉表现方法。

视觉识别(VI)分为两大类:第一,基本要素,包括企业名称、品牌、标志、标准色、标准字、象征图案、宣传口号、标语等;第二,应用因素,包括产品及其包装、招牌与旗帜、办公用品、衣着制服、建筑风格、厂容厂貌、纪念物、广告等。视觉是人类获取信息的主要渠道,人靠视觉获得的信息占全部获取信息的 83%,而听觉占 13%,其他方式仅占 4%。竞争实践使人们愈来愈意识到建立统一的视觉形象识别对增强企业知名度、提高企业竞争力有着重要作用。见图 14.3 美国许多企业由此受到启发,开始设计制作代表企业标志、标准色和标准字的广告牌。

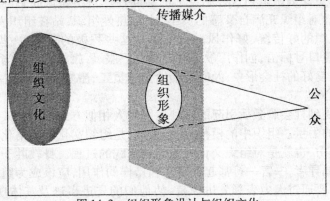

图 14.3　组织形象设计与组织文化

(五)组织文化建设的心理机制

怎样避免组织文化建设流于表面化、形式化?怎样克服组织文化建设的阻力?关键在于领导者按照心理学的规律,采取相应的措施,扎扎实实地在组织内部创造愉悦适宜的心理环境,使全体员工在感染熏陶中形成共识。

1. 运用心理定势

人的心理活动具有定势规律,即前一个较强烈的心理活动,对随后进行的活动的反应内容及反应趋势有一定影响,这在对新员工、新干部的培训上作用十分突出。培训要提高员工的业务能力,更主要的是要系统详细地介绍组织的经营哲学、战略目标、价值观念、行为准则、道德规范及优良传统,通过讨论、总结、实习加深理解,深入人心。这样,从成为新员、新干部的第一天起,他们就形成了与组织文化相协调的心理定势,对其今后的行为发挥着指导作用。

2. 重视心理强化

心理强化是指通过一定的肯定或否定(奖励或惩罚)手段,使某种心理变得更加牢固、某种行为得到重复或制止的过程。使人的行为重复发生的手段称为正强化,制止的手段称为负强化。这种心理机制运用到组织文化建设上,就是及时表扬或奖励与组织文化一致的思想和行为,反之则及时批评或惩罚,使组织精神变成可见、可感、现实性的因素。

3. 利用从众心理

从众是在群体影响下放弃个人意见而与大家保持行为一致的社会心理行为,是实际存在或想象存在的群体压力,它不同于行政压力,不具有直接的强制性或威胁性。在组织文化建设中,组织领导者应主动利用从众心理,运用一切舆论工具,大力宣传组织文化,同时发挥英雄模范人物的示范带头作用,形成潮流和声势,促成全体员工行动一致。一旦形成这个局面,对后进员工就构成一种群体压力,促使他们改变初衷,与大多数员工一致起来,这就实现组织文化建设所需要的舆论与行动的良性循环。对组织中局部存在的不正之风、不正确的舆论,应采取措施,教育员工分清是非,防止消极从众行为的发生。

4. 培养认同心理

认同是指个体将自己和另一个对象引为同类,从而产生彼此密不可分的整性感觉,分为初步的认知认同、较深入的情绪认同和完全的行动认同3个层次。应培养个体对其他群体、组织认同,使之与这些对象融为一体,休戚与共。这里的首要任务,是组织负责人要取得全体员工的认同。员工对组织主要负责人的认同感一旦产生,就会心甘情愿地把他所倡导的价值观念、行为规范,当做自己内在的要求,从而形成目标组织文化。还应着重培养员工对组织的认同感,应在充分尊重员工的人格和权益的基础上,尽量使组织目标与个人目标协调一致,使员工深刻认识到这种利益上的共同性。对组织认同感的最高表现形式,是对组织的自豪感。对组织充满自豪感的员工,必定热爱组织,站在组织发展的角度思考和行事,自觉维护组织的好传统、好作风。为了培养这些积极的感情,一些企业开展撰写厂史、设计厂标、设置口号标语、创作厂歌、制作厂徽、厂服、厂旗等活动。当然,更重要的是把企业的名牌产品、良好的社会形象,及时反馈给全体员工,激发集体荣誉感。

5. 激发模仿心理

模仿指个人受到社会刺激后引起的一种按照别人相似方式行动的人际互动现象,其前提和根据是榜样的力量。组织中的模范、英雄人物,是组织文化的人格化代表,员工对他们由钦佩、爱戴到模仿,也就是对组织文化的认同和实践的过程。身教胜于言传,组织负责人作为组织文化的倡导者,一言一行都起着暗示和榜样的作用,应该成为组织的模范人物、英雄人物。同时,还要通过大力表彰先进模范,使他们的先进事迹及其体现的组织精神深入人心,在全体员工中激发起模仿心理,掀起学先进、赶先进的热潮,这也是组织文化建设的有效途径。

6. 化解挫折心理。

在组织的各项活动中,上级与下级之间、同事之间总会发生一些矛盾和冲突,员工总会在工作和生活中遇到各种困难和挫折,这时,他们就会产生挫折心理。这种消极的心理状态不利于优良组织文化的形成,如何化解员工出现的挫折心理,也是组织文化建设中应该给予注意的问题。

第三节 跨文化组织行为

一、跨文化研究的起因

(一)跨国经济是历史的必然

21世纪以来,在世界范围内出现和形成了一股无比强劲的跨国化经济"旋风":生产要素的跨国组合,生产经营的跨国合作,经济关系的跨国联网,市场开拓的跨国战略。跨国经济又极大地促进了我国改革开放事业的发展,我国企业界双向渗透的趋势日益加强:一方面外国企业尤其是大型跨国公司,以合资和其他形式大量进入我国;另一方面,我国企业也纷纷跨过国界,走向世界。这是符合世界经济发展大潮流的,不可逆转也无法阻挡的趋势。

(二)世界各种贸易集团的出现

贸易集团是指在贸易关系、关税和总的经济联系上达到一致的国家和地区组成的贸易体。通常,集团内的成员国和地区之间打破关税壁垒或使贸易条例规则化,这样,一方面可强化集团内经济,另一方面可对集团外的国家提高关税,增加贸易限制来保护集团内国家和地区免受外来竞争。比如,目前最典型的贸易集团是欧洲共同体,已由经济一体化走向货币一体化;北美自由贸易区(美国、加拿大和墨西哥);环太平洋经济区(日本、朝鲜、中国内地、中国台湾,以及新加坡和印度支那半岛的国家和地区);南方市场(阿根廷、巴西、巴拉圭和乌拉圭)。还有逐渐形成的新东欧自由市场。自由贸易集团的出现进一步促进了世界各国和地区之间发展的相互依赖性以及潜在的商品、劳动力和资金在各国之间的周转。

(三)跨国企业发展迅速

跨国公司指同时在两个或两个以上国家和地区从事经营活动的公司。在世界500强企业中大部分都是跨国公司。跨国公司在世界范围内开发全球战略,而不是将自己局限在本国区域内。它们审视整个世界以获得竞争的有利条件,使企业将生产部门、装配线、销售部门以及其他职能部门分布到世界各地,从市场上给企业带来有利条件。比如,一台摄影复制设备可以在多伦多设计,在我国台湾省制造其微处理集成电路芯片,在日本生产机器外壳,在韩国进行组装,然后销往世界各地。企业的多国化,产品形成的多国化正成为现实,中国的企业家将面临一场新的挑战,即在跨文化背景下对不同层面的多样化的员工如何进行有效的管理。在企业的宏观层面上,管理者要处理好外界的客户、竞争者、合作者、供应商等业务往来者及企业内合伙者的关系,而他们可能来自不同的文化背景;在微观层面,则要处理好具有多元化的上级、下级和同事关系,不同文化背景下的人构成了跨文化的环境。

跨国公司不可避免地要面对不同民族文化之间的相互差异乃至冲突问题,这往往是其经营管理的重点问题以及难点问题。跨国公司的组织文化与其他类型组织的文化相比,其最大的特点就是该种组织是处在两种大的文化体系的交界上,它作为一个多元文化的复合体,必然会面临来自不同文化体系的文化域的摩擦与碰撞,处在不同文化交汇与撞击的区域内。在这个区域中,不同的文化环境,还有不同的经济条件、社会和政治背景等因素,必会形成较大的文化差异。由于文化的演变是一种漫长的过程,这种文化差异对组织来讲,在一段时间内是不会消灭的,并可在一段时间内保持稳定。文化差异的客观存在,势必会在组织中造成文化之间的冲突,并使组织经理人员与员工在心理上形成"文化休克"的反应,这会给组织的管理经营活动带来十分重要的影响。因此在跨国公司中,组织文化及其相关问题,如文化冲突、文化变革、跨文化管理沟通等,往往要受到较其他企业更高的重视。

二、文化冲突类型

一般说来,跨国经营企业中的文化冲突往往表现在以下几个方面。

(一)由表达方式差异引起的文化冲突

中外合资企业中最常见和最公开的文化冲突是显性文化的冲突,即来自于行为者双方象征符号系统之间的冲突,也就是通常所说的表达方式(语言、神态、手势、举止等)所含的意义不同而引起的冲突。例如,美国学者约翰·格雷厄姆对于日美商业谈判中所出现的文化差异问题所做的研究显示,美国商人通常所认为的日本商人不守信用的问题,事实上只是由于在日本人的文化中,说"不"是很不礼貌的事情,因此他们即使对于内心并不赞同的事物,往往也不会说"不",反而表示同意。但是在更为直率的美国人看来,这种同意的表示便应当是真正意义上地同意了,甚至具有一种承诺的性质。因此,当日本商人并没有遵循这一"承诺"时,被美国商人视为不守信用也就不足为奇了。类似这样的文化差异,由于其所产生的根源都是一些可以识别并描述的事物,因此通过适当的沟通和学习,是完全可以消除或者避免的,其对于组织的危害,也是由于处在不同的法律环境和社会环境,不同国家的企业在其经营中所使用的制度往往存在很大差异。在这方面,国际惯例虽然可以起到一定的调和作用,但是对于任何一个需要跨文化管理的企业来说,确定一套双方都满意的经营管理制度,却都并非易事。

西方企业一般是在法律环境比较严格和完善的条件下开展经营与管理,自然会用法律条文作为自己言行举止的依据;而中国企业往往以经常变动的条文、指令、文件作为企业成员的办事章程和决策依据。由于双方行为的标准和依据不同,冲突在所难免。这些文化差异看似是由制度决定的,事实上它是与更深层次的文化冲突相关的,要解决这些制度上的文化冲突,事实上最好的办法就是从更深的层次着手。例如,从变革管理理念和管理哲学开始。

(二)由制度差异引起的文化冲突

文化对管理者的管理行为的影响,几乎可以涵盖管理活动的各个方面。相应的,由不同的经营、管理方法和理念所造成的文化冲突,也是跨国经营企业中文化冲突影响极为深远的一个方面。在实际的情况中,这往往体现为投资合作伙伴公司"组织文化"的风格差异。这种风格差异会造成具体问题处理上的意见分歧,从而直接给企业的正常经营管理造成障碍。相比之下,这种文化冲突对于企业的影响最为直观和显著。从管理方法来看,西方企业强调正规化、规范化的管理,从决策到运营的各个方面都依据制度进行程序化管理。但是中国企业管理者比较注重人伦,习惯于以领导的意图和上级文件为开展工作的依据和指南,造成管理工作中的不协调和冲突。从经营理念来看,西方企业的经营思想侧重长期战略,当企业效益好时,考虑追加投资,并对现有产品改进,积极开发新产品。这种经营战略观念不仅体现在生产方面,而且体现在员工培训方面,重视人力资本投资,不断对员工进行技术培训。而我国的企业比较重视短期行为,当企业效益好时,首先考虑的是提高分配水平,对员工的培训也不太重视,存在着重物质资本投资、轻人力资本投资的观念,有的还把员工培训视作福利和奖励。

(三)由管理方法和经营理念所致的文化冲突

中外合资企业的文化差异和冲突最集中地反映在个人价值观上。对于管理者来说,中国企业"官本位"意识根深蒂固,董事长、厂长、经理都是上级委派,大多缺乏"职业化"的思想准备,往往把"从政"、"做官"作为奋斗目标,有的甚至把厂长、经理作为升官的中转站,因此在经营中求稳怕变、不愿冒险,唯恐失败而丢"乌纱帽"。这种"官本位"思想会与外方经营者的职业经理意识、市场意识、风险意识、竞争意识发生直接冲突。对于普通员工,价值观的差异和冲突主要体现在工作态度和生活观念上。西方员工普遍信奉拼命干活、拼命享受的价值观;而我国长期以来实行平均主义的分配方式,缺乏报酬与绩效挂钩的激励机制,使职工形成了干多干少一个样的观念,表现为缺乏主动性、懒散等。

事实上,作为企业文化内核的价值观,在此层面上所发生的文化冲突是其他层面文化冲突的根本原因,而价值观,恰恰又是文化的所有层面中最难于变革的部分。因为它主要与民族文化或者也可以说是由国别文化所确定下来的,它不仅是一个组织的文化内核,也是一个人的全部思维和行动方式的内核。想要进行价值观的变革,可以说是极为困难的,有时甚至几乎是不可能的。但这又是面临文化危机的企业所必须要面对的,因为这往往是识别以及解决文化冲突的实质内容。另一方面,在所有的文化差异和文化冲突中,价值观上的差异和冲突对于企业的影响或许不是非常直观,但是它所造成的后果往往非常严重并且难于消除。如果跨国公司中的一位经理自认为自己的文化价值体系优越,坚持以自我为中心的管理观对待与自己不同文化价值体系的员工,必然会导致管理失败,遭到抵制,甚至给企业的发展造成致命的影响,这类情况在中国的外资企业中也时有发生。

以上跨国公司中的文化冲突种类是从其发生作用的方式和形式来看的,事实上,如果从产生的根源来看,跨国公司中的文化差异主要是在民族文化差异、组织文化差异和个体文化差异这三个层面上展开的。其中民族文化的差异是另外两种文化差异的根源所在,组织文化的差异和个体文化的差异不过是在此基础上更为复杂的演变。这仍然体现了价值观差异对于其他层面的文化差异的影响。因为民族文化差异的内核就是价值观的差异,而组织文化和个体文化的差异则不过是其在经营管理理念和行为模式上的具体体现。

三、霍夫斯泰德跨文化管理模型

G·霍夫斯泰德(Gerte·Hofstede)在跨文化管理研究领域做出了开创性的工作,对后来学者从事跨文化管理的研究方法产生了非常深远的影响。他选择了五个重要维度来讨论文化对组织的影响:①权力距离,权力在社会或组织中不平等分配的程度。②不确定性的规避,一个社会考虑自己利益时受到不确定的事件和模棱两可的环境威胁程度,是否通过正式的渠道来避免和控制不确定性。③个人主义与集体主义,社会是关注个人的利益还是关注集体的利益。④男性化与女性化,社会是否对男性特征,例如进攻、武断的赞赏,还是对其他特征的欣赏,以及对男性和女性职能的界定。⑤长期观和短期观。

(一)权力距离

霍夫斯泰德的五个维度考虑的主要是从社会角度来分析文化对组织的影响,他充分考虑了权力、环境以及社会对女性的重视程度,通过权力距离这个维度,判断权力在社会和组织中不平等分配的程度。对这个维度,各个国家由于对权力赋予的意义不完全相同,所以也存在着很大的差异。比如,美国对权力的看法跟阿拉伯国家的看法就存在很大的差异,美国不是很看重权力,他们更注重个人能力的发挥,对权力的追求比阿拉伯国家要逊色不少;阿拉伯国家由于国家体制的关系,注重权力的约束力,由此,阿拉伯国家的机构,不管是政府部门或者企业都多多少少带有权力的色彩。

(二)不确定性的规避

霍夫施泰德认为,人们抵抗未来这种不确定性的途径主要有三种:科技、法律和宗教。人们用科技来抵抗自然界的不确定性,用法律(成文和不成文)来抵抗来自其他社会成员的不确定性,而宗教则被人们用来化解无可抵抗的死亡和来世的不确定性。霍夫施泰德的调查表明,不同民族文化之间在不确定性状态的回避倾向上有很大的不同。有的民族把生活中的未知、不确定性视为大敌,千方百计加以避免,而有的民族则采取坦然接受的态度,"是福不是祸,是祸也躲不过"。一个鼓励其成员战胜和开辟未来的社会文化,可被视为强不确定性回避的文化;反之,那些教育其成员接受风险,学会忍耐,接受不同行为的社会文化,可被视为弱不确定性回避的文化。强不确定性回避国家的人们比较起来更忙碌,常常坐立不安,喜怒形于色,积极活泼,其文化对法律、规章的需要是以情感为基础的。这不利于产生一些根本性的革新想法,但却可以培养人们精细、守时的特质,因而善于将别人的创意付诸实施,使之在现实生活中生效。而弱不确定性回避国家的人们比较起来则显得更沉静些,也更矜持,随遇而安、怠惰、喜静不喜动、懒散一些。人们对于成文法规在感情上是接受不了的,除非绝对必要,社会不会轻易立法,其文化能容忍各种各样的思想和形形色色的主意,因而有利于产生一些根本性的革新想法,但却不善于将这些想法付诸实施。

（三）个人主义和集体主义

在霍夫斯泰德的研究中发现，有的国家社会的个人主义倾向明显，如美国；有的国家社会的集体主义倾向明显，如日本和亚洲大多数国家。我们国家改革开放之前，几乎没有人敢提个人主义，提倡的都是集体主义，组织考虑的是大集体，而不是小集体。美国，他们就几乎没有集体主义这个概念，跟他们说集体主义，可能他们都会一脸茫然。

（四）男性化和女性化

霍夫施泰德把以社会性别角色的分工为基础的"男性化"倾向称之为男性或男子气概所代表的维度，它是指社会中两性的社会性别角色差别清楚，男人应表现得自信、坚强、注重物质成就，女人应表现得谦逊、温柔、关注生活质量；而与此相对立的"女性化"倾向则被其称之为女性或女性气质所代表的文化维度，它是指社会中两性的社会性别角色互相重叠，男人与女人都表现得谦逊、恭顺、关注生活质量。在男性气质突出的国家中，社会竞争意识强烈，成功的尺度就是财富功名，社会鼓励、赞赏工作狂，人们崇尚用一决雌雄的方式来解决组织中的冲突问题，其文化强调公平、竞争，注重工作绩效，信奉的是"人生是短暂的，应当快马加鞭，多出成果"，对生活的看法则是"活着是为了工作"；而在女性气质突出的国家中，生活质量的概念更为人们看中，人们一般乐于采取和解的、谈判的方式去解决组织中的冲突问题，其文化强调平等、团结，人们认为人生中最重要的不是物质上的占有，而是心灵的沟通，信奉的是"人生是短暂的，应当慢慢地、细细地品尝"，对生活的看法则是"工作是为了生活"。

（五）长期观和短期观

霍夫施泰德通过调查，总结出前四个文化价值观维度，后来他通过对中国（主要是内地地区）与西方国家的文化维度进行了比较研究，又归纳总结出了第五个维度——长期观和短期观，即对于事物的思考从更长远的角度考虑问题就是长期观，比如中国人；而从一个相对较短时期思考问题，关注当下，认为现在更重要的价值观是短期观，必然美国人。

四、跨文化组织行为调整

如果你想在全球经济中实施成功的管理，理解具体国家人们的共同特点是很重要的。但由于不同企业不同时期展开的经营活动并不一样，且有关国家文化特点不一致，因而这种调整的内容和调整的程度存在很大的差异。

（一）正确识别文化差异

按美国人类学家爱德华·赫尔（E. Hall）的观点，文化可以分为三个范畴：正式规范、非正式规范和技术规范。正式规范是人的基本价值观，判断是非的标准，它能抵抗来自外部的企图改变它的强制力量。因此，正式规范引起的摩擦往往不易改变。非正式规范是人们的生活习惯和风俗等。因此，引起的文化摩擦可以通过较长时间的文化交流克服。技术规范则可通过技术知识的学习而获得，很容易改变。可见不同规范的文化所造成的文化差异和文化摩擦的程度和类型是不同的。只有首先识别文化差异，才能采取针对性的措施。现在跨国公司的文化冲突，从现象上看，是不同管理模式、不同经营方式上的差异和冲突，而其更深的内涵则是东西方两种文化的撞击和冲突。大致说来，东西方企业管理的差异主要表现在以下几个方面：东方宣扬集体主义，西方崇尚个性张扬；东方讲究人际关系，西方推崇科学思想；东方重伦理，西方尚法制；东方管理意在引导，西方管理旨在防范；东方企业鼓励以厂为家，西方企业则主张工厂只是工作的场所等。东西方企业管理中的种种差异，导致其形成的原因是十分复杂的，但是，东西方不同的思维方式和各自的历史传统，应当说是其管理差异形成的主要文化根源。

(二)针对文化差异,进行跨文化培训

企业兼并的最大目标是利用资源重组的机会来形成更为强大的竞争优势,其正面价值在于获得低成本的生产资源、获得优秀的人力资源。企业兼并的最大难题是人力资源的整合,其成功的基础是组织文化的成功整合。企业在其实施兼并战略以后,势必要面对一定程度上的文化差别,既可能是组织层次的,也可能是行业层次上的差异,基于不同组织文化的人力资源管理方式可能会导致彼此的冲突。为了加强员工对不同文化传统的反应与适应能力,促进不同文化背景的员工之间的沟通和理解,必须进行跨文化培训,根据环境与企业的战略发展要求,建立起企业强有力的独特文化及共同的经营观,而不是简单地套用企业原有的文化模式。跨文化培训,还应该培养管理阶层的跨文化的领导能力,缩短磨合期,使员工尽早达成对组织文化的共识。

消除文化差异造成的不良影响,发展文化认同,主要通过举办公众交往联谊活动和研讨会、加强文化培训、制定有效的组织文化行为规则以及加强个人之间的友好往来等来完成。在发展文化认同的过程中,我国企业应以学习西方先进管理模式为主,采取积极主动的姿态来进行文化整合,尽可能地吸收其他国家先进管理文化。对此,跨文化培训是一种最基本最有效的手段。通常来讲,跨文化培训的主要内容应包括:

(1)对民族文化及原组织文化的认识和了解。
(2)文化的敏感性、适应性的培训。
(3)语言培训。
(4)跨文化沟通及冲突处理能力的培训。
(5)对西方先进的管理方法及经营理念的培训。

(三)形成共同的价值观,建设融合不同民族文化的组织文化

在企业内部逐步建立起共同的价值观作为文化的重要组成部分,它是一种比较持久的信念,可以确定人的行为模式、交往准则,以及判别是非、好坏、爱憎等的标准。为了跨国企业的存续和发展,在文化共性认识的基础上,根据环境的要求和公司战略的需求建立起公司的共同价值观和强有力的组织文化是十分必要的。不同的文化具有不同的价值观,人们总是对自己国家的文化非常自豪,大多数人总是有意无意地把自己的文化视为正统,而认为外国人的言行举止总是稀奇古怪的。而事实上,这些看似古怪的言行举止和价值观念对该国人民来说是再自然不过的了。因此,我们要尊重和理解不同民族文化,以平等的态度交流。在此基础上,文化的结合点,发挥不同文化的优势,在企业内部逐步建立起统一的价值观。要通过文化的交流和融合,逐渐形成跨文化的、和谐的、具有东道国特色的经营管理模式,逐步建立跨国公司的管理文化,并逐步建立起以公司价值观为核心的组织文化。这样,才能真正减少文化冲突和摩擦,使员工更好地与企业融合,发挥企业的整体效益,使组织更具有生命力和竞争力。为此,进行主动的和有意识的文化变革是非常必要的。

(四)选择合理的国际人力资源管理策略和模式

一般来说,跨国公司人力资源管理有三种可能的模式:一是母国(民族)中心导向;二是多元中心导向;三是全球导向。而人才的本地化战略就能够很好地避免或缓解组织内部的文化冲突,不失为跨国公司的一种理想人力资源管理策略。IBM中国有限公司人力资源部经理徐振芳说:"人才本地化是公司目前的政策和方向,并不是虚伪的假话。"本地化战略除了包括尽可能雇佣本地员工,培养他们对公司的忠诚之外,最重要的是聘用能够胜任的本地经理,这样可以很好地避免文化冲突,顺利开展业务。1996年IBM中国公司在本地一线经理人员不到40个,一年以后已达到80个。

复习思考题：
1. 什么是组织文化？组织文化结构如何？包括哪些内容？
2. 组织文化具有哪些特性？
3. 组织文化受到哪些因素影响？组织文化能发挥什么作用？
4. 组织文化建设的内容是什么？
5. 组织文化建设的心理机制是什么？
6. 企业形象识别系统包括哪些层次？其内容是什么？
7. 跨文化冲突类型有哪些？
8. 如何进行跨文化行为调整？

案例分析：

海尔文化研究

从总的方面来说，海尔的发展历程中也存在着诸多天不时、地不利、人亦不和的不利因素，海尔是如何克服它们的呢？除了其他方面的条件以外，独具一格的文化工程、鲜明的文化管理模式恐怕是最为主要的原因，这也是企业界与理论界为什么长期看好海尔的原因。多年来，海尔在不断探索的过程中，已经形成了具有自身特色、为广大海尔人所一致认同的海尔文化理念。

一、"哲商"张瑞敏与海尔文化

1998 年 3 月 25 日，当张瑞敏以第一个中国企业家的身份登上哈佛 MBA 讲坛时，哈佛大学 L. 佩恩教授十分钦佩地说："……听了你的讲课后，感到你对哲学、尤其是中国传统哲学非常有研究。说真的，我很赞同你的想法，我在教学中也总是试图教会学生一种哲学思想、一种思维方法，而不是一种具体办法。我之所以选中海尔文化作为案例教学，最主要的原因就在这里。我看到了你用哲学的观念改造企业，而且取得了成功"，"你是一流的教授"。

与众多企业家有很大不同的是，张瑞敏认为企业的成败不仅仅取决于市场占有率及利润水准等有形的东西，而更在于是否有着高度一致的内部价值认同和众口一词的外部形象评价。"人心齐，泰山移"。张瑞敏特别推崇老子的思想："天下万物生于有，有生于无"，"道生一，一生二，二生三，三生万物"。当他在美国 GE 考察时，发现 GE 的一个生产 120 万台电冰箱的总厂只有质量工程师而没有质量检查员的时候，受到了极大的冲击，强烈地意识到发挥人的自觉性与创造性的极端重要性，更加坚定了用文化、理念来领导企业的决心与信心。在海尔，"企业文化中心"是一个与"财务中心"、"资产管理中心"等平起平坐的功能机构，它有职有权，独立承担责任，这在国内众多企业中恐怕是凤毛麟角。

张瑞敏所倡导的文化精神，归根结蒂是一种民族的精神、民族的追求。"中国家电第一，世界家电一强"、"海尔的明天——世界 500 强"，这些海尔园中到处可见的标语横幅，折射出的是海尔人的追求与梦想。张瑞敏所倡导的文化精神是很有号召力的，对海尔来说也是非常切合实际的。其结果是海尔上下价值观的趋同。

二、充满忧患意识的海尔文化

（一）海尔的忧患意识最主要的是能不断地走出自我、超越自我

走近海尔，走近海尔人，哪怕是最普遍的装配工人也会告诉你：海尔还很弱小，海尔的路还很长，海尔 1998 年工业销售收入为 20 亿美元，不及世界 500 强最后一名的三分之一。海尔的生存理念是：永远战战兢兢，永远如履薄冰。相应的，每一个职工对自己的工作也有一定正确定位："我们现在唯一害怕的只是我们自己。"可见，忧患意识已经成为海尔文化的一个重要方面。只有每个员工能够不断地自我加压，能够不断地突破自我，企业主体才能

得到更新与拓展。

海尔人认为,目标远大能够克服"小富即安"的心态,激发创新、奋斗的潜能。因此,海尔集团在斥资16亿元完成"海尔工业园"(800亩)的基础上,1998年又耗巨资兴建"海尔信息工业园"(160亩)。海尔的经营领域不断开拓,已涉足通信、电子软件等高科技产品的研制与开发,完成了产品经营到资本经营的重要转变,先后通过资产重组、控股联营、兼并等形式相继盘活亏损总额合计5.6亿元人民币的18个企业,以无形资产盘活有形资产18.2亿元。目前海尔已将目光转向国际市场,酝酿更高层次的资本经营与品牌经营,而海尔的营销网已开始形成海尔品牌的世界版图。他们不停地提出更高的目标,不停地自我加压。

著名的"企业斜坡球体定律"(即"海尔定律")是一个十分形象的不断超越自我的说明。"企业发展的加速度,与企业发展动力之和与阻力之和的差距成正比,与企业的规模成反比",由此海尔导出了著名的OEC管理法(Overall Every Control and Clear),即全面质量管理法。具体地表述就是:"你的基础工作稍微差一点,就会像斜坡上的滚球一样滑下去,而且上不来了。"OEC管理法强调每一天、每件事、每个人都必须全面的、全方位和全过程地否定自我,不断地加以提高。

(二)海尔的忧患意识突出地表现在其品牌意识上

俗话说:"打江山不易,守江山更难。"海尔的品牌观念可以概括为:"名牌"就是"命牌"。海尔人精心保护自己的品牌,不断地增加"海尔"的商标含金量。"海尔·中国造"已不仅仅是一个企业的象征,更是一个民族工业振兴、崛起的标志。海尔人认为,真正的世界名牌不是专家评选出来的,而是市场竞争中创造出来的。海尔人强调市场的最高质量、最佳服务等要求就是自己的名牌标准,而当市场的需求发生变化,就要立即修改自己的标准,没有任何回旋余地。海尔认为:"谁在市场上卖得快、卖得多、卖得贵,谁就是名牌";世界名牌不应只有大的知名度和好的信誉度,更应该从心理上、伦理上、审美观等方面创造人人称颂的美誉度。

三、"案例教学"与海尔文化

西方的工商管理教学,非常推崇"案例"教学法。海尔文化经营的做法,被哈佛MBA选为案例,编入正式教材。海尔总裁张瑞敏应邀前往哈费现身说法,阐述海尔文化的宗旨要义。在海尔的发展历史上,有三大著名"案例",经过海尔上下的广泛讨论,高层造势,基层做实,沉积为海尔文化经典,为海尔文化的进一步完善和发展,为海尔文化向周围的辐射与传播,建立了不可磨灭的功勋。正如张瑞敏所言:"理论是灰色的,运动和发展才是理论发展的基础和土壤。"

(一)砸冰箱与破旧观念,建立全新的质量意识

20世纪80年代海尔创业初期,张瑞敏曾有一次惊人之举:集中76台有缺陷的冰箱,分别写了缺陷所在及责任人姓名,由责任人举锤砸烂。多少人含泪而作,更多人心灵震撼。海尔创业伊始就宣布,没有什么二等品、三等品和等外品,"任何有缺陷的产品都是废品"!此举是在企业负债累累的情况下作出的,76台冰箱价值10多万元,当时在海尔乃天文数字。但海尔高层特别是张瑞敏看得很远:旧的观念、旧的思维方式比什么都可怕,海尔的质量不能靠显性的检测、刚性的控制来保证,它应该成为每一个海尔人观念与思维的重要组成部分,深入海尔人心灵的深处。与此相联系,海尔人进一步提出:"没有思路就没有出路","只有淡季思想,没有淡季产品","用户永远是对的","先卖信誉后卖产品"等市场经济全新理念,由质量意识的建立进一步推衍出企业的市场意识、服务意识,海尔产品实行"国际星级一条龙服务",对用户、对社会"真诚到永远"。

(二)"范萍事件"引发海尔管理观念大转变

1995年7月12日,海尔洗衣机有限公司一则处理决定:质检员范萍由于责任心不强,造成选择开头插头插错和漏检,被罚款50元。海尔高层敏锐地意识到范萍漏检所提示出的哲学命题:偶然当中蕴含着必然。范萍漏检是偶然的,但如果产品质量如美国 GE 产品那样过硬,这种偶然就不会发生。而"必然"是什么呢?答案是:管理漏洞!对于广大职工来说,对企业经营中的你中有我、我中有你、合作共利、连续不断等理念也有了一个既形象又本质的认识。

(三)海尔文化激活"休克鱼",达到企业经营新境界

著名的"海尔兼并原青岛红星电器厂"是海尔文化激活"休克鱼"的经典案例,已被正式编入哈佛大学 MBA 教材。这一案例说明,企业经营上升一个新境界,文化经营使腐朽化为神奇。所谓"休克鱼"就是指:"鱼的肌体没有腐烂,比喻企业的硬件很好;而鱼处于休克状态,比喻企业的思想、观念有问题,导致企业停滞不前。这种企业一旦注入新的管理思想,有一套行之有效的管理办法,很快就能够被激活起来。"海尔进驻红星的首批人员既不是来自财务中心,也不是资产管理中心,而是来自于企业文化中心。海尔后来只派了三个干部去该厂,未投一分钱,三个月扭亏为盈,该厂被改制为海尔洗衣机有限公司,洗衣机产量、质量位居全国首位。

这里,值得一提的是两点:①海尔在选择"休克鱼"时特别注重中国的国情,没有生搬硬套国外兼并收购等资产重组的模式,因而在具体操作时其文化改造的指向性特别明确,使得"休克鱼"苏醒后"观念一变天地宽"。②发挥"吃休克鱼"的连动效应,1995年海尔兼并原青岛红星电器厂以后,海尔人乘势前进,发挥"海尔"系数的增值作用,在深入调研的基础上成功收购了武汉希岛公司、合肥黄山电视机厂等有影响的企业,特别是对后者的零成本收购,百分之百控股,更加凸现了海尔文化的巨大魅力,印证了张瑞敏的"无形重于有形"的文化经营理念。

四、用人机制与海尔文化

管理的最终目的是调动人的积极性,人的问题历来是企业管理的根本问题,同时又是最复杂难解的问题。海尔在这一方面进行了自己卓有成效的探索,特别是结合社会的大环境和企业自身的小环境,从观念的撞击到思想的历练,提出了一系列有新意、可操作的方式方法,最终形成企业内部既竞争又合作的人才激励机制。

(一)海尔的竞争机制从根本上保证了海尔文化的进取性

海尔用人机制的着眼点,在于让员工在日常的生产或管理过程中,能够不断地发掘自身的潜能,有所突破,有所升华。海尔的用人机制着力培养海尔人的竞争意识:①让每个人都有自己的发展空间。尽量提升职工的受尊重感、价值感与成就感,鼓励每个人在自己的岗位上有所发明、有所改进。作用较好的发明与改进以他(她)的名字来命名,如此使得发明创造蔚然成风。现在,海尔平均每天要申报1.8个专利,1.5天出一个新产品。②变"伯乐相马"为"赛场赛马"。海尔人认为:"伯乐"与"行里马"并不必然地互为依存。古今中外,伯乐并不多见,即使有,由于伯乐本身的稀缺,伯乐视野的局限,特别是伯乐主观的偏颇,都可能扼杀"千里马"的命运。因此,海尔人坚持"是骡子是马,拉出来遛遛"。海尔有专门的干部处,它的主要职能是研究竞争规则的制定是否合理,怎样才能列有效地让每一个人都全力拼搏于海尔大赛场,让真正的人才在竞争中显现出来。

(二)海尔的合法机制从基础上确保海尔文化的一致性

"市场唯一不变的法则就是永远在变"。透视那些百年企业,其经营规模、经营品种、服务内容等不知经历了多少次嬗变,唯有企业的经营理念、核心价值观历久不衰,成为企业发展的精神支柱。海尔人很早就意识到这一点,认为文化的建设乃百年大计,非急功近利所能奏效。"资源是会枯竭的,唯文化是生生不息的。"而在培育文化的过程中,合作精神、团

体精神又是核心中的核心,对此,海尔人有自己的独到见解与做法。

海尔独特的产权模式和中国市场经济发展水平不高的现实,决定了它不可能完全像市场经济情况下的企业那样构筑自己的利益格局,但海尔的合作机构却是建立在大家共同认可的利益基础之上的,特别是它充分考虑了中国的个体国情,从宏观与微观两个方面建筑海尔人的利益平台,形成一种良好的合作机制。①从微观方面来说,如前所述,砸冰箱与"范萍事件"推导出每一个人的利益得失都与他人的工作息息相关,一荣俱荣,一损俱损。虽然职工之间有竞争,但那是合作基础上的,因而也就有了OEC管理法;有了"日事日毕,日清日高",对他人负责更是对自己负责。②集团内部实行高度的计划经济,集团外部实行高度的市场经济。集团内部实行计划经济,其突出表现就是构筑"联合舰队"模式,讲究集团内部各有分工,但方向一致,这个方向就是海尔品牌所指向的世界500强目标。而集团外部实行高度的市场经济则指海尔的集团总部、各事业本部、各事业部和生产工厂虽各有侧重,但它们在营销组织体系中又融为一体,"五位一体"的营销模式。如今,海尔的经营领域拓展得更为宽广了,但只要有需要,海尔就能够在极短时间形成一支支突击队,其根据就在于海尔文化中的合作精神已沉淀为文化底蕴。

讨论题:
1. 海尔的企业文化与张瑞敏有什么关系?
2. 海尔企业文化的主要内容有哪些?
3. 海尔文化建立过程中的关键事件有哪些?你如何认识这些事件的发生?
4. 海尔文化给我们哪些启示?

推荐阅读文献:
[1] 刘光明.企业文化.第四版.[M].北京:经济科学出版社,2004.
[2] 石伟.组织文化[M].上海:复旦大学出版社,2004.

第十五章 组织变革与组织发展

本章关键词：

组织变革；组织发展；变革阻力与克服。

第一节 组织变革与发展

一、组织变革与发展的基本动因

今天，越来越多的组织面对的是一个动态的、变化不定的环境，这又反过来要求组织适应这样的环境。组织是一个开放、复杂的系统，这种系统与其多重环境发生着动态的相互影响。多层次、多因素、复杂多变的环境要求组织不断调整和完善自身的功能和结构，提高在变化的环境中求得生存与发展的灵活性、适应性和快速反应能力，即要根据外在环境的变化，不断对组织进行变革。组织变革就是指组织根据外部环境变化和内部情况的变化，及时调整和完善自身结构和功能，以提高其适应环境、求得生存和发展需要的应变能力。组织变革与发展密切相关，组织发展可以看成实现有效组织变革的手段，是一个通过利用行为科学的技术和理论，在组织中进行有计划的变革的过程。组织发展是一个数据收集、诊断、行为规划、干预和评价的系统过程，它致力于增强组织结构、进程、战略、人员和文化之间的一致性；开发新的创造性的组织解决方法，以及发展组织的自我更新能力。这是通过组织员工之间及其与使用行为科学理论、研究和技术的变革推动者之间进行合作来达到的。

要制定科学的组织变革与发展的对策，首先需要对组织变革的基本动因进行分析，这是研究组织变革的起点。

（一）组织变革与发展的外在原因

1. 科学技术进步迅速

科学技术系统是组织变革的一个明显的推动力。由于计算机控制取代了直接监督，使管理者的控制跨度更为广泛，组织结构也更扁平。现代科学技术在以空前的广度和深度影响和改变着社会生产和生活的各个方面，它为组织结构、组织管理层次与幅度、组织运行要素等都带来了巨大的变化。复杂的信息技术也使组织的活动更为迅速，产品技术创新速度越来越快，从研究试制到投入商品市场的周期越来越短，国内外市场新产品层出不穷，产品随时面临老化过时遭淘汰的厄运。不但组织越来越具有适应性，其他的员工也是如此。许多工作正在重新设计，从事狭窄、专业化、常规工作的个体正在被工作团队所取代，团队成员从事多种工作并积极参与群体决策。信息系统的引进有助于组织结构扁平化，中间层次大大减少，部门之间、上层与下层之间沟通更为快捷，沟通方式也大为改变。总之，科学和技术使工作和组织发生了变化。

2. 竞争压力加大

竞争日趋激烈，全球经济意味着竞争者来自国内也来自国外。强调竞争还意味着公司需要保护自己。它一方面必须与开发新产品和服务的传统竞争对手抗争；另一方面又面临着具有创新优势的小企业的挑战。竞争对手越来越强大且难以捉摸,新的进入者不断加入,替代品不断出现,竞争的领域、范围扩大,同行业竞争对手增多,除了国内的竞争者外,海外的竞争者以更高、更精致技术的同类产品低价销售。成功的组织将是那些根据竞争做出相应变革的组织。它们紧跟时代的脚步,能够迅速开发新产品并投放市场。它们以短、平、快的形式进行产品的开发和生产。换句话说,它们是很灵活的。同样,它们也需要灵活且敏捷的劳动力才可能适应急剧变化的环境。所以,组织不变革,就无法应付竞争的压力。

3. 社会发生变化,人的需要不同了,也就是顾客变了

在过去 20 年里,结婚和离婚方面有一个明显的趋向。年轻人的婚姻推迟,为数不少的婚姻以离婚告终。这种社会趋势导致的明显后果是单亲家庭数量不断增加。而单亲家庭对住房的需求也随之上升。如果你在房屋建筑公司工作,这是一个决定房屋大小和布局的重要因素。由此可见,随着科技的发展、生活水平的提高,消费者的需求水平、需求结构、价值观和生活方式、审美观和闲暇时间等都发生了一系列新的变化,组织必须进行变革,增强快速反应能力,及时满足消费者的需要,占领市场。

4. 国家经济变化

政府针对经济形势,出台重大方针、政策,改变宏观调控措施,调整经济结构,通货膨胀的变化以及各项法律法规、税收、政治事件等方面的改变,这些都要求组织做出相应的变革。因此,政府对组织的影响巨大,构成了组织最重要的外部环境之一。

5. 组织活动范围扩大

随着经济全球化和一体化趋势加快,企业联合兼并出现,跨国企业增多。各国公司尤其是综合性大规模企业经营活动范围在扩大,从一国扩展到多国甚至全球,经营活动范围的扩大使得企业面对众多不同的政治经济文化和法律环境,要求企业改变单一的组织模式,适应多国不同的环境。

6. 管理现代化的需要

管理是推动组织变革的重要因素。有人直接把组织变革称为"管理变革"或"改革的管理"。管理现代化要求组织对其行为做出有效的预测和决策,对组织要素和组织运行过程的各个环节进行合理规划,以充分调动职工的积极性,最大限度地发挥本单位人力、物力、财力的作用,取得最佳效益。

(二)组织变革与发展的内在原因

1. 组织目标与职工价值观改变

面对外在环境的变化,几乎每个组织都不得不进行调整,以适应多元化的环境。要么组织既定的目标已经实现或即将实现,需要寻求新的发展、新的目标;要么组织既定目标无法实现,需要及时地转轨变型;要么组织目标在实施过程中与环境不相适应,出现偏差,需要进行及时修正与调整。同时,职工的价值观、对组织的期望和劳动态度的变化都要求组织进行变革。为了吸引和留住以多元化为特点的劳动力队伍,人力资源政策和实践也必须加以变革。另外,许多公司不得不在培训方面大量投资,以提高员工的阅读、数学、计算机及其他技能。

2. 组织结构的改变

现有部门进一步划分或合并,对组织结构的权责体系、部门体系的调整,将引起整个组织系统效率和作用的变化,从而要求调整管理幅度和层次,重组新的部门,协调各部门的工作,改变现有结构设计不合理或不适应新的环境变化的状况,以提高组织的运转效率。

3. 组织内部的矛盾与冲突

由于部门扩大,人员增多,目标不一致,业务量增加,组织内部矛盾增加,人际关系复杂,群体冲突不断,需要调整组织结构,改变沟通方式,缓解矛盾,理顺关系,从而使组织有效运行。

4. 组织职能的转变

组织职能随着现代社会的发展而发展变化。现代社会组织的职能更专业化、社会化，强调职能细化，分工明确化，社会服务职能要求强化，对社会的责任要增强。所有这些要求组织变革原有的权责体系，合理设计管理层次和幅度，建立有效的沟通体系，兼顾社会各方面的利益，提高服务的层次和水平，以求得生存与发展。

5. 员工社会心理的变化

组织成员动机、态度、行为、需求等的改变，对整个组织的发展具有重要意义。组织方针、措施的出台，战略规划的实施，都需要员工的支持与配合，员工的需求层次提高，参与意识、自主意识增强，个性化趋势增强，要求组织改变激励手段，改善工作环境和工作条件，改变工作设计，以适应组织成员的社会心理需要。

二、组织变革的先兆

变革是个人生活和组织生活不可避免的一个特性。那么，对于一个组织来说，出现了哪些征兆、发展到什么程度才预示着必须实施改革呢？国内外的学者从研究中发现，引起组织变革的原因总会通过各种形式表现出来。也就是说，组织变革总有它的先兆和信号。如果一个组织内部出现了下列情况中的一种，那就是组织变革的征兆。

(1) 机构重叠，职能重复，人浮于事，影响组织效率，造成企业生产计划不能如期完成，生产成本过高，产品质量低劣，销售下降。

(2) 权限冲突，协调困难，造成技术革新和新产品上市失败，职工工作绩效下降等。

(3) 组织决策的形成过于缓慢，以致无法把握良好的机会，或者时常作出错误的决策，以致常常坐失良机。

(4) 组织中沟通不良，造成许多严重后果，诸如协调不好，人事纠纷等。

(5) 组织的机能不能得到正常的发挥，人员素质不足以配合组织形式发生的变迁。

(6) 组织缺少创新，在产品发展上没有新观念，在企业机能的执行上没有新方法，致使组织停滞不前，没有新的或较好的方法出现。

我国学者针对我国具体情况，研究总结我国绝大多数的企业组织变革的征兆如下：①组织内部官僚主义盛行，直接影响组织目标的实现；②组织内部涣散，组织成员情绪低落，贪图安逸；③工作效率低，人浮于事严重；④组织内部奖惩不分明，吃"大锅饭"，大部分成员无工作积极性；⑤组织中职能部门存在着较大的失误，如人事部门任人唯亲，财务部门违反财经纪律，生产部门安全问题多、废品多等。这些都说明组织的停滞。

但是，看到了组织变革的需要还不够，还需要辨别需要变革的程度，才能下决心是否要真正进行改革。研究组织是否必须变革，可从两方面着手分析。一方面考察：组织机构是否健全？组织目标是否明确？工作效能是高是低？另一方面，要随着外部环境的变化而进行组织变革。因此应该着重考察：①组织结构是否重叠，职能是否重复？②权限之间是否发生冲突？③信息沟通和控制是否健全？④决策和执行是否延误？

发现了组织需要变革的征兆，就可以确定变革的时机和对策，及时实施变革。

三、组织变革与发展的类型与内容

(一) 组织变革的问题种类

组织的变革与发展是为了改变组织的某些特征，消除组织前面所提到的一些变革的征兆，所以组织变革措施重点要解决问题。组织所要解决的问题有四类：

1. 战略问题

一个组织必须要明确自己想要提供什么样的产品或服务，将要进入的是怎样的一个市场，以及面对的相关环境因素，还须考虑怎样使自己与环境变化的步伐保持一致。在当今日新月异、高度竞争的环境下,这些战略问题是组织面对的最主要的问题。瞄准这些问题的组织发展方法称为战略干预措施,这些是最近才运用到组织发展之中的一些方法,包括综合战略变革、合并和收购、组织战略转移和组织学习等。

2. 技术和组织结构问题

一个组织必须知道怎样把工作分为不同的部分,然后怎样协调这些不同的部分以支持战略导向。它还必须知道怎样提供产品或服务,怎样把人们为同一目标组织起来。处理这些结构性和技术性的问题的组织发展方法称做技术结构相互干预法。它包括有关组织设计的活动、雇员方面的工作以及怎样进行工作设计的问题。

3. 人力资源管理问题

这一问题主要考虑吸引那些有能力的人到组织中来,为设定目标,对他们的业绩和表现进行评价和奖励,并保证他们能提高职业和管理水平。针对这些问题的组织发展技术称做人力资源管理干预。

4. 人际过程问题

这个问题与组织成员之间的关系有关,比如交流、决策、领导和团队活动。针对这些问题的组织发展方法称做人际过程干预,其中包括一些最普通的组织发展技术,如冲突解决和团队建设。

(二)组织变革的内容

由于各种组织的情况不同,客观环境的不断变化,不同组织或同一组织的不同时期的组织变革的内容也不会完全相同。根据组织变革与发展存在的四类问题,组织变革与发展的内容主要有以下五个方面。

1. 以战略转变为重点的组织变革与发展

组织经营战略同组织发展规模、组织在市场上的竞争地位相适应。组织变革涉及的是组织战略性的改革与调整,是关系到全局性、方向性的大问题,通过变革整合组织的各种资源和竞争力量,形成新的竞争优势。如果规模和地位发生了变化,经营战略也要随之改变。明星类企业(市场增长率和相对市场份额都很高的企业)与瘦狗类企业(市场增长率低而相对份额低)、处于市场领导者地位的企业与处于市场挑战者地位的企业,所采取的经营战略与策略都是不一样的。组织必须审时度势,对自身市场进行再定位,适时调整变革自己的发展目标,以适应社会环境的变化与要求。

(1)整合战略变革。人们往往将战略思考和实际运作分割开来,而忽视了计划付诸实施的意义。传统上,高级经理和战略计划人员分析经济趋势,分析竞争者和研究市场。他们讨论这些研究报告,结合公司的优势和劣势,环境的机会与威胁,形成公司战略。当中层管理人员、监督者、雇员通过备忘录、反复宣传、工作责任变化或新的部门目标设定等了解到新的战略时,战略实施就正式开始了。结果,因为战略制定仅限于高层管理人员,几乎很少有人理解改变的需要和具有实现新的战略目标所具有的新行为、新精神和新方法,组织战略不能够有效执行。

因此整合战略变革就是强调高度重视参与。组织战略和组织设计必须被看做一个整体。设计组织计划、获得通过和支持,组织计划的准备和实施都应该被视为一个完整的过程。组织中所有的个人、部门都应该参与到战略分析、计划和实施过程中,设计出一个更加可行的计划,维护组织战略的重点,将重心和资源投入到组织的核心竞争力上,提高组织内部的协调和整合,创造一个高度参与和具有高度责任的组织环境。

(2)跨组织发展是战略变革计划的一种形式,旨在帮助组织与其他组织发展共同战略或合作战略。许多组织结合在一起完成共同目标。具体方式可以包括许可协议、战略联盟、公共私人合作伙伴关系等。

（3）合并和兼并是两个组织的结合。主要因为组织战略选择发生变化，进入全球市场、技术和其他资源、实现经营效率、提高创新能力和资源共享等方面的计划。但是这种方式变革存在很多困难，失败的案例也很多，其原因是多方面的，主要有缺乏全面仔细的评估、对结果的过高期望、收购费用太高、遭遇企业文化的冲突等。

2. 以组织结构为重点的变革与发展

当组织的结构影响组织发展时，就要着重组织结构的变革。组织结构变革，一般包括变动组织的部门或单位、改变职位及其职责范围、各部门之间关系的协调、调整管理幅度和管理层次以及向下授权等。就一般来说，以组织结构为重点的变革的主要内容有：

（1）按新的决策需要，确定权力分散与集中的程度。

（2）在考察组织内信息流的基础上，修订管理机构、各个职能部门之间的相互联系模式，精简和健全管理机构、调整管理层次的数量和减少部门多余人员。

（3）修订规章制度和各岗位职务说明书，使其更加明确。

3. 以工作和任务为重点的变革与发展

以工作任务为中心的变革，一般是指由于工作任务单调乏味或工作流程、劳动时间等安排不合理，影响职工的积极性而进行的以工作任务为中心的变革。主要是对各部门、各层次工作任务重新组合，改革工作流程、劳动时间，更新组织中的生产设备，采用新工艺、新方法，进行技术革新挖潜等，统称为工作重新设计。即通过工作本身的变革，提高职工的工作兴趣，从而提高工作绩效。主要有以下内容和方法：

（1）工作范围扩大化和工作内容丰富化。所谓工作扩大化，是指让一个职工承担较多的工作或周期更长的工作，体验工作的乐趣。工作丰富化，是指使工作内容多样化，参与工作的全过程，使职工体验到工作的完整性和挑战性。工作扩大化和丰富化是使职工的工作尽可能向纵向、横向扩展，以消除分工过细带来的单调乏味、枯燥沉闷的气氛，提高职工的工作兴趣。

（2）建立自治的工作群体。是让生产班组安排自己的工作计划，自己控制和调节工作进度和安排任务。这样可以增强责任感，密切人际关系，提高工作的兴趣。

（3）工作轮换。职工从事某种类型工作一定时间后，和其他类似的工作进行轮换。目的在于提高职工对工作的兴趣。

（4）组织镜像法。这是当某组织在对外关系上发生了障碍和问题时采取的一种变革方法。这种方法是从若干有关群体的代表那里获得对本组织的印象和意见。

4. 人力资源管理变革

当组织中的职工素质跟不上形势发展的需要，个人和群体的态度、行为等方面阻碍组织的发展时，组织变革就需要以人为重点进行变革与发展。重要是要改变个体的观念与态度。改变职工个体的观念与态度主要是满足成员的各种合理需要、加强信息沟通、发动职工参与管理等，即提高职工的工作生活质量。同时，注意采取适当的领导方式。改革的具体内容主要有以下几项：

（1）职工合理的薪金、福利收入，特别是同他们工作中付出的努力和取得的绩效相比较，认为是可以接受的报酬。

（2）安全和有益于健康的环境。创造职工在履行职责时的安全、方便的工作条件和有益于职工健康的舒适的工作环境。

（3）发展人的能力。实施职务专业化和分化的同时，要充分考虑发挥和发展职工的知识和技能。工作设计要力图有利于保持和扩大职工的技能和知识，发掘人的潜能。

（4）参与各层次的决策。创造条件使职工能参与各层次的决策或参与解决问题的活动。

第十五章 组织变革与组织发展

5. 人际过程问题的变革干预

组织成员之间的关系协调,解决人际冲突,建设高效工作团队。

(1)过程咨询法。是通过外部的专家、顾问等帮助诊断和解决组织面临的问题。过程咨询法可以帮助组织解决面临的重要人际关系问题或群体关系问题。但一般需要时间较长,费用较多。我国经常采用的方法是上级组织派调查组或工作组,帮助下级组织解决一些实际问题。

(2)行为矫正。就是强化人们符合组织要求的行为,矫正那些不符合要求的行为。这就需要在职工行为过程中始终跟随着强化措施,强化要及时。美国的埃默里公司的经理们都经过这种教育,公司为经理们准备的工作手册中,指出了给予职工的150种不同的强化物,包括微笑、点头,乃至特殊的赞扬和奖赏。有些组织采用放录像模拟行为的方法,让职工知道哪些是符合组织要求的行为,哪些是不合要求的行为。当然,也可以通过其他教育形式矫正人的行为。

(3)角色分析技术。这是丹伊尔(L. S. Dayal)和托马斯(J. M. Thomas)等人提出的,用来明确组织中角色的责任和期望以提高组织效率的一种技术。它特别适用于新组织和那些成员职责不清、个人行为不符合组织要求的组织。

(4)班组讨论会。是指在班组讨论会上对工作进行开诚布公的讨论,提意见、谈想法,每个人都可以得到反馈信息。通过这种讨论,能联系实际,明确自身的角色职责、行为要求,弄清集体和组织对他的角色期待,可以增强责任感,更好地完成本职工作。我国企业或其他组织中采取这种方法的比较多。

第二节 组织变革的阻力与克服

一、变革的阻力以及来源

任何组织的变革都要依赖于绝大多数组织成员的支持、理解、参与和积极配合。组织的领导者必须清醒地认识到影响大多数人对组织变革态度的因素,尽可能地对这些因素加以控制,把变革的阻力降到最低限度。

在个体和组织行为方面的研究所得到的发现之一是组织和成员抵制变革。从某种意义上说,这是积极的。它使行为具有一定的稳定性和可预见性。如果没有什么阻力的话,组织行为会变得混乱而随意。变革的阻力还可以成为功能正常的冲突源。例如,对组织重组计划或生产线改进方案的抵制会激发对这些变革观点优缺点的有益讨论,并因而会得到更完善的决策。但变革的阻力也有显而易见的缺点,它阻碍了适应和进步。

一般来说,组织成员理解变革的目的与意义,对变革是持支持和欢迎态度的,因为人们都希望通过变革使组织能够更好地适应变革的环境,进一步提高效率,增加利润水平,同时使个人收入水平得到增长。变革意味着打破旧的僵化的管理体制,增强组织的活力,意味着打破平均主义,鼓励多劳多得。但是,由于变革的长期性、艰巨性和复杂性,人们往往习惯于旧有的组织模式,而对变革所带来的旧有规章制度被打破、多年的传统和习惯被废止、原有的行为规范不适用,感到不适应、不习惯,从而在心理和行为上产生抵制,这就形成了变革的阻力。

变革阻力不一定以统一的方式表现出来,阻力可以是公开的、潜在的、直接的或延后的。公开和直接的阻力最容易处理。当提议实施变革时,组织成员会很快做出反应,他们怨声载道,消极怠工,并声称要进行罢工或做出其他类似举动。处理潜在或延后的变革阻力会面临更大挑战。潜在的阻力十分微妙——它可能会降低对组织的忠诚感,丧失工作积极性,增加错误率,因"病"请假使缺勤率上升,因此也更难识别。

同样,延后的反应使阻力源和对阻力的反应之间的联系比较模糊。一项变革刚开始出现时可能只会产生很小的反应,但在几个星期、几个月甚至数年后,阻力就暴露出来了。一项单独的变革本身可能刚开始时产生的影响很小,但后来却可能会成为"最终导致失败的致命因素"。对变革的反应可能积累起来,然后以看起来和原先对变革的反应完全不相称的行为爆发出来。然而,变革的阻力常常是延后的或储备性的,它所表现出来的是对以往变革的累积反应。

为了便于分析,我们将其分为个体的阻力源和组织的阻力源两个方面。实际上,二者常常是重叠的。

(一)个体方面影响变革的主要因素(见图15.1)

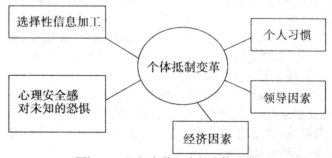

图15.1 组织变革阻力的个体因素

(1)心理因素。人们对自己所长期从事的工作总是熟悉的、感到稳定的,这在心理上是一种安全感和心理平衡。而一旦遇到变革,这种心理上的平衡与安全感就会丧失,从而产生一种茫然无助的心理恐慌,这种心理恐慌往往导致对变革的抵制。还有一些人担心变革会影响自己在组织中的地位,有的人担心变革会破坏原有的人际关系的协调,为了维持原有的关系,人们从感情上产生一种对变革的抵制。

(2)个人习惯。人类是有习惯的动物,生活很复杂,我们每天必须做出数百种决策,但不必对这些决策的所有备选方案一一考察。为了应付这种复杂性,我们往往依赖于习惯化或模式化的反应。但是当你面对变革时,以惯常方做出反应的趋向会成为阻力源。所以有一些人担心变革会改变人们熟悉的工作环境、工作方式、职业习惯,会造成心理不适应,因而产生不快和抵触情绪。

(3)选择性信息加工。个体通过知觉塑造自己的认知世界。这个世界一旦形成就很难改变。为了保持知觉的完整性,个体有意对信息进行选择性加工,他们只听自己想听的,而忽视那些对自己已建构起来的世界形成挑战的信息。再看看那些面临着引进全面质量管理的生产工人吧,他们可能充耳不闻上司关于统计知识的必要性和变革会带给他们潜在收益的解释。

(4)经济因素。这是决定人们对变革持何种态度的关键。人们担心变革会降低个人收入,损害自身利益。比如,担心技术变革后会使自己不适应新的工作,成为多余的人而被解雇,担心变革后工作时间的减少会使自己收入减少,担心职务和工作的改变会使自己的薪水下降,担心生产效率提高后工作变得更紧张辛苦,闲暇时间减少等。如果人们担心自己不能适应新的工作或新的工作规范,尤其是当报酬和生产率息息相关时,工作任务或工作规范的改变会引起经济恐慌。这些在经济利益得失问题上的担心成为人们抵制变革的又一主要原因。

(5)领导因素。组织中的员工同样不喜欢不确定性,变革意味着对旧有秩序的破坏,变革的过程与结果存在诸多不确定因素,因而领导者对变革要承担一定的风险,领导者和组织成员担心一旦变革失败,会危及自身地位和既得利益,因而大多对变革有一种畏惧心理和求稳怕乱的倾向。如果全面质量管理的引进意味着生产工人不得不学习统计过程控制技术的话,一些人会担心他们不能胜任。因此,如果要求他们使用统计技术,他们会对全面质量管理产生消极态度或者产生功能失调的冲突。

(二)从组织方面影响变革的主要因素

组织就其本质来说是保守的,它们积极地抵制变革。这种现象随处可见,比如政府机构想继续从事它们干了数年的工作,不论它们的服务是否仍被需要。具体而言有如下图所示几个因素。

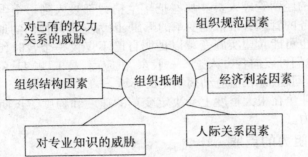

图 15.2 组织变革阻力的组织抵制因素

(1)组织结构因素。组织变革会打破原有的各层次权力与责任的界限,调整不同层次的管理机构,因而会触及旧有各层次管理机构的利益和权力,组织中控制一定数量资源的群体常常视变革为威胁。它们倾向于对事情的原本状态感到满意。对已有的资源分配的威胁变革是否意味着它们的预算减少或人员减少呢?那些最能从现有资源分配中获利的群体常常会对可能影响未来资源分配的变革感到忧虑,因此遭致这些群体的抵制。

(2)组织规范因素。组织规范一旦制定出来,就有一种惯性,在较长时间内约束和规范人的行为。组织变革会改变旧有的行为规范和原有的组织目标,而旧有的行为规范的影响力在没有消退之前对新的组织规范和组织目标就会形成一种抵制。例如,甄选过程系统地选择一定的员工流入,一定的员工流出。培训其他社会化技术强化了具体角色的要求和技能。而组织的规范化提供了工作说明书、规章制度和员工遵从的程序。经过挑选符合要求的员工才会进入组织,此后,组织又会以某种方式塑造和引导他们的行为。当组织面临变革时,组织规范就充当起维持稳定的反作用力。

(3)经济利益因素。组织变革意味着废除旧有的、过时的东西,建立新的制度和秩序,而所有这些都是需要成本的,需要投入人力、物力和财力。当人们对这种投入的预期效果感到不确定和存在顾虑时,组织变革的动力就减弱。

(4)人际关系因素。变革意味着打破旧有的人际关系,重新调整组织成员之间的关系。这种新旧关系的交替、新关系的确立需要一个较长的过程。在旧有关系仍在起作用、而新的关系尚未建立时,组织成员之间的关系可能会变得紧张,从而引起一些人对变革的不满。

(5)对专业知识的威胁。组织中的变革可能会威胁到专业群体的专业技术知识。20世纪 80 年代初,分散化个人计算机的引进就是一个例子。这种计算机可以使管理者直接从公司的主要部门中获得信息,但它却遭到许多信息系统部门的反对。因为分散化的计算机终端的使用对集中化的信息系统部门所掌握的专门技术构成了威胁。

(6)对已有权力关系的威胁。任何决策权力的重新分配都会威胁到组织长期以来已有的权力关系。在组织中引入参与决策或自我管理的工作团队的变革,就常常被基层主管和中层管理人员视为一种威胁。

3. 变革中的政治活动

在变革阻力的讨论中不包括变革政治的论述就是不全面的。因为变革无疑是对现实状况的改变，因此它为组织中的政治活动提供机会。

内部变革推动者往往都在组织中位居要职，会在变革中失去很多利益。实际上，他们通过开发有利于组织的技术和行为模式才升迁到这个权力位置上。但变革会威胁到这些技术和行为模式。如果这些技术和行为模式不再为组织所重视又会怎样呢？这就为组织中的其他人提供了获得权力的机会，这种机会又是以变革推动者的牺牲为代价的。

变革中的政治活动更意味变革的推动力有可能来自于组织中的新来者或是那些不处于主要权力结构中的经营管理人员。那些把毕生精力都投入到一个组织中并最终在管理层中获得了高级职务的管理者常常是变革的障碍，因为变革对他们的地位和职务造成了真正的威胁。但他们也可能希望实施变革以证明自己不仅仅是个暂时代理人。通过扮演变革推动者的角色，他们可以向各方人士——股东、供应商、员工、顾客，象征性地传递如下信息：他们完全控制了问题，并在适应动荡不定的环境。

组织内的权力斗争在很大程度上会决定变革的速度和程度。长期任职的经营管理人员会成为变革的阻力。

二、组织变革阻力的克服

归纳国内外研究与实验的结果，克服对变革抵制的方法主要包括几方面：

（一）员工参与

个体很难抵制他们自己参与作出的变革决定。在变革决策之前，应把持反对意见的人吸引到决策过程中来。如果参与者具有一定的专业知识，能为决策作出有意义的贡献，那么他们的参与就可以减少阻力，获得承诺，并提高变革决策的质量。但是，这种策略也有不足之处：即可能带来劣等的决策，并浪费了很多时间。在组织变革中要吸引和鼓励成员积极参与变革计划制定和实施过程。

（二）沟通

通过与员工进行沟通，要让大多数成员了解变革的原因、目标和进程安排，相信和尊重大多数成员，加强信息沟通，协调上下级关系，把变革者的意愿变成全体员工的信念，会使变革的阻力减少，从而形成变革的强大推动力。这种策略的基本假设是，产生阻力的原因在于信息失真或沟通不良。如果员工了解了全部事实并消除了所有误解的话，阻力就会自然消失。沟通可以通过个别交谈、小组讨论、备忘录或报告来实现。这种策略能否奏效？当变革的阻力确实来自于沟通不良，并且劳资关系以相互信任为特征时，它是会有效的。如果这些条件不具备，它就不可能成功。

（三）有计划分步骤实施

变革是个渐进的过程，人们对新事物的认识和接受也有一个过程，不可能一蹴而就，要分步骤、有计划、有组织地进行。

（四）利用群体动力

个体的行为要受到群体的影响和制约，群体的目标、感情、态度、规范、价值观念和行为准则深刻影响个体的行为方式。因此，要大力培养组织归属感，提高群体的凝聚力，明确变革目标，统一思想认识，从而得到组织成员的积极支持与配合。

（五）领导重视，促进与支持

领导支持是变革顺利实施的保证，要努力创造"领导气候"，使上层领导支持变革。变革推动者可以通过提供一系列支持性措施来减少阻力。当员工十分恐惧和忧虑时,给员工提供心理咨询和治疗、新技术培训或短期的带薪休假都有利于他们的调整。这个策略的不足之处是费时,另外,实施起来花费较大,并且没有成功的把握。

（六）力场分析法

这是勒温提出的一种克服变革阻力的方法。所谓力场分析法,就是把对变革的两种态度、两种力量(即支持的和反对的)运用对称图示方法排队,分析比较强弱,然后采取措施。通过增强支持因素和削弱反对因素的办法,推行变革。这种方法已被管理部门成功地运用于管理和组织变革之中。

（七）强制

最后一项策略是强制,即直接对抵制者实施威胁和压力。如果员工不同意削减工资,而企业管理者真的下决心要关闭工厂时,那么这种变革策略就会具有强制色彩。其他例子还有,威胁调职、不予提拔、消极的绩效评估和提供不友善的推荐信等。强制的优缺点与操纵和收买相似。

三、组织变革模式与方法

（一）勒温的三阶段组织变革模型

库克·勒温(Kurt Lewin)认为成功的组织变革应该遵循以下三个步骤:解冻现状,变革到新状态,重新冻结新变革使之持久,见图15.3。

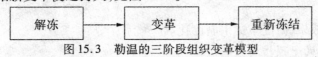

图15.3　勒温的三阶段组织变革模型

勒温认为组织变革应包括三个阶段:解冻、变革、再冻结。他特别重视组织变革过程中人的心理机制。这三个阶段就是他针对职工的心理态度和行为提出来的。

1．解冻

这一阶段中,要激发要求变革的动机,首先使职工们认识到照老办法下去不能达到希望的结果。此外,还要创造一种心理上的安全感。现状可以视为一种平衡状态。要打破这种平衡状态,必须要克服个体阻力和群体的从众压力,因此解冻是必要的。解冻可以通过以下三种方式之一来实现:①推动力,指引导行为脱离现状的力量;②约束力,指阻碍偏离现有平衡状态活动的力量;③以上两种方法的结合。

2．变革

这一阶段要指明改变的方向,实施变革,使职工形成新的态度和行为,认同与内在化在变革期起很大作用。认同是成员模仿环境中的新的行为模式,逐步学会新的行为;内在化是在"非以新行为就不会成功"的情况下产生的。综合运用认同与内在化的作用,能加速变革的进程。

3．重新冻结

这一阶段是利用必要的强化方法使新的态度和行为方式固定下来,使之持久化。一旦变革实现以后,如果想使变革真正成功,对变革成果进行"再冻结",使其长久存在下去。如果不执行这最后一步,那么变革在很短时间内就会恢复到原来的状态。

再冻结的目的就是通过平衡的持久的力量替代暂时的力量。例如,长久性地将薪水上调或减少工作时间以加强员工对组织的信任和忠诚度。为了强化新的均衡,还需要依靠一些正式的机制,对一些正式的规则和制度加以修正,假以时日,工作群体自然会形成新的规范来保持这种新的均衡。

(二)组织变革具体过程(见图15.4)

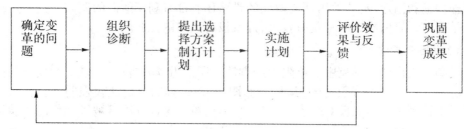

图15.4　组织变革流程图

(1)研究组织的内外环境,确认变革的需要。

(2)认识问题,找出差距;变革推动者在活动研究中通常是外部顾问,他们从组织成员那里收集变革需要方面的信息。这种诊断与医生了解病人到底得了什么病相似。在活动研究中,变革推动者提出问题,与员工面谈。考察记录并倾听员工所关注的问题。

(3)提出变革行动方案,随后要对诊断阶段所收集的信息进行分析。员工认为哪些过程是关键的？这些问题以什么形式出现？变革推动者把这些信息综合成这几个方面:主要关心的问题,问题的范围和可能采取的行动,让员工共同参与发现的问题。在变革推动者的帮助下,制定选择出有关变革的行动计划。

(4)实行变革。现在就是"行动"阶段了,具体行动来改进所发现的问题。

(5)评定变革的效果,实行反馈;变革推动者评估行动计划的效果,并对组织领导者以及员工做出反馈。

(6)巩固变革成果,使变革成果制度化。

(三)组织变革的干预措施

目标管理、敏感性训练、职工事业发展计划的辅导、组织行为改造、调查反馈、过程咨询、团队建设以及学习型组织。

1.目标管理

目标管理是一种新的管理方式,也是组织变革和发展中的一项措施。目标管理是将工作任务目标化,充分发挥职工的主动性和创造性,重视对职工心理与行为的激励。

2.敏感性训练

敏感性训练也是一种组织变革和发展的途径,它通过人们自由讨论和交流意见,提出各自对问题的理解,以便增加彼此观察和分析问题的敏感性。

3.职工事业发展计划的辅导

是有效地辅导职工个人事业发展,逐渐成为组织发展的一项重要内容。国外一些企业对职工事业发展计划的辅导,一般采用以下方法:

(1)采用手册、小组会或"一对一"辅导,帮助职工提高自我评价的能力。

(2)编制简单的职业名称以至具体的招聘通告,传递职业机会的信息。

(3)安排经理人员、咨询顾问、人事或教育训练专业人员担任职业辅导工作。

(4)举办新职业所需知识技能训练班或提高工作能力的训练班。

(5)通过工作设计和其他组织发展活动,促使职工个人发展。

(6)进行工作轮换,安排职工调换工作,帮助职工向外寻找工作,编制更换职业指南,为职工创造调换工作的机会。

(7)组织小组研讨会,相互帮助制订事业发展的目标和行动的规划。

4.组织行为改造

组织行为改造是近年来出现的组织变革和发展的方法,它的目的是改变组织内一些关键行为,以有效地提高组织绩效。

5. 调查反馈

调查反馈是评估组织成员所持有的态度,识别成员之间的认知差异以及清除这些差异的一种工具。

6. 过程咨询

过程咨询的目的就是让外部顾问帮助管理者对他们必须处理的事件进行认识、理解和行动。这些事件可能包括工作流程、各部门成员间的非正式关系、正式的沟通渠道等。

7. 团队建设

团队建设利用高度互动的群体活动提高了团队成员之间的信任与真诚。团队建设适用于相互依赖的情况,其目标是改进队员的协作能力,提高团体成绩。

8. 学习型组织

学习型组织是一个不断开发适应与变革能力的组织。

这种过程首先系统地收集信息,然后在信息分析的基础上选择变革行为。变革过程包括5个阶段:诊断、分析、反馈、行动和评价。

复习思考题:

1. 怎样理解组织变革与发展的含义?
2. 组织变革与发展有哪些动因?
3. 组织变革有哪些征兆?
4. 组织变革与发展理论模型?
5. 组织变革与发展的基本程序与方法是什么?
6. 组织变革通常有哪些阻力?应该如何克服这些阻力?

案例分析:

个人与组织文化匹配度测验

26岁的苏先生到一家跨国公司做销售已经五个月了,业务做得较为出色,但苏先生与领导和同事的关系却越来越紧张。通过人才测评,我们发现苏先生思维敏捷,善于沟通,且考虑问题极为理智客观,是一个做事积极、果断,喜欢独立工作的人。这些特质都有助于苏先生在销售领域的工作开展。他为什么还会出现要辞职的想法呢?原来,苏先生是一个非常理智的人,他极为关注事物之间的逻辑联系,却较少考虑他人的情绪、感受,同时他也觉得工作应该是每个人都敢闯敢干,大家相互竞争,公司要鼓励优胜劣汰,并且希望与同事保持一定的距离。而苏先生所在的公司却是一个强调合作、关心他人的环境,在这样的企业文化里,公司通常为员工营造出和谐的气氛,避免内部的冲突和竞争。现在问题清楚了:苏先生的行为风格与公司的企业文化之间存在明显的冲突,这个公司的确不太适合他,长此以往,必然影响个人绩效,从而影响到组织绩效,最终导致苏先生的离职。

作为HR,你的公司是否也出现过像苏先生这样"水土不服"的员工呢?研究表明,员工基本价值观、行为风格与公司组织文化相匹配将有利于提高组织的工作效率,降低员工离职率,为组织带来效益。那么招聘什么样的员工才能与公司目前的组织文化相契合,从而实现个人和组织的绩效最大化呢?个人与组织文化匹配测验将帮助HR解决这个问题,找到与公司组织文化相符的人才。该测验根据近几年人格研究的结果,从工作方式(S)和工作氛围(C)两个维度对个人行为风格和公司的组织文化进行匹配。在工作方式(S)的维度上,组织文化分为群体和个人两种模式,在工作氛围(C)维度上,组织文化则分为竞争和和谐两种模式,组织文化可以同时包含这两个维度,二者并无冲突。例如,一个组织的文化可能既表现为群体工作方式,又表现为竞争工作氛围。[①]

---

① http://www.yuloo.com/rlzy/gzjyfx/69506.html

组织文化评估

进入个人行为风格测试之前请先根据以下描述来确定公司或部门的组织文化。

组织文化之工作方式维度_____（在以下两种模式中选择最接近于公司或部门的工作方式，若两者特征兼备，则选择更多场合表现出的模式）

群体工作方式：可以用足球队来形容这种组织，它强调的是团体活动，成员之间的联系和积极互动是这种组织文化的主要特征，因此会议和讨论是组织内部工作的重要部分。另外，这种文化重视员工奋力争取的行为，积极推动事情的进展被视为优良作风。

个体工作方式：这种组织中的成员更加缄默，可以关起门来单独完成工作。因此，公司通常会为员工准备相对独立的个人空间，确保员工可以专心工作。喧闹的行为与这种文化格格不入，组织并不重视社交和业务上的人际网络，并要求尽量避免或减小。

组织文化之工作氛围维度_____（在以下两种模式中选择最接近于公司或部门的工作方式，若两者特征兼备，则选择更多场合表现出的模式）

和谐工作氛围：这种组织强调合作、人际敏感以及和谐温暖的氛围，组织目标中具有利他取向，关注产品或服务的社会价值。组织工作的推动依靠成员之间达成的共识，不鼓励冲突和内部竞争。公司内部充满友好和热情，不存在职位等级之分。除了在工作上有联系之外，员工私下里还维持紧密关系。

竞争工作氛围：组织重视竞争精神和良性争论，公司内部提倡对他人观点的怀疑和批判。只要有利于推动工作，就可以向同事提出挑战，而大家也视挑战为一种机会，而不是威胁。是否擅长应对内部竞争和挑战在很大程度上决定了个人的成功与失败。员工之间的关系仅仅维持在工作层面上，不了解也不关心同事的私事。

个人行为风格测试

请参加组织文化匹配的人员进行个人测试，共包括24道题，每道题有A、B两个选项，要求在十分钟内完成所有题目，然后根据计分规则进行计分。

1. 你正在准备明天的考试，朋友求你帮忙陪他买电脑，你会（　　）
   A. 对朋友说明你正在复习，没有时间，请他谅解
   B. 经不起朋友的请求，最终答应，却又很懊恼
2. 毕业十年了，大学同学组织聚会，你会（　　）
   A. 积极参与组织策划　　　　　　B. 等待组织者通知时间、地点
3. 对于许多通过财富进入上流社会的人士，你认为（　　）
   A. 拥有财富就可以了，盲目追求社会等级是没有必要的
   B. 上流社会是社会等级的象征，是体现个人价值的因素
4. 你的交友原则是（　　）
   A. 朋友不可滥交　　　　　　　　B. 朋友不嫌多
5. 你更喜欢下列哪种工作环境（　　）
   A. 安静、可以独处　　　　　　　B. 热闹、可以讨论
6. 在部门会议中，上司对你的方案提出质疑，你通常会（　　）
   A. 在会议结束后，找机会单独与上司交流自己的想法
   B. 在会上据理力争，阐述该方案的优点
7. 你更喜欢下面哪种场合（　　）
   A. 酒吧　　　　　　　　　　　　B. 茶馆
8. 公司准备进行一次市场推广活动，领导打算由你负责这次活动，你（　　）
   A. 勉为其难，不愿承担责任　　　B. 欣然接受，乐于承担责任

第十五章 组织变革与组织发展

9. 在聚会中,你通常(　　)
    A. 侃侃而谈,成为谈话中心　　　　B. 愿意充当忠实听众
10. 第一次独立完成一个项目,结果却不尽如人意,你的反应是(　　)
    A. 总结经验教训,为下一个项目做好准备
    B. 情绪会保持很长时间的低落,难以全身心投入新的任务
11. 工作中你更看重(　　)
    A. 个人成就　　　　　　　　　　B. 组织权力
12. 你的工作进度受到技术部门的拖延,你会(　　)
    A. 等待技术部门主动配合完成你的工作
    B. 不断催促技术部门,全力推动工作的顺利进行
13. 对于公司新来的员工,你通常(　　)
    A. 会主动与他们聊天以增进相互了解
    B. 除非有工作上的接触,否则不会主动接近他们
14. 对于团队合作方式,你更赞成下列哪种方式(　　)
    A. 应该是单纯的合作,不应该存在竞争
    B. 不仅仅是合作,竞争也是必要的
15. 同事几天没来上班了,今天早晨看到他,你会(　　)
    A. 非常关心地问他这两天怎么没来
    B. 像往常那样打个招呼
16. 公司举行运动会,你在自己最拿手的比赛项目中输了,你会(　　)
    A. 不服气,认为自己不应该输　　B. 自我安慰,胜败乃兵家常事
17. 你研发的新产品就要面世了,你更关注它的(　　)
    A. 社会价值　　　　　　　　　　B. 经济收益
18. 你的上司不拘小节,与下属打成一片,你认为他(　　)
    A. 富有亲和力,是你喜欢的类型　　B. 亲和力过多,不是你喜欢的类型
19. 在工作中,同事之间往往会有争论,你通常是(　　)
    A. 参与辩论的某一方　　　　　　B. 旁观者
20. 如果你在电梯里看到一个熟人,你通常会(　　)
    A. 微笑,并询问对方近来可好　　B. 打完招呼后保持沉默
21. 餐厅服务员态度不好,你通常会(　　)
    A. 息事宁人,尽量避免冲突　　　B. 找经理投诉,要求改善
22. 你对同事提出的见解,第一反应是(　　)
    A. 怀疑　　　　　　　　　　　　B. 肯定
23. 你刚刚加入一个拓展俱乐部,今天是第一次活动,你希望(　　)
    A. 成员之间能够互相帮助,互相支持
    B. 成员之间能够开诚布公地交流,争论
24. 你的项目组新加入两个成员,你更喜欢下列哪一个(　　)
    A. 坦率直接的小王　　　　　　　B. 友好温顺的小李

计分规则
　　分别在组织文化的工作方式(S)和工作氛围(C)两个维度上为测试者计分:
　　1、2、6、7、9、10 题选 A,3、4、5、8、11、12 题选 B,在 S 维度上加 1 分
　　13、14、15、17、18、20、21、23 题选 A,16、19、22、24 题选 B,在 C 维度上加 1 分
　　测试者个人行为风格测试最后得分:S_____ C_____

王安实验室和惠普公司:两种不同的变革方式

王安实验室以年销售额超过 30 亿美元名列 1989 年《财富》500 家大公司的第 146 名。这一文字处理计算机的先驱者,在全世界范围雇有 2.7 万名员工。可就在 3 年之后,王安公司申请了《破产法》第 11 章保护。这时,王安公司的销售额已下降到 19 亿美元,员工人数为 8 000 人左右。公司遭受巨大的损失,其亏损额 1990 年达到 7.16 亿美元;1991 年为 3.86 亿美元;1992 年为 3.57 亿美元。公司的股票市场价值一度达到 56 亿美元,现在跌落到 0.7 亿美元。

再来看看惠普公司。这家计算机与电器企业在 1989 年出现了销售额锐减,并多年来第一次经历了盈利下降局面。但是,惠普公司没有像王安公司那样步入大规模衰退时期,而是迅速走向引人注目的复苏。在员工从 92 万人减到 8.9 万人(并没有实行强制性的解雇裁员)的情况下,公司实现了销售额的大幅回升。1992 年第一、第二季度的盈利分别增长了 49% 和 40%。公司的市场价值剧增到 190 亿美元以上。惠普公司到底采取了什么措施,使其取得与王安公司截然相反的结果呢?

20 世纪 80 年代后期以来,计算机行业成了面临环境急剧变化的典型例子。这对于像国际商用机器公司、数据设备公司和优利系统公司这样的大企业都造成了不利的影响。顾客需要已经从大型计算机转为小型机乃至更小多用途的个人计算机。许多硬件成了日用品一样的商品,无论是低价的供货者,还是提供优质服务或持续创新的厂家,都可以加入争夺市场份额的行列。在这一时刻,王安公司管理当局的行动仍像他是在一个稳定的环境中运营似的。公司的创建者王安博士本人也没有意识到变革的需要。他自以为是地认为办公室职员们从打字机时代中解放出来,就已经完成了办公室的革命。他和他的整个管理队伍都没有看到,飞速发展的个人计算机已远远超过了王安的单功能文字处理机和价格昂贵的微型机。

惠普公司则走了另一条路子。其管理当局看到了环境的变化并全力推进公司的变革。它们给员工们授予了充分的权力,简化了决策制定过程,并大幅度削减了成本。虽然惠普公司仍然是一家大公司,但它的管理当局已经决定,决不能使惠普公司成为行动缓慢者。高层管理者们视察了全国的生产基地,收集了生产和销售第一线员工的意见和建议。它们所到之处听到的是对于公司管理行政机构的普遍抱怨,以及新项目得到批准的重重困难。于是,管理当局对组织进行了重组。它们撤销了两个高层管理委员会,取而代之的是一种跨职能领域和组织界限的团队结构。工作团队被给予前所未有的从新产品开发到分销全过程的充分自主权。高层管理者当局投入了大量的时间向员工宣传,他们需要有一种高度的紧迫意识,勇于采取冒风险的行动。同时,需要认识到,在竞争者不断削价的新形势下,仅靠提供优质的产品是不够的。管理当局鼓励员工们寻找全新的办法,使公司从研究开发到行政管理和销售各领域都能达到低成本。这些措施的结果,使惠普公司在其大部分产品的毛利都下降的情况下,得以取得了较高的盈利。①

请根据所提供的资料。回答下面的问题:
1. 在 1989 年,王安公司和惠普公司遭遇到什么样的问题?(　　)
   A. 市场环境恶化　　　　　　　　B. 顾客需求变化
   C. 销售额大幅下降　　　　　　　D. 以上三者都对
2. 你认为王安公司失败的主要原因是什么?(　　)
   A. 在变化的经营环境中,没有及时转变观念,跟不上变化
   B. 王安公司没有开发出适应市场的新产品

---

① http://www.wlsmm.com/2007/01/1169052149378.htm

C. 王安博士本人的技术背景使其在管理上没有投入足够的精力
D. 以上三个都不对
3. 你认为惠普公司成功的最主要原因是什么？（　　）
   A. 高层领导者的远见卓识
   B. 企业全力推进了适应环境要求的变革措施
   C. 开发了适应市场要求的新产品
   D. 全面降低了产品的成本
4. 从案例中我们可以得出什么结论？（　　）
   A. 不同的企业经营方式往往有很大不同
   B. 企业经营的成败在很大程度上决定于环境，领导者的作用有限
   C. 只有能够对环境变化做出快速、灵活反应的企业才能生存下去
   D. 跨职能的团队合作能够提高企业的竞争力
5. 以变革的"风平浪静"观和"急流险滩"观来考察80年代后期的电子计算机行业。试问惠普公司和王安公司各采取了哪一种变革观？
6. 对比王安公司和惠普公司的组织文化，它们各自如何影响管理当局对环境变化的反应？
7. 惠普公司在80年代后期所采取的管理措施是否也适用于王安公司？请论证你的观点。

推荐阅读文献：

[美]托马斯·卡明斯，克里斯托弗·沃里. 组织变革与发展. 第七版. [M]. 李剑锋,译. 北京:清华大学出版社,2003.

参 考 文 献

[1] 关培兰. 组织行为学[M]. 北京:中国人民大学出版社,2005.
[2] 窦胜功,张兰霞,卢继华. 组织行为学教程[M]. 北京:清华大学出版社,2005.
[3] [美]斯蒂芬·P·罗宾斯. 组织行为学[M]. 第十版. 孙健敏,李原,译. 北京:中国人民大学出版社,2005年.
[4] 张德. 组织行为学[M]. 第二版. 北京:高等教育出版社,2004年.
[5] 石兴安,安文,姜磊. 组织行为学——以人为本的管理[M]. 北京:电子工业出版社,2005.
[6] 多萝西·马西克. 组织行为学体验与案例[M]. 北京:中信出版社,2004.
[7] 陈国海. 组织行为学[M]. 第三版. 北京:清华大学出版社,2009.
[8] 王晶晶. 组织行为学[M]. 北京:机械工业出版社,2009.
[9] 魏峰,张文贤. 国外心理契约理论研究研究的新进展[J]. 外国经济与管理,2004,(4):24.
[10] 郭志娇. 知识型员工管理的新动力——心理契约[J]. 辽东学院学报,2004,(4).
[11] 曹洪军,张红霞. 从心理契约角度提高员工满意度[J]. 经济论坛,2005,(2):73 - 75.
[12] [美]彼得·德鲁克. 德鲁克日志[M]. 上海:上海译文出版社,2006.
[13] 芮明杰. 管理学[M]. 上海:上海人民出版社,1999.
[14] Robinson S. L., Krattz M. S., Rousseau D. M. *Changing Obligations and The Psychological Contract:A longitudinal study. Academy of Management*[J]. 1994,(37):137 - 152.
[15] MacNeil, Ian R. *Relational Contract:What we do and do not know*[M]. Wisconsin Law Review, 1985, 483 - 525.
[16] Rousseau D. M., Parks J. M. *The Contracts of Individual and Organizations*[J]. Research in Organizational Behavior, 1993, (15):1 - 43.
[17] Kickul J., Lester S. W. *Broken Promises:Equity Sensitivity As a Moderator between Psychological Contract Breach and Employee Attitudes and Behavior*[J]. Journal of Business and Psychology, 2001,16, 2, ABI/INFORM Global.
[18] 李靖. 管理心理学[M]. 北京:科学出版社,2006.
[19] 竺乾威等. 组织行为学[M]. 上海:复旦大学出版社,2002.
[10] 郑晓明. 组织行为学[M]. 北京:经济科学出版社,2002.
[21] 时巨涛等. 组织行为学[M]. 北京:石油工业出版社,2003.
[22] 胡宇辰等. 组织行为学[M]. 北京:经济管理出版社,2002.
[23] 杨蓉. 人力资源管理[M]. 大连:东北财经大学出版社,2002.
[24] 朱飞. 绩效激励与薪酬激励[M]. 北京:企业管理出版社,2011.
[25] [英]梅特兰. 员工激励——领导力译丛[M]. 何小蕾,译. 上海:上海人民出版社,2006.
[26] 忠实. 用业绩考核,按薪酬激励[M]. 北京:石油工业出版社,2010.
[27] 吴何. 现代企业管理:激励·绩效与价值创造[M]. 北京:中国市场出版社,2010.
[28] 蔡茂生,黄秋文. 管理学基础[M]. 广州:广东高等教育出版社,2004.
[29] 盖勇. 组织行为学[M]. 济南:山东人民出版,2002.
[30] 彭剑锋. 组织行为管理[M]. 北京:中国人民大学出版,2000.

[31] 徐国华.张德.赵平.管理学[M].北京:清华大学出版社,1998.
[32] 李剑锋.人力资源管理原理与技术[M].北京:电子工业出版社,2002.
[33] 孙云.组织行为学[M].上海:上海人民出版社,2001.
[34] 彭聃龄.普通心理学[M].北京:北京师范大学出版社,2001.
[35] 郑日昌等.心理测量学[M].北京:人民教育出版社,2002.
[36] 林泽炎.人事测评技术[M].广州:广东经济出版社,2001.
[37] 俞达,梁钧平.对领导者-成员交换理论(LMX)的重新检验——一个新的理论模型[J].经济科学.2002,(1).
[38] 陈同扬.领导-成员交换理论研究探析[J].江海学刊,2006,2.
[39] 杜红,王重鸣.领导-成员交换理论的研究与应用展望[J].浙江大学学报(人文社会科学版),2002,6.
[40] 黑尔里格尔.组织行为学[M].北京:中国社会科学出版社,2001.
[41] 胡雄飞.企业组织结构研究[M].上海:立信会计出版社,1996.
[42] [美]理查德 L·达夫特.组织理论与设计精要[M].北京:机械工业出版,1999.
[43] 张平华.中国企业管理创新[M].北京:中国发展出版社,2004.
[44] 包晓闻,刘思周.管理制胜——20家中国企业的顶级管理模式[M].北京:机械工业出版社,2003.
[45] 格里·约翰逊,凯万·斯科尔斯.战略管理[M].北京:人民邮电出版社,2004.
[46] 刘巨钦.企业组织设计原理与实务[M].北京:企业管理出版社,1996.
[47] 郁义鸿.精巧的组织艺术:现代企业组织结构挥战[M].上海:上海译文出版社,1994.
[48] 刘光明.企业文化.第四版.[M].北京:经济科学出版社,2004.
[49] 姚裕群.团队建设与管理[M].北京:首都经济贸易大学出版社,2006.
[50] [美]戴维·布坎南,安德烈·赫心思盖.组织行为学[M].第五版.李丽,等译.北京:经济管理出版社,2005.
[51] 石伟.组织文化[M].上海:复旦大学出版社,2004.
[52] [美]托马斯·卡明斯,克里斯托弗·沃里.组织变革与发展[M].第七版.李剑锋,译.北京:清华大学出版社,2003.
[53] Robinson S. L. & Morrison E. W. The development of psychological contract breach and violation: A longitudinal study[J]. Journal of Organizational Behavior, 2000, 21(5): 525–546.